Cathrin Hauswald
Alvin Langdon Coburn

Image | Band 128

Cathrin Hauswald (Dr. phil.) ist wissenschaftliche Mitarbeiterin der Sammlung Fotografie und neue Medien im Museum für Kunst und Gewerbe Hamburg. Von 2013 bis 2016 war sie Stipendiatin am DFG-Graduiertenkolleg »Das Reale in der Kultur der Moderne« an der Universität Konstanz. Zu ihren Forschungsinteressen zählen Fotogeschichte(n) und fotografische Ausstellungsformate.

CATHRIN HAUSWALD

Alvin Langdon Coburn

Photographie zwischen Piktorialismus und Moderne

[transcript]

Dissertation der Universität Konstanz
Tag der mündlichen Prüfung: 16.01.2017

Referent: Prof. Dr. Bernd-Alexander Stiegler
Referent: Prof. Dr. Felix Thürlemann

Bibliografische Information der Deutschen Nationalbibliothek

Die Deutsche Nationalbibliothek verzeichnet diese Publikation in der Deutschen Nationalbibliografie; detaillierte bibliografische Daten sind im Internet über http://dnb.d-nb.de abrufbar.

Umschlaggestaltung: Maria Arndt, Bielefeld
Umschlagabbildung: Alvin Langdon Coburn, *Vortograph*, 1917 © The Universal Order. Aus: Mark Antliff und Vivian Greene (Hg.), *The Vorticists. Rebel artists in London and New York, 1914-1918*, London 2010, S. 176.
Druck: Majuskel Medienproduktion GmbH, Wetzlar
Print-ISBN 978-3-8376-4193-6
PDF-ISBN 978-3-8394-4193-0

Gedruckt auf alterungsbeständigem Papier mit chlorfrei gebleichtem Zellstoff.

Besuchen Sie uns im Internet: *http://www.transcript-verlag.de*

Bitte fordern Sie unser Gesamtverzeichnis und andere Broschüren an unter: *info@transcript-verlag.de*

Inhaltsverzeichnis

Siglen

AB	Alvin Langdon Coburn, „Alvin Langdon Coburn – Photograph: Eine Autobiographie mit über 70 Reproduktionen seiner Werke (1966)"; in: Ders., *Auf der Suche nach der Schönheit. Schriften zu Photographie*, hg. v. Inge-Cathrin Hauswald und Bernd Stiegler, München 2015, S. 13-163.
MoM	Alvin Langdon Coburn, „Männer von besonderem Schlag (1913)", in: Ders. (2015), *Auf der Suche nach der Schönheit,* S. 165-183.
MMoM	Alvin Langdon Coburn, „Weitere Männer von besonderem Schlag (1922)", in: Ders. (2015), *Auf der Suche nach der Schönheit,* S. 185-195.
PSS	Alvin Langdon Coburn „Die Photographie und die Suche nach der Schönheit (1924)", in: Ders. (2015), *Auf der Suche nach der Schönheit,* S. 320-331.
ZuK	Alvin Langdon Coburn, „Der Zusammenhang von Zeit und Kunst (1911)", in: Ders. (2015), *Auf der Suche nach der Schönheit,* S. 273f.

Vorwort

Was hat es mit einer Photographie zwischen Piktorialismus und Moderne auf sich? Gleich zwei Lesarten bieten sich an: Zum einen lässt sich die Entwicklung der Photographie im Anschluss an die Jahrhundertwende als eine chronologische und historisch richtungsweisende lesen – von der kunstphotographischen Bewegung um 1900 zur Avantgarde des 20. Jahrhunderts. Bedeutet dabei eine Positionsverschiebung vom traditionellen Piktorialismus hin zu moderner Abstraktion als photographisches Verfahren einen epistemologischen Bruch in der Photogeschichte? Oder handelt es sich um eine kontinuierliche Entwicklung, bei der die im Piktorialismus getroffenen Grundannahmen konsequenterweise in der Moderne münden?

Neben einer solchen chronologischen Lesart eröffnet sich gleichzeitig die Möglichkeit, eine Photographie zwischen Piktorialismus und Moderne als dazwischen Oszillierendes zu begreifen. Die Photographie pendelt *zwischen* diesen ästhetisch-epistemischen Figuren, die gleichzeitig gattungsgeschichtlich gebunden zu sein scheinen. Wieviel Piktorialismus steckt eigentlich in der Moderne? Und wieviel Moderne bereits im Piktorialismus?

Diese Fragen näher zu durchleuchten, war der Antrieb für die vorliegende Arbeit. Jene hat es sich zum Ziel gemacht, die Entwicklungen zu Beginn des 20. Jahrhunderts anhand einer photohistorischen, -theoretischen und -ästhetischen Analyse von Alvin Langdon Coburns Werk zu beschreiben und so den mitunter paradox anmutenden – doch für die Moderne charakteristischen – Konflikten von Rückkehr und Aufbruch, Antimoderne und Moderne, Tradition und Innovation auf den Grund zu gehen. Diese scheinbaren Widersprüche finden sich in der Gegenüberstellung von Piktorialismus und Moderne wieder. Der Begriff Piktorialismus steht dabei nicht nur für die kunstphotographischen Strömungen an der Wende zum 20. Jahrhundert, sondern auch für ein traditionelles photographisches Verständnis, das mit dem langen 19. Jahrhundert – begriffen als Gegenmodel zur anbrechenden Moderne – in Verbindung gebracht wird. Der Begriff der Moderne wiederum steht sinnfällig für die Avantgarde mit all ihren Ambivalenzen und für konzeptuelle Innovation. Coburn war der erste Photograph, der im Wortsinn „Abstrakte Photographie“[1] anfertigte. Er war auch der erste, der über die Notwendigkeit einer entfesselten, unkonventionellen und ungegenständlichen Photographie schrieb. Und das, obwohl – oder auch: gerade weil – er selbst ein Kind des stimmungsvollen Piktorialismus war. Coburn zeichnete in seiner Arbeit die Beben des technologischen und photographischen Fortschritts auf und setzte sie gleichsam ästhetisch um: sei es als Stimmungsbild, als Spiel mit symbolistischen Weltordnungen oder als Phänomene der Abstraktion. Gleichzeitig wird durch die von ihm praktizierte Intermedialität und der umfänglichen Illustration von Werken der Schriftsteller seiner Zeit, seiner theoretischen Publikationen und seiner Bezugnahme auf die zeitgenössische Kunst die Verschränkung der Medien zu Beginn des 20. Jahrhunderts und die Anforderungen an eine moderne Photographie deutlich.

Zu Coburn und Teilgebieten seines Werks existieren verschiedene Essays und Publikationen: beispielsweise zu *Men of Mark*, zur Zusammenarbeit mit Schriftstellern wie Robert Lewis Stevenson, zu seinen Manchester-Publikationen, zu seiner Raumauffassung des Grand Canyons und auch zur Dominanz der Form in seinem Werk und der daraus resultierenden Entwicklung der Vortographien, um nur einige zu nennen.[2] Diese Aufsätze nehmen interessante, jedoch nicht abschlie-

1 Alvin Langdon Coburn, „Die Zukunft des Piktorialismus (1916)“, in: Ders., *Auf der Suche nach der Schönheit. Schriften zur Photographie,* hg. v. Inge-Cathrin Hauswald und Bernd Stiegler, München 2015, S. 313-315, 315.

2 Margaret Moore und Jennifer Huget, *A.L. Coburn's Men of Mark. Pioneers of modernism,* Hartford 2004; Tom Normand „Alvin Langdon Coburn, Robert Louis Stevenson and Edinburgh“, in: *History of photography,* 29/1 (2005), S. 45-59; Mark Crinson, „Pictorialism and Industry: Alvin Langdon Coburn in Manchester“, in: *History of Photography,* 30/2 (2006), S. 155-172; Jordan Bear, „‚Venturing Out on a Ledge to Get a Certain Picture‘: The ‚authentic‘ spaces of Alvin Langdon Coburn's Grand Canyon“, in: *photographies,* 5/1 (2012), S. 51-70; Frank DiFederico, „Alvin Langdon Coburn and the genesis of vortographs“, in: *History of Photography,* 4/11 (1987), S. 265-296; Melita Schaum, „The Grammar of the Visual: Alvin Langdon Coburn, Ezra Pound, and the Eastern Aesthetic in early Modernist Photography and Poetry“, in: *Paideuma,* 24/2/3 (1995), S. 79-106.

ßend erörterte Einzelaspekte in den Blick. Der 2014 erschienene, umfassende Ausstellungskatalog *Alvin Langdon Coburn*[3] mit einem Text von Pamela Glasson Roberts, erörtert die Geschichte Coburns aus biographisch argumentierender Perspektive ausführlich, verzichtet jedoch darauf, das Werk theoretisch vertiefend zu kontextualisieren. Der Ausstellungskatalog *Alvin Langdon Coburn. Fotografien 1900–1924*[4] glänzt durch einen subjektiven, von der persönlichen Bekanntschaft mit Coburn geprägten Essay Nancy Newhalls, stellt allerdings kaum wissenschaftliche Fragen an das Œuvre. Die Monographie *Alvin Langdon Coburn. Symbolist photographer, 1882–1966: beyond the craft* von Mike Weaver aus dem Jahre 1986 bearbeitet, wenn auch in verkürzter Form, das Lebenswerk Coburns, doch konzentriert sie sich einzig auf die Symbolisierungsstrategie und bezieht dadurch die Position, demnach Coburn dem Symbolismus nachhaltig und dauerhaft verhaftet bleibe.[5] So nimmt es kaum Wunder, dass eines der ergiebigsten Schriftwerke zu Coburn seine Autobiographie ist, die bis dato jedoch kaum Gegenstand kunst- oder literaturwissenschaftlicher Untersuchungen war.

Um das aufgezeigte Desiderat zu schließen, wurde Coburns Wirken als zentrale Figur des epistemisch-ästhetischen Umbruchs in der Zeit der Jahrhundertwende sowohl auf bildlicher als auch programmatischer Ebene untersucht und das Zusammenspiel beider Ebenen analysiert. Verschiedene ästhetische Positionen – der Symbolismus, die Abstraktion und das Stimmungsbild – dienten dabei als Marker. Dabei wurde bald klar: Während Coburn mit seinem Werk konzeptionell und ästhetisch stets neue Pfade erschießt, bleibt er als Künstlerfigur habituell einem Anachronismus verhaftet. Es ist kaum möglich und auch nicht sinnvoll, Coburns Werk vom Autor zu lösen und ausschließlich rezeptionsästhetisch zu betrachten: Coburn selbst ist Teil seines Werks. Das zeigt sich in ausgeklügelten Selbstinszenierungsstrategien und wird auch bei der Auswahl seiner Projekte immer wieder deutlich: Es geht inhaltlich um ein elitäres, statusbewusstes Streben nach Etablierung, Nobilitierung und Wirkmacht – das formal seinen Raum in künstlerischer Innovation findet. Es war keinesfalls Ziel der Arbeit, Coburns photographisches Schaffen lückenlos darzustellen; und auch nicht, so viele Abbildungen wie nur möglich zu kommentieren. Stattdessen wurden anhand ausgewählter Beispiele die verschiedenen Verfahren – ästhetisch sowie programmatisch

3 Pamela Glasson Roberts und Anne Cartier-Bresson (Hg.), *Alvin Langdon Coburn,* Madrid 2014.

4 Karl Steinorth (Hg.), *Alvin Langdon Coburn. Fotografien 1900–1924,* Zürich und New York 1998.

5 Mike Weaver, *Alvin Langdon Coburn. Symbolist photographer, 1882–1966; beyond the craft,* New York 1986.

und konzeptuell – aufgezeigt, die für Coburns Werk von Bedeutung sind. Zur Darlegung eines solchen Verfahrens wurden Beispiele ausgewählt, die unter Umständen auch an anderer Stelle zur Aufarbeitung eines anderen Phänomens gedient hätten – und andere Aufnahmen weggelassen, die das gleiche Phänomen beschrieben hätten. So ergibt es sich, dass einige von Coburns einschlägigen Werken nicht vertieft in der Arbeit besprochen werden: etwa das von ihm publizierte Photobuch *Moor Park* (1915) und zahlreiche Aufnahmen wie *Regent's Canal* (1904), *Shadows and Reflections, Venice* (1905), *Cadiz Harbour* (1906), *Spider Webs* (1907) und *The Octopus* (1912). Coburns späte Reisephotographien, die in den 1950er Jahren auf Madeira entstanden, sind daneben nicht Teil dieser Arbeit: Um 1930 zerstörte Coburn rund 15.000 seiner photographischen Negative, vermachte einen Großteil seines photographischen Werks der *Royal Photographic Society* und beendete symbolisch sein künstlerisches Werk.[6] Da die Entwicklung in die Moderne in dieser Arbeit nicht zuletzt unter dem Gesichtpunkt selbtinszinatorischer und nobilitierender Praktiken untersucht wird, wurden diese Photos, die ästhetisch und epistemologisch nur wenig neue Zugänge eröffnen, nicht herangezogen.

Für die vorligende Publikation wurde auf die von mir verfasste Masterthesis „‚Great Creator of Clouds'. Alvin Langdon Coburns Wolkenphotographie im Kontext des Piktorialismus – und darüber hinaus" als Vorarbeit zurückgegriffen. Jene beschäftigt sich mit der Geschichte der Wolkenphotographie und analysiert die zahlreichen Wolkenaufnahmen und zugehörigen theoretischen Texte in Coburns Œuvre im Kontext der kunstphotographischen Strömung und weiterer Wolkenphotographen. Einen Schwerpunkt bildete dabei Coburns Gedichtillustration zu *Die Wolke* von Percy Bysshe Shelley,[7] die beispielhaft für einen narrativisierten Bildparcours im Werk Coburns steht und auch in der vorliegenden Arbeit aufgegriffen wird.

Bei Archivrecherchen im *George Eastman House* in Rochester, New York, und in der *Royal Photographic Society* in Bedford, England, wurde zu Beginn der Recherchen Coburns Nachlass gesichtet. So ist zuerst eine Sammlung seiner publizierten Texte entstanden, das photographische Werk wurde untersucht und Materialien aus dem Nachlass analysiert. Die aus dem Englischen bzw. Amerikanischen übersetzten Essays und Schriften zur Photographie Coburns wurden sodann 2015 als Edition mit dem Titel *Auf der Suche nach der Schönheit. Schriften zur Photographie* gemeinsam mit Bernd Stiegler in der Reihe *photogramme* beim Wilhelm Fink Verlag publiziert. Es handelt sich um eine zentrale Ergänzung der vorliegenden Arbeit.

---

6 Vgl. ebd., S. 9.

7 Percy Bysshe Shelley, *The Cloud,* London 1912 [1820]. Auf Deutsch: *Die Wolke [The Cloud, 1820],* Hamburg 2011.

1 Im Umbruch. Photographie um 1900

> …aber warum sollte der Kamerakünstler nicht mit den abgenutzten Konventionen brechen, die sein Medium selbst während seines verhältnismäßig kurzen Bestehens bereits einzuengen und einzuschränken begonnen haben, um stattdessen die Ausdrucksfreiheit in Anspruch zu nehmen, die jeder Kunstform zustehen muss, wenn sie wirklich lebendig sein soll?
> ALVIN LANGDON COBURN, „KAMERABILDER (1913)“, IN: DERS. (2015), *AUF DER SUCHE NACH DER SCHÖNHEIT*, S. 288-290, 288.

Im Ausstellungskatalog der *Groupil Gallery* beschreibt Coburn 1913 prägnant die Pole, zwischen denen sich die Photographie, die er selbst als Mitglied der *Photo-Secession* prägt und entwickelt, bewegt. „Niemand vermag die Wahrhaftigkeit der Kamera abzustreiten,“ schreibt er dort, und dennoch sei beispielsweise „‚The House of Thousand Windows‘ perspektivisch betrachtet mit Sicherheit fast so phantastisch wie eine kubistische Phantasie.“[1] Die Kamera verfügt über einen Evidenzanspruch und ist gleichermaßen ein Kunstmedium, das die Phantasie anregt, neue Denkmodelle auslotet und dessen Grenzen immer wieder neu verhandelt werden müssen. Eine Photographie wie eine kubistische Phantasie. Darin steckt

---

1 Coburn, „Kamerabilder (1913)“, in: Ders. (2015), *Auf der Suche nach der Schönheit*, S. 288-290, 288, siehe in der vorliegenden Publikation Abb. 54, *The House of Thousand Windows*, 1912.

zumindest in Teilen noch die piktorialistische[2] Idee, die Photographie einem anderen Kunstmedium, der (nunmehr kubistischen) Malerei anzunähern und gleichsam den Effekt vollständiger Verfremdung vom dokumentarischen Gehalt der Photographie zu suchen: Eine kubistische Phantasie in der Photographie zielt aber gleichzeitig auf die Imagination von Formen, Strukturen, kurzum, sie nähert sich der Abstraktion. Und während die Idee, die Malerei zu imitieren alles andere als avantgardistisch erscheint, ist die Idee einer abstrakten Photographie, die Coburn 1916 ausruft,[3] ein genuin moderner.

Inwiefern aber kann sich die Photographie aus den um 1900 gesetzten Grenzen lösen und wie steht sie zur aufkommenden Moderne[4] des 20. Jahrhunderts? Ist die Photographie, die Coburn praktiziert und zu praktizieren sucht, dem 19. Jahrhundert, verstanden als traditionelles und in gewisser Weise anachronistisches Topos, verhaftet oder ist sie bereits aus den bis dato geltenden Konventionen ausgebrochen? Markiert sie also einen Übergang zur Moderne oder ist sie gar modern? Im Folgenden gilt es nachzuforschen, wie diese Entwicklung verläuft: der Weg der Photographie in die Moderne.

---

2 Im Folgenden werden die Begriffe Piktorialismus/Kunstphotographie, piktorialistisch / kunstphotographisch und Piktorialist und Piktorialistin / Kunstphotograph und Kunstphotographin synonym verwendet. Letzteres schließt dabei auch Kunstphotographinnen ein: Da es sich in erster Linie um Männer handelt und nur wenige Photographinnen in der Bewegung aktiv waren, wird das generische Maskulinum verwendet.

3 Alvin Langdon Coburn, „Die Zukunft der bildmässigen Fotografie (1916)", in: Wolfgang Kemp und Hubertus von Amelunxen (Hg.), *Theorie der Fotografie. Band 2,* München 1980, S. 55-58, 58.

4 Unter dem Begriff der Moderne wird hier eng gefasst die Phase begriffen, die ihren ästhetischen und epistemischen Höhepunkt zwischen 1918 und 1933 erreicht. Prozessual betrachtet, handelt es sich um die erste Hälfte des 20. Jahrhunderts, in der „die industrialisierte Moderne und industrielle Epoche nach 1900 beginnen, ihre eigene Ästhetik freizusetzen; eine Ästhetik, die sich leiten lässt von einer Allianz zwischen Kunst und Industrie, und das heißt letztlich auch von ästhetischer und gesellschaftlicher Moderne." Sabina Becker und Helmuth Kiesel, „Literarische Moderne: Begriff und Phänomen", in: Dies. und Robert Krause (Hg.), *Literarische Moderne. Begriff und Phänomen,* Berlin und New York 2007, S. 9-35, 19.

1.1 IST PHOTOGRAPHIE KUNST?

Zu Beginn ihrer Geschichte war die Photographie noch weit davon entfernt, als Kunst angesehen zu werden. Nachdem sie als geradezu magisches Medium[5] ihren Rezipienten zahlreiche Fragen zur Einordnung aufgegeben hatte,[6] pendelt sich ihr Status zwischen Ästhetik und Wissenschaft ein.[7] Als scheinbar objektives Medium wird die Photographie als technisches Hilfsmittel für die Wissenschaft, insbesondere für die Astronomie oder auch die Meteorologie, genutzt.[8] Das präzise dokumentierende und detailliert abbildende Verfahren entpuppt sich als eine „unschätzbare Helferin"[9] der Wissenschaft, schafft sie es doch einen singulären Moment festzuhalten, aufzuzeichnen, zu dokumentieren und dem sehenden Auge manch flüchtigen Moment überhaupt erst zugänglich zu machen.

Die Photographie als hilfswissenschaftliches Instrument findet ihren Weg so auch in die Malerei: als Helferin. Werden in den 1850er Jahren vorerst Naturstudien, sogenannte *Études d'après nature,* als photographische Lehrmittel für die

5 Die Photographie wird immer wieder als „Magie" oder ihre Wirkung als „magisch" bezeichnet. William Henry Fox Talbot führt diese Rhetorik ein, indem er die Photographie 1839 als „Naturmagie" bezeichnet (Talbot zit. n. Hubertus von Amelunxen, *Die aufgehobene Zeit. Die Erfindung der Photographie durch William Henry Fox Talbot,* Berlin 1988, S. 33). Walter Benjamin, Susan Sontag, Jean Baudrillard und Roland Barthes folgen u.a. dieser Tradition. Vgl. Florian Lehmann, *Realität und Imagination. Photographie in W.G. Sebalds Austerlitz und Michelangelo Antonionis Blow up,* Bamberg 2013, 16f. Im vorliegenden Text widmet sich insbesondere Kap. 3.2.1 der angesprochenen Thematik.

6 Bernd Stiegler diskutiert die frühen Beschreibungen des Mediums ausführlich. Siehe dazu Bernd Stiegler, *Philologie des Auges. Die photographische Entdeckung der Welt im 19. Jahrhundert,* München 2001, S. 22-40 und Ders., *Theoriegeschichte der Photographie,* München 2006, S. 15-32. Demnach wird die Photographie in ihrer Frühzeit „auf der einen Seite [...] als Bild und somit Kunstprodukt beschrieben, auf der anderen als der bildgewordene Gegenstand, als eine Art zweite Natur als Bild. Die Photographie oszilliert zwischen Kultur und Natur, zwischen ästhetischem und wissenschaftlichem Bild, zwischen Kontingenz und Notwendigkeit, Subjektivität und Objektivität." (Ebd., S. 18f)

7 Vgl. Stiegler (2006), *Theoriegeschichte*, S. 18f.

8 Curt Schmidt, *Die Photographie im Dienste wissenschaftlicher Forschung,* Wien 1909, S. 62.

9 Ebd.

Ausbildung an Kunstakademien erstellt,[10] entwickelt sich daraus schnell die Praxis zahlreicher Maler, Photographien als Vorlagen für ihre Gemälde zu nutzen.[11] Auf diese Weise werden photographische Studien erstellt, die im Anschluss vom Künstler im Studio abgezeichnet werden können, und nicht in der Natur während langwieriger Sitzungen angefertigt werden müssen. Diese Vorgehensweise prägt speziell auch den Umgang mit ephemeren Wetterphänomenen: Da es als sehr schwierig gilt, Wolken und auch Wasser malerisch umzusetzen, orientieren sich viele Maler um 1850 an den Wolkenphotographien von beispielsweise Gustave Le Gray, Charles Marville oder Roger Fenton.[12] Jene komponieren ihrerseits ihre Aufnahmen in malerischer Tradition, wobei Mittel der Malerei auf die Photographie übertragen werden. Interessanterweise entwickelt sich so ein Wechselspiel, bei dem sich Photographen und Maler gegenseitig imitieren: Le Gray orientiert sich beispielsweise mit seinen Wolkenaufnahmen an Gemälden der Romantik, etwa an jenen Caspar David Friedrichs, im Gegenzug dienen seine Aufnahmen anderen Malern als Vorlage für neue Gemälde. Berühmtes Beispiel ist Gustave Courbets Gemälde *The Wave* von 1870, das sich scheinbar an Le Grays Meereslandschaften orientieren soll.[13]

Während die Grenze zwischen den Medien zusehends an Schärfe verliert, bekommt der Streit um den Kunststatus der Photographie Aufwind.[14] Die Diskussion kulminiert in der Frage, „ob die Photographie nun eine durch das wahrnehmbare Subjekt gefilterte, arrangierte und interpretierte Wirklichkeit darstelle," wie Bernd Stiegler es formuliert, „oder aber [...] eine mechanische, objektive und nicht durch die subjektive Einflußnahme beeinträchtigte Wiedergabe des Gegenstandes sei."[15]

10 Vgl. Ken Jacobson und Anthony Hamber, *Études d'après nature. 19th century photographs in relation to art,* Petches Bridge 1996.

11 Auch bekannte Maler wie Delaroche, Degas, Courbet, Gérôme oder Delacroix arbeiten nach Photographien. Vgl. Ulrich Pohlmann und Johann Georg Prinz von Hohenzollern (Hg.), *Eine neue Kunst? Eine andere Natur! Fotografie und Malerei im 19. Jahrhundert,* München 2004, S. 172.

12 Vgl. ebd.

13 Ob Courbet tatsächlich nach Le Grays Aufnahmen malte, wurde bisher nicht endgültig geklärt. In der Literatur wird eine Orientierung an Le Gray jedoch vermutet. Vgl. Barthélemy Jobert, „From the Point of View in Painting", in: Sylvie Aubenas und Gordon Baldwin (Hg.), *Gustave Le Gray. 1820–1884,* Los Angeles 2002, S. 232-253, 246.

14 Aufgearbeitet hat den photographischen Diskurs im 19. Jahrhundert und die Frage nach dem Kunststatus der Photographie Stiegler (2006), *Theoriegeschichte,* S. 137-183.

15 Ebd., S. 142.

Mit diesen einander ausschließenden Annahmen wird die Ontologie der Photographie bestimmt und damit einhergehend die Frage, ob die Photographie überhaupt Kunst sein kann.

Zentrale Figuren der Debatte und im zweiten Schritt maßgeblich an der Etablierung der Kunstphotographie beteiligt, sind der britische Photograph Henry Peach Robinson und sein Landsmann, der Arzt Peter Henry Emerson. Sie legen den Grundstein der kunstphotographischen Bewegung und gelten als Gründungsväter des britischen Piktorialismus, wenngleich sich ihre Positionen gegenüber der Kunstphotographie weitgehend widersprechen.[16] Robinson definiert in seinem Hauptwerk *Der malerische Effect in der Photographie als Anleitung zur Composition und Behandlung des Lichtes*[17] 1869 die Photographie als eine Weiterentwicklung der bildenden Künste und rät seinen Lesern anstelle der Orientierung an der Natur das „Studium der Gesetze und Axiome, welche die grössten Maler, Bildhauer und Baumeister geleitet beim Schaffen ihrer schönsten Werke."[18] Für die Umsetzung einer der Malerei entlehnten Ästhetik in der Photographie ist ihm manches Mittel recht. Er nutzt als einer der ersten überhaupt die Kompositphotographie:[19] Die Kombination mehrerer Negative für eine photographische Aufnahme

16 Siehe hierzu das Kapitel „H.P. Robinson vs. P.H. Emerson. Grenzen und Möglichkeiten der Photographie als Kunst" in Bernd Stiegler und Felix Thürlemann, *Lichtmaler. Kunst-Photographie um 1900*, Stuttgart 2011, S. 7-15; vgl. dazu auch Ellen Handy (Hg.), *Pictorial effect naturalistic vision. The photographs and theories of Henry Peach Robinson and Peter Henry Emerson,* Norfolk, Va. 1994 und John Tibbetts, „The Real Thing: Arguments Between Art and Science in the Work of P.H. Emerson and H.P. Robinson", in: *Journal of American Culture, Bd. 4* (1981), S. 149-172.

17 Henry Peach Robinson, *Der malerische Effect in der Photographie als Anleitung zur Composition und Behandlung des Lichtes in Photographien [Pictorial effect in photography. Being hints on composition and chiaroscuro for photographers: to which is added a chapter on combination printing, London 1869]* Halle/S. 1886.

18 Ebd., S. 9; vgl. auch Stiegler (2001), *Philologie des Auges,* S. 87.

19 Vgl. Pohlmann (2004), *Eine neue Kunst? Eine andere Natur!,* S. 172. Robinsons berühmtester Kombinationsdruck, *Fading Away* aus dem Jahre 1857, besteht aus fünf Photonegativen. Ebd., S. 272; Jannie Uhre Mogensen, „Fading into Innocence: Death, Sexuality and Moral Restoration in Henry Peach Robinson's Fading Away", in: *Victorian Review. An Interdisciplinary Journal of Victorian Studies, Bd. 32,* 1 (2006), S. 1-17. Oscar Gustave Rejlander fertigte im selben Jahr aus gleich 32 Negativen das allegorische Bild *The Two Ways of Life* an. Dazu ausführlicher Leif Wigh (Hg.), *Oscar Gustave Rejlander 1813(?)–1875,* Stockholm 1998.

ist für Robinson ein brauchbares Mittel, um die eigene photographische Arbeit zu perfektionieren. Seiner Meinung nach ist die „einst so verachtete Methode, Photographien von zwei oder mehr Negativen zu combiniren, [...] jetzt so allgemein geworden, dass es kaum einen Photographen geben wird, der gute Bilder zu erzeugen trachtet und der nicht mehr oder weniger von dieser Methode Gebrauch macht."[20] Interessanterweise ist es für Robinson zwar legitim für das perfekte Bild mehrere Negative miteinander zu vereinen, gleichzeitig lehnt er den Kauf von Negativen ab, da es seiner Meinung nach „ein bestimmter Betrug [ist], ein Negativ zu kaufen und dessen Abdruck als eigenes Bild [als einkopiertes Negativ im veröffentlichten Bild; C.H.] auszustellen."[21]

Emerson hingegen lehnt jegliche nachträgliche Bearbeitung des Bildes und alle Varianten der Kompositphotographie kategorisch ab. Er versucht auf anderen Wegen die Photographie als Kunst zu entdecken und geht dabei verschlungene Pfade, die ihn zu einem ebenso eigentümlichen wie paradigmatischen Referenten der Debatte machen. Er etabliert Theorien zur Verquickung von Photographie und Wahrnehmung und setzt jene ins Zentrum der theoretischen Programmatik: In der Tradition Hermann von Helmholtz'[22] versucht er den Kunstwert der Photographie an der menschlichen Wahrnehmung auszurichten. So beschreibt er 1886 in seinem Vortrag „Photography, a Pictorial Art", der Künstler müsse versuchen, die Wahrnehmung selbst zu imitieren und die Natur so abzubilden, wie das Auge sie sehe:

20 Henry Peach Robinson, „Combinirte Photographien", in: Ders. (1886), *Der malerische Effect in der Photographie als Anleitung*, S. 167-168, 167.

21 Ebd., S. 168.

22 Helmholtz verfasste im 19. Jahrhundert das breit rezipierte und den Diskurs um die Wahrnehmung prägende Buch *Handbuch der physiologischen Optik*. Darin beschreibt er die leitende Funktionsweise von Nerven und deren Wirkung auf die menschliche Wahrnehmung. Auch sein Essay „Optisches über die Malerei", abgedruckt in Hermann von Helmholtz, *Popular Scientific Lectures,* New York 1873, wird von Emerson aufgegriffen. Demnach sei das Auge der Kamera unterlegen und es verlange nach einer „Neubestimmung der photographischen Bildorganisation. Wenn, so Emerson, die Photographie sich an der Natur zu orientieren und in ihrer möglichst genauen Wiedergabe ihr Ziel hat, so muß die Kamera ihrerseits versuchen, den optischen Voraussetzungen des Auges näher zu kommen, d.h. ihre technische Überlegenheit aufzugeben." Stiegler (2006), *Theoriegeschichte,* S. 148. Zu Helmholtz Theorie auch Richard M. Warren und Roslyn Warren, *Helmholtz on Perception. Its Physiology and Development,* New York, London und Sydney 1968; Hermann von Helmholtz, *Handbuch der physiologischen Optik,* Leipzig 1867 (in drei Teilen: 1856, 1860, 1866).

Das Sichtfeld bleibe unscharf, während das Auge nur ein kleines Feld scharfzustellen in der Lage sei. Seine so argumentierte „Lehre der *fuziness*“[23] orientiert sich an diesen Annahmen und unternimmt den Versuch, durch den gezielten Einsatz von Unschärfe die menschliche Wahrnehmung nachzuempfinden und nur einen kleinen Fokus im Bild scharf zu zeigen.[24] Auf diese Weise funktionieren die meisten seiner Aufnahmen, die insbesondere in den 1880er Jahren entstehen. Emerson dokumentiert seine programmatischen Erkenntnisse in seiner Hauptschrift *Naturalistic Photography*[25], wo er 1889 zuerst die Photographie als der Malerei ebenbürtig feiert, sich jedoch in einer zweiten Auflage korrigiert, um sich in der dritten Auflage des Werkes 1899 gänzlich zu widersprechen und der Photographie jeden Kunstcharakter abzusprechen. Emerson versucht das Moment künstlerischen Eingriffs zu isolieren und der Frage nachzuspüren, welche Qualitäten der Photograph seiner Aufnahme beisteuert. In der dritten Auflage seines Studienbuchs negiert Emerson nun – *fuziness* hin oder her – den Kunststatus der Photographie, und beendet die mit sich selbst geführte Debatte: „The photographer does not make his picture – A MASCHINE DOES IT ALL FOR HIM.“[26] Dieses rein maschinelle Produkt könne somit keine Kunst sein.

Robinson bestätigt Photographie als Kunst, Emerson negiert den Kunstwert der Photographie endgültig. Trotz ihrer divergenten Ansätze sind es gerade diese Beiden, die neue photographische Ideale etablieren und kommentieren. Robinson und Emerson sind zwei der ersten Photographen, die künstlerische Aufnahmen nach ihren eigenen Vorstellungen produzieren und nicht nur theoretische Annahmen, sondern auch praktische Umsetzungen generieren. Sie gelten zu Recht als

---

23 Bernd Stiegler und Felix Thürlemann (Hg.), *Das subjektive Bild. Texte zur Kunstphotographie um 1900,* Paderborn 2012, Nachwort, S. 430.

24 Ebd.

25 Peter Henry Emerson, *Naturalistic photography. For students of the art,* London 1889. Zu Emersons Wahrnehmungstheorie und den verschiedenen Stadien seiner Publikationen auch Stiegler (2006), *Theoriegeschichte,* S. 142-153, oder auch Sarah Greenough, „The Curious Contagion of the Camera“, in: Dies. (Hg.), *On the art of fixing a shadow. One hundred and fifty years of photography,* Washington 1989, S. 129-153, 143.

26 Diese Formel spiegelt recht gut die in der Bevölkerung verankerte Ansicht zum Kunststatus der Photographie wider, die sich bis in die Mitte des 20. Jahrhunderts halten konnte. Peter Henry Emerson, *Naturalistic photography. For students of the art,* London 1899, S. 56.

die Gründer der kunstphotographischen Strömung, in der eine Vielzahl photographischer Amateure ihnen nachfolgen und eine neue Phase der Photogeschichte einläuten: den Piktorialismus.

1.2 EINE ELITÄRE STRÖMUNG: DER PIKTORIALISMUS

1.2.1 Die Amateure sind los!

Es ist nicht zuletzt der technische Fortschritt, der dazu führt, dass die Photographie zum Ende des 19. Jahrhundert als massentaugliches Medium Verbreitung findet und sich gleichzeitig aus den Fesseln der vermeintlich reinen Dokumentation befreit. 1871 entwickelt der britische Arzt Richard Leach Maddox die Gelatine-Trockenplatte, durch welche die Photographie einen größeren gesellschaftlichen Kreis erreicht.[27] Die Ausführung ist einfacher als bei dem bis dato führenden photographischen Entwicklungsverfahren mit der Kollodium-Nassplatte. 1888 entwirft George Eastman die Rollfilmkamera Kodak Nr. 1,[28] einen schwarzen Kasten, der kein weiteres Equipment benötigt und auf Hüfthöhe gehalten und ausgelöst wird. Plötzlich ist es für jedermann möglich, Bilder aufzunehmen. Das führt zur Etablierung eines gänzlich neuen Personenstandes, der sich nun in der Tradition Robinson und Emersons neben den Berufsphotographen[29] mit der Photographie beschäftigt: den Amateuren. Ambitionierte Privatpersonen, die mit innovativen technischen Mitteln photographische Aufnahmen so zu verändern versuchen, dass sie wie gemalte Bilder erscheinen, erobern das photographische Feld. Aus dem Streben Photographie wie malerische Kunst aussehen zu lassen, entwickelt sich nach und nach der Versuch, eine ästhetisch wie epistemisch genuin photographische Kunst zu etablieren.

Die heterogene kunstphotographische Bewegung bildet verschiedene Instrumente aus, über die sie organisiert wird und international Verbreitung findet. Zahlreiche sogenannte Amateurphotographen-Vereine entstehen weit über Europa und

27 Vgl. Greenough (1989), „The Curious Contagion of the Camera", S. 129.

28 Vgl. Lyle Rexer, *The edge of vision. The rise of abstraction in photography,* New York 2009, S. 49.

29 Bis dahin war das Feld aus Kosten- und Praktikabilitätsgründen vornehmlich den Berufsphotographen vorbehalten. Jene standen beruflich, aber vor allem ideell, in Konkurrenz zu den Amateuren. Siehe zur Beziehung beider Gruppen die Originalessays zu „Amateure gegen Berufsphotographen" in Stiegler/Thürlemann (2012), *Das subjektive Bild,* S. 153-179.

Nordamerika verstreut, die bekanntesten darunter sind die *Photo-Secession* um Alfred Stieglitz, Edward Steichen, Frank Eugene, Clarance H. White, Gertrude Käsebier und Alvin Langdon Coburn in New York, oder auch die *Brotherhood of the Linked Ring* in London, u.a. gegründet von Alfred Horsley-Hinton und Henry Peach Robinson; des Weiteren die Hamburger *Gesellschaft zur Förderung der Amateurphotographie* mit den Gebrüdern Hofmeister und der *Wiener Kamera-Klub* mit dem Wiener Trifolium Heinrich Kühn, Hugo Henneberg und Hans Watzek; in Frankreich setzt der *Photo-Club-de-Paris* um Robert Demachy und Constant Puyo Maßstäbe.[30] Doch ebenso, so könnte man sagen, wie der Begriff des Piktorialismus gleichzeitig eine Bewegung, eine Philosophie, eine Ästhetik und einen Stil benennt,[31] finden diese Modi in den verschiedenen Ländern und Schulen unterschiedliche Ausprägungen und Umsetzungen,[32] die wiederum in den Fachorganen debattiert werden. Insbesondere die ästhetische Dimension entzweit die verschiedenen Schulen: Während die eine auf Unschärfe und Negativmanipulationen als künstlerische Mittel setzt, bevorzugt die andere die sogenannte *straight photography*[33]; wo mancherorts Gummidrucke[34] mit intensiven Tonwerten vorherrschen, setzen sich andernorts vornehmlich Platindrucke[35] oder Photogravüren[36] durch.

30 Vgl. dazu bspw. Greenough (1989), „The Curious Contagion of the Camera", S. 147f.

31 Vgl. Alison Nordström und David Wooters, „Crafting the Art of the Photograph", in: Alison Nordström und Thomas Padon (Hg.), *Truth Beauty. Pictoralism and the photograph as art, 1845–1945,* Vancouver 2008, S. 30-50, 33.

32 Wenngleich Versuche unternommen wurden, einzelne Charakteristika bestimmten Nationen zuzuschreiben, handelt es sich dabei in erster Linie um spekulative Systematisierungen, derer es an Grundlage fehlt. Vgl. Kristina Lowis, „European Pictorial Aesthetics", in: Patrick Daum, Francis Ribemont und Phillip Prodger (Hg.), *Impressionist camera. Pictorial photography in Europe, 1888–1918,* London und New York 2006, S. 47-53.

33 *Straight photography* bezeichnet im Gegensatz zur *pictorial photography* die weniger manipulierte und nachbearbeitete Variante der piktorialistischen Photographie. Vertreter sind bspw. Coburn und Stieglitz; die Franzosen Demachy und Puyo, aber auch Eugene, stehen hingegen für die *pictorial photography*. Siehe dazu Sadakichi Hartmann, „A plea for Straight Photography (1904)", in: Ders., *The valiant knights of Daguerre. Selected critical essays on photography and profiles of photographic pioneers,* hg. v. Harry W. Lawton und George A. Knox, Berkeley 1978, S. 108-114: „‚And what do I call straight photography', they may ask, ‚Can you define it?' Well, that's easy enough. Rely on your camera, on your eye, on your good taste and your knowledge

Neben den Vereinen und Photo-Clubs, in denen ausgiebig über verschiedene photographische Verfahren und Praktiken gefachsimpelt wird, finden nun vermehrt Ausstellungen zur Kunstphotographie statt. Galerien, die sich ansonsten exklusiv der Malerei verschreiben – zu nennen wären etwa *Bernheim* in Paris und die *Dudley Gallery* in London, zudem auch die Museen der Bildenden Künste, wie das *Petit Palais* in Paris, die *Kunsthalle* in Hamburg oder das *Art Institute* in Chicago – zeigen nun kunstphotographische Ausstellungen.[37] Joseph Keiley, einer der Juroren des *Chicago Photographic Salon* von 1900, bezeichnet die Piktorialisten im zugehörigen Ausstellungskatalog als Helden, die endlich die Photographie befreien[38] – eine Rhetorik, die sich noch häufig im Kontext piktorialistischer Arbeiten finden wird. Gleichzeitig entstehen zahlreiche Zeitschriften und Publikationen, in denen Ausstellungen besprochen, technische Neuerungen kommentiert und neue Aufnahmen publiziert werden. Stieglitz' Zeitschrift *Camera Work*[39] wird zum Leitmedium der piktorialistischen Bewegung, Photographen von Rang

of composition, consider every fluctuation of color, light, and shade, study lines and values and space division, patiently wait until the scene or object of your pictured vision reveals itself in its supremest moment of beauty. In short, compose the picture which you intend to take so well that the negative will be absolutely perfect and in need of no or but slight manipulation." Ebd., S. 114.

34 Zum Gummidruck bzw. Gummibichromatverfahren, vgl. Museum für Kunst und Gewerbe (Hg.), *Kunstphotographie um 1900. Die Sammlung Ernst Juhl,* Hamburg 1989, Anhang.

35 Vgl. zum Platindruck, auch Platinotypie genannt, ebd.

36 Zur Photogravüre, auch Heliogravüre, vgl. Anne H. Hoy, *Enzyklopädie der Fotografie. Die Geschichte, die Technik, die Kunst, die Zukunft,* Hamburg 2006, S. 243 und Susan Stulik und Art Kaplan, *Photogravure. The atlas of analytical signatures of photographic processes,* Los Angeles 2013.

37 Vgl. Françoise Heilbrun (Hg.), *A history of photography. The Musée d'Orsay collection 1839–1925,* Paris 2009, S. 264. Die Ausmaße der piktorialistischen Bewegung verdeutlicht eindrücklich die erste, von Alfred Lichtwark initiierte Ausstellung für Amateurphotographie der Hamburger Kunsthalle 1893. Hier wurden 6000 Photographien von insgesamt 458 Amateuren ausgestellt und 20 000 Einladungen verschickt. Vgl. dazu u.a. Wolfgang Kemp, *Geschichte der Fotografie. Von Daguerre bis Gursky,* München 2011, S. 31.

38 Vgl. Nordström/Wooters (2008), „Crafting the Art of the Photograph", S. 41.

39 Dazu Alfred Stieglitz, *Camera work. The complete photographs 1903–1917,* hg. v. Simone Philippi, Hong Kong 2008.

und Namen werden hier publiziert. Ohnehin handelt es sich um eine kleine, elitäre Gruppierung vornehmlich reicher, weißer, privilegierter Männer, um die sich die piktorialistische Strömung windet. Stieglitz, selbst das Epizentrum der gesamten Bewegung, steht mit zahlreichen der anderen zentralen Figuren in stetiger Korrespondenz, es werden Aufnahmen versendet, Komplimente ausgesprochen, Gerüchte debattiert, sich über Dritte ausgetauscht. Die Piktorialisten funktionieren als hermetischer Zirkel einer privilegierten Elite, bei der die wenigsten jemals regulärer Arbeit nachgehen müssen und die es sich leisten kann, Geld, Zeit und Energie in ihre photographischen Projekte zu stecken. Die piktorialistische Photographie entspricht so vornehmlich einem teuren und zeitintensiven Hobby der Oberschicht.

1.2.2 Coburn, der Amateur

Das lässt sich eindrücklich an Alvin Langdon Coburn nachzeichnen, dessen Werdegang sich von Beginn an als genuin piktorialistischer zeigt.[40] Der am 11. Juni 1882 in Boston geborene Amerikaner wächst in einer gut-bürgerlichen Familie auf, die das Unternehmen *Coburn & Whitman Shirts* unterhält. Früh verstirbt sein Vater, so dass er mit seiner alleinerziehenden Mutter Fannie aufwächst. Aus dem kaufmännischen Umfeld heraus entwickelt sich seine Leidenschaft für die Photographie mit gerade einmal acht Jahren nach einem Umzug von der Ostküste an die amerikanische Westküste nach Los Angeles. Das Geburtstagsgeschenk eines Onkels, eine Kodak, wird dankend angenommen, Coburn vertieft sich sofort in die Arbeit mit der Kamera und wird 1898 im Alter von sechzehn Jahren von seinem Cousin Fred Holland Day, einem bereits gestandenem Kunstphotographen, entdeckt. Day erkennt Coburns Talent und nimmt ihn und seine Mutter prompt mit nach London, wo sie kunstphotographische Ausstellungen besuchen. Coburn lernt Edward Steichen und Frederick H. Evans kennen, ein Besuch von Paris ermöglicht ihm die Bekanntschaft mit Robert Demachy und Frank Eugene, auf Reisen nach Deutschland und in die Schweiz lernt er weitere Persönlichkeiten der kunstphotographischen Szene kennen.

Coburn integriert sich schnell: Bereits bei seiner Rückkehr 1902 nach Boston kann er sich rühmen, die piktorialistische Elite zu kennen. Coburn, der bis dato noch keinen Tag seines Lebens gearbeitet, sondern in einem den elitären Piktori-

40 Siehe zum gesamten biographischen Absatz Alvin Langdon Coburn, „Alvin Langdon Coburn – Photograph: Eine Autobiographie mit über 70 Reproduktionen seiner Werke (1966)“, in: Ders. (2015), *Auf der Suche nach der Schönheit*, S. 13-163, 22–29. Zitate aus der Autobiographie werden im Folgenden mit AB abgekürzt.

alisten angemessenen Habitus bis zu seinem nun zwanzigsten Lebensjahr ausschließlich gereist war und Photographien angefertigt hatte, lässt sich in New York nieder. Er eröffnet, nachdem er, wie er selbst sagt, „nie ein kommerziell betriebenes Atelier zur Anfertigung von Portraits [besaß],“ (AB 27) sein eigenes Studio 1902 auf der Fifth Avenue, verbringt jedoch viel Zeit im Studio Gertrude Käsebiers, um dort die Kunstphotographie von Grund auf zu lernen. Auf Käsebier wird die Idee zurückgeführt, dass Coburn daraufhin bei Arthur Wesley Dow Sommerkurse besucht, um so in die Kompositionslehre eingeführt zu werden.[41] Schon 1903 wird Coburn Mitglied der *Photo-Secession* um Stieglitz, und kurz darauf als eines der jüngstem Mitglieder überhaupt und als einer der wenigen akzeptierten Amerikaner in den britischen Club *Brotherhood of the Linked Ring* aufgenommen. Der künstlerische Ritterschlag folgt im gleichen Jahr, als im Mai seine erste *One-Man-Show* im New Yorker *Camera Club* stattfindet und im Juli erstmals eine seiner Photogravüren in der dritten Ausgabe von Stieglitz’ *Camera Work* publiziert wird – es folgen zahlreiche Ausstellungen und Publikationen, in *Camera Work* und anderen Fachzeitschriften. Bereits im Alter von 21 Jahren hat er alle Ziele, die ein Kunstphotograph zu damaliger Zeit anstreben konnte, erreicht: Er gilt als einer der herausragenden Photographen seiner Zeit.

Wie auch für die anderen Kunstphotographen ist für Coburn die Wahl des photographischen Entwicklungsverfahrens für seine Arbeiten von elementarer Bedeutung. Coburn ist, wie auch Stieglitz, begeistert von den Möglichkeiten der Photogravüre. Er lernt die Methode durch Craig Annan kennen, der ein großer Befürworter dieses Reproduktionsverfahrens ist und wohl eine große Wirkung auf Coburn hatte der „die kohlschwarzen und kreideweißen Töne der Fotogravüre wegen ihrer größeren Intensität den Gelatinesilber-Abzügen vorzog“.[42] Durch die Arbeit mit der Photogravüre gelingt es Coburn, nicht nur sensible Tonwerte perfekt auszuarbeiten, er selbst ist auch stolz darauf durch die Arbeit mit dem Verfahren „sowohl Handwerker als auch Künstler zu sein“[43] und sich in den Kontext der *Arts*

41 Arthur Wesley Dow war zum damaligen Zeitpunkt einer der renommiertesten und bedeutendsten künstlerischen Lehrer. Auf ihn wird auch eine kompositorische Nähe zum *japonisme* zurückgeführt. Vgl. Schaum (1995), „The Grammar of the Visual“, und Weaver (1986), *Alvin Langdon Coburn,* S. 6 und 11ff.

42 Hoy (2006), *Enzyklopädie der Fotografie,* S. 243.

43 Nancy Newhall, „Alvin Langdon Coburn – Der jüngste Stern“, in: Steinorth (1998), *Alvin Langdon Coburn*, S. 23-54, 32.

& Crafts-Bewegung[44] zu rücken. Nichtsdestotrotz ist Coburn sehr zugänglich für andere Verfahren und innovative technische Möglichkeiten, die einen photographischen Mehrwert bieten. Er interessiert sich für die Arbeit mit Farbphotographien, die „Autochromplatte, das neue, von den Brüdern Lumière entwickelte Drei-Farben-Verfahren".[45] Jenes lernt Coburn um 1906/07 bei seinem Kollegen Steichen kennen, dessen autochrome Farbphotographien er in Paris bewundert – und prompt das Verfahren erlernen möchte; er wendet es jedoch nur kurzzeitig an.

Neben der Photogravüre und dem Autochromverfahren arbeitet Coburn mit dem Gummidruck. Im Gegensatz zu zahlreichen anderen Piktorialisten wie beispielsweise auch Steichen, lehnt Coburn die nachträgliche Manipulation des Bildes ‚von Hand' mit dem Ziel malerische Strukturen durch eine veränderte Materialität zu erreichen, gänzlich ab: „Nun muss ich jedoch zugeben, dass ich weder ein Freund von Gummidrucken bin, die wie Kreidezeichnungen aussehen, noch davon, auf Negativen herumzumalen, noch von glyzerinentwickelten Platinotypien, die Tuschezeichnungen nachahmen". (AB 26) Vielmehr ist es ihm ein Anliegen, „hier sehr deutlich klar[zu]stellen, dass ich kein Freund jedweder nachträglicher Bearbeitung oder auf andere Weise vorgenommener Manipulation des Positivs oder Negativs bin."[46] Für Coburn liegt der Vorteil des Gummidrucks nicht in der Möglichkeit der handwerklichen Retusche mit Kohle und Wischer oder einem übermäßigen Weichzeichner-Effekt. Um einen gewissen Grad an Weichheit im Bild ohne die verfälschenden Möglichkeiten des Gummidrucks auszuschöpfen, arbeitet Coburn mit ausgesuchten Verfahren und Mitteln – „soft-focus lenses and platinum printing to produce clarity without sharpness and softness wihout fuzziness."[47] Doch obwohl Coburn dem Gummi- stets den Platindruck vorzieht, nutzt er ersteren, um seinen Photographien mehr Ausdruck zu verleihen und die Ton-

44 „In the wake of the Arts and Crafts Movement, Europe engaged with an aesthetics seeking to limit the influence of industrially produced objects. The cultural environment, particularly in the higher social strata, was aesthetically demanding." Allen Staley, *The new painting of the 1860s. Between the pre-raphaelites and the aesthetic movement,* New Haven 2011, S. 48.

45 Newhall (1998), „Alvin Langdon Coburn – Der jüngste Stern", S. 32. Zum Autochrome vgl. Museum für Kunst und Gewerbe (1989), *Kunstphotographie um 1900,* Anhang.

46 Alvin Langdon Coburn, „Alvin Langdon Coburn, Künstlerischer Photograph – Von ihm selbst (1913)", in: Ders. (2015), *Auf der Suche nach der Schönheit*, S. 279-284, 284.

47 Weaver (1986), *Alvin Langdon Coburn,* S. 29.

werte nachhaltig zu verschärfen und dadurch zu verbessern: „Platin ist von silbriger Zartheit und hat ein breites Spektrum von Grauschattierungen, aber sein Weiß ist wäßrig und sein Schwarz blaß; Coburn arbeitete mit seiner Beschichtung aus Gummi und Vandyckbraun-Pigmenten, um dem Schwarz Tiefe zu geben und das Weiß zum Schimmern zu bringen."[48] Coburns Spiel mit den verschiedenen Techniken orientiert sich stets an seinen persönlichen Überzeugungen und Vorstellungen darüber, was er in seinen Photographien darstellen und ausdrücken möchte. Versteht er ein Übermaß an Weichheit und Verschwommenheit im Bild als Manko, so schöpft er doch aus den Möglichkeiten veränderbarer Tonwerte, gemäßigter Unschärfe und dem Wert von Pigmentpapier oder *Soft-focus*-Linsen.

1.2.3 Malerische Photographie

Der hohe Stellenwert technischer und chemischer Aspekte des photographischen Verfahrens in der Photographie zeichnet in besonderer Weise die Amateurphotographie aus. Durch die Bildmanipulationen ist Aufnahme nicht gleich Aufnahme. In mehreren Schritten entstehen völlig individuelle Bilder: Nach der Auswahl des Bildsujets, der inneren Bildkomposition und der Aufnahme der Szenerie mit einer bestimmten Kamera, einem bestimmten Objektiv mit ausgewählter Linse und möglicherweise aufgesetzten Filtern, folgt der zweite Teil der photographischen Arbeit. Nun werden möglicherweise mehrere Negative miteinander zu einem komponiert und im Anschluss je nach Vorliebe direkt bearbeitet (beispielsweise durch Übermalen oder Zerkratzen). Daraufhin folgen mit der Wahl des photographischen Entwicklungsverfahrens und dessen Durchführungsmodi wiederum Entscheidungen über die Schärfe, die Körnigkeit des Bildes, die Tonwerte, den Farbton im Bild. Was der Photograph am Schluss in den Händen hält, ist keinesfalls eine reproduzierbare Photographie, sondern ein künstlerisches Unikat. Und jenes soll, folgt man einem der zentralen Motive der piktorialistischen Kunsttheorie, eine gewisse Stimmung[49] transportieren. Der Photographietheoretiker und

48 Newhall (1998), „Alvin Langdon Coburn – Der jüngste Stern", S. 25.

49 Der Begriff der „Stimmung" (franz. *l'effet*; engl. *effect)* des „Stimmungsvollen" ist von großer Bedeutung für die Kunstphotographie. Es existiert jedoch keine einheitliche Definition unter den Piktorialisten dafür, was eine passende Stimmung im Bild ausmacht. Grundsätzlich kann die Definition von Kerstin Thomas für eine erste Vorstellung des Begriffs dienen: „Der ästhetische Zustand der Stimmung ist an das Erlebnis einer Totalität geknüpft, bei dem sich Unterschiede auflösen zugunsten einer Gesamtqualität."

Photographiekritiker Charles Henry Caffin schreibt 1901: „The picture, whether it reflects the feeling of the artist or embodies the impersonal poetry of nature, shall be able to affect us [die Rezipienten; C.H.] with some recognizable emotion."[50] Willi Warstat[51] beschreibt die Aufgabe des Künstlers, „seinen künstlerisch-ästhetischen Eindruck, den er gegenüber dem Objekt empfangen hat, zu fixieren und ihn bei sich und bei anderen jederzeit reproduzierbar zu machen."[52] Eben diese Leistung ist es, die laut Warstat Photographie zu Kunst werden lässt.[53] Denn er unterscheidet Photographie in „persönlich/künstlerisch vs. unpersönlich/wissenschaftlich,"[54] und kategorisiert sie so binnen des Mediums als Kunst *oder* Wissenschaft.[55] Damit entwirft er 1913 aus einer fast schon retrospektiven Betrachtung der piktorialistischen Strömung eine maßgeschneiderte Kunsttheorie der Photographie.[56]

Der vage Begriff der Stimmung im Kontext einer persönlichen, subjektiven Photographie steht nun für die Philosophie und das Ideal der piktorialistischen Bewegung selbst, Photographie aus ihrem Kontext vermeintlicher Objektivität herauszulösen:

Es werde „die Stimmung zu einer ästhetischen Kategorie befördert, die auf ausgezeichnete Weise die Disposition der Person oder den spezifischen Charakter einer Szenerie wiederzugeben vermag." Kerstin Thomas, „Stimmung als ästhetische Kategorie und künstlerische Praxis", in: Dies. (Hg.), *Stimmung. Ästhetische Kategorie und künstlerische Praxis,* Berlin 2010, S. VI-X, VIII-IX.

50 Charles Henry Caffin, *Photography as a fine art,* New York 1972 [1901], S. 150.

51 Willi Warstat war neben Fritz Matthies-Masuren, Alfred Lichtwark, Ernst Juhl und Fritz Loescher einer der zentralen Unterstützer der Kunstphotographie in Deutschland. Vgl. Christine Kühn, *Kunstfotografie um 1900. Die Sammlung Fritz Mathies Masuren 1837–1938,* Berlin 2003.

52 Willi Warstat zit. n. Stiegler (2006), *Theoriegeschichte*, S. 158.

53 In zwei Veröffentlichungen thematisiert Warstat den Kunstwert der Photographie: Willi Warstat, *Allgemeine Ästhetik der photographischen Kunst auf psychologischer Grundlage. Für Künstler und Freunde photographischer Kunst,* Halle/S. 1909 und Ders., *Die künstlerische Photographie. Ihre Entwicklung, ihre Probleme, ihre Bedeutung,* Leipzig und Berlin 1913.

54 Stiegler (2006), *Theoriegeschichte,* S. 155.

55 Vgl. ebd.

56 Vgl. auch Lowis (2006), „European Pictorial Aesthetics", S. 51.

„Pictorialism was, ultimately, not so much a style or a look as it was a philosophy. The idea of the photograph as a work of art and the print as a carefully hand-crafted unique object equal to a painting or a sculpture was established in the Pictorialist years [...]. The idea of the photograph as art commodity rather than an aura-free and infinitely reproducible image is also part of the Pictorialist legacy."[57]

Vorbild einer solchen stimmungsvollen und einzigartigen Kunst ist die Malerei, allerdings keine zeitgenössisch moderne, progressive Malerei der Jahrhundertwende wie sie etwa der Expressionismus hervorbrachte, sondern eher die Malerei der Impressionisten – deren Augenmerk insbesondere auf die Natur in ihrem Farben- und Lichtspiel gerichtet war –, der symbolisch inspirierten Präraffaeliten oder der Barockkünstler und ihren kontrastreichen Licht- und Schattenvariationen,[58] die sich bereits in den 1840er und 50er Jahren bei David Octavius Hill und Robert Adamsons Kalotypien[59] wiederfinden. Hill und Adamson setzen in ihren Arbeiten auf eine leichte Unschärfe, die, ähnlich zu Emersons *fuziness,* von den Piktorialisten bevorzugt wird, um so die „unbarmherzige Schärfe im Bild,"[60] die symptomatisch für die wissenschaftliche Photographie erscheint, zu vermeiden. Weiche Tonwerte und malerische Komponenten, die nicht vorrangig Informationen im Bild transportieren,[61] sind weitere, nicht wissenschaftlich argumentierende Aspekte der Photographien Hill und Adamsons. Ähnlich verhält es sich beispielsweise mit den Aufnahmen Julia Margaret Camerons, die vorrangig zwischen 1864 und 1875 photographische Arbeiten anfertigte, welche, ebenfalls oftmals unscharf gehalten, allegorische Studien abbilden.[62] Nun ist es nur wenig überraschend, dass es neben anderen eben diese Vorreiter einer künstlerischen Photographie sind, auf die sich die Photographen der kunstphotographischen Strömung stützen.[63] Auch

57 Nordström/Wooters (2008), „Crafting the Art of the Photograph", S. 48.

58 Vgl. dazu Ulrich F. Keller, „The Myth of Art Photography: An Iconographic Analysis", in: *History of photography,* 9 (1985), S. 1-39, 3ff.

59 Zur Kalotypie, auch Talbotypie genannt, vgl. Michel Frizot, „Calotype", in: Heilbrun (2009), *A history of photography*, S. 37-42. Mitunter wurden jene aus der Hand David Octavius Hills und Robert Adamsons mit „Rembrandt, nur besser" (zit. n. Kemp (2011), *Geschichte der Fotografie,* S. 21f) verglichen.

60 Gustav Pauli zit. n. Stiegler/Thürlemann (2012), *Das subjektive Bild,* Nachwort, S. 424.

61 Vgl. Nordström/Wooters (2008), „Crafting the Art of the Photograph", S. 34.

62 Vgl. ebd.

63 Coburn widmet 1915 einen Artikel den „alten Meistern der Photographie", welche er namentlich mit Magaret Cameron, David Octavius Hill & Robert Adamson, Thomas

zeitgenössische Publizisten und Kritiker, die der Kunstbewegung nahe stehen, unterstreichen diese Linie. So schreibt beispielsweise Fritz Loescher, Herausgeber des *Deutschen Camera Almanachs* 1903, „die Fäden gehen direkt von Hill zu den heutigen Gummidruckern und ihren rein auf den malerischen Effekt gestellten Werken“.[64] Und auch ideell schließt der Piktorialismus unmittelbar an die Frühzeit künstlerischer Arbeiten an: „My aspirations are to ennoble Photography and to secure for it the character and uses of High Art combinig the real & ideal and sacrificing nothing of Truth by all possible devotion to Poetry an beauty,“[65] formuliert es Julia Margaret Cameron selbst.

Es ist im Sinne Robinsons „the high art of their time“[66], die den Piktorialisten Vorbild ihrer Aufnahmen ist. Dadurch zeichnet sich bereits hier eine eigentümlich anmutende Positionierung der piktorialistischen Photographie ab: Das neue Medium der Photographie entwickelt zum einen eine moderne Kunstauffassung, bei der Photographie eben künstlerisch sein kann, und stützt sich zum anderen auf klassische und traditionelle Mittel der Malerei.

Diese Besinnung auf die Malerei zeigt sich sowohl in der Imitation der Malerei mittels materieller Marker wie vermeintlicher Pinselstriche oder Bleistiftstricheleien, die auf das Negativ gekratzt werden, oder aber durch eine das technische Verfahren hervorgerufene grobkörnige Optik, die unmittelbar an impressionistische Gemälde erinnert. Auch die Frage nach Schärfe versus Unschärfe, die eine regelrechte Grundsatzdebatte[67] auslöst, trägt wesentlich zum malerischen, stimmungsvollen Gehalt der Aufnahmen bei. Die Orientierung an der Malerei bedeutet für das photographische Medium auch die Erschließung neuer Bildmotive: Landschaftsaufnahmen und Personenabbildungen, Naturphänomene, Architektur, stimmungsvoll inszenierte Bildnisse. Ein weiteres Mittel Photographien an Gemälde anzugleichen und damit den eigenen Kunstwert zu erhöhen, liegt im neuen Format der Abbildungen: Gerade der Gummidruck ermöglichte es, Photographien in sehr großen und damit einhergehend dekorativen Formaten zu entwickeln.[68]

Keith und Lewis Carroll benennt. Alvin Langdon Coburn, „Die alten Meister der Photographie (1915)“, in: Ders. (2015), *Auf der Suche nach der Schönheit*, S. 301-309.

64 Zit. n. Stiegler (2006), *Theoriegeschichte,* S. 140.

65 Julia Margaret Cameron zit. n. Nordström/Wooters (2008), „Crafting the Art of the Photograph“, S. 35.

66 Ebd.

67 Siehe die kontroversen Originaltexte zum Diskurs im Kapitel „Scharf oder Unscharf. Der Gummidruck“ bei Stiegler/Thürlemann (2012), *Das subjektive Bild,* S. 181-220.

68 Vgl. Stiegler/Thürlemann (2011), *Lichtmaler,* S. 38.

1.3 TRADITION UND MODERNE

1.3.1 Mimesis und Abstraktion

Die zwei Pole von ästhetischer Darstellung einerseits und mimetischer Abbildung andererseits verhandelt die Photographie in der Auseinandersetzung mit der Kunst und positioniert sich dabei neu.[69] Nicht zuletzt gerät durch die präzise und detaillierte Photographie die Rolle der Malerei als mimetisch abbildendes Verfahren ins Schleudern und muss neu geeicht werden. Denn so wie sich die Photographie schwertut, sich als künstlerisches Medium zu etablieren, wird die Malerei als Abbildungsmedium in Frage gestellt. Auch wenn man die Neuausrichtung der Malerei nicht nur auf die Photographie zurückführen darf, sucht sich die Malerei neue Wege der Darstellung. Ab 1900 arbeitet sie stärker Wirklichkeit abstrahierend und gar gegenstandslos, ein einschneidender Bruch in ihrer Geschichte, und wendet sich darin dezidiert von der mimetischen Nachahmung ab.[70] Die Photographie hingegen – zumindest binnen ihres kunstphotographisch ausgerichteten Arms – wehrt sich gegen die Rolle perfekter Dokumentation und sucht durch eine nachgerade Verkünstlichung und Besinnung auf Symbole und Reduktionen – und ab Coburns *Vortographien* 1916 auch radikalen Abstraktionen – ihre Mimesisfunktion abzustreifen und den eigenen Bildtypus neu zu denken, zu verorten und auszutesten. Eine Entwicklung, die Ulrich Pohlmann als geradezu revolutionär beschreibt, denn „wohl erstmals in der Geschichte der Fotografie wurden die experimentellen Möglichkeiten des Mediums ausgelotet und einer subjektiven Symbolsprache zum Durchbruch verholfen, in der die Fotografie auch als flächiges, grafisches Medium

69 Vgl. Stiegler (2006), *Theoriegeschichte,* S. 142. Und ebd.: „Erstens läßt sich die Photographie insgesamt als ein Reflexionsmedium der Wahrnehmung verstehen. […] Zweitens zeigt sich in der Photographie die Krise des Mimesiskonzepts, die auch in der Literatur und in der Bildenden Kunst zu beobachten ist. Drittens wird in diesen Diskussionen deutlich, daß sich Mitte des 19. Jahrhunderts allmählich ein neues Bildmodell abzeichnet, das sich zu Beginn des 20. Jahrhunderts durchsetzen wird. […] Diese drei Modelle – Wahrnehmung, Mimesis, neues Bildmodell – bestimmen die photographischen und ästhetischen Diskurse im 19. Jahrhundert."

70 Zur abstrakten Kunst siehe bspw. Dietmar Elger, *Abstrakte Kunst,* Köln 2008 und auch Klaus von Beyme, *Das Zeitalter der Avantgarden. Kunst und Gesellschaft. 1905–1955,* München 2005.

und als internationaler Stil wahrgenommen wurde."[71] Die piktorialistische Photographie bildet den Ausgangspunkt eines Spiels mit den Möglichkeiten des Mediums sowohl ästhetisch als auch epistemologisch: Welche Motive werden gezeigt? Wie funktioniert eine photographische Aufnahme kompositorisch? Welche Rolle spielt die Perspektive? Photographiert man maßgeblich so wie man sieht – oder sieht man eher so, wie man photographiert? Wie beeinflusst die Photographie unsere Wahrnehmung? Was passiert im Moment der Abbildung mit dem abgebildeten Gegenstand und seinem Referenten? An welche ontologischen Gegebenheiten ist die Photographie gebunden?

Interessanterweise folgt die sich mittlerweile im Prozess der Emanzipation befindende Photographie der Malerei auch auf dem Weg aus der Nachahmung. Bedeutete Piktorialismus die Kunstwerdung der Photographie durch malerische Mittel und schafft es die Photographie durch ein eigenes Bildprogramm sich nach und nach von dieser zu lösen, folgt sie ihr wiederum in ihrer Unternehmung ‚Abstraktion', womit sowohl eine die Wirklichkeit entfremdende als auch gegenstandslose Kunst gemeint wird.[72] Mit der Folge, dass sich die Photographie der Frage stellen muss, ob sie grundsätzlich zu einer ontologisch angelegten Form der Abstraktion fähig ist und nicht trotz von der Wirklichkeit entfremdenden Überlagerungen, Kompositionen und Verkünstlichungen stets das abbildet, was sich im Moment der Aufnahme vor der Kamera befindet – und so neben dem Abgebildeten schlussendlich auch und insbesondere die eigenen Mittel repräsentiert.[73] Der recht unzulängliche Begriff der Abstraktion muss folglich differenziert betrachtet werden. Hier gilt es zu unterscheiden zwischen der Abstraktion als photographi-

71 Ulrich Pohlmann, „Der Traum von Schönheit: Das Wahre ist schön, das Schöne wahr. Fotografie und Symbolismus 1890–1914", in: *Fotogeschichte,* 15/58 (1995), S. 3-26, 26.

72 Abstraktion im Kontext der Kunst umfasst allgemeinhin sowohl eine die Wirklichkeit abstrahierende, als auch eine gegenstandslose Kunst, wobei unter zweitere auch die konkrete Kunst zu fassen ist. Allerdings sind auch hier die Grenzen fließend. Tatsächlich ist der Begriff der Abstraktion unzulänglich, führt er doch eine Vielzahl von Variationen unter seinen Flügeln. Vgl. Beyme (2005), *Das Zeitalter der Avantgarden,* 356ff.

73 Zur abstrakten Photographie siehe Kathrin Schönegg und Bernd Stiegler (Hg.), *Abstrakte Fotografie,* Themenheft *Fotogeschichte,* 34/133 (2014); Rexer (2009), *The edge of vision* und Gottfried Jäger, *Abstrakte Fotografie. Eine Kunstform des 20. Jahrhunderts,* Hannover und Bielefeld 2002.

schem Verfahren und der Abstraktion im Sinne einer photographischen Konkretion.[74] Ersteres beschreibt im Folgenden formalästhetisch Reduktionen auf Strukturierungen, Details und Formen im Bild, zweiteres bezieht sich auf die ontologische Dimension, bei der nicht ein Außen abstrahiert, sondern stattdessen das Innen konkretisiert wird. Die konkrete Photographie als Schwesterndisziplin der abstrakten Photographie, deren Grenzen ineinander verschwimmen, führt so zu „Fotografien der Fotografie".[75] Piktorialistische, symbolische Kompositionen lassen sich in diesem Kontext mitunter als Metaphern und so als Abstraktionen von Wirklichkeit begreifen, während Bilder, die durch ein Höchstmaß an Selbstreflexion nur noch auf sich selbst verweisen, nicht Wirklichkeit abstrahieren, sondern konkretisieren oder absolutieren: Es handelt sich um die Selbstbebilderung der Photographie in ihren Möglichkeiten. Coburns Vortographien sind so als die ersten konkreten oder absoluten Photographien zu denken, wenngleich er selbst von „abstrakten Photographien"[76] spricht. Mit seinem Aufruf nach einer abstrakten Photographie – die eigentlich eine konkrete oder absolute ist – befindet sich Coburn auf der Höhe der Zeit. Zumindest dann, wenn man den selbstreflexiven Diskurs der Malerei betrachtet: Noch bevor Theo van Doesburg 1924 die konkrete Malerei ausruft und Kasimir Malewitsch 1915 zum Suprematismus schreibt, dass „Kunst nur sich selbst zum Inhalt haben kann. So finden wir in ihr nicht die

74 „Ihre [der Konkreten Fotografie, C.H.] Werke sind reine Fotografie: Nicht Abstraktionen von Wirklichkeit, sondern Konkretionen von in der Fotografie enthaltenen bildnerischen Möglichkeiten." Gottfried Jäger, „Konkrete Fotografie", in: Ders., Rolf H. Krauss und Beate Reese (Hg.), *Concrete photography. Konkrete Fotografie,* Bielefeld 2005, S. 43-54, 43. Zur konkreten oder absoluten Photographie im Allgemeinen siehe den gesamten Band und auch Gottfried Jäger, *Abstrakte, konkrete und generative Fotografie. Gesammelte Schriften,* hg. v. Bernd Stiegler, Paderborn 2016.

75 Jäger (2005), „Konkrete Fotografie", S. 43.

76 Ob die Vortographie nun abstrakt oder konkret ist, lässt sich nur argumentativ bestimmen. Die vorliegende Arbeit schließt sich dabei der Perspektive Gottfried Jägers und Rolf H. Krauss' an, wonach es sich um konkrete photographische Aufnahmen handelt, ebd., S. 49. Dazu weiter Rolf H. Krauss, „Kleine Geschichte der konkreten Fotografie", in: Jäger/Krauss u.a. (2005), *Concrete photography*, S. 109-119, 110f; Lyle Rexer behandelt demgegenüber Coburns Vortographie epistemisch als abstrakte Photographie, vgl. Rexer (2009), *The edge of vision,* 55f.

Idee von irgendetwas, sondern nur die Idee der Kunst selbst, von ihrem Selbstinhalt,“[77] benennt Wassily Kandinsky bereits 1910 eine „absolute Malerei“[78]. Coburn dachte die Photographie als Kunst in diesem sich selbst verpflichteten Sinne und versuchte, in seinen Arbeiten „die Idee der Kunst selbst“ umzusetzen – am Konsequentesten gelingt ihm dies mit seinen Vortographien.

1.3.2 Strukturierung und Symbolismus

Es handelt sich binnen der photographischen Entwicklung auf dem Weg in die Abstraktion um eine kontinuierliche. Von Beginn an existiert in der piktorialistischen Strömung ein Sinn für die graphische Erschließung des Bildraums. Als künstlerische Vorlage für Kompositionen und Strukturmerkmale im Bild wird dafür die unter anderem von Arthur Wesley Dow gelehrte und sich auf die japanische Kunst stützende Kompositionslehre angeführt.[79] Der um sich greifende *japonisme* des endenden 19. Jahrhunderts wird nicht zuletzt von Sadakichi Hartmann als moderne Bezugsgröße für strukturelle Formationen im Bild genannt: „Hartmann attributed all kinds of characteristics of modern art to the Japanese influence: parallelism of vertical and of horizontal lines, eccentric and asymmetrical composition and new space composition in general, the aerial treatment of aspects of nature.“[80]

Es ist auch Sadakichi Hartmann, der 1910 die strukturellen Möglichkeiten des Gegenstandes selbst als kompositionelle Leitmotive benennt: „Jeder Gegenstand sollte seine eigene Komposition hervorbringen. Die ihm eigenen *Formen und Strukturen*, Linien und Flächen sollen sein Erscheinen im Bild bestimmen.“[81] Oft

---

77 Kasimir Malewitsch zit. n. Hans Platschek, „Die sprachlosen Propheten: Kandinsky, Mondrian, Malewitsch“, in: *Frankfurter Hefte. Zeitschrift für Kultur und Politik,* 30/1 (1975), S. 57-66, 61.

78 *Forum Konkrete Kunst Erfurt*, online: www.forum-konkrete-kunst-erfurt.de/index.php?id=14, zugegriffen am 3.11.2017; vgl. auch Beyme (2005), *Das Zeitalter der Avantgarden,* 356ff.

79 Vgl. Weaver (1986), *Alvin Langdon Coburn*, S. 11-22, 12.

80 Sadakichi Hartmann, *Japanese art,* Boston 1904, zit. n. Weaver (1986), *Alvin Langdon Coburn*, S. 12.

81 Sadakiki (sic!) Hartmann, „Neue Möglichkeiten der Bildkomposition (1910)“, in: Wolfgang Kemp und Hubertus von Amelunxen (Hg.), *Theorie der Fotografie. Band 1,* München 1979, S. 274-276, 275, zit. n. Gottfried Jäger, „Wille zur Form: Zur Konfigu-

zeigen sich strukturierende Formen bereits in frühen stimmungsvollen Aufnahmen. „Form und Struktur“,[82] wie sie dann auch Alvin Langdon Coburn in seinem Essay „Die Zukunft der bildmäßigen Fotografie“ ausruft, sind zu Beginn der piktorialistischen Phase zwar nicht das diskursprägende Motiv. Aber es lassen sich Vorboten dieses von Hartmann gestützten Wunsches, der sodann bei Coburn zur Forderung nach einer „Ausstellung zum Thema Abstrakte Photographie“[83] führt und den Diskurs um eine solche eröffnet, nicht leugnen. Tatsächlich scheint der Blick für Form und Struktur im piktorialistischen Bild kontinuierlich anzuwachsen „The fact that the image corresponded to a single instant was countered by the staging of atmosphere and pose, which,“ wie Kristina Lowis schreibt, „were reduced to essentials to obtain a simplification sometimes close to abstraction (through framing, contrast, and tones).“[84]

So beispielsweise das wiederkehrende, romantisch idyllische Bildmotiv von Baumstämmen und ihren tief fallenden Schatten im Schnee von Bäumen, die als Geraden den Bildraum zerlegen, oder anderen Strukturen wie Regentropfen, die die Aufnahme mit einem Muster versehen. Hier zeigt sich ein ästhetisch umgesetztes abstrahierendes Bildverständnis, das jedoch gleichzeitig mit symbolischen Elementen, wie beispielsweise der wiederkehrenden Glaskugel, um ein besonders augenfälliges zu nennen, gepaart ist.[85] Der Symbolismus, der hier nicht nur als Stilrichtung, sondern vielmehr als umfassende Geisteshaltung gedacht wird,[86]

---

ration formgebender Konzepte im fotografischen Bild 1916 bis 1968“, in: Schönegg/Stiegler (2014), *Abstrakte Fotografie*, S. 13-20, 16. [Kursivierung in der zitierten Quelle.]

82 So die Übersetzung in Coburn (1980), „Die Zukunft der bildmässigen Fotografie (1916)“, S. 58. In der Coburn-Edition (Coburn (2015), „Die Zukunft des Piktorialismus (1916)“, S. 315) ist diese Stelle mit „ein Sinn für Gestaltung und Formgebung“ übersetzt. Im Original (Alvin Langdon Coburn, „The Future of Pictorial Photography“, in: *Photograms of the Year* (1916), S. 23f, 24) heißt es „a sense of design“.

83 Coburn (1980), „Die Zukunft der bildmässigen Fotografie (1916)“, S. 58.

84 Lowis (2006), „European Pictorial Aesthetics“, S. 51.

85 Ulrich F. Keller weist darauf hin, dass die Piktorialisten sich auch immer wieder voneinander dezidierte Kompositionen „ausliehen“, weshalb manches Arrangement in verschiedenen Photographien auftaucht. Dabei bezieht er sich allerdings in erster Linie auf vollständige Bildkompositionen und weniger auf einzelne Motive, für die jedoch ähnliches gilt. Vgl. dazu Keller (1985), „The Myth of Art Photography“, S. 3.

86 Symbolismus wird im Folgenden vorrangig als Geisteshaltung gesehen. Dabei gilt, dass im Symbolismus eine Sache immer in ihrem Sinnhorizont zu betrachten ist, da sie stets

steht der piktorialistischen Photographie nahe,[87] was nicht zuletzt am Versuch der stimmungsvollen Wiedergabe der Natur liegt: „Pictures by the Pictorialists very often have something immaterial about them: they are like visionary apparitions symbolically representing the inner life as it is felt.“[88] Auch bei Coburn geben sich Bezüge auf ein geltendes Gesamtgefüge aus Mensch, Photographie und Welt zu erkennen. Zu Stieglitz' Aufnahme *Winter on Fifth Avenue*, abgedruckt im Jahre 1910 in *Camera Work*, schreibt er: „Wenn Sie es nun einen ‚verklärten Schnappschuss' nennen möchten, dann sollten Sie bedenken, das Leben hat oft dieselbe Qualität. Wir sind bloße Kometen am Firmament der Ewigkeit.“ (ZuK 273) Die Photographie wird mit dem Leben gleichgesetzt, der Mensch erscheint als Komet in der Unendlichkeit. Die Wirklichkeit funktioniert als Einheit, alles bezieht sich aufeinander, die Kamera ist im wahrsten Sinne des Wortes das Medium der Wahl: es „bleibt doch stets etwas Geheimnisvolles übrig. [...] Sie [die Kamera, C.H.] lehrt einen, sich die Welt ringsum genau anzusehen.“[89]

Daneben wächst der Anteil formalästhetisch abstrahierender Strukturen insbesondere in der *straight photography*, die sich als Variante des Piktorialismus ab den 1910er Jahren herausbildet, an. Die Photographie scheint ganz kontinuierlich eine abstrakte Formsprache und gleichzeitig eine symbolische Inszenierung zu entwickeln. Scheinen Symbolismus und Abstraktion als photographische Verfahren auf den ersten Blick dabei recht unvereinbar zu sein, so entpuppen sie sich als harmonische Partner. Nicht nur der Expressionist Kandinsky platziert sich zwischen Abstraktion und russischem Symbolismus: Er setzt sich in seinen Arbeiten

nicht nur sich selbst, sondern viele andere Komponenten miteinschließt und so auf ein Gesetz im Weltganzen hindeutet. Gerade unter den Piktorialisten war eine symbolistische, das geistige und emotionale umfassende Haltung weit verbreitet. Zum Symbolismus siehe ausführlicher bei Hans H. Hofstätter, *Symbolismus und die Kunst der Jahrhundertwende. Voraussetzungen, Erscheinungsformen, Bedeutungen,* Köln 1965. Zur Definition des Symbolismus siehe S. 13-48.

87 „The art photography of the late nineteenth century seems to have followed the Symbolist injunction [...] to develop an autonomous pictorial language, independent of external reality.“ Ulrich Pohlmann, „Symbolism and pictorialism: The influence of Eugène Carrière's painting on art photography around 1900“, in: Daum/Ribemont u.a. (2006), *Impressionist camera*, S. 87-92, 89; vgl. auch Pohlmann (1995), „Der Traum von Schönheit“ und Colleen Denney, „The Role of Subject and Symbolism in American Pictorialism“, in: *History of Photography*, 2/13 (April-Juni 1989), S. 109-128.

88 Pohlmann (2006), „Symbolism and pictorialism“, S. 89.

89 Coburn (2015), „Künstlerischer Photograph (1913)“, S. 280.

mit zahlreichen Formen der abstrakten Malerei auseinander und begreift symbolistische Photographie gleichzeitig als verwandte und vielleicht verstärkende Ausdrucksweise.[90] Auch die Vertreter des die Wahrnehmung revolutionierenden, auf Strukturen und Formen abzielenden *Neuen Sehens*[91] in den 1920er Jahren erkennen „die Gesetze des Lebens als Gesetze der Form [...]. Diese Gesetze haben dann auch im Bereich der Kultur und der Technik Gültigkeit, da sich in Bildern der Natur wie in Bildern der Kultur dieselben Formen finden lassen."[92] Die Vorstellung eines erweiterten Sinnhorizonts, in dem sich ebenfalls eine Weltordnung erkennen lässt und in jedem Ding der Welt wiederzufinden ist, liegt so nicht weit von eben jener Vorstellung einer Ordnung der Form. Symbolismus und Abstraktion als photographisches Verfahren scheinen vielmehr eng miteinander verwoben ihre Funktion bei den Erkundungen ästhetisch-epistemischer Möglichkeiten künstlerischer Photographie einzunehmen.

Interessantes Beispiel dieser Beziehung ist Alfred Stieglitz' Wolkenserie *Equivalents,* in der Wolkenbilder, wie der Name bereits vorgibt, als Metaphern funktionieren (vgl. Abb. 66). „These unearthly, dematerialized images represent the [...] yearning for spiritual enlightenment (they are always ‚heavenly')".[93] Gleichzeitig ist ihre Abstraktion jedoch so fortgeschritten, dass sie sich „ebenso vom Autor wie vom Betrachter lösen, ‚letztlich kein anderes Sujet haben als die Fotografie selbst.'"[94] Stieglitz selbst schreibt zu seinen *Equivalents*, „es handelte

90 Vgl. Pohlmann (2006), „Symbolism and pictorialism", S. 88.

91 Zum *Neuen Sehen* siehe u.a. Herbert Molderings, „Überlegungen zur Fotografie der Neuen Sachlichkeit und des Bauhauses", in: *Kritische Berichte,* 5 (1977), S. 67-88; Rainer Wick (Hg.), *Das neue Sehen. Von der Fotografie am Bauhaus zur Subjektiven Fotografie,* München 1991; Georg Jäger, Ernst Fischer und Stephan Füssel, *Geschichte des deutschen Buchhandels im 19. und 20. Jahrhundert,* Frankfurt/M. 2001; Christine Kühn, *Neues Sehen in Berlin. Fotografie der Zwanziger Jahre,* Berlin 2005; Stiegler (2006), *Theoriegeschichte,* S. 185-308. Siehe dazu auch Kap. 3.2.1.

92 Stiegler (2006), *Theoriegeschichte,* S. 234.

93 Andy Grundberg, „The Representation of Abstraction: The Abstraction of Representation", in: Ders., Jerry Saltz und Jimmy de Sana (Hg.), *Abstraction in contemporary photography,* Richmond 1989, S. 6-10, 7.

94 Eingefügtes Zitat von Philippe Dubois, *Der fotografische Akt. Versuch über ein theoretisches Dispositiv [L'Acte Photographique, 1983],* Amsterdam 1998, zit. n. Timm Starl, „Eine kleine Geschichte der Wolkenfotografie", in: Berthold Ecker, Johannes Karel und Timm Starl (Hg.), *stark bewölkt. Flüchtige Erscheinungen des Himmels,* Wien 2009, S. 22-41, 30.

sich um reine Fotografien".[95] Auch Coburn formuliert, er sei „Anhänger einer reinen Photographie, die auf ihrem eigenen Gebiet unerreichbar bleibt." (AB 26) Die hier aufgezeigten Zitate lassen ahnen, wie die epistemische Konstruktion „reiner Photographie" funktioniert: Im Moment der Verkünstlichung und Symbolisierung der Wirklichkeit ist der erste Schritt hin zu abstrakten und weiter konkreten Aufnahmen bereits getan, die Kunstwerdung selbst ist als Vorstufe der Abstraktion zu denken. Aus dieser Perspektive ist die gegenstandslose Photographie in Form der Vortographien eine geradezu logische Entwicklung des Prozesses der Kunstwerdung der Photographie im Piktorialismus.

Doch auch in den Arbeiten von Coburn und seinen Kollegen sind traditionelle Modelle verwurzelt, die gegenüber den Avantgarden des 20. Jahrhunderts anachronistisch verortet sind. Aus dieser Perspektive entpuppt sich auch das Symbolische im Bild als ästhetische Figur eines traditionellen Bildmodells.[96] Es zeigt sich, dass im Verhältnis Tradition–Moderne das Symbolische als Grenzgänger funktioniert und je nach Blickwinkel, ästhetischer Darstellung und Ausrichtung unterschiedliche Rollen einnimmt. Ästhetisch erscheint das Symbolische im Bild traditionell, während es epistemisch einerseits eine Absage an die reine Dokumentation erteilt und stattdessen Wirklichkeit abstrahiert, andererseits jedoch im Gegensatz zum konkretisierenden Moment einer Photographie über Photographie sich auf ein Außen – wenngleich ein anderes als die abgebildete Wirklichkeit – bezieht. Die konkrete Photographie bezieht sich hingegen auf das Innen des Bildes selbst. Schematisch gedacht, bedeutet das, dass sich gerade die *straight photography* der piktorialistischen Bewegung zwischen dem traditionellen, ästhetischen Bildmodell und der epistemischen Loslösung von einem solchen hin zur vollständigen Konkretion bewegt. Dabei funktionieren die Strukturierung des Bildraums einerseits und die Symbolisierung von Motiven andererseits als zentrale Marker: Während die abstrahierenden Strukturen nur auf das Innen des Photos, seine Komposition und Formensprache und seine photographischen Eigenschaften verweisen, zeigen die abstrahierenden Symbolisierungen auf ein Außen als größeres Ganzes.

---

95 Alfred Stieglitz, „Wie ich dazu kam, Wolken zu fotografieren [How I Came to Photograph Clouds, 1923]", in: Stephan Kunz, Beat Wismer und Johannes Stückelberger (Hg.), *Wolkenbilder. Die Erfindung des Himmels,* München 2005, S. 85-89, 88.

96 Bernd Stiegler beschreibt die Position als „eigentümliche Zwitterstellung der Kunstphotographie zwischen einer traditionellen ästhetischen Ausrichtung, die auf die Macht des Symbolischen setzt, und der Erkundung einer abstrakten Formensprache der Photographie, die dann für die Avantgardephotographie konstitutiv ist". Stiegler (2006), *Theoriegeschichte,* S. 167.

Argumentiert man so, erscheint der Piktorialismus der Jahrhundertwende – verschreibt er sich nun Stimmung oder Strukturierungen – überaus progressiv. Nun wäre es jedoch grob fahrlässig, die piktorialistische Photographie als solche als modern zu charakterisieren. Stattdessen muss klar differenziert werden, dass es sich bei der piktorialistischen Photographie um enorm heterogene Strömungen handelt, welche keinesfalls als homogene Entwicklung betrachtet werden dürfen. Weite Teile der heute unbekannten Photo-Clubs dieser Zeit stehen beispielsweise für ein traditionelles, nachgerade verstaubtes Bildmodell, welches lange Zeit von der Forschung abgelehnt wurde.[97] Im Folgenden bezeichnet der Begriff des Piktorialismus aber dezidiert die kunstphotographische Strömung um 1900, aus welcher sich die *Photo-Secession,* auf traditionellen Boden bauend, formt. Es gilt zu erkennen, dass die piktorialistische Photographie sowohl Tradition als auch Moderne umfasst und beide Positionen, so ästhetisch unterschiedlich die verschiedenen kunstphotographischen Ergebnisse auch sein mögen, eng verzahnt sind. Moderne Strukturen finden sich nunmehr insbesondere (jedoch nicht nur) bei den Vertretern der *straight photography*, enger gefasst bei den Photo-Sezessionisten und unter jenen wiederum bei Alvin Langdon Coburn, um den es sich hier im Besonderen handelt.

97 Vgl. den Band von Margery Mann, *California Pictorialism,* San Francisco 1977, S. 8, und dort zum Stand der Forschung aus dem Jahr 1977: „Most historians of photography have dismissed pictorialism with unkind words – making it seem rather disreputable [...]. Some historians seem to have distinguished between the ‚good pictorialists,‘ such chosen by Alfred Stieglitz to become members of the Photo-Secession – Edward Steichen, Gertrude Käsebier, Clarence White and the rest – [...] and the ‚bad picotrialists,‘ all the myriads of others whose work appeared [...] in the magazines and yearbooks of the papers.“

2 Künstlerische Mythen. Strategien der Selbstinszenierung

Während die kunstphotographischen Arbeiten formalästhetisch und symbolisch-motivisch zwischen Moderne und Tradition oszillieren, bewegen sich die Kunstphotographen selbst zwischen modernen und geradezu antimodernen[1] gesellschaftlichen Lebensentwürfen, welche in Form verschiedener Modi zu Tage treten. Einerseits existiert die Faszination für neue und genuin moderne Technologien, andererseits gibt es eine regelrechte Sakralisierung der Kunst, in welcher der Künstler zum Propheten wird.[2] Zum einen werden neue technisch-photographische Möglichkeiten begeistert genutzt und weiterentwickelt, zum anderen wird der eigene elitäre und privilegierte Status gepflegt und an seiner Profilierung und Inszenierung gefeilt. Unter den Piktorialisten zeigen sich verschiedene Ausformungen der (Selbst-)Darstellungen als Künstler oder Kunstphotographen. Coburns Cousin Fred Holland Day inszeniert sich beispielsweise im Rollenspiel als Christus am Kreuze mit einer Heerschar kostümierter Jünger, wobei die Darstellung über die Aufnahmen hinausgeht und in seine gesellschaftliche und soziale Lebenswelt Einzug hält.[3] Edward Steichen hingegen zeigt sich 1901 im Selbstporträt als photographischer Maler mit Farbpalette und Pinsel und inszeniert so

---

1 Vgl. auch Becker/Kiesel (2007), „Literarische Moderne", S. 12: Es „wäre zugleich jener Komplex der Anti-Moderne benannt, dessen Basis die bewusste Abgrenzung von der gesellschaftlichen Moderne darstellt; jene ‚andere' von einer Nicht-Moderne abzugrenzenden Moderne also, wie sie etwa im ästhetischen Fundamentalismus des George-Kreises ihren Ausdruck findet."

2 Siehe dazu Kap. 2.1.2 und Kap. 3.2.1.

3 Vgl. Fritz Franz Vogel, *The Cindy Shermans. Inszenierte Identitäten: Fotogeschichten*

den eigenen Status als Künstler. So ergeben sich regelrecht theatralische Setzungen, wie Künstler auszusehen haben, wie Künstler sich selbst sehen oder wie sie gesehen werden wollen.[4] Den eigenen Mythos enthusiastisch zu entwerfen, zu erzählen und fortzuschreiben, so scheint es, ist nachgerade Teil der künstlerischen und hier nun kunstphotographischen Gesamtinszenierung.[5] Der Künstler selbst ist Teil seines Œuvres. Coburn, der zeitlebens in seinen Essays, seinen Selbstporträts und seiner Autobiographie an der Inszenierung der eigenen Persona arbeitet, befindet sich unter den Piktorialisten nicht nur in bester Gesellschaft, er wird gar zur „piktorialistische[n] Persönlichkeit".[6] Bei jener handelt es sich, wie zu sehen sein wird, um *Coburn, der Kunstphotograph.*

2.1 SELBSTINSZENIERUNG ALS KÜNSTLERISCHE PRAXIS

Der Kolumnist Touchstone des Magazins *Amateur Photographer & Photographic News* berichtet 1910 in der Reihe „Photographen, die ich getroffen habe" von seiner Begegnung mit Alvin Langdon Coburn. Mit eben jenem „amerikanische[n] Gauner", dessen „piktorialistische Persönlichkeit [...] so stark ausgeprägt [ist], dass er sie auf alles zu projizieren vermag, wonach es ihm verlangt"; der sich ansehnlich präsentiere, „von der Spitze seines Hutes bis hin zu den Sohlen seiner offenen Lederschuhe"[7]. Und der vom Autor sowohl ausgelacht, als auch auf Grund einer „Exzentrizität, die bei einem *poseur* lächerlich wirken würde," die aber „durchaus entzücken [kann], wenn sie von jener Genialität untermauert wird," mit einer „heimliche[n] Bewunderung"[8] bedacht worden sei (dazu Abb. 2).[9]

von 1840 bis 2005, Zürich 2006, S. 81; und auch Philippe Junod, *(Auto)portrait de l'artiste en christ. Das (Selbst)Portrait des Künstlers als Christus,* Lausanne 1985.

4 Vgl. Alison Nordström und Thomas Padon (Hg.), *Truth Beauty. Pictoralism and the photograph as art, 1845–1945,* Vancouver 2008, S. 35.

5 Zum photographischen Künstlermythos siehe Vogel (2006), *The Cindy Shermans.*

6 Touchstone und Alvin Langdon Coburn, „Touchstone, ‚Photographen, die ich getroffen habe': Alvin Langdon Coburn, Leserbrief (1910)", in: Ders. (2015), *Auf der Suche nach der Schönheit*, S. 261-263, 261.

7 Ebd., S. 262.

8 Alles ebd. [Kursivierung im Original.]

9 Die Aufnahme von F. J. Mortimer zeigt Alvin Langdon Coburn im Ausstellungsraum und wurde 1906 im *Exhibition Catalogue* der 51. jährlichen Ausstellung der *Royal Photographic Society of Great Britain* gezeigt. Vgl. Roberts/Cartier-Bresson (2014), *Alvin Langdon Coburn*, S. 29.

Touchstone führt ein kollektives *Wir* ein, „ja, wir lachten über Coburn",[10] das dem Leser jedoch nicht weiter erklärt wird. Eine Figur namens Touchstone und Menschen, mit denen er ein Gruppengefühl, eine gemeinsame Identität entwickelte, verlachten und bewunderten Coburn zugleich. Coburns Präsenz, ganz Dandy, gekleidet in Frack, Zylinder, Lederschuhe, Seidentuch und Gehstock, scheint geradezu von der piktorialistischen Strömung gezeugt, der Verdacht einer bewussten Inszenierung kommt auf. Touchstone glaubt einerseits, dass „es sich bei Coburns Verschrobenheiten nie um ernsthafte Angeberei" handelte, und entdeckt gleichzeitig, dass „seine Kleidung […] den Anschein erweckt haben [mag], einzig Werbezwecke zu erfüllen, und als Freund von Bernard Shaw muss er sich des Nutzens von Werbung durchaus bewusst gewesen sein."[11]

Coburns exzentrischer Auftritt ist, so argumentiert Touchstone, auf die Verquickung von zwei Dingen zurückzuführen: die „piktorialistische Persönlichkeit" und den Sinn für Vermarktung. Unter Verweis auf die Freundschaft mit George Bernard Shaw[12] klammert Touchstone schnell die Möglichkeit aus, Coburn könnte sich naiv und unbedarft exzentrisch, ‚ganz natürlich' präsentieren, und gibt dem leisen Vorwurf der Selbstinszenierung zu Marketingzwecken Raum. Doch wie äußern sich diese Inszenierungspraktiken über Touchstones Wahrnehmung hinaus? Was ist das für eine Kunstfigur, die Coburn mutmaßlich präsentiert?

10 Touchstone/Coburn (2015), „Touchstone, ‚Photographen, die ich getroffen habe'", S. 261.

11 Ebd., S. 262.

12 Der Schriftsteller und Dramatiker Shaw (1856–1950) gilt als umstrittenes *enfant terrible* der britischen Literaturszene zum *fin de siècle*. So schreibt beispielsweise der Kritiker J. P. Collins über die Tatsache, dass Shaw 1906 die Einleitung des Kataloges zur ersten Londoner *One-Man-Show* des damals 23jährigen Coburn in der *Royal Photographic Society* schrieb: „The fact that Shaw had written a preface to the catalogue was nothing. Shaw would write a catalogue to a dog-fight – if he fancied the dog." J. P. Collins, „Coburn, greatest of all Snapshooters", in: *Boston Transcript*, 1914. Zu Shaw siehe bspw. Hermann Stresau, *George Bernard Shaw. Mit Selbstzeugnissen und Bilddokumenten,* Reinbek bei Hamburg 1993.

2.1.1 Inszenierungspraxis und Rollenverhalten

Coburns Selbstinszenierungspraktiken[13] werden im Folgenden zuerst ausgehend von seinen autobiographischen Essays und den Selbstporträts[14] und nachfolgend von seiner Autobiographie[15] dargelegt werden. Sie alle sind spezifische Formen, in denen seine Selbstinszenierungsstrategien zu Tage treten, indem er seine Person auf bestimmte Weise darstellt und zur Kunstfigur stilisiert.

---

13 Hier „geht es um eine Rekonstruktion jener Praktiken, deren Inszenierungscharakter, d. h. deren absichtsvolle Bezogenheit auf öffentliche Resonanzräume, sich aufzeigen lässt. Ziel solcher Inszenierungspraktiken [...] ist die Markierung und das Sichtbar-Machen einer sich abgrenzenden, wiedererkennbaren Position“. Christoph Jürgensen und Gerhard Kaiser, „Schriftstellerische Inszenierungspraktiken: Heuristische Typologie und Genese“, in: Dies. (Hg.), *Schriftstellerische Inszenierungspraktiken. Typologie und Geschichte,* Heidelberg 2011, S. 9-30, 10.

14 Zum Selbstporträt im Allgemeinen siehe Ulrich Pfisterer und Valeska von Rosen, *Der Künstler als Kunstwerk. Selbstporträts vom Mittelalter bis zur Gegenwart,* Stuttgart 2005; oder auch Omar Calabrese und Elisabeth Wünsche-Werdehausen, *Die Geschichte des Selbstporträts,* München 2006. Das photographische Selbstporträt hat eine eigene Tradition entwickelt. Zahlreiche Photographen photographierten sich zu einem Punkt ihrer Karriere selbst. Spätestens seit Cindy Shermans *Untitled Filmstills* findet die Praxis des künstlerischen Selbstporträts breite Beachtung. Vgl. dazu Martina Weinhart, *Selbstbild ohne Selbst. Dekonstruktionen eines Genres in der zeitgenössischen Kunst,* Berlin 2004, 80f oder auch Vogel (2006), *The Cindy Shermans*. Dezidiert zu Sherman siehe Cindy Sherman, *The complete untitled film stills,* München 2003; Rosalind Krauss, *Cindy Sherman, 1975–1993,* New York 1993. Es gilt zu differenzieren, ob eine Photographie vom Künstler selbst als „Selbstporträt“ betitelt wurde, oder ob einer Abbildung von Kuratoren, Archivaren und anderen der Titel „Selbstporträt“ zugeschrieben wurde. Verweist ersteres auf die bewusste Selbstdarstellung des Photographen in der Tradition malerischer Selbstporträts, beschreibt zweiteres nur die bildliche Präsenz des Photographen auf dem Bildträger, nicht aber eine konzeptuelle Zuschreibung zum Gattungsbegriff. Im Folgenden wird der erweiterte Begriff des photographischen Selbstporträts für ein Bild verwendet, das aufgrund der Überlieferung zum Œuvre eines Künstlers gezählt werden kann und auf dem jener Künstler zu sehen ist, unabhängig von Betitelungen und formalen Vorgaben.

15 Alvin Langdon Coburn, *Photographer. An Autobiography with over 70 reproductions of his work,* hg. v. Helmut Gernsheim und Alsion Gernsheim, New York, 1978 [1966].

Auch wenn Coburn vornehmlich photographisch tätig war, so existiert dennoch ein umfangreicher schriftlicher Nachlass aus u.a. phototheoretischen Essays, die als autobiographische und programmatische Versuche der Verortung der Photographie zu lesen sind. Auffällig ist dabei Coburns ständige Präsenz als Autor: Jeder Text ist stilistisch von der Kommentierung und Anwesenheit eines homodiegetischen Erzählers, Alvin Langdon Coburn in persona, geprägt. Es geht an dieser Stelle allerdings nicht um Theorien der Autorschaft und die Frage nach Coburns auktorialem Stil. Vielmehr dient das Wissen um Coburns Präsenz als Autor der Untersuchung der Inszenierungspraxen Coburns, da er sich eben auch mittels seiner Schriftstücke nachdrücklich darstellt. Coburn lässt in seinen Essays nicht von autobiographischen Einschüben[16] ab. Solche finden sich nicht nur in den Essays mit historisierend autobiographischem Fokus, sondern auch in den programmatisch theoretisierenden Texten. Durch diese Einschübe gesteht Coburn dem Leser einen vermeintlich persönlichen und reflektierten Blick auf das eigene Schreiben und die eigene Person zu, steuert durch die verbalisierte Selbstwahrnehmung jedoch nachhaltig die Fremdwahrnehmung – oder versucht es zumindest implizit.

Die Inszenierungspraktiken beziehen eine über die Textualität hinausweisende Performativität mit ein. Coburn nimmt jeweils eine Rolle ein, die – ähnlich dem Verhalten auf der Bühne im Theater – Signifikanten wie Frisuren, Kleidungstücke u. ä. erfordert. Im Unterschied zur schauspielerischen Darstellung im Theater handelt es sich hier aber um keinen instrumentalen Gebrauch der Rolle, wonach jene zu Darstellungszwecken ähnlich einem Kleidungsstück über- und abgestreift wird,[17] sondern um eine fundamental anthropologisch angelegte soziale Rolle im Sinne Helmuth Plessners,[18] die von jedem Menschen im öffentlichen Raum

16 Das ‚Autobiographische' ist von der ‚Autobiographie' grundsätzlich zu unterscheiden, meint Autobiographie eine in sich geschlossene Darstellung des gesamten Lebens. Dazu ausführlich Martina Wagner-Egelhaaf, *Autobiographie,* Stuttgart 2005, S. 5-10.

17 Vgl. dazu im Zusammenhang mit Geschlechteridentität Judith Butler, *Bodies that matter. On the discursive limits of „sex",* New York u.a 1993, S. 14.

18 Der phänomenologische Ansatz von Plessner stammt aus *Grenzen der Gemeinschaft. Eine Kritik des sozialen Radikalismus* von 1924. Plessner verhandelt hier ausgehend von einer anthropologischen Sichtweise soziologisch die Frage nach gemeinschaftlichen gegenüber gesellschaftlichen Möglichkeiten. Damit wendet er sich gegen gemeinschaftliche Modelle wie sie etwa 1887 Ferdinand Tönnies in *Gemeinschaft und Gesellschaft* vorstellte. Helmuth Plessner, „Grenzen der Gemeinschaft: Eine Kritik des sozialen Radikalismus (1924)", in: Ders., *Macht und menschliche Natur,* hg. v. Günter

zwangsläufig übernommen wird. Denn, „den Antagonismen von Scham und Eitelkeit, Naivität und Reflexion, Realität und Illusion, die ihm [dem Menschen, C. H.] keine Ruhe des Lebens, keine eindeutige Richtung lassen, weil sie nicht in seine Gewalt gegeben sind, muß er entfliehen, um eine Position vor anderen wie vor sich zu gewinnen."[19]

Da der Mensch auf Grund dieser Instabilität stets Gefahr läuft sich „lächerlich"[20] zu machen, bleibt nur die Übernahme einer schützenden „Rüstung"[21]: „Kann der Mensch es nicht wagen, einfach und offen das zu sein, was er ist, so bleibt ihm nur der Weg, *etwas* zu sein und in einer Rolle zu erscheinen. Er muß spielen, etwas vorstellen, als irgendeiner auftreten, um die Aufmerksamkeit auf sich zu lenken und sich die Achtung der anderen zu erzwingen."[22]

Demnach ist dieses Rollenverhalten dem Menschen eingeschrieben und zeichnet ihn als gesellschaftliches Wesen aus. Die Übernahme einer Rolle entspricht dem allgemein akzeptierten „Zeremoniell"[23] in der Öffentlichkeit. Wer eine funktionierende Rolle spielt, erhält dadurch „einen gewissen psychologisch schwer beschreibbaren Nimbus"[24], der in gesellschaftlicher Anerkennung, Respekt, Achtung und Ehrerbietung mündet. Geht man hier weiter, lässt sich mit Erving

---

Dux, Odo Marquard und Elisabeth Ströker, Frankfurt/M. 1981, S. 7-134; vgl. Ferdinand Tönnies, *Gemeinschaft und Gesellschaft. Grundbegriffe d. reinen Soziologie (1887),* Darmstadt 1988. Der dem Theater entlehnte Begriff der Rolle stützt sich bei Plessner ebenfalls auf Tönnies Schrift *Gemeinschaft und Gesellschaft*, wo die „Rolle" im soziologischen Kontext etabliert wird. Plessner entwickelt weiterhin eine Rollentheorie, die dem symbolischen Interaktionismus nach George Herbert Mead und Herbert Blumer nahesteht. ebd., S. 151. Siehe des Weiteren George Herbert Mead und Charles W. Morris, *Mind, self, and society from the standpoint of a social behaviorist [1934],* Princeton 2005; und Herbert Blumer, *Symbolic interactionism. Perspective and method.* New Jersey 1969.

19 Plessner (1981), „Grenzen der Gemeinschaft", S. 79.

20 Ebd., S. 83.

21 Ebd., S. 82.

22 Ebd. [Kursivierung im Original.]

23 Ebd., S. 85. Und weiter: „Kein Volk, es mag auf einer noch so primitiven Stufe der Kultur stehen, entbehrt des Zeremoniells in seinen religiösen, politischen und ökonomischen Handlungen", S. 86.

24 Ebd., S. 84.

Goffman argumentieren, *Wir alle spielen Theater.*[25] Der Mensch übernimmt immer, wenn er mit anderen Menschen interagiert, eine bereits angelegte Rolle in seinem Alltag – eben so, als stünde er vor Publikum auf der Bühne und erfülle dann die herrschenden Rollenerwartungen. „Rolle" bedeutet nach Goffman ein „vorherbestimmtes Handlungsmuster, das sich während einer Darstellung entfaltet und auch bei anderen Gelegenheiten vorgeführt oder durchgespielt werden kann."[26] Dabei handelt es sich bei der Darstellung keinesfalls um eine bewusst durchgeführte schauspielerische Darbietung, vielmehr ist die Rolle nach Robert Ezra Park „die Maske unser[es] wahrere[n] Selbst (truer self): das Selbst, das wir sein möchten."[27] Hier darf Maske also nicht als Maskierung, Verhüllung und Umkodierung missverstanden werden, stattdessen zeigt erst die Maske das wahre Bild unseres Selbst, die Maske enthüllt die tatsächliche Persönlichkeit.

Dadurch wird auch klar, dass die Maske keinesfalls zufällig gewählt wird, sondern der Vorstellung dessen entspricht, was wir sein wollen und wer wir sind: „Schließlich wird die Vorstellung unserer Rolle zu unserer zweiten Natur und zu einem integralen Bestandteil unserer Persönlichkeit."[28] Begreift man ‚Persönlichkeit' als individuellen und originären Ausdruck der eigenen Person, dessen, was die eigene Identität begründet, zeigt sich nun, dass es sich bei ‚Rolle' und ‚Identität' nur vermeintlich um zwei Pole im Spannungsfeld von Authentizität und Inszenierung handelt und sich jene nicht mehr auseinander halten lassen. Ähnlich der zwei Seiten einer Medaille fallen beide Positionen zusammen und prägen einander und die eigene Person nachhaltig. Erst die „Rollendistanz"[29] zeigt die Differenz zwischen beiden Momenten auf, wenn das „*Individuum [...] tatsächlich nicht* die *Rolle, sondern* das *faktische Selbst [leugnet]*, das in der *Rolle* für alle *Darsteller enthalten* ist, die die *Rolle akzeptieren*,"[30] und sich also von der Rollenerwartung abgrenzt. So entsteht eine Distanz – ausgedrückt beispielsweise in Form von Humor und Ironie – gegenüber der eigenen Rolle und damit einhergehend der sich ausbildenden sozialen Identität.

In diesem Sinne spielt auch Coburn zwangsläufig eine Rolle, um einerseits seine Identität zu bestätigen und gleichzeitig, mit Plessner gesprochen, „Aufmerksamkeit auf sich zu lenken". Interessanterweise übernimmt Coburn mehrere unterschiedliche Rollen, die er situationsabhängig – entsprechend der vorhandenen

25 Erving Goffman, *Wir alle spielen Theater. Die Selbstdarstellung im Alltag [The Presentation of Self in Everyday Life, 1959]*, München und Zürich 2012.

26 Ebd., S. 18.

27 Robert Ezra Park zit. n. ebd., S. 21.

28 Park zit. n. ebd.

29 Erving Goffman, *Interaktion. Spaß am Spiel / Rollendistanz*, München 1973, S. 93-170.

30 Ebd., S. 121. [Kursivierungen im Original.]

Bühne und der tatsächlichen Rollenerwartung – darstellt: den Dandy, die ästhetisch und intellektuell nobilitierte Künstlerfigur, den zupackenden Handwerker und den Gläubigen und Propheten einer antimodernen Kunstreligion. Insgesamt betrachtet, erfüllen sie den Zweck Coburns soziale Identität zu stärken: Er nutzt seine unterschiedlichen Rollen, um sich als Kunstphotograph zu legitimieren, zu positionieren und zu profilieren. Es darf nicht vergessen werden, dass der von Geburt an vermögende Coburn die Kunstphotographie nicht betrieb, um sein Leben zu finanzieren. Coburn besaß Zeit und Geld im Übermaß. Er konnte treffen, wen er wollte, reisen, wohin er wollte und tun was er wollte. Seine Wahl fiel völlig frei und ohne Zwang auf die Photographie. Er wollte Kunstphotograph sein. Coburn wählte diesen Weg, um der zu werden, der er eigentlich bereits war – entsprechend der Rolle des Kunstphotographen als Maske seines ‚wahren' Selbst, die somit auch eng mit seiner Identität verknüpft ist und von jener integriert wird. Ohnehin passt die Kunstphotographie gut zu ihm, handelt es sich doch um eine ausgesprochen elitäre, sehr kostspielige und ungleich zeitaufwendige Zerstreuung, für die man jedoch keine Ausbildung benötigt, wie etwa für die Malerei; die Kunstphotographie scheint für Coburn hervorragend geeignet, um sein Leben nach ihr auszurichten. Die noble Herkunft bringt jedoch gegenüber der künstlerischen Dringlichkeit und Relevanz den Vorwurf der Willkür mit sich, eines fehlenden inneren Dranges. Dagegen musste sich Coburn positionieren, wollte er sich, um mit Plessner zu sprechen, nicht der Lächerlichkeit preisgeben.[31] Oder, um bei Goffman zu bleiben, Coburn strebt nun die Idealisierung der Rolle an, indem er die Erwartungen des Publikums erfüllt. Denn, „wenn jemand in seiner Darstellung bestimmten Idealen gerecht werden will, so muss er Handlungen, die nicht mit Ihnen übereinstimmen, unterlassen oder verbergen"[32] – und die erwünschten verstärken und steigern.

Dabei fungieren die Rollen des Dandys, der nobilitierten Künstlerfigur, des zupackenden Handwerkers sowie die zwei Positionen des Gläubigen und des Propheten wiederum als Teilidentitäten seiner Rolle als Kunstphotograph. Tatsächlich handelt es sich bei allen vier Rollen um bereits angelegte, geradezu stereotype Vorstellungen eines Rollenentwurfs, die entgegen dem hier vorgestellten Prinzip der Verschränkung von Rolle und Identität oftmals wie bewusst eingesetzte, öffentlichkeitswirksame Inszenierungen scheinen, denen Coburn selbst teilweise mit viel Rollendistanz in Form von Ironisierung und selbstreflexiver Zurschaustellung der Inszenierung begegnet. Die zentrale, nicht stereotype und bereits kanonisierte Rolle des Kunstphotographen erweckt hingegen den Anschein einer Maske seines Selbst; hier fließen Rolle und Identität zusammen und ergeben ein

31 Vgl. Plessner (1981), „Grenzen der Gemeinschaft", S. 83.

32 Goffman (2012), *Wir alle spielen Theater (1959),* S. 40.

Ganzes. Es scheint also, als ob die verschiedenen stereotypen Rollen, die Coburn übernimmt, die Aufgabe haben, seine ‚wahre Rolle' als Kunstphotograph im Sinne Goffmans zu idealisieren und zu legitimieren, und ihn so gesellschaftlich zu stärken, ihm plessnerschen „Nimbus" zu verleihen. Auf den Punkt gebracht: Coburn vollführt eine photographische Selbstinszenierung auf drei Ebenen. Seine photographischen Selbstporträts und sich auf photographische Inhalte beziehenden Texte bilden den Korpus (1), binnen welchem er mit photographischer Genauigkeit stereotype Rollenmodelle reproduziert (2), um damit seine eigene photographische Identität auszubilden: Coburn, der Kunstphotograph (3).

2.1.2 Dandys und Propheten. Ein Photograph in vier Rollen

Whistlers Hut als performativer Marker

Der Kolumnist Touchstone kann sich nicht recht entscheiden, ob er Coburns Rollenverhalten als piktorialistisch überformte Kunstfigur oder als exzentrische Persönlichkeit mit einer besonderen, für ihn typischen Genialität[33] einstufen soll. Die Unterscheidung ist dabei freilich nur eine scheinbare, wirkt Coburn doch erst auf Grund seines genialischen Auftritts als genial. Tatsächlich wirkt der Moment der performativen Selbstdarstellung in der Rolle für Coburn habituell vertraut. So lässt er es sich nicht nehmen auf Touchstones Kolumne, die mit der Vermutung, Coburn werde unter Umständen langsam älter und, damit einhergehend, normal und, ja, langweilig, endet, per Leserbrief zu antworten: Er könne sich mit einem Teil des Artikels nicht anfreunden, „und das ist die Annahme, ich würde eines Tages wohl recht normal werden. [...] Allein, der Gedanke, normal zu werden, ist wider meine Natur. Mir bleibt also nur eines übrig. *Ich muss mir einen neuen Hut besorgen!* Hochachtungsvoll, A. L. Coburn."[34] Normal zu sein oder zu werden, das gehört nicht zur „Natur" Coburns, oder, um es konkreter zu formulieren, das gehört nicht zum Entwurf seiner Person. Interessanterweise kommentiert Coburn nicht die leise Anmerkung des Autors, eine Marketingstrategie zu verfolgen. Die Botschaft, die Coburn charmant gewitzt („witty", wie man in England sagen würde) zu korrigieren versucht, ist hingegen jene zur Abnutzung seiner Performanz als „amerikanische[r] Gauner"[35] und „piktorialistische Persönlichkeit". So

33 Vgl. Touchstone/Coburn (2015), „Touchstone, ‚Photographen, die ich getroffen habe'", S. 162.

34 Ebd., 162f.

35 Im englischen Original heißt es „husteling American". Touchstone, „Photographers I have met: XIII. – Alvin Langdon Coburn", in: *The Amateur Photographer & Photographic News*, 4. Januar 1910.

bietet er auch direkt eine Lösung, ein Gegenmittel: die Präsentation und Einführung eines neuen Hutes. Bereits der vorhandene, zu seiner exzentrischen Erscheinung nicht unwesentlich beitragende Hut, den Coburn trug, landete nicht zufällig auf seinem Kopf. So schreibt er in seiner 1966 veröffentlichten Autobiographie:

„Ungefähr zu dieser Zeit [Februar 1906, C. H.] entschied ich, dass ich einen Zylinder mit breiter Krempe erwerben wollte, einfach nur weil James McNeill Whistler einen solchen zu tragen pflegte und ich ihn so sehr bewunderte. Also begab ich mich zu dem modischen Hutmacherladen Heath's und lies mir dort einen solchen Zylinder anfertigen. Als er fertig war, begab ich mich in das Geschäft, um ihn anzuprobieren, und da ich am Nachmittag auf eine Privatschau einer Photographie-Ausstellung eingeladen war, erklärte ich dem Verkäufer, dass er meinen alten Hut zu mir nach Hause schicken könne, weil ich den Zylinder gleich aufsetzen wollte. ‚Etwa auf der Straße, Sir?' fragte er mich erstaunt. Ich glaube, er war wirklich der Ansicht, der Hut wäre für ein historisches Laientheaterstück bestimmt gewesen. Dennoch lief ich mit dieser wundervollen Kreation die Oxford Street hinunter; und einige Jahre lang trug ich den Zylinder weiterhin zu vergleichbaren feierlichen Anlässen." (AB 40)

Noch rund sechzig Jahre nach dem tatsächlichen Ereignis erinnert sich Coburn detailliert an den Kauf des whistlerschen Hutes und widmet der Anekdote einen Absatz in seiner Autobiographie. Liest man hier weiter, so lautet scheinbar die Erklärung: „In jenen Tagen interessierte es mich herzlich wenig, was die Leute über mein Erscheinungsbild sagten," und weiter, „wobei es wahrscheinlich viel eher den Tatsachen entspricht, dass ich es damals sogar genoss, von anderen Beachtung zu erfahren. Wie angenehm es doch ist, jung zu sein!" (AB 40) Hier wird klar, welche Rolle nicht nur der tatsächliche Hut im Jahre 1906, sondern auch der anekdotische Absatz in der Autobiographie hat: Sie beide sind Mittel, um Aufmerksamkeit zu erregen und sich selbst zu inszenieren, und zwar als einen Menschen, der sich inszeniert. Da sich eine Autobiographie[36] zwangsläufig im Spannungsfeld von *Dichtung und Wahrheit*[37] bewegt, handelt es sich über die Frage nach dem Verhältnis von Objektivität und Subjektivität hinaus nur vordergründig um eine Einheit des autobiographischen Erzählers und seines erzählten

36 Auf die Autobiographie als Text und Variante der Inszenierung siehe Kap. 2.2.

37 Johann Wolfgang von Goethes Autobiographie *Dichtung und Wahrheit*, die zwischen 1811 und 1833 entstanden ist, thematisiert mit ihrem Titel jene Spannung zwischen „historischer Realität" und „subjektiver Autorposition", wie Wagner-Egelhaaf schreibt. Wagner-Egelhaaf (2005), *Autobiographie,* S. 2. Zur Rezeption von *Dichtung und Wahrheit* siehe bspw. Karl Otto Conrady, *Goethe. Leben und Werk,* München 1994, oder Richard Friedenthal, *Goethe. Sein Leben und seine Zeit,* München 1963.

Lebens. Coburns Schilderung des Hutkaufs entlarvt zwei unterschiedliche Identitäten: die des jungen Mannes, der gerne wahrgenommen wird, und die des sich erinnernden über achtzigjährigen Erzählers. „Wie angenehm es doch ist, jung zu sein!" – an seiner Inszenierung als originelle und unangepasste Identität mit seidenem Hut wird noch in der Erinnerung weiter geteilt.

Dabei ist der Rückgriff auf James Abott McNeill Whistlers Hut kein zufälliger, sondern ein Indiz dafür, dass Coburn seine Rollen mit Bedacht wählt. Der amerikanische impressionistische Maler Whistler[38] war berüchtigt für seine exzentrische, auffällige Erscheinung und seinen Sinn für distinguierte Selbstpräsentationen[39]: ein Dandy par excellence im *fin de siècle*. Wenngleich sich der Dandy[40] nicht trennscharf definieren lässt, sondern immer aus verschiedenen soziologischen und historischen Diskursen entsteht, handelt es sich bei der Figur des Dandys gleichwohl um ein Stereotyp, das sich bereits performativ zeigt. „Der Dandy ist ein Mann, dessen Status, Arbeit und Existenz im Tragen von Kleidung besteht.

38 Auch wird Whistler (1834–1903) der *art for art's sake*-Stömung (vergleichbar der französischen Linie des *l'art pour l'art*, Kunst um der Kunst Willen) zugerechnet, die durch ihren idealisierten Kunstbegriff wiederum dem Symbolismus nahesteht. Siehe zu Whistler beispielsweise Gordon H. Fleming, *James Abbott McNeill Whistler. A life,* Gloucestershire 1991, oder Lisa N. Peters, *James McNeill Whistler,* New York 1996. Zur *l'art pour l'art* bspw. Wolfgang Ullrich, *Was war Kunst? Biographien eines Begriffs,* Frankfurt/M. 2006, S. 124-143.

39 Vgl. Anna Gruetzner-Robins, *A fragile modernism. Whistler and his impressionist followers,* New Haven und London 2007, S. I.

40 Zum Phänomen des Dandys gibt es umfangreiche Forschungsliteratur, die hier nicht in der Breite wiedergegeben werden kann. Zum Weiterlesen beispielsweise klassische Texte wie Jules Barbey D'Aurevilly, „Du Dandysme et de George Brummell (1843)", in: Ders., *Oeuvres romanesques complètes,* hg. v. Jacques Petit, Paris 1966, S. 667-733; Charles Baudelaire, „Le peintre de la vie moderne: Le Dandy (1863/ 1868)", in: Ders., *Oeuvres complètes,* hg. v. Claude Pichois, Paris 1976, S. 709-712. Des Weiteren auch Max Beerbohm, „Dandies and Dandies (1895)", in: Ders., *The Works of Max Beerbohm,* London 1922, S. 1-26. Aktuell dazu Joachim H. Knoll und Anna-Dorothea Ludewig (Hg.), *Der Dandy. Ein kulturhistorisches Phänomen im 19. und frühen 20. Jahrhundert,* Berlin und Boston 2013; Fernand Hörner, *Die Behauptung des Dandys. Eine Archäologie,* Bielefeld 2008, und Melanie Grundmann, *Der Dandy. Wie er wurde, was er war; eine Anthologie,* Köln 2007.

Er widmet jedes Vermögen seiner Seele, seines Geistes, seiner Geldbörse und seiner Person heldenhaft der Kunst, seine Kleidung gut zu tragen: Während die anderen sich kleiden um zu leben, lebt er, um sich zu kleiden."[41]

So drastisch wie Thomas Carlyle 1833 muss man es nicht formulieren, dennoch ist eine bestimmte Eleganz verströmende Garderobe – Frack, breite Krawatte, Zylinder – erstes visuelles Erkennungsmerkmal des Dandys. Daneben zeichnen ihn eine erhabene Grundhaltung, fein ironischer Spott und vor allem Originalität und Exzentrik[42] aus. Die Figur des Dandys wird dabei auf den Briten George Brummell zurückgeführt, der um 1800 eine Kunstfigur seiner selbst erschuf und als erster echter Dandy gehandelt wird. Jules Barbey d'Aurevilly[43] und auch Charles Baudelaire[44] dachten im 19. Jahrhundert das Konzept auf unterschiedliche Weisen weiter und verhalfen ihm nachhaltig zu Popularität, doch bleiben wir bei der britischen Geschichte des Dandys. Hier entwickelte sich der Dandy aus einer nichtadligen, dennoch aber der *upper class* verpflichteten Position. Wie Günter Erbe schreibt, handelt es sich beim Dandy nach Brummell um einen

> „Selfmademan. Seinem Selbstverständnis nach steht er über dem Adel. Seine Position gründet sich nicht auf Abstammung und Familienherkunft, sondern auf der Eigenleistung als Schiedsrichter der Eleganz. Seine geistige Souveränität lässt es nicht zu, sich sozial vereinnahmen zu lassen. Er sucht zwar die Verbindung zur High Society, denn wer sonst sollte ihm als Publikum dienen? Er erfindet in seiner Person den Gentleman neu, nicht allein in Bezug auf Adel, sondern mit Blick auf eine neu zu schaffende Geschmackselite."[45]

Brummell gilt als erster Dandy und – im Sinne der Neuerfindung als zentrales Motiv des Dandyismus – auch als letzter. „Die Vorstellung von Brummell als Ori-

---

41 Thomas Carlyle, *Sartor Resartus. Leben und Meinungen des Herrn Teufelsdröckh [Sartor Resartus, 1833/34],* Zürich 1991.

42 Vgl. dazu Hörner (2008), *Die Behauptung des Dandys,* S. 181-229, wo der „Behauptung der Originalität und Exzentrik" ein Überkapitel der Dissertation gewidmet wird.

43 Barbey D'Aurevilly (1966), „Du Dandysme et de George Brummell (1843)".

44 Baudelaire (1976), „Le peintre de la vie moderne (1863/1868)". Nach Baudelaire zeigt sich der Dandy speziell in Zeiten des Niedergangs, ist ein Phänomen der Dekadenz. Vgl. dazu Guri Ellen Barstad und Marie-Theres Federhofer, *Dilettant, Dandy und Décadent,* Hannover-Laatzen 2004, S. 4.

45 Günter Erbe, „Aristokratismus und Dandytum im 19. und 20. Jahrhundert", in: Knoll/Ludewig (2013), *Der Dandy*, S. 11-28, 17.

ginal impliziert die Behauptung als Ursprung [...] wie auch als unerreichte Vorlage, die vergeblich zu kopieren versucht wird,"[46] und weiter zum „schwarzen Original"[47] wird, ein „nie ganz erreichtes Ideal der Unkopierbarkeit und Unnahbarkeit."[48] Der Dandy ist ein Original, das nicht wiederholt werden kann, und dennoch funktioniert er als Stereotyp, das *de facto* wiederholt und in immer neuen Darstellungen aufgegriffen wird (man denke hier nur an den wohl berühmtesten Dandy der Moderne, Oscar Wilde, oder eben auch an Whistler). Möchte man nun gerade Whistler als „klassischen Dandy"[49] betrachten, sind Konkretisierungen nötig. Whistler lässt sich seinem Verhalten und Auftreten nach nur dann als Dandy beschreiben, wenn man das Moment der Originalität genauer betrachtet. Denn Whistler erfindet keinesfalls den Typus des Dandys neu, bewegt sich hinsichtlich des originell und originär Erscheinens eben nicht originell und originär, sondern auf den Spuren Brummells. Betrachtet man Verhalten und Auftreten allerdings nicht im Rahmen des historischen Dandy-Diskurses, kann er individuell als originell und originär betrachtet werden. Und zwar dann, wenn eine Orientierung am vermeintlich originalen Original ausbleibt, wenn Whistler also nicht in sowohl geäußerter als auch stillschweigender Berufung auf einen anderen Dandy eine dandyeske Identität ausbildet.

Argumentiert man hier mit Barbey, dem „Katechet[en] des Dandyismus"[50], so fehlt es Whistler als auch Charles Baudelaire, die sich während Whistlers Zeit in Paris kennenlernten,[51] an einem entscheidenden Merkmal für ein Dasein als Dandy: Baudelaire und Whistler sind keine Briten. Nach Barbey ist „die Herkunft der *originalité* der toleranten englischen Gesellschaft und der starken Individualität der Engländer [zuzuschreiben]"[52], er spricht in *Du Dandysme* von der „force

46 Hörner (2008), *Die Behauptung des Dandys,* S. 236.

47 Hans-Jürgen Seemann, *Copy. Auf dem Weg in die Repro-Kultur,* Weinheim u.a 1992, S. 17.

48 Ebd., S. 74-79, zit. n. Hörner (2008), *Die Behauptung des Dandys,* S. 236.

49 Der klassische Dandy Whistler kritisierte interessanterweise wiederum Oscar Wildes zu „exotische" Interpretation eines modernen Dandytums. Vgl. dazu Erbe (2013), „Aristokratismus und Dandytum im 19. und 20. Jahrhundert", S. 23.

50 Günter Erbe, „Der moderne Dandy: Zur Herkunft einer dekadenten Figur", in: Alexandra Tacke und Björn Weyand (Hg.), *Depressive Dandys. Spielformen der Dekadenz in der Pop-Moderne,* Köln 2009, S. 17-38, 21.

51 Ronald Anderson und Anne Koval, *James McNeill Whistler. Beyond the myth,* London 1994, S. 48.

52 Hörner (2008), *Die Behauptung des Dandys,* S. 215.

de l'originalité anglaise"[53]. Die dem Dandy eigene und zwingend erforderliche Originalität ist eine genuin englische Eigenschaft, entsprechend verfährt Barbey mit der „excentricité, cet autre fruit du terroir anglais."[54] In dieser Tradition bleibt der Dandyismus auf England beschränkt und lässt sich nicht auf Frankreich erweitern, wo eine Variante des Dandytums, wie es beispielsweise auch Baudelaire lebte, existiert.[55]

Im nationalen Zusammenhang erscheint so besonders interessant, dass Whistler, auf den sich Coburn in seiner Inszenierung wörtlich beruft, wie dieser in London lebte, aber eben kein Brite war, sondern aus den Vereinigten Staaten stammte. Er wurde in Massachusetts geboren und ließ sich nach Station in St. Petersburg in London nieder, wo er 1903 auch starb. Coburn siedelte 1912 von Boston und New York nach London um und blieb bis zu seinem Tod 1966 England verpflichtet.

Es existiert also bereits bezüglich Herkunft und Übersiedelung auf der Achse Nordost-USA/England eine Parallele zwischen Coburn und Whistler, die von Coburn nun aber weiter ausformuliert wird. Coburn betont seine Affinität für und seine Bezugnahme auf den amerikanischen Landsmann. In Kombination mit seinem expressiven Auftreten, der galanten Erscheinung und dem typisch britischen *wit*, wird die Orientierung an Whistler bei Coburn zum Zeichen der unübersehbaren Inszenierung als Dandy: Wenn Coburn Whistlers seidenen Hut trägt, wird jener zum performativen Marker, durch den auch Coburn als Dandy erkannt wird. Gleichzeitig wird die Authentizität der Inszenierung jedoch in Frage gestellt, da Coburn nicht nur die stereotype, vorgefertigte Rolle ausfüllt, sondern mit jener spielt, wenn er ironisch selbstreflexiv Distanz zu eben diese Rolle aufbaut und das Moment der Nachahmung dekodiert. Wie gezeigt, handelt es sich beim Dandy um ein Original, eine überhöhte Erscheinung, die über allem steht, der niemand etwas kann, die niemandem Rechenschaft schuldet. In diesem Sinne ist Coburns Status als Dandy zu problematisieren, denn er imitiert sowohl mit historischem Bewusstsein als auch die eigene Position stets reflektierend das Stereotyp Dandy. Dabei wird der inszenatorische Charakter in Coburns Darstellung ersichtlich. Er hinterlässt zahlreiche Hinweise für seine Rezipienten, für sein Publikum, dass er eine Rolle, an die eine konkrete Rollenerwartung geknüpft ist und die auch mit performativen Codes in Zusammenhang steht, spielt. So kann Coburn durchaus hinsichtlich seiner Erscheinung habituell als Dandy erkannt werden, ontologisch könnte man ihn jedoch eher als Kopie eines Dandy beschreiben: ein Kunstphotograph, der sich als Dandy inszeniert.

---

53 Barbey zit. n. ebd.

54 Barbey zit. n. ebd., S. 221.

55 Vgl. dazu bspw. Erbe (2009), „Der moderne Dandy", S. 18f.

Bei dieser Engführung wird gleichzeitig die paradoxe Natur der Figur des Dandys ersichtlich: Einerseits handelt es sich beim Dandy um einen bekannten Habitus, der als stereotypes Modell extravagante Individualisierung verspricht, andererseits steht der Dandy paradigmatisch für die schlussendliche Unkopierbarkeit des Urtypus.

Die performative Darstellung der Kopie eines Originals, das per Definition eigentlich keine Kopie zulässt, ist doch der Dandy ein unwiederholbares Unikat. Fast liest sich dieses Verhältnis wie eine teleologische Metapher des photographischen Konzepts selbst. Die Photographie zeigt einerseits die visuelle Abbildung dessen, was sich vor der Linse befindet, und es entsteht andererseits ein Simulakrum im Sinne eines Ebenbilds der Wirklichkeit – so zumindest die historische Auffassung in der Frühzeit der Photographie.[56] Betrachtet man die Photographie als Simulakrum allerdings nicht photohistorisch sondern -theoretisch weiter, entpuppt sie sich hier in Anlehnung an Rosalind Krauss, die wiederum auf Gilles Deleuze rückgreift, nicht als „zweite Natur als Bild“[57] des Originals, sondern als „falsche Kopie“: „Wie gesagt, die Photographie diente […] als falsche Kopie – als Bild, das nur durch mechanische Umstände und nicht durch innere, wesensmäßige Verbindung mit dem Vorbild diesem ähnlich ist – dazu, das ganze System von Vorbild und Kopie, Original und Fälschung, Replikation ersten und zweiten Grades, zu dekonstruieren.“[58]

Bei der Photographie handelt es sich um eine visuelle, zweidimensionale Aufnahme, die selbstverständlich keine perfekte Kopie oder Nachahmung des raumzeitlichen Moments ist, man könnte sagen, der Moment lässt sich *per se* nicht kopieren. Und dennoch sprechen wir von ‚Momentaufnahmen‘, obwohl es keine solchen geben kann – zumindest keine photographischen. Zugänglicher wird die Beziehung von Abbild und realer Erscheinung mittels des Theorems der Indexikalität[59]: die Aufnahme ist indexikalisches, also auf eine kausale Beziehung zurückzuführendes Zeichen des realen Ereignisses. So bleibt die Photographie stets

56 Vgl. hierzu Stiegler (2006), *Theoriegeschichte,* S. 19: „Auf der einen Seite wird die Photographie als *Bild* und somit als Kunstprodukt beschrieben, auf der anderen als der *bildgewordene Gegenstand*, als eine Art zweite Natur als Bild.“

57 Ebd.

58 Rosalind Krauss, *Das Photographische. Eine Theorie der Abstände [Le Photographique. Pour une Théorie des Écarts, 1990]*, München 1998, S. 220. Vgl. Gilles Deleuze, *Logik des Sinns [Logique du sens, 1969],* Frankfurt/M. 1993, S. 311-324.

59 Zeichentheoretisch lässt sich hier Charles S. Peirce anführen, nach dem Indexzeichen

mit ihrem Referenten verbunden, sie ist ein Abdruck, ein Schatten, eine „Spur des Realen".[60] Der Begriff der „falschen Kopie" unterstützt nicht nur die Auflösung der Beziehung von Photographie und Referenten, er zielt auch auf ein weiteres, zentrales Merkmal der Photographie. Ihre wesenseigene Disposition zur technischen Reproduktion[61] führt die Photographie als seriell reproduzierbares, unendlich oft kopierbares Medium ein.

Doch halt! Coburns *Kunst*photographie ist eben keine seriell reproduzierbare Form der Photographie, ganz im Gegenteil. Die Kunstphotographie verweigert die photographische Funktion der Reproduzierbarkeit. Stattdessen handelt es sich um originale, in komplizierten chemisch-technischen photographischen Verfahren entstehende Abzüge. Kurz, um künstlerische Unikate, die eben nicht reproduziert werden können. Und doch ist die ontologische Prämisse der Photographie, einen Referenzgegenstand als Abdruck auf Photopapier zu bannen – ihn visuell evident zu wiederholen – gegeben. Eine Spur der Referenz oder eben eine „falsche Kopie". Im Umkehrschluss zeigt sich, dass es sich dann ebenso bei Coburns Rollendarstellung nicht nur um eine Kopie, sondern um eine „falsche Kopie" eines Dandys handelt.[62]

---

auf ihren Referenzgegenstand verweisen und mit ihm in kausalem Zusammenhang stehen. Charles S. Peirce, „Die Kunst des Räsonierens [The Art of Reasoning, 1893]", in: Charles S. Peirce, *Semiotische Schriften,* hg. Christian J. W v. Kloesel und Helmut Pape, Frankfurt/M. 1986, S. 191-201. Des Weiteren ist Roland Barthes Formel „Es-ist-so-gewesen" prominentes Beispiel für die Zwangsläufigkeit der Referenz und damit der visuellen Evidenz. Roland Barthes, *Die helle Kammer. Bemerkung zur Photographie [La chambre claire. Note sur la photographie, Paris 1980],* Frankfurt/M. 2008.

60 Philippe Dubois baut auf Barthes und Peirce Arbeiten auf und zieht diese Linie weiter. Er betont die „referentielle Einschreibung und […] pragmatische Effizienz" der Photographie, sie sei „Spur des Realen". Dubois (1998), *Der fotografische Akt (1983),* S. 67.

61 Vgl. Walter Benjamin, *Walter Benjamin, Das Kunstwerk im Zeitalter seiner technischen Reproduzierbarkeit (1936),* mit Ergänzungen aus der ersten und zweiten Fassung, Stuttgart 2013. Mit der photographischen Reproduktion von Kunstwerken geht demnach ein Auraverlust des Kunstwerks einher – was wiederum die photographische Beziehung von Original und Kopie als falsche Kopie betont.

62 Fernand Hörner betrachtet die Beziehung von Dandy und Photographie hinsichtlich Originalität und Kopie von der anderen Seite, um dann zu einem ähnlichem Ergebnis zu kommen: Er beschreibt nach Benjamin die vermeintliche Unmöglichkeit des Dandytums im Zeitalter der technischen Reproduzierbarkeit, um im Anschluss aufzuzeigen, dass der Dandy nun mit Baudrillard (entsprechend dem von Krauss herangezogenem Deleuze) zu einem „industriellen Simulakrum [werde], das auf seine Reproduzierbarkeit hin angelegt" sei. Hörner (2008), *Die Behauptung des Dandys,* S. 291.

Abbildung 1: Alvin Langdon Coburn, Selbstporträt, 1905

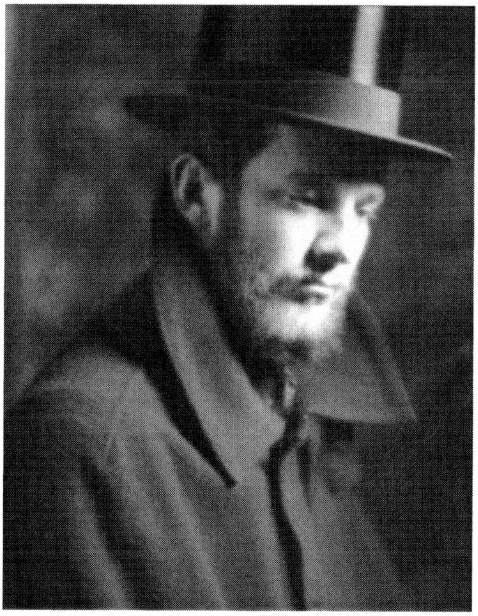

Im Sinne dieser paradigmatischen Übertragung der Beziehung von Original und Kopie in Coburns Rollenverhalten als Dandy auf die Photographie, inszeniert sich Coburn konsequenterweise 1905 auch in einer photographischen Aufnahme mit Seidenhut (Abb. 1). In seinem Selbstporträt ist er *en buste* im Halbprofil aufgenommen. Im Gegensatz zu den meisten anderen seiner Selbstporträts zeigt sich Coburn hier von seiner weniger markanten rechten Seite, die nicht von zwei auffälligen Leberflecken gezeichnet ist. Coburn wendet sich der – vom Betrachter aus – rechten Bildhälfte zu, er nimmt einen Großteil des Bildraumes ein, links und rechts seines mittig getroffenen Gesichtes und oberhalb des linken Arms fällt der Blick auf einen kleinteilig verschwommenen Hintergrund. Es scheint als befinde sich Coburn in Mantel und Hut gehüllt entweder draußen, im Hintergrund ein Gebüsch – was aber die Frage nach der perfekten Ausleuchtung seiner Figur stellen würde – oder aber er photographiert sich in einem Haus, in einer Wohnung vor einer verschwommenen Tapete – was die bewusste Inszenierung mit hochgeschlossenem Mantel betonen würde. Der Kragen des Mantels ist hinten hochgeklappt, als solle er den Nacken schützen. Der Hut, besagter seidenglänzender

Abbildung 2: F. L. Mortimer, Alvin Langdon Coburn, Esq. (at the R.P.S.), *1906*

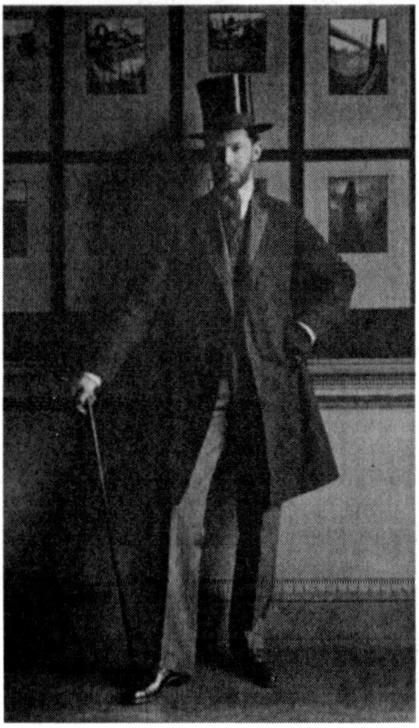

Zylinder mit breiter Krempe, sitzt hoch auf dem Kopf und ragt aus dem Bild hinaus. Coburns Gesicht ist vom gepflegten Bart – Koteletten, Schnurr- und Kinnbart – weitflächig verdeckt. Sein rechtes Ohr liegt gut sichtbar frei; auf seinem Gesicht ein Lichtkegel, begrenzt durch Mantel, Hut und Bart. Das auffälligste Moment im Bild liegt in Coburns Blick. Jener führt diagonal über die ästhetische Grenze rechts aus dem Bildraum hinaus. Coburn führt den Blick dabei keinesfalls nahe der Linse vorbei, recht weit abgewendet hält er den Blick gesenkt, eine Bewegung, die von den Schultern aufgegriffen wird, auch sie sind leicht gekrümmt. Coburn lädt den Betrachter mitnichten zum Zwiegespräch ein, vielmehr scheint er in sich gekehrt und nachdenklich. Diese innere Abgeschiedenheit wird besonders deutlich, zieht man die Abbildung von F. L. Mortimer zum Vergleich heran (Abb. 2), der Coburn im folgenden Jahr, scheinbar in gleicher Montur in der *Royal Photographic Society* photographierte. Stolz und herausfordernd blickt Coburn hier frontal in die Kamera, der linke Arm in die Hüfte gestützt, der rechte umfasst den Gehstock mit einer ausschweifenden Bewegung. Betrachtet man den Bildhintergrund genauer, erkennt man auch die ausgestellten Bilder hinter Coburn als seine eigenen:

Abbildung 3: James McNeill Whistler, Arrangement in Gray: Portrait of the Painter, *1872*

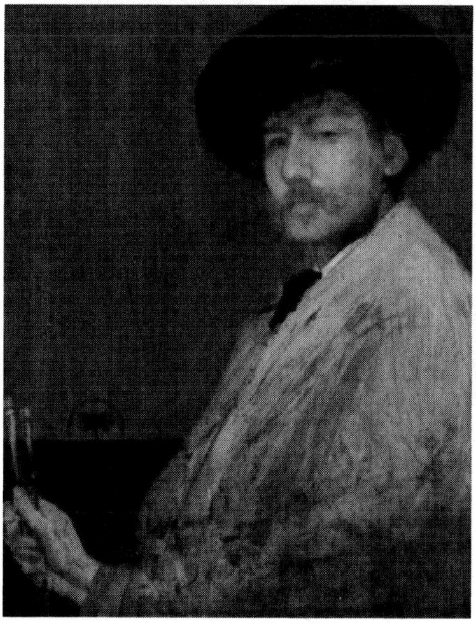

rechts oben zeigt sich die Brücke aus *Regent's Canal, London*, 1904. Narziss vor seinem sich spiegelnden Brunnen. Im Selbstbildnis inszeniert sich Coburn nicht forsch und stolz, sondern in sich gekehrt und nachdenklich, die Kamera steht zur Beihilfe bereit, darf sie diesen persönlichen Moment von ihm als Photographen kontrolliert aufnehmen. Das Selbstbild zeigt sich als Abbild eines Abbilds, die photographische Spur eines dandyesken Spurenlegers. Dem seidenen Hut kommt dabei eine besondere Bedeutung zu, stellt er Coburn nun erst in eine Linie mit dem von ihm verehrten Whistler. Coburns zurückhaltender Auftritt im Selbstporträt mit Hut dient der Annäherung an sein Idol. Denn wenn auch seitenverkehrt zu Coburn, zeigt das Selbstporträt *Arrangement in Gray: Portrait of the Painter* (Abb. 3) von 1872 in ähnlicher Weise das – nun natürlich gemalte – Abbild des Künstlers im Halbprofil. Whistler präsentiert sich ebenfalls mit Schnurrbart und Backenbart, gekleidet in Mantel, Hemd, Krawatte und Hut, in der Hand einen Champagnerkelch. Im Gegensatz zu Coburn blickt Whistler direkt in die Kamera, er schaut den Betrachter geradewegs an. Coburn imitiert das whistlersche Selbstporträt und kodiert es zugleich um: Wo Whistler sich von der Hutkrempe an

Abbildung 4: Coburn, Selbstporträt, um 1905

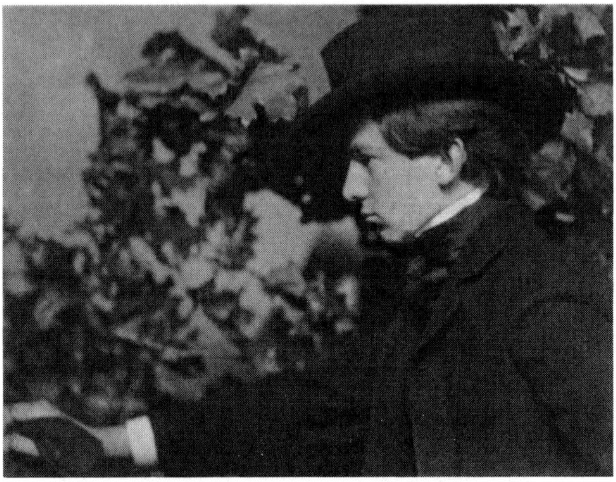

herausfordernd und offen präsentiert, wendet Coburn in Referenz auf den Meister mit gesenktem Hut den Blick ab und gibt sich bescheiden im Moment der direkten Konfrontation mit dem Vorbild.

Zwischen 1900 und 1906 fertigte Coburn eine Vielzahl von weiteren stimmungsvollen Selbstporträts an in denen er die Rolle des Dandys einnimmt. Ganz ähnlich zeigt er sich trotz wesentlich anderem Umfeld in Abb. 4, auch hier ist Coburn als Dandy zu erkennen. Coburn befindet sich diesmal mit Hut abgebildet in freier Natur, er ist im vollständigen Profil von links aufgenommen. Sein Körper bespielt die rechte Bildhälfte, sein linker Arm ist etwas Material haltend ausgestreckt, sein Blick fokussiert nach vorne gerichtet. Es wäre trügerisch davon sprechen zu wollen, er habe seinen Blick von der Kamera abgewendet. Vielmehr evoziert die Betrachterposition den Eindruck, Coburn bemerke die Kamera nicht einmal oder ignoriere sie bewusst. Seine Mimik und sein Körper sind komplett nach links ausgerichtet, sie bewegen sich zwischen Geäst, das den Hintergrund bildet, und der Kamera im schmalen Raum voran. Die Äste und Zweige sind unmittelbar hinter seinem Körper positioniert, wodurch das Bild nur eine sehr geringe Raumtiefe aufweist. So handelt es sich um einen begrenzten Bildausschnitt auf nur begrenztem Raum. Auch ohne die erklärte Referenz auf Whistler erfüllt Coburn in beiden Aufnahmen die stereotype Rolle des abgeklärten, geschmackssicheren und über allen stehenden Dandys performativ mittels seiner Erscheinung, seiner Kleidung. Er interpretiert und referiert die Codes eines Dandys, um als solcher erkannt zu werden.

Ein ‚genialer Mann'[63] – der nobilitierte Künstler

Eine weitere Rolle, die Coburn spielt und die sich im Gegensatz zur Figur des Dandys nicht hermetisch gegen Reproduktion und Nachahmung verschließt, ist die des nobilitierten Künstlers. Um jene zu begreifen, muss man jedoch zuerst Coburns Verständnis einer kulturellen Elite näher betrachten. An gleich mehreren Stellen[64] beschreibt Coburn sich als literarischen Löwenjäger: „In my early days in London I was a lion hunter, and the first literary lion I was to capture was no less a person than Bernard Shaw."[65] Doch wodurch zeichnet sich Shaw als „Löwe" aus? Nicht umsonst referiert auch William Howe Downes mit dem Titel seines Essays „Artist Coburn among the ‚Lions'" von 1913 auf eben jene Terminologie.[66] Er ist scheinbar eine literarische, eine gesellschaftliche Größe: der König der Tiere unter den Hyänen im Kulturbetrieb.[67] Und Coburn hat ihn erlegt, als er ihn photographierte, als er sein Photo schoss. Coburn verfügt über das ungebrochene Klassenbewusstsein eines jungen 20. Jahrhunderts. Das überrascht wenig, zeigt sich doch auch der Piktorialismus als elitäre Strömung, die nachgerade vollkommen gegenüber weniger reichen und weniger gesellschaftlich akzeptierten und integrierten Kunstphotographen abgeriegelt ist ein vornehmlich männlicher Kreis, entsprungen den obersten Zehntausend Europas und der USA. Dem Leser seiner

63 Vgl. Coburn (2015), „Autobiographie", S. 63.

64 Vgl. ebd., S. 31, 149 oder auch 186 und auch Alvin Langdon Coburn, „Photographic Adventures", in: *The Photographic Journal,* 102/5 (Mai 1962), S. 150-158, 153.

65 Ebd.

66 William Howe Downes, „Artist Coburn among the ‚Lions'", in: *Boston Transcript*, November 1913. Downes bezieht sich mit den „lions" ebenfalls auf die von Coburn photographierten Größen des Literatur- und Kunstbetriebs.

67 Im Essay „Astrologische Porträtphotographie" beschreibt Coburn das Sternzeichen des Löwen interessanterweise wie folgt: „Man bezeichnet den Löwen als Zeichen der Könige, denn zweifellos wurden viele Herrscher entweder unter dem Aszendenten des Löwen geboren, oder aber der Löwe spielte in ihrer Geburtskonstellation eine wichtige Rolle. Obgleich ein hochentwickelter Löwe nicht zwangsläufig von großer Statur sein muss, umgibt ihn stets eine unverkennbare Würde. Was ich damit auszudrücken versuche, wird deutlicher, wenn man sich das Portrait George Merediths anschaut, denn bei ihm handelt es sich um einen typischen Löwen. Er zeigt die hohe Stirn, auf die man bei diesem Zeichen so oft trifft, und genug von einer Löwenmähne hat er gewiss auch." Alvin Langdon Coburn, „Astrologische Portraitphotographie (1923)", in: Ders. (2015), *Auf der Suche nach der Schönheit*, S. 316-319, 317.

Essays wird schnell klar: Für Coburn, der als ein zentrales Mitglied der kunstphotographischen Strömung und Vertrauter der Gallionsfigur Alfred Stieglitz abermals einem elitären Kreis angehört (man könnte sagen, der Elite der Elite), ist es essentiell wichtig, sich selbst nahe dieser – wiederum literarischen – Oberschicht zu wissen. Coburn scheint sich dieser Vorliebe bewusst zu sein, diagnostiziert er doch selbst: „vielleicht bin ich ein Heldenverehrer. Warum sollte ich mich nicht auf der Stelle als schuldig bekennen?“[68] Eine Antwort auf die Frage, was einen von ihm geschätzten „Helden“, ausmacht, gibt er nur grob. So sei beispielsweise „ein Mensch, der sich an einem schönen, sonnigen Frühlingstag in die Dunkelkammer begibt, während draußen die Natur lockt, [...] nichts anderes als ein Held – es gibt einfach kein anderes Wort dafür.“[69] An anderer Stelle: „Ein Bildhauer ist ein Künstler, den eine Ausstellung vor ernste Probleme stellt, denn wenn seine Bemühungen in heldenhaftem Umfang verwirklicht werden sollen, werden für die Angelegenheit Lastfuhrwerke oder motorisierte Lastwagen benötigt.“[70] Und auch: „um die Wahrheit zu sagen, sind nicht alle Schriftsteller Helden ihrer eigenen Werke?“[71] Hier zeigt sich, dass Heldentum mit Kunststreben zusammenhängt, es sind die künstlerisch Schaffenden, die als eben solche Helden bezeichnet werden. Coburns stete Suche nach hochrangigen Gegenübern zeigt sich umso augenfälliger, bedenkt man, dass die Bemerkung seiner Anerkennung von „Helden“ im Jahre 1922 gefallen ist – gerade einmal vier Jahre nach Ende des ersten Weltkriegs – und „Helden“ bei Coburn literarische, elitäre Figuren fern der politischen Bühne, fern des Großen Krieges bezeichnen.

Die Photobände *Men of Mark* (1913) und *More Men of Mark* (1922)[72] zeigen explizit dieses Moment coburnscher Heldenverehrung auf. Insgesamt Dreiund-

68 Alvin Langdon Coburn, „Weitere Männer von besonderem Schlag (1922)“, in: Ders. (2015), *Auf der Suche nach der Schönheit*, S. 185-195, 191.

69 Alvin Langdon Coburn, „Die Photographie und die Suche nach der Schönheit (1924)“, in: Ders. (2015), *Auf der Suche nach der Schönheit*, S. 320-331, 320. Der Essay „Photographie und die Suche nach der Schönheit“ von 1924 wird im Folgenden abgekürzt mit PSS.

70 Coburn (2015), „Weitere Männer von besonderem Schlag (1922)“, S. 189.

71 Ebd., S. 190.

72 Alvin Langdon Coburn, *Men of Mark,* London und New York 1913 und Ders., *More Men of Mark,* London und New York 1922. In der Coburn-Edition wurden die Bücher mit „Männer von besonderem Schlag“, S. 165-183, und „Weitere Männer von besonderem Schlag“, S. 185-195, übersetzt. Hier wird auf Grund der begrifflichen Prägnanz

dreißig *men of mark* photographierte Coburn für den ersten Band, allesamt berühmte und bedeutende, männliche Figuren der Literatur-, Philosophie-, Kunst- oder Politikszene. Unter den *men of mark* – die Coburn ursprünglich *Geniale Männer* („*Men of Genius*") betiteln wollte[73] – findet sich mit G. B. Shaw, H. G. Wells, Henry James, Maurice Maeterlinck, Franklin D. Roosevelt, Mark Twain, Rodin, W. B. Yeats, George Meredith, Alfred Stieglitz das *who is who* der Jahrhundertwende. In einem retrospektiven Essay von 1958 schreibt Coburn: „One of my great ideals at that time was to meet people, and through photography I contacted many of the great."[74] Noch über dreißig Jahre später führt Coburn nicht ohne Stolz an, viele der „großartigen" Menschen des beginnenden 20. Jahrhunderts kennengelernt zu haben. Eben dieser Stolz bemächtigte sich Coburn bereits in den 1910er Jahren, beim Verfassen von *MoM.* So schreibt er im Vorwort: „wir drei (Mr. Shaw, Mr. Wells und ich) [machten] einen Spaziergang; und ich erinnere mich, wie stolz ich über die Möglichkeit war, mit zwei der schärfsten Geister Großbritannien bekannt zu sein und ihren Gesprächen lauschen zu dürfen, für die ich ganz Ohr war" (*MoM* 170).

Coburn sucht stets die Verbindung und den persönlichen Kontakt mit den von ihm verehrten gesellschaftlichen Größen. In diesem Sinne schreibt er auch, er „vertrete die Theorie, dass man als Bewunderer der Arbeiten einer Person diese fast zwangsläufig gut leiden kann, wenn man persönlich auf sie trifft."[75] Das Werk und die Persönlichkeit eines Mannes sind hier unmittelbar verwoben, beeinflussen einander gegenseitig – und münden so in einem außerordentlichen Leistungsbewusstsein einerseits und der Verschränkung der Persönlichkeit und der künstlerischen Arbeit andererseits. Folgt man diesem Gedankengang weiter, entpuppt sich dieser Satz zur Abhängigkeit zwischen bewundertem Werk und sympathischer Autorfigur als Theorem zur Künstlerfigur zu Beginn des 20. Jahrhunderts. Für Coburn ist das Werk eines Künstlers/Photographen/Autors nicht von eben jener Figur abspaltbar. Die Beziehung zwischen beiden Subjekten scheint evident und für den Rezipienten nicht nur nachvollziehbar, sondern überaus relevant: Das Leuchten des Kunstwerks reflektiert stets zurück auf seinen Produzenten, ist jener doch die eigentliche künstlerische Größe.

---

weiterhin der englische Titel geführt. Im Folgenden werden die Bände *Men of Mark* mit *MoM* und *More Men of Mark* mit *MMoM* abgekürzt. Die Gruppe selbst wird mit *men of mark* bezeichnet. Siehe ausführlich zu beiden Bänden Kap. 3.1.1.

73 Vgl. Coburn (2015), „Autobiographie", S. 63.

74 Alvin Langdon Coburn, „Retrospect", in: *The Photographic Journal,* 98 (1958), S. 36-40, 37.

75 Alvin Langdon Coburn, „Die Seebilder John Masefields (1914)", in: Ders. (2015), *Auf der Suche nach der Schönheit*, S. 291-294, 294.

Abbildung 5: Coburn, Tafel XXXIII aus More Men of Mark, *London 1922*

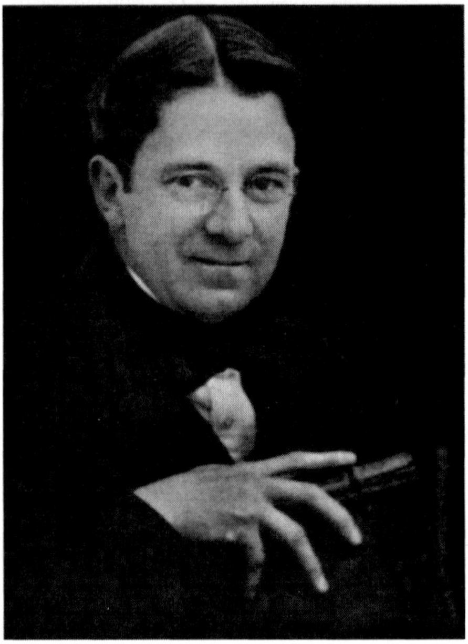

Coburn, der bereits von Geburt her der gesellschaftlichen Elite angehört, sucht durch sein *lion hunting* mit der künstlerischen und intellektuellen Elite seiner Zeit seine eigene ästhetische und intellektuelle Nobilitierung. Gleichzeitig wird durch die kunstphotographischen Aufnahmen dieser Anspruch sogar überformt: Coburn erschafft durch *MoM* und *MMoM* mittels seiner photographischen Arbeiten eine idiosynkratrisch anmutende Bestimmung eben jener künstlerischen Oberschicht, derer er selbst als erhabene und bedeutende Künstlerfigur angehören möchte. Coburn reiht dabei die Männer in den Bänden nicht nur durch die Gestaltung des Buches – eine Photographie in der Größe von plus minus 20 x 15 cm pro Seite –, sondern auch durch die Komposition der einzelnen Aufnahmen, die sich stilistisch ungemein ähneln, während sie gleichzeitig ihre Eigenständigkeit zu erhalten vermögen. Auf der Suche nach den *men of mark* degradiert Coburn so seine nobilitierten Löwen nur scheinbar zu Teilen einer homogenen, nicht individuellen Reihe, in der die Individualität des Einzelnen zu Gunsten der gesetzten Serialität dekonstruiert wird: Die Einheit der *men of mark* entsteht. Eben so kommt es auch zum Zirkelschluss: Das letzte Bild in *MMoM*, Blatt XXXIII (Abb. 5), zeigt Alvin

Langdon Coburn selbst. Er ist im Halbprofil von rechts bis zur Brust aufgenommen, im Gesicht ein leichtes Lächeln. Coburn trägt eine rahmenlose Brille und hält in den Händen ein in Leder gebundenes Buch, Insignien der Intelligenz; die Finger seiner rechten Hand legen sich lang um den Einband. Dieses Selbstporträt zeigt nun trotz vornehmer Kleidung keinen stereotypen Dandy, sondern Coburn als intellektuell und ästhetisch etablierten Kunstphotographen. Denn er, der nobilitierte Künstler, ist nun endlich legitimes Mitglied der von ihm konstruierten Gruppierung der *men of mark* und schließt sie als letztes Teilstück auch logisch ab. Gleichzeitig wird die Achse zwischen Kunstwerk und Künstlerfigur durch die Fokussierung auf die personelle Komponente im Kulturbetrieb um 1900 betont, was wiederum die Relevanz der performativen Selbstinszenierung als Künstler hervorhebt. Die Inszenierung der eigenen Person ist integraler Bestandteil künstlerischen Ausdrucks, es geht hier um die ästhetische Nobilitierung als wichtiger Künstler der Zeit, als „genialer Mann".

Kein Schmutz der Kupferpresse

Interessanterweise nimmt Coburn auch eine weitere, historisch bekannte Rolle an, die auf den ersten Blick unvereinbar mit seiner Positionierung als erhabene Künstlerfigur zusammenzupassen scheint: die des Handwerkers („craftsman"). Das überrascht umso mehr, entspricht diese Rolle weder Coburns Schicht noch seinem Klassenbewusstsein. Gleichwohl schreibt Coburn noch 1962: „I am proud to be a craftsman as well as an artist."[76] Er ist nicht nur Künstler, wie es auf den ersten Blick scheinen mag, sondern dem Selbstverständnis nach auch Handwerker.

Diese Differenzierung verdeutlicht die Position des Kunstphotographen zwischen den vermeintlichen Polen von technischer Raffinesse und künstlerischem Ausdruck. So macht es nur Sinn, dass er sich auch als „artist-photographer" („künstlerischer Photograph") bezeichnet, beispielsweise im Titel eines 1913 publizierten Essays im *Pall Mall Magazine*.[77] Coburn positioniert sich als Teil der piktorialistischen Strömung in ihrem Ringen um den Kunststatus der Photographie, er ist Künstler und Photograph, beides geht Hand in Hand und prägt seine Identität. Begreift man den Begriff *artist-photographer* nicht tautologisch, so weist er darauf hin, dass es sich eben nicht um Synonyme handelt: Ein Photograph ist *per se* kein Künstler. Erst der neue Begriff des *artist-photographer*, des Künstler-Photographen, erklärt nicht nur implizit die Photographie zur Kunst, sondern eben auch den Photographen zum Künstler.

76 Coburn (1962), „Photographic Adventures", S. 155.

77 Coburn (2015), „Künstlerischer Photograph (1913)", S. 279.

Abbildung 6: Coburn, Selbstporträt, 1908

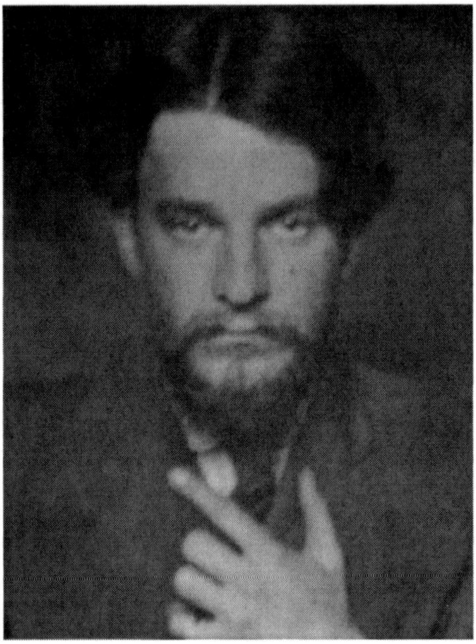

Es ist die Photographie, die – Coburns Verständnis nach – vorerst die nicht künstlerische, sondern eher handwerkliche Domäne der technischen Erfordernisse in Bezug auf Belichtung und Druckverfahren abdeckt. Evidenterweise lassen sich aber beide Aspekte, das Handwerk und die Kunst, in der Kunstphotographie nicht trennen, sondern bedingen einander wechselwirkend. Es muss an dieser Stelle betont werden, dass Coburn sich über die technischen Aspekte der Photographie hinaus nun bewusst zum Handwerker stilisiert, insbesondere mittels seiner Selbstporträts. Tatsächlich zeigen die meisten bekannten photographischen Selbstbildnisse Coburns eine starke Tendenz zur Inszenierung stimmungsvoller Sinnlichkeit und künstlerischem Dandytums. Jenes aus dem Jahr 1908 (Abb. 6) birgt einen anderen Zugang zum Photographen. Hier posiert Coburn frontal vor der Kamera, er ist mittig aufgenommen, Schultern und Brust begrenzen den Bildausschnitt. Coburn blickt mit minimal gesenktem Blick auf den Betrachter, seine Augen sind geradeaus gerichtet, sein gewelltes Haar rechts gescheitelt.

Erstmals erlaubt Coburns Selbstporträt einen offenen Austausch zwischen Betrachter und Betrachtetem, distanziert er sich doch in den anderen Aufnahmen merklich vom Rezipienten, sei es durch abgewandte Blicke, eine weggedrehte

Abbildung 7: Coburn, The copper plate press, *1908*

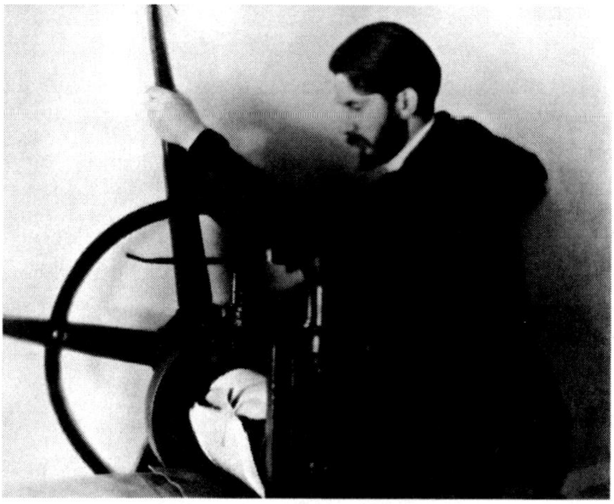

Körperhaltung oder photographische Techniken, die die Künstlichkeit der Aufnahme betonten. Interessant ist hierbei die Referenz auf Albrecht Dürers *Selbstbildnis im Pelzrock* von 1500. Das Bild zeigt Dürer frontal aufgenommen in ähnlicher Pose, die nunmehr rechte Hand liegt entsprechend der linken Coburns am Kragen. Die gewählte Pose als imitatio Christi ausgelegt führt zur Interpretation des Künstlers als göttlich berufenen Schöpfer.[78] Coburn befindet sich in seinen Selbstbildnissen in einem zwiespältigen Austausch mit der Kamera und dem impliziten Betrachter, sucht er doch einerseits Aufmerksamkeit und verweigert gleichzeitig Einblick. In Abb. 7, *The copper plate press [self-portrait]* von 1908, wendet sich Coburn von seinem Beobachter im Moment der Selbstporträtierung, der Kamera, gänzlich ab. Nun zeigt sich Coburn bei seiner Hände Arbeit – für kokettierende Spiele mit der Kamera ist keine Zeit! Er bedient die Presse im photographischen Prozess zur Herstellung von Photogravüren. Coburn inszeniert sich hier körperlich zupackend, sein Körper befindet sich im Profil rechts im Bild, er ist der Presse zugewandt, sein linker Arm ist erhoben und an einen der schweren Griffe der Presse angelegt, um sie in Bewegung zu setzen, sein rechter Arm ist nach hinten angewinkelt. Er arbeitet mit ganzem Körpereinsatz an der Maschine. Konzentriert auf den Prozess scheint Coburn völlig vertieft in seine Arbeit, den Blick auf die Platten gesenkt.

78 Ulrike Haß, *Das Drama des Sehens. Auge, Blick und Bühnenform*, München 2005, S. 157.

Die Aufnahme mutet sehr dynamisch an, befindet sich Coburn doch mitten in der Bewegung. Hier ist der *craftsman* – scheinbar in bewegungsfreundliche Kleidung gehüllt – in seinem Element. Coburn stilisiert sich auf gleich dreifache Weise. Erstens stellt er sich durch die Inszenierung an der Maschine abermals in die Tradition Whistlers, der zahlreiche Radierungen, Drucke und Kupferstiche[79] an einer eben solchen Presse produzierte. Doch auch für die Herstellung von Photogravüren wurde die Presse genutzt, somit inszeniert sich Coburn zweitens auch in der Tradition selbstreflexiver, malerischer Selbstporträts, die den Moment ihrer Herstellung einfangen: Der Maler malt sich beim Malen und der Photograph photographiert sich im Moment des photographischen Prozesses. Das bedeutet hier allerdings nicht die Selbstporträtierung im Moment des Auslöser-Betätigens, sondern des handwerklichen Prozesses. Denn jene ist eben auch Teil der photographischen Entwicklung. So verweist Coburn drittens geradewegs auf die körperliche Komponente seiner Tätigkeit, photographierte er sich ja eben nicht im Moment des ‚Knipsens', sondern im vermeintlichen Schweiße seines Angesichts druckend und setzt sich so in die Tradition der *Arts & Crafts*-Bewegung.

Jene vornehmlich britische Strömung, die sich ungefähr auf die Zeit zwischen 1850 und 1920 beziffern lässt, wird als Kunstgewerbebewegung verstanden und auf William Morris zurückgeführt.[80] Morris und auch John Ruskin lieferten theoretische Modelle für eine romantische Sozialutopie, die ihre Basis im vermeintlich heilen und noblen Mittelalter findet, und mit einem neuen Verständnis von Schönheit, Design und (Kunst-)Handwerk in einen Gegenentwurf zur Industrialisierung mündet.[81] Zentral ist dabei die Vielzahl von Werkstätten und Künstlerverbünden, die über Großbritannien verteilt aus der Erde sprießen.[82] Interessanterweise übernimmt Morris in diesem Gefüge die Rolle des „wohlhabenden Bürger als Sozialist mit revolutionärem Bewußtsein."[83] Ein Ansatz, dem Coburn in seiner Darstellung des Handwerkers der *Arts & Crafts*-Bewegung wiederum nicht verpflichtet ist.

---

79 Vgl. University of Chicago, *James McNeill Whistler: The Etchings*, online: etchings.arts.gla.ac.uk/exhibition, zugegriffen am 3.11.2017.

80 Vgl. Gerda Breuer (Hg.), *Arts and crafts. Von Morris bis Mackintosh – Reformbewegung zwischen Kunstgewerbe und Sozialutopie,* Darmstadt 1994, S. 13.

81 Vgl. Hans Christian Kirsch, „Einführung", in: Ders., *Wie wir leben und wie wir leben könnten. 4 Essays*, Köln 1983, S. 7-55, 14. Im Folgenden wird die *Arts & Crafts*-Bewegung nicht als gesellschaftliche Theorie ausformuliert, sondern als handwerkliche Kunstbewegung verstanden, die u.a. auch als Vorreiter für Jugendstil und Bauhaus gilt.

82 Vgl. Breuer (1994), *Arts and crafts,* S. 13.

83 Vgl. Kirsch (1983), „Einführung", S. 29.

Stattdessen interpretiert er die Rolle des romantischen Handwerkers ohne seine elitäre Stellung als wohlhabendes Mitglied der piktorialistischen Bewegung und der englischen Gesellschaft in Frage zu stellen. Die Rolle des zupackenden Handwerkers als Variante seiner kunstphotographischen Identität wird bei Coburn zum legitimierenden Bindeglied zwischen der Position des elitären Künstlers und eben jener als technisch und maschinell agierendem Photographen. Coburns handwerkliche Arbeit wie sie Abb. 7 zeigt, betont seine photographische Tätigkeit als nicht nur maschinell durchgeführte Technik, sondern als handwerkliche Arbeit im Sinne seines *craftmanship* in Folge der *Arts & Crafts*-Bewegung.[84] Das Handwerk wird zum menschlich geschaffenen, bodenständigen und ‚ehrlichen' künstlerischen Feld – und zwar im Gegensatz zur elitären *highbrow*[85]-Kunst. Gleichzeitig funktioniert das photographische Handwerk, das Coburn stilisiert, auch als Gegenpol zur Photographie als technisiertem, maschinellem Reproduktionsverfahren. Es wirkt, als ob Coburn mit der Vorstellung einer sinnlichen Erdung, die er mit seiner Rolle als *craftsman* verbindet, liebäugle. So schreibt er 1915 in dem Essay „‚Schnappschüsse aus der Heimat' für den piktorialistischen Photographen":

> „Bei der aufgesetzt künstlerischen Haltung handelt es sich letztlich um eine glänzende Fassade, und wenn man sie abnimmt, erkennt man, was in Wirklichkeit darunter verborgen liegt. Lassen wir also jedweden Manierismus und alle Allüren hinter uns und beweisen wir, dass wir gute und anständige Handwerker sind, in deren Brust auch nur ein Herz schlägt."[86]

84 Vgl. dazu beispielsweise The Art Institute of Chicago, *Pictorialist Photography*, online: www.artic.edu/aic/collections/exhibitions/ApostlesBeauty/pictorialist; The Art of the Photogravure, *Pictorialism: Hidden Modernism*, online: www.photogravure.com/blog/2009/04/pictorialism-hidden-modernism, auf beide zugegriffen am 3.11.2017.

85 Vgl. Wyck van Brooks, „Highbrow and Lowbrow", in: *The Forum* (April 1915), S. 481-492. Die Unterscheidung von *highbrow* und *lowbrow* beschreibt Brooks wie folgt: „on the one hand a quite unclouded, quite unhypocritical assumption of transcendent theory (‚high ideals'); on the other a simultaneous acceptance of catchpenny realities", S. 483. Brooks führt die Begrifflichkeiten als „quite American, authentically our very own," an und positioniert sie so gegen englische, russische oder deutsche Konzepte. Coburn, der selbst als Amerikaner in England lebt, differenziert ebenfalls nach Brooks Tradition der *high-* und *lowbrow*-Kunst.

86 Alvin Langdon Coburn, „‚Schnappschüsse aus der Heimat' für den piktorialistischen Photographen (1915)", in: Ders. (2015), *Auf der Suche nach der Schönheit*, S. 310-312, 311. Coburn formuliert seinen Aufruf 1915 – im gleichen Jahr, in dem auch Brooks

Coburn fordert die Abkehr von verklärter Hochkunst und wünscht sich echte, ehrliche Handwerker, die ohne zu fackeln anpacken und reinen Herzens zur Tat schreiten. Existenzielle Umwälzungen, ausgelöst durch den Großen Krieg, bieten Coburn den nötigen Spielraum, um eine andere Facette seines Selbstentwurfs zu präsentieren – die des Handwerkers. Im Sinne der *Arts & Crafts*-Bewegung entwickelt Coburn eine romantisch schwärmerische Allianz des Miteinanders: „wir [sind] gute und anständige Handwerker", ich bin einer von euch. In Anbetracht der Tatsache, dass Coburn wenig ferner lag als die „aufgesetzt künstlerische Haltung" („high art pose") aufzugeben, und ein Mann des Volkes zu sein,[87] scheint der Aufruf eher opportunistisch-propagandistischer Natur zu sein. Coburn inszeniert sich als Vor- und Sinnbild eines zupackenden Mannes in Kriegszeiten, einer der zeigt, „was in Wirklichkeit darunter verborgen liegt" („which is real beneath"). Schreibt er über den Krieg, schreibt er von sich als authentischem *craftsman*, als Handwerker, der sich Hände und Kleidung schmutzig macht – was, das muss man sich klar machen, in der Tat sicherlich nicht der Fall war. Coburn selbst legt Zeugnis ab über seine zumindest optisch auf die Rolle des Dandys referierende, geschniegelte und geschönte, von der Nasen- bis zur Fußspitze durchkomponierte Darstellung eines zupackenden Mannes (Abb. 7), der jedweden „Manierismus und alle Allüren" („mannerisms and affectations")[88] bei der Arbeit ablegt. Nein, was Coburn auf diese Weise nunmehr eigentlich präsentiert, das ist die Konstruktion und Ästhetisierung handwerklicher Arbeit und sinnlicher Körperlichkeit als photographischen Prozess kunstphotographischen Alltags.

Kunst als Religion: Gläubiger oder Prophet

Gegenüber seiner Rolle als Handwerker steht bei Coburn jene des Künstlers in einem größeren Gesamtzusammenhang. Künstler zu sein bezeichnet nicht nur ein Dasein als nobilitierte Künstlerfigur oder die Produktion von Kunst, es impliziert auch seine Rolle als Gläubiger und Prophet einer Religion der Kunst. Mit dieser Rolle hängt auch Coburns symbolistische Geisteshaltung zusammen. Er referiert immer wieder auf ein großes Ganzes, verweist auf Analogien zwischen dem Leben, dem Menschen und der Photographie.[89] Der Hang zum Symbolismus findet

highbrow/lowbrow-Differenzierung publiziert wurde.

87 Hierfür können Coburns restliche rund vierzig Essays zugrunde gelegt werden.

88 Vgl. die Originalzitate mit Alvin Langdon Coburn, „‚Snapshots from home' for the Pictorial Photographer", in: *The Amateur Photographer & Photographic News,* 62/1623 (8. November 1915), S. 376f.

89 Siehe Alvin Langdon Coburn, „Der Zusammenhang von Zeit und Kunst (1911)", in: Ders (2015), *Auf der Suche nach der Schönheit*, S. 273, dazu auch Kap. 1.3.2.

sich auch in Coburns Selbstporträts wieder. Jenes aus dem Jahr 1908 (Abb. 6) bringt diese Haltung etwas näher. Auffällig ist seine linke Hand, die an Dürer anschließend mit gestrecktem Zeigefinger und Daumen am Schlüsselbein auffliegt. Geht man von den materiellen Gegebenheiten des Abgebildeten aus, unterscheidet sich das Bild nur wenig von den anderen Selbstporträts: Coburn mit Krawatte, Sakko und Hemd, der Blick ernst, der Mund verschlossen. Was an dieser Aufnahme nun jedoch anders anmutet, sind die Aufnahmemodi. Im Gegensatz zu den anderen Abbildungen ist diese Aufnahme unscharf, verschwommen, kontrastlos und weich, fast fließend. Nur seine Augen bleiben als festzustehende Komponenten greifbar für den Betrachter, ansonsten scheint er vielmehr sphärisch entrückt und sinnlich erhaben zugleich.

Symbolistische Ansätze entwickeln sich in den 1910er und 20er Jahren bei Coburn zu spirituellen Glaubensbekenntnissen im Sinne einer Sakralisierung der Kunst. In seinem Essay „Die Photographie und die Suche nach der Schönheit" von 1924 schreibt Coburn, dass „der Künstler jedoch nicht zwangsläufig ‚religiös' im üblichen Wortsinn [ist]. Die Kunst ist selbst eine Art Religion." (PSS 323) Coburns Herangehensweise an die Kunst als Religion ist kein Einzelphänomen, vielmehr gehört die „Selbststilisierung des Künstlers zum Priester, Propheten, Heiligen und zum Messias […] zur Signatur der literarischen Moderne"[90]. In diesem Sinne inszeniert sich auch Coburn als Teil einer künstlerischen Religion und übernimmt neue Rollen: die des Gläubigen und die des Propheten. Coburn benennt die idealistische Formel seiner Religion, wenn er die symbolistisch aufgeladene Position „der drei Teile der großen Wirklichkeit" im „Schöne[n] […], dem Wahren und dem Guten" (PSS 322)[91] verortet. So führt er die Existenz von Wolken beispielsweise nicht auf verdampftes Wasser zurück, sondern auf den „großen Schöpfer[…] der Wolken" (AB 45). Wolken werden für ihn von einem Schöpfer erschaffen; sie abzubilden entpuppt sich neben dem Abbilden von Wasser in ihrer

90 Friedhelm Marx, „Heilige Autorschaft? *Self-Fashioning*-Strategien in der Literatur der Moderne", in: Heinrich Detering (Hg.), *Autorschaft. Positionen und Revisionen,* Stuttgart 2002, S. 107-121, 107.

91 Im Januar 1923 hielt der Anthroposoph Rudolf Steiner eine Vorlesung mit dem Titel „Truth Beauty and Goodness". Da sich Coburn spätestens seit 1923 explizit für Mystizismus interessierte und sich den Freimaurern und im Speziellen der Universal Order anschloss, darf man vermuten, dass er mit Steiners Ansätzen vertraut war. Siehe dazu Weaver (1986), *Alvin Langdon Coburn,* S. 6 und 20, und Rudolf Steiner Archiv, *Truth, Beauty and Goodness*, online: http://wn.rsarchive.org/Lectures/19230119p01.html, zugegriffen am 3.11.2017.

großen individuellen Vielfalt als „die besondere Domäne der Kamera".[92] Es scheint, als wären die Wolken einzig aus dem Grund, eine schöne und ansehnliche Form darzubieten, die sodann der Photograph oder Maler abbilden kann, erschaffen worden. Denn der Künstler wiederum ist „demnach jemand, der sich zu einem gewissen Grad der Suche nach dem Schönen verschrieben hat" (PSS 323) und untersteht dem Gebot künstlerischer Dreifaltigkeit. Coburn stilisiert sich nachgerade als ritterlicher Diener einer ästhetizistischen „großen Wirklichkeit" („great reality") (PSS 322) wenn er predigt, „Venus, Hüterin des Schönen, ist jedem Menschen im Herzen nahe, und jeder Ritter der Linse kann auf Wunsch zu ihrem Verfechter werden" (PSS 328) – zum Beispiel durch das Abbilden von Wolken. Dabei bildet die „große Realität"[93] von 1924 hier nicht etwa eine unruhige, umbrüchige und unsichere vom ersten Weltkrieg gezeichnete Phase ab, sondern die allgegenwärtige Schönheit des Lebens. Die „höchste[…] aller Künste: [die] Kunst des Lebens selbst," (PSS 321) meint hier nicht zynisch Elend und Leid. Stattdessen formuliert Coburn einen hoch ästhetizistisch anmutenden Realitätsentwurf, der Hässlichkeit und Schmerz wenn schon nicht leugnet, so doch als nicht nachhaltig real akzeptiert.[94]

In diesem Weltbild dient der schöpferische Künstler Coburn als Knecht der Kunstreligion, gleichzeitig stilisiert er sich zum Propheten, wenn er die Rolle des individuellen und nobilitierten Künstlers – dem 1922 auch die letzte Seite in *MMoM* zusteht – übernimmt. Tatsächlich wiederholt die Position des Propheten der Kunstreligion schlussendlich das Thema des Dandys, handelt es sich bei jenem eben auch um eine Version eines Propheten der Ästhetik.

2.1.3 Photographische Selbstinszenierung und die ‚wahre' Maske

Coburn inszeniert sich in seinen autobiographischen Essays, der Autobiographie und seinen Selbstporträts selbst und nimmt dabei verschiedene, stereotype Rollen ein, deren Eigenheiten er entsprechend den Rollenerwartungen der Öffentlichkeit imitiert. Seine im Sinne Robert Ezra Parks ‚wahre' Rolle ist allerdings die des

92 Alvin Langdon Coburn, „Farbverlaufsfilter (1910)", in: Ders. (2015), *Auf der Suche nach der Schönheit*, S. 264f, 265.

93 Der Begriff der Wirklichkeit soll hier nicht auf philosophische Debatten um ein Realitätsmodell zurückgreifen, sondern referiert auf Coburns Begriff der „Great Reality" und damit seiner Vorstellung und Wahrnehmung jener „Realität".

94 Auf die von Coburn entwickelte Kunstreligion und platonische Kunsttheorie wird in Kap. 3.2.1 gesondert eingegangen.

hingebungsvollen Kunstphotographen, der entgegen der reproduzierenden Darstellung von Rollen – und mitunter der Erzeugung „falscher Kopien", wie im Falle des Dandys – nicht nur Unikate schafft, sondern selbst ein Unikat ist. Coburn praktiziert eine photographische Selbstinszenierung im dreifachen Wortsinn: Mittels photographischer Selbstbilder (und sich auf photographische Inhalte beziehenden Texten) kopiert er mit photographischer Genauigkeit Rollenmodelle und landet damit unmittelbar in einem Widerstreit, wird im Falle der Rolle des Dandys doch das photographische Dilemma der Unkopierbarkeit eines Originals sichtbar.

Dennoch bildet Coburn mittels dieser Umsetzungen seine photographische Identität aus – den unikalen *Kunst*photographen Coburn. So ist es auch diese Rolle, der Coburn gänzlich unironisch, oder mit Goffman gesprochen, ohne Rollendistanz begegnet. In einem Text von 1913 beschreibt Coburn wie er zur Photographie fand und wie er entschied, sich „der Kamera als Mittel [s]eines individuellen Ausdrucks zu widmen"[95]. Coburn inszeniert sich hier als getreuen Anhänger der Kamera. Im Ausdruck der Selbsthingabe an die Kamera klingt abermals ein Moment der Überhöhung und Sakralisierung jener mit: auch die Kamera ist Medium der Kunstreligion. Coburn geht noch weiter und bestätigt, „die Kamera hat wirklich etwas Magisches an sich."[96] Wenn Coburn die Kamera als magisch bezeichnet, so bewegt er sich damit nicht nur in der Tradition früher photographie- und filmtheoretischer Ansätze (man denke nur an die *laterna magica*), sondern gesteht jener auch magische Fähigkeiten zu. Wenn Coburn dann erklärt, die Kamera werde Teil des Photographen,[97] wird die magische Kamera eins mit dem Photographen und der Photograph damit im Zirkelschluss selbst zum Magier. Magie wird dabei nicht als übernatürliches Moment verstanden, sondern im Sinne einer Zauberei, einer Illusion. Umso interessanter, dass Coburn von sich erzählt, in seiner Jugend habe die Photographie eine Nebenbuhlerin akzeptieren müssen: die Magie. „Stundenlang übte ich einen Trick vor meinem großen Spiegel, um ihm den letzten Schliff zu verpassen," und tatsächlich „hätte ich beinahe einmal einen bekannten Magier als seine Zweitbesetzung auf eine ausgedehnte Tournee begleitet, doch im allerletzten Moment überwog dann das Interesse an der Photographie, wenn auch nur haarscharf."[98] Coburn entscheidet sich nur vordergründig zwischen Magie und Photographie. Er ist der Photograph als Magier,

95 Alvin Langdon Coburn, „Meine Anfänge: Von Alvin Langdon Coburn – Ein Photograph, dem es gelingt, die Seele seiner Motive einzufangen (1913)", in: Ders. (2015), *Auf der Suche nach der Schönheit*, S. 275-278, 276f.

96 Coburn (2015), „Künstlerischer Photograph (1913)", S. 270. Zur „Magie der Kamera" siehe auch Kap. 3.2.1.

97 „Die Kamera wird so Teil [des] Benutzers." Coburn (2015), „Meine Anfänge", S. 279.

98 Beides ebd., S. 275.

als Illusionist, der einem Taschenspieler gleich mit der Kamera zwar physikalisch erklärbare, doch für die Wahrnehmung wundersame ‚Tricks' vollführt: Photographien entstehen zu lassen.

Diese Sicht auf die Rolle des Photographen in der Gesellschaft passt im Umkehrschluss bestens auf die zahlreichen verschiedenen, vermeintlich widersprüchlichen Rollen, die Coburn übernimmt: Als photographischer Illusionist wechselt er zwischen den stereotypen Rollen spielerisch. So ist es in dieser für sein photographisches Schaffen entscheidenden Phase bis zu den 1920er Jahren die Rolle des Kunstphotographen, die maßgeblich seine Identität zum Ausdruck bringt und durch die Übernahme der vorgefertigten Rollen von Dandy, nobilitierter Künstler, körperlich agierender Handwerker und Gläubiger und Prophet gestützt und gestärkt wird. Seine Rollen erfüllen den gemeinsamen Zweck, Coburns Position als Kunstphotograph in der Öffentlichkeit zu legitimieren, ihn einer „Rüstung" gleich zu schützen, ihm einen – fast magischen – „Nimbus"[99] zu verleihen. Und so die ‚wahre' Maske seines Selbst zu zeigen – zumindest bis in die 1920er Jahre. Nach dieser Marke wird es stiller um Coburn, sowohl photographisch als auch phototheoretisch, er widmet sich spirituellen Fragen, sucht die Nähe der Freimaurer, tritt 1923 der religiösen Gemeinschaft *Universal Order* bei und publiziert regelmäßig im zugehörigen Magazin *The Shrine of Wisdom*.[100]

Die Beschäftigung mit spirituellen Inhalten ist keine neue Ausrichtung Coburns, auch diese Position war in seinen nicht zufällig gewählten Rollen bereits angelegt, der Gläubige als Prophet einer Kunstreligion schiebt sich in den Vordergrund, wird zur tonangebenden und dominanten Maske seines Lebens. Diese Verschiebung dokumentieren auch seine Essays, betrachtet man seine 1954 eifrig beteuerte Hingabe und Aufopferung zur Photographie als Versuch eines gewitzten Einstiegs in einen retrospektiven Essay: „If someone told you that he had been using a camera for over sixty-four years, and was still as keen as ever on the Art, would you believe him? Perhaps not, but you would be wrong, for it is not only true, but the person in question is a very intimate friend of mine, in fact he is none other than myself!"[101] Coburn kokettiert mit seiner Hingabe an die Photographie, er spielt mit der vermeintlichen Erwartungshaltung eines fiktiven Lesers, nicht glauben zu können, jemand bliebe so konsequent bei der Kamera wie Coburn. Und

99 Plessner (1981), „Grenzen der Gemeinschaft", S. 82ff.

100 Vgl. Steven Sutcliffe, *Children of the New Age. A history of spiritual practices,* London und New York 2003, S. 39. Siehe die Homepage des Shrine of Wisdom, *Philosophical, religious and mystical works of universal significance*, online: www.shrine ofwisdom. org.uk, zugegriffen am 3.11.2017.

101 Alvin Langdon Coburn, *Photography through the Years,* 1954 (Manuskript, George Eastman House, Rochester), S. 1.

unter Umständen scheint es Coburn selbst zu sein, der das nicht glauben kann und damit Distanz zu seinem eigenen Status als Kunstphotograph schafft. 1962 schreibt Coburn in einem weiteren retrospektiven Essay im *Photographic Journal*:

„Friends have asked me why I have for many years ceased to devote my energies exclusively to photography, after having attained a certain proficiency in the subject through a life of dedication to its mysteries? The answer to this is that I think spiritual concerns are more important, and that the art of the interior life is more vital and significant to the supreme and ultimate purpose of the human soul than any other activity. If you compare photography and religious mysticism as alternatives to which one should devote one's life, can there be a doubt as to the ultimate choice, or their respective values and importance?“[102]

Es kann nur eine Antwort geben und jene lautet eben nicht, wie man es vielleicht erwarten würde, die Photographie. Ein respektierter, nobilitierter und glaubwürdiger Kunstphotograph zu sein, das ist nicht mehr sein zentrales Anliegen, das hat er bereits erreicht, darüber ist er hinaus. Die Ironisierung seines Essays von 1954 in Bezug auf seine Position als Kunstphotograph markiert einen Umbruch in der Hierarchie seiner Rollen, er distanziert sich vom Kunstphotographen-Dasein und betont – nun wieder vollkommen unironisch – die oberste Priorität eines „religious mysticism“ und der Ergründung der schlussendlichen Bestimmung menschlicher Seelen. Besonders einleuchtend zeigt sich diese Entwicklung, betrachtet man Coburns Terminologie näher, wenn er von seiner Beziehung mit der Kamera, dieser materiellen Präsenz des epistemologischen Konzepts Photographie, die in seinen Texten zum Symbol photographischen Schaffens wird, spricht: 1913 schwärmt Coburn von seiner Hingabe an *die* Kamera („devote myself to the camera“), 1954 berichtet er bereits nüchterner von der Nutzung *einer* Kamera („been using a camera“) und acht Jahre später 1962 davon, dass er aufgehört habe, sein Kräfte nur der Photographie zu widmen („ceased to devote“).[103] Widmete sich Coburn der Kamera, dieser Verkörperung des photographischen Ideals also vorerst mit Leib und Seele geradezu selbstlos, nutzt er sie später sachdienlich, fast utilitaristisch, er *be*nutzt sie. Die Machtverhältnisse der Beziehung Coburn-Kamera(-Photographie) haben sich verschoben.

102 Coburn (1962), „Photographic Adventures“, S. 158.

103 Die erste Textstelle stammt aus Alvin Langdon Coburn, „How I began“, in: *T. P.'s Weekly*, 14. November 1913, S. 627, die zweite aus Coburn (1954), *Photography through the Years,* S. 1, und die dritte aus Coburn (1962), „Photographic Adventures“, S. 158.

2.2 DIE AUTOBIOGRAPHIE ALS NOBILITIERUNGSINSTRUMENT

Zwischen den verschiedenen Dokumenten, in denen sich Coburn inszeniert, verschiedene stereotype Rollen spielt und damit seine Position als Kunstphotograph untermauert, sticht die Autobiographie besonders hervor. Seine Selbstbildnisse gehören nicht nur zu seinem künstlerischen Œuvre, es gehört geradezu zum selbstreferentiellen Programm eines Photographen, sich immer wieder selbst aufzunehmen und durch die bildliche Darstellung im präferierten Medium darzustellen, wie man gesehen werden möchte. Coburns programmatische Essays zur Photographie erfüllen dagegen mitunter den Zweck der Weitergabe technischen Wissens[1] oder subjektiver Anschauungen zur Photographie.[2] In beiden Fällen legitimiert Coburns Expertise als Photograph und Künstler die Artikel. Demgegenüber positioniert sich die Autobiographie[3] als Schriftstück, in dem die persönliche und

1 Wie beispielsweise in Artikeln zu photographischen Verfahren. Alvin Langdon Coburn, „Der neue Rivale der Malerei: Die Farbphotographie. Ein Interview mit Alvin Langdon Coburn (1907)", in: Ders. (2015), *Auf der Suche nach der Schönheit*, S. 248-252; Ders., „Einige Hinweise für den Platindruck-Arbeiter (1902)", in: ebd., S. 242-244.

2 Hier seien etwa folgende zwei Essays genannt: Coburn (2015), „Zusammenhang von Zeit und Kunst (1911)" und „Die Zukunft des Piktorialismus (1916)".

3 Wayne Shumaker definiert die traditionelle Autobiographie 1954 wie folgt: „Autobiographie ist der erklärtermaßen ‚wahrheitsgetreue' Lebensbericht eines Individuums, von ihm selbst niedergeschrieben und als einheitliches Werk verfasst." Wayne Shumaker, „Die englische Autobiographie: Gestalt und Aufbau (1954)", in: Günter Niggl (Hg.), *Die Autobiographie. Zu Form und Geschichte einer literarischen Gattung*, Darmstadt 1989, S. 75-120, 81. Der Dekonstruktivist Paul de Man spricht der Autobiographie auf Grund der zahlreichen Varianten und Möglichkeiten ihrer Aufarbeitung 1979 ihren Status als Gattung ab („Autobiographie ist keine Gattung oder Textsorte, sondern eine Lese- oder Verstehensfigur, die in gewissem Maße in allen Texten auftritt.", Paul de Man, „Autobiographie als Maskenspiel [Autobiography as de-facement, 1979]", in: Ders., *Die Ideologie des Ästhetischen*, , Frankfurt/M. 1993, S. 131-146, 134.). Er beschreibt sie stattdessen als Wechselspiel des Autobiographen zwischen Maskierung und Demaskierung. Eakin fasst es 1985 so: „Autobiography is better understood as a ceaseless process of identity formation in which new versions of the past evolve to meet the constantly changing requirements of the self in each successive present." Paul John Eakin, *Fictions in autobiography. Studies in the art of self-invention*, Princeton 1985, S. 36. Im Folgenden wird ‚Autobiographie' vornehmlich traditionell

subjektive Lebensgeschichte so erzählt wird, wie der Autobiograph sie an die Rezipienten kommuniziert wissen möchte.[4] Dem Moment des kontrollierten Erzählens kommt dabei eine besondere Bedeutung zu, denn die Autobiographie bietet sich als Gattung an, um Episoden zu streichen, zu stärken, zu rekodieren. In diesem Sinne kann neben dem, was erzählt wird, entscheidend sein, was nicht erzählt wird und aus der eigenen Lebensgeschichte ausgemustert wird.

In Coburns Autobiographie geht es in erster Linie tatsächlich aber nicht darum, was in ihr erzählt oder nicht erzählt wird, es geht nicht darum, mit der eigenen Historie aufzuräumen. Der Grund für das Entstehen der Autobiographie liegt darin, dass Coburn unbedingt eine Autobiographie verfasst wissen möchte. Dabei ist nicht das *Was* des Textes, sondern das *Dass* entscheidend: Die Autobiographie fungiert als Marker einer vollständigen künstlerischen Nobilitierung, sozusagen als der materielle Beweis der eigenen Relevanz in der Geschichte der Kunst und konkreter, in der Geschichte der Photographie.

Bereits der Titel gibt die Stoßrichtung der Publikation vor: „Alvin Langdon Coburn – Photograph. Eine Autobiographie mit über 70 Reproduktionen seiner Werke" (*Alvin Langdon Coburn – Photographer. An Autobiography*) Es ist nicht einfach Coburn, sondern der Photograph Coburn, von dem hier die Rede ist. Von Anfang an wird die Emphase auf seine photographische Tätigkeit gesetzt, die, so scheint es, Coburn erst zu dem macht, was er ist und worüber es zu schreiben lohnt. Die Photographie ist die Legitimation der Autobiographie. Der Titel setzt

verstanden, jedoch nicht darauf begrenzt. Zur Theorie und Geschichte der Autobiographie siehe die Klassiker Wayne Shumaker, *English autobiography. Its emergence, materials and form,* Berkeley 1954; Georg Misch, *Geschichte der Autobiographie. 4 Bände,* Bern 1949-1969, und Günter Niggl (Hg.), *Die Autobiographie. Zu Form und Geschichte einer literarischen Gattung,* Darmstadt 1989; außerdem aktueller Wagner-Egelhaaf (2005), *Autobiographie*, und auch Jerker Spits, *Fakt und Fiktion. Die Autobiographie im Spannungsfeld zwischen Theorie und Rezeption,* Leiden 2008.

4 Grundlegend für die Rezeption ist der von Philippe Lejeune benannte „autobiographische Pakt", der die Autobiographie als referentiellen Text ausweist und für den Leser als solchen erkenntlich macht. Der Pakt besteht, wenn der Leser die Identität von Protagonist – Erzähler – Autor als Einheit anerkennt, und entsteht bereits durch die Nennung des Autornamens auf dem Cover der Autobiographie. Philippe Lejeune, *Der autobiographische Pakt [Le pacte autobiographique, 1975],* Frankfurt/M. 1994, S. 27f. Tatsächlich wird dieser Pakt jedoch auch dezidiert unterlaufen, u.a. durch Ghostwriting, vgl. Heide Volkening, *Am Rand der Autobiographie. Ghostwriting, Signatur, Geschlecht,* Bielefeld 2006, S. 7.

zusätzlich Lesart und Ziel der Publikation voraus: Coburn als etablierten Photographen zu verewigen und in die Geschichte einzuschreiben. Die photographische Selbstinszenierung, die Coburn in seinen Selbstporträts, seinen programmatischen und biographischen Texten umsetzt, wird noch weitergeführt: Es entsteht eine photographische Autobiographie,[5] welche die Kunstphotographien Coburns und seine Rolle als Kunstphotograph in den Fokus rückt.[6]

Doch die Publikation birgt ein Überraschungsmoment. Eigentlich handelt es sich bei „Alvin Langdon Coburn – Photograph" eben um keine klassische Autobiographie. Coburn schrieb sie nicht selbstständig und retrospektiv, wie man es dem „autobiographischen Pakt"[7] Lejeunes folgend, erwarten würde, sondern ließ sie aus alten, über die Jahre gesammelten unzusammenhängenden Essays, Briefen und Dokumenten von einem Editor montieren. Dennoch veröffentlichte er das Ganze als einheitliche und vollständige „Autobiographie" mit starkem Ich-Erzähler, der vermeintlich am Ende seines Lebens jenes erinnert – für den Rezipienten liegt hierin ein nicht zu erkennendes Kippmoment in der Deutung der Arbeit. So ergeben sich zwei Lesarten der Publikation: zum einen als eine photographische Autobiographie, welche die photographische Selbstinszenierung als nobilitierter Kunstphotograph abschließt und dafür die Kunstphotographien als legitimierendes und bezeugendes Mittel nutzt; zum anderen als unpersönliche, nicht von ihm selbst montierte Zusammenstellung bereits publizierter Texte, die so tut, als sei sie eine einheitliche Autobiographie. Die Schnittmenge beider Varianten führt wieder zu Coburn als sich selbst nobilitierenden Photographen und dem Versuch,

5 ‚Photographische Autobiographie' meint nun allerdings nicht eine Autobiographie, die auf photographische Weise funktioniert, sondern eine, die sich thematisch nach der Photographie ausrichtet und die Abbildungen als autobiographisch legitimierendes Mittel inszeniert. Auf gemeinsame medien- bzw. gattungsspezifische Merkmale von Photographie und Autobiographie, wie beispielsweise die Ambivalenz beider Diskurse zwischen Fiktionalität und Wirklichkeit, wird an dieser Stelle nicht weiter eingegangen werden. Siehe dazu bspw. Susanne Blazejewski, *Bild und Text. Photographie in autobiographischer Literatur. Marguerite Duras' „L'amant" und Michael Ondaatjes „Running in the Family"*, Würzburg 2002, S. 103-110.

6 Die Photographie ist hier also nicht als Erinnerungsmedium zentral, wie etwa bei Walter Benjamin oder W. G. Sebald. Zur Photographie in Autobiographien des 20. Jahrhunderts und ihre Rolle als Erinnerungsmedium und vor allem auch Verifizierungsmittel siehe Kentaro Kawashima, *Autobiographie und Photographie nach 1900. Proust, Benjamin, Brinkmann, Barthes, Sebald,* Bielefeld 2011.

7 Lejeune (1994), *Der autobiographische Pakt (1975).*

sich auf eine bestimmte Weise in die Photographiegeschichte einzuschreiben. Im Folgenden werden zuerst die medialen Bedingungen der photographischen Autobiographie analysiert, um im Anschluss die inhaltlich verhandelten Themen abzustecken und in einem dritten Schritt die Entstehungsgeschichte zu untersuchen und der rezeptionsästhetischen Dimension gegenüber zu stellen.

2.2.1 Photo und Text in der photographischen Autobiographie

Es sind die Photographien selbst, die Coburns Autobiographie legitimieren. Die zentrale Stellung zeigt sich auch in der Gesamtkomposition des Buches. Coburns Autobiographie ist konsequent als rhythmischer Wechsel von Bildern und Texten komponiert, auf jeder Doppelseite befindet sich auf der dominanten rechten Seite eine seitenfüllende Photographie, insgesamt werden so rund 70 Abbildungen präsentiert. Vorangestellt sind einige als „Fig.“ bezeichnete Darstellungen und Coburns Widmung. Der autobiographische Text[8] befindet sich sodann nur auf der linken Seite. Die Autobiographie eines Photographen, die zuallererst der Photographie verschrieben ist, scheint jene epistemisch in den Mittelpunkt zu rücken. Kompositorisch herrscht jedoch erst einmal, betrachtet man den genutzten Raum, mediale Gleichberechtigung. Text links, Photo rechts. Hier wird die bei Coburn stets wegweisende Frage nach der Beziehung von Photographie und Text[9] im Medium des Buches aufgeworfen. Doch was bedeutet das für die photographische Autobiographie?

Die Trias von literarischem Text, Photographie und Buch zu Beginn des 20. Jahrhunderts hatte Coburn bereits bei diversen Projekten beschäftigt. Er illustrierte zahlreiche Buchpublikationen und kooperierte mit mehreren Schriftstellern zwischen 1900 und 1920, u.a. mit Henry James, H. G. Wells oder Percy

8 Text wird im Folgenden als schriftliche, enger noch als literarische Form, sprachliche Information weiterzugeben, definiert. Bildliche Kommunikationsmittel werden vom Begriff ausgegrenzt und stehen ihm quasi entgegen.

9 Die Beziehung von Literatur und Photographie ist in der Forschung eingehend behandelt worden. Siehe dazu u.a. Jefferson Hunter, *Image and word. The interaction of twentieth century photographs and texts,* Cambridge u.a 1987; Peter Turner und Gerry Badger, *Photo texts,* London 1988; Marsha Bryant (Hg.), *Photo-textualities. Reading photographs and literature,* Newark 1996; Andy Stafford, *Photo-texts. Contemporary French writing of the photographic image,* Liverpool 2010; Natasha Grigorian (Hg.), *Text and image in modern European culture,* West Lafayette 2012.

Bysshe Shelley.[10] Obwohl die Photographie um 1890 Einzug in Zeitschriften, Zeitungen und Bücher hielt,[11] waren photographisch illustrierte, literarische Bücher noch immer selten. Abgesehen von wenigen Vorläufern,[12] gehört Coburns Zusammenarbeit mit Schriftstellern, bei der literarischer Text und Photographien kombiniert und einander gegenübergestellt werden, dennoch zu den ersten dieser Art. Der Begriff der Illustration ist zu problematisieren, setzt er doch eine Unterordnung des Bildes neben den Text voraus: Das Verb *illustrare*, lateinisch für erleuchten, weist der Abbildung die Aufgabe der Zuarbeit zum Text zu. In der Kombination von Text und Photo wird die Beziehung dieser Medien verhandelt, wodurch sich der Begriff des Phototexts[13] anbietet, der erst einmal keine Hierarchisierung der Medien vornimmt. Ist die Photographie nur begleitendes Medium, wenn literarischer Text und Photographie im Buch zusammentreffen? Wird die

10 Henry James, *The novels and tales of Henry James. New York edition,* New York 1907–17; Herbert George Wells, *Door in the Wall and Other Stories, London 1911* (deutsch: *Die Tür in der Mauer. Erzählungen,* Frankfurt/M. und Zürich 2008); und Shelley (1912), *The Cloud (1820).*

11 „Nachdem es [um 1890; C.H.] möglich geworden war, Fotografien zu rastern und zu klischieren, konnten Bücher, Zeitschriften und Zeitungen mittels dieser fotomechanischen Druckverfahren preisgünstig mit fotografischen Aufnahmen versehen werden. Die Zahl der fotografisch illustrierten Bücher und Zeitschriften stieg daraufhin auffallend an." Almut Klingbeil, *Die Bilder wechseln. Meereslandschaften in deutschen Fotobüchern der 20er bis 40er Jahre,* Hamburg 2000, S. 13. Zum medialen Wandel um 1900 siehe Werner Faulstich, *Medienwandel im Industrie- und Massenzeitalter 1830–1900,* Göttingen 2004.

12 Bernd Stiegler arbeitet im Kapitel „Die photographische Illustration zwischen Präsentation und Evokation" seiner Habilitationsschrift die verschiedenen Positionen und Varianten photographisch-literarischer Kollaborationen im 19. Jahrhundert auf. Stiegler (2001), *Philologie des Auges,* S. 294-304, 297ff. Dazu auch Blazejewski (2002), *Bild und Text,* S. 28.

13 Jefferson Hunter hat den Begriff des „photo text" für speziell literarisch-photographische Zusammenarbeiten zwischen Schriftstellern und Photographen geprägt, vgl. Hunter (1987), *Image and word.* Silke Horstkotte versteht den Begriff als vielmehr universal für jede Form „literarischer Foto-Text-Montagen", vgl. Silke Horstkotte, *Nachbilder. Fotografie und Gedächtnis in der deutschen Gegenwartsliteratur,* Köln, Wien u.a. 2009, S. 11, Anm. 17.

literarische Geschichte ins Visuelle umgesetzt oder eher das photographische Moment in die Schrift? Transportieren beide Medien die gleiche Stimmung? Welches ist dominant, welche Funktion erfüllt es?

Im Falle des kollaborativen, also in Zusammenarbeit von Schriftsteller und Photograph entstandenen Phototexts[14] in Henry James' *Gesammelten Schriften*, der *New York Edition*,[15] drängt sich der Terminus der Illustration vorerst dennoch auf. Nicht zuletzt nutzt Coburn die Begrifflichkeit in Kapitel fünf seiner Autobiographie „Henry James bebildern" („Illustrating Henry James") selbst,[16] und beschäftigt sich davon ausgehend mit der Verbindung von Photo und Text in der Ausgabe eingehend. Um 1906 beauftragte James Coburn, 24 Frontispize für seine Gesammelten Werke anzufertigen. Das Verfahren zur Bildfindung ist in der Zusammenarbeit theoretisch denkbar einfach, praktisch jedoch umso anspruchsvoller: James entwirft literarische Bilder und weist Coburn an, jene in den Straßen von Städten wie Paris, London, Rom oder Venedig zu suchen, zu finden und zu photographieren.[17] Gesucht sind also photographische Abbildungen realer Entsprechungen des existierenden Bildes im Kopf des Schriftstellers und entsprechender auch in den Romanen beschriebener Orte:

---

14 Andy Stafford unterscheidet zwischen drei Formen des Phototexts, „the collaborative, [...] the retrospective, [...] the self-collaborative", vgl. Stafford (2010), *Photo-texts,* S. 6. Die Variante des kollaborativen (Zusammenarbeit von Schriftsteller und Photograph) und auch selbst-kollaborativen (Photograph und Schriftsteller sind ein und dieselbe Person) Phototexts lässt sich, wenngleich Staffords Arbeit auf die Zeit um 1990 fokussiert, auch auf Coburn übertragen.

15 Es existiert eine breite Literatur zur Kooperation Coburn–James. Dazu u.a. Robin J. H. Maxwell, *Henry James and Alvin Langdon Coburn. A study of artistic collaboration,* o.O. 1980; Charles Higgins, „Photographic Aperture: Coburn's Frontispieces to James's New York Edition", in: *American Literature,* 53/4 (1982), S. 661-675; Ralph F. Bogardus, *Pictures and texts. Henry James, A. L. Cobrun and new ways of seeing in literary cultur,* Ann Arbor/MI 1984; David MacWhirter (Hg.), *Henry James's New York edition. The construction of authorship,* Stanford 1995; Jane M. Rabb, *Literature & photography interactions, 1840–1990. A critical anthology,* Albuquerque 1995, S. 165-175; Stiegler (2001), *Philologie des Auges,* S. 294-304; Douglas Tallack, „‚One walked of course with one's eyes greatly open' (Henry James): London Sights in Alvin Langdon Coburn, Henry James and Joseph Pennell", in: *Textual Practice,* 24/2 (2010), S. 197-222.

16 Allerdings existierte der Diskurs zum Phototext damals nicht in heutiger Form.

17 Vgl. Coburn (2015), „Autobiographie", S. 48ff.

„‚Es gibt einen […] Abschnitt im selben Buch [*Die Gesandten*], in dem der Held genau *dort* sitzt (im Jardin du Luxembourg) und sich gegen den Sockel einer schönen alten Gartenskulptur lehnt, um einige Briefe durchzulesen, die in der Geschichte eine Rolle spielen. Begeben Sie sich in den schwermütigen Jardin du Luxembourg und suchen Sie nach der richtigen Skulptur für mich, gegen die der Stuhl in meiner Geschichte gelehnt haben könnte, und kombinieren Sie diese Statue mit weiteren interessanten Objekten auf einem gut durchkomponierten Bild. Kurz gesagt: Beschaffen Sie mir bitte etwas Passendes aus dem Jardin du Luxembourg.'" (Henry James zit. n. AB 49f)

Coburn schreibt weiterhin, „H. J. wusste genau, welche Art von Bildern wir für die Illustrationen suchten, denn es handelte sich schließlich um *seine* Bücher, wobei die Photographien dessen ungeachtet im Wesentlichen meine waren." (AB 52)[18] Diese Formulierung zeigt die komplexe Verflechtung von sowohl medialen Beziehungen, als auch auktorialen und künstlerischen Abhängigkeiten auf. Für Coburn scheint es, als habe James „so etwas wie empfindliche Photoplatten in seinem Kopf […], auf denen er seine Eindrücke festhielt" (AB 52). Coburn ist der Photograph, der diese Photoplatten nun entwickelt.[19]

James schätzt die Arbeit Coburns sehr und zeichnet sie durch den Auftrag zur Anfertigung der Frontispize nachgerade aus. Und das, obwohl James Illustrationen seiner Texte in der Vergangenheit verschmähte („I like so little to be illustrated"),[20] da er in der Überlagerung seiner im Text repräsentierten sprachlichen Bilder durch andere, nunmehr illustrierende Bilder, einen geradezu gesetzwidrigen Akt („lawless incident") erkennt.[21] Gleichzeitig distanziert sich James vom piktorialistischen Postulat, die Photographie sei künstlerisches Medium. Auch wenn Photographien die Fähigkeit besäßen, das Gedächtnis anzuregen und Dinge auch korrekt aufzuzeichnen, so seien sie für ihn dennoch mechanisches, neutrales und unkünstlerisches Mittel,[22] wie Jane M. Rabb die Haltung James' beschreibt. James wiederholt die bekannte kunstphotographiekritische Position in

18 [Kursivierung im Original.]

19 Auf diese Rolle der Photographie gegenüber bildproduzierender Literatur, die also ein dezidiert realistisches Moment aufweist, weist auch Stiegler hin: „Die Photographie kommt zu Hilfe, wo die Imagination und innere Bildproduktion versagt. Literatur wie Photographie haben es aber mit dem Hervorrufen von Bilden zu tun." Stiegler (2001), *Philologie des Auges,* S. 297.

20 Henry James zit. n. Bogardus (1984), *Pictures and texts,* S. 60.

21 James zit. n. Rabb (1995), *Literature & photography interactions,* S. 166.

22 Vgl. ebd., S. 165f.

der Tradition Charles Baudelaires oder Peter Henry Emersons.[23] Dennoch, zu Coburns Abbildungen findet James einen Zugang und bescheinigt ihnen im Vorwort zu *Die goldene Schale*[24] nicht nur symbolisch für das Buch, sondern auch für sich selbst, für ihr „odd or interesting self" zu stehen.[25] Was James über seine Bildersuche mit Coburn im Vorwort schreibt, gibt auch Coburn in seiner Autobiographie unverändert wieder. Auch wenn James die Frontispize dabei als schlichte visuelle Symbole abwertet,[26] hätten sie es geschafft, eben „nicht mit dem illustrierten Gegenstand gewissermaßen dramatisch schrittzuhalten oder schritthalten zu wollen. Denn dies hätte meinen strengen Anforderungen nicht entsprochen; doch waren sie aufgrund ihrer unaufdringlich distanzierten Nachbildung ‚ganz in Ordnung' – um einmal jenen modernen und ach so kritisch-analytischen Ausdruck zu verwenden." (AB 52) James zeigt sich zufrieden mit den Photographien, was in Anbetracht seiner konsequenten Abneigung jeglicher Illustration zwar bemerkenswert ist, gleichzeitig seine geringere Wertschätzung der Photographie gegenüber dem Text nicht verdecken darf: Die Photographien sind stets in Abhängigkeit zum Text gedacht, sie sind visuelle Entsprechungen des künstlerischen Texts und eben keine eigenständigen Werke. Coburns Photographien sind nach James' Maßstab zwar ein wohlgeratenes, aber ontologisch defizitäres Beiwerk zum literarischen Text.

Obgleich es sich ebenfalls um Abbildungen in Anlehnung an ein literarisches Werk handelt, führt die Zusammenarbeit Coburns mit H. G. Wells in *Die Tür in der Mauer* 1911 vielmehr zu einer gleichberechtigten Partnerschaft beider Medien. Insgesamt befinden sich nur zehn Photogravüren im Buch, jene funktionieren ebenfalls nicht als visuelle Abbilder des literarischen Geschehens, sondern fangen als eigenständige künstlerische Objekte diegetische Motive ein, wodurch die Stimmung der Erzählungen aufgegriffen und verstärkt wird. Wie Karl Steinorth, der Herausgeber des Ausstellungskatalogs zu Coburns Werk, schreibt, liege darin ihre Stärke. Die Photographien seien „eigenständige visuelle Beiträge, die

23 Vgl. Charles Baudelaire, *Salon de 1859. Texte de la „Revue française"*, hg. v. Wolfgang Drost und Ulrike Riechers, Paris und Genf 2006, und Emerson (1899), *Naturalistic photography.* Vgl. Stiegler (2006), *Theoriegeschichte,* S. 50-57 und 142-154.

24 Henry James, *The golden bowl (1904),* London 1909, Vorwort.

25 James zit. n. Rabb (1995), *Literature & photography interactions,* S. 167.

26 Blazejewski (2002), *Bild und Text,* S. 24.

Abbildung 8: Coburn, The Door in the Wall, *ca. 1911*

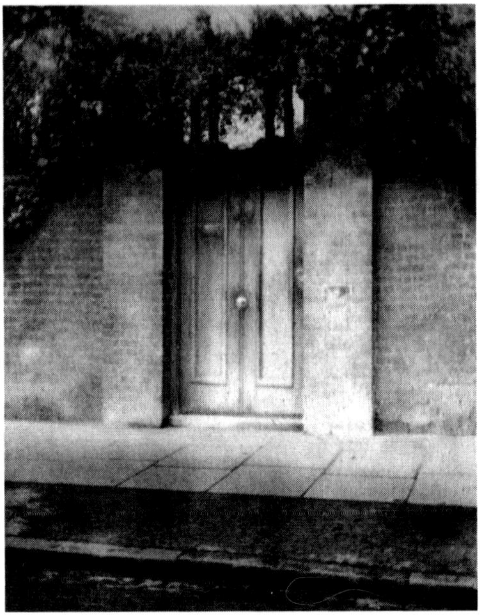

die Stimmung des Textes in Bildern ausdrücken."[27] So zeigt die erste Abbildung *The Door in the Wall* (Abb. 8) als Frontispiz – man kann es sich schon denken – eine fast frontal aufgenommene Tür in einer Steinmauer. Überwachsen von rankenden Pflanzen, rechts und links von Stein umgeben, einen kleinen Spalt Himmel zu erkennen gebend, transportiert der Ausschnitt die geheimnisvolle Stimmung der Geschichte, die in den paradiesischen Garten, fern der Realität führt. Die nächste Abbildung, *The Enchanted Garden* (Abb. 9), begleitet uns in den Garten, mit – so kann man imaginieren – sattem grünen Gras, kühlen hohen Bäumen, einer kleinen Marmorstatue, im Hintergrund ist der Garten in Licht getaucht, von links einfallend, hierhin wird der Blick gezogen. Was uns hinter der Biegung, im gleißenden Licht erwarten mag? Es soll keinesfalls geleugnet werden, dass Coburn diegetische Motive auffängt und weiterverarbeitet; diese Beziehung von Text und Bild bleibt erhalten. Dennoch zeigt die Entstehung der Publikation andere Züge als noch die *Gesammelten Schriften* James'. Coburn schreibt in seiner Autobiographie: „Er [H. G. Wells; C. H.] ermutigte mich auch dazu, *Die Tür in der Mauer*

27 Steinorth (1998), *Alvin Langdon Coburn,* S. 11.

Abbildung 9: Coburn, The Enchanted Garden, *ca. 1911*

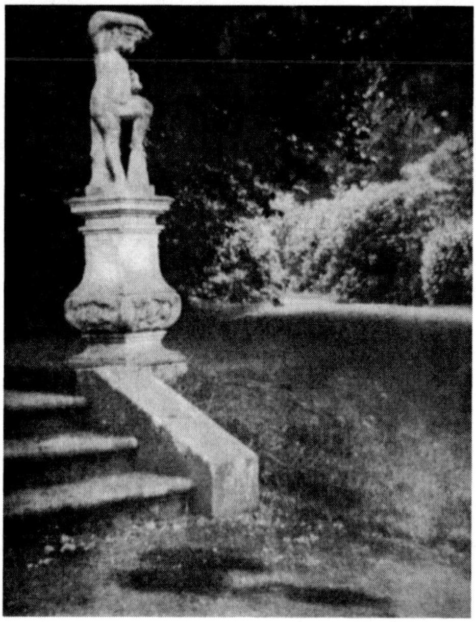

und neun weitere seiner Kurzgeschichten zu illustrieren, wobei er mir erlaubte, diejenigen auszuwählen, die mir am geeignetsten erschienen, um sie mit meinen Photographien zu ergänzen.“ (AB 36) Es ist sofort augenfällig, hier entspannt sich eine andere Dynamik als in der Beziehung Coburn–James. Während James die Gestaltung der Photographie kontrolliert, lässt Wells für die Auswahl der zu bebildernden Geschichten das Auge des Photographen entscheiden.

Ganz anders verhält sich die Beziehung von Text und Photo wiederum im Falle der Herausgeberschaft Coburns von Percy Byshee Shelleys Gedichtbändchen *Die Wolke (The Cloud)*.[28] Im Jahr 1912 schaut sich, so will es die Anekdote, Coburn nach seiner Rückkehr einer Reise zum Grand Canyon die Negative seiner Aufnahmen genau an. Viele Wolkenstudien waren entstanden und wie sie da vor

28 Shelley (1912), *The Cloud (1820)*. Ausführlich zu dieser Publikation in Kap. 3.1.2.

ihm lagen, erinnert er sich plötzlich an Shelleys Gedicht *Die Wolke* – und entschließt sich, den Gedichtband neu herauszugeben,[29] als retrospektiven Phototext[30] mit seinen Photographien an der Seite des historischen Gedichts (vgl. Abb. 19–24). Coburn instrumentalisiert das Gedicht zur Herausgabe seiner Bilder. Die Episode gibt Auskunft über Coburns Sichtweise auf die Beziehung von Text und Photo im Buch, denn diese Herangehensweise ist bei ihm keine Seltenheit. So schreibt er beispielsweise in Bezug auf die von ihm durchgeführte ‚Illustration' des Bandes *Edinburgh*[31] von Robert Louis Stevenson in der Hoffnung, noch weitere Aufnahmen publizieren zu können: „Who is to say that there may not be a companion volume, if only I might discover another Stevenson to write my text!"[32] Coburn sucht keine Bilder für fremde Texte, diesmal sucht er Texte für eigene Bilder. Deutlicher kann sich der mediale Fokus nicht verschieben. Coburn nutzt den Text, um seine Bilder in einen größeren Kontext über die eigene ästhetische Grenze hinaus vernetzen und semiotisch aufladen zu können; ähnlich einer photographischen Illustration funktioniert der Text als lyrischer Kommentar zur Wolkenserie. Nancy Newhall berichtet, Coburns Büchlein sei unter Kritikern ein großer Erfolg gewesen. So sei Coburn nach der Veröffentlichung

> „wieder an die Ostseeküste [gefahren], wo W. Howe Downes im *Boston Transcript* ‚die unvergleichliche Schönheit' von *The Cloud* pries und ausführte, am Grand Canyon sei ‚die Kunst bislang gescheitert… Erst Coburn hat uns mit seiner Kamera einen Eindruck seiner Erhabenheit, seiner Geheimnisse und seiner Feierlichkeit geben können.'"[33]

Was Newhall wiedergibt, ist die Rezeption von *Die Wolke* als die eines Photobuches. Es wird nicht das Gedicht selbst in *Die Wolke* thematisiert, sondern allein Coburns Kamera, die Erhabenheit, Schönheit und Geheimnisse auszudrücken im Stande sei. Es scheint, als sei Shelleys Gedicht legitimierendes Mittel zum Zweck: die Möglichkeit, künstlerische Aufnahmen des Grand Canyon als poetische Reihe inszenieren zu können.

---

29 Vgl. mit Newhall (1998), „Alvin Langdon Coburn – Der jüngste Stern", S. 38.

30 Obgleich Stafford im Fall des „retrospective photo-essay" als Phototext von einem Text in Anlehnung an ein historisches Photo ausgeht, kann man durchaus auch den umgekehrten Fall, die Publikation eines historischen Textes in Kombination mit neuer Photographie, denken. Vgl. Stafford (2010), *Photo-texts.*, S. 6f.

31 Robert Louis Stevenson, *Edinburgh,* London 1906 [1878].

32 Coburn (1954), *Photography through the Years,* S. 5.

33 Newhall (1998), „Alvin Langdon Coburn – Der jüngste Stern", S. 38.

Gerade in der Auseinandersetzung von Text und Photo im Buch zeigt sich Coburns Wille zum progressiven Umgang mit der Photographie und der langsamen Loslösung vom Text als dominantem Medium im Buch. Dabei fällt auf, dass es eine voranschreitende Entwicklung gibt: In der Arbeit mit James um 1906 dominiert der Text das Photo als Beiwerk; in jener mit Wells 1911 bleibt der Text dominant, wenngleich die Photographie gestärkt wird; bei der Publikation des Textes von Shelley 1912 dominiert nun die Photographie, der Text wird zum legitimierenden Kommentar.

Dieser Entwicklung konsequent folgend veröffentlichte Coburn zwischen 1909 und 1922 sechs Photobücher[34] (*London, New York, MoM, Moor Park, MMoM, Harlech*[35]), zahlreiche weitere wurden, folgt man seinen Notizen, geplant (*Yosemite & Grand Canyon, Musicians of Mark, Paris, Madeira*[36]), jedoch nicht realisiert. Im Photobuch sind die Photographien die Protagonisten und treten über die Bildgrenze, über die Buchseiten hinweg, miteinander in Beziehung. Der Text wird im Vorwort als Paratext zum reinen Kommentar.

Coburns frühe Auseinandersetzung mit der Thematik findet sich in den avantgardistischen Photobüchern des *Neuen Sehens* in den 1920er Jahren wieder. 1925 schreibt László Moholy-Nagy in *Malerei Fotografie Film,* der Einsatz von Photographien sei als „Gestaltungsmöglichkeiten für Foto-Bücher, d.h. Fotografien an

34 Ein Photobuch bedeutet hier eine Publikation, bei der mehrere Aufnahmen des Photographen unter einem Titel sequentialisiert, dadurch narrativisiert und in Buchform publiziert werden, wobei im konkreten Fall Coburns dabei zumeist eine Photogravüre pro Doppelseite eingeklebt wurde. Bis auf ein ausführliches Vorwort, das manchmal explizit auf die Abbildungen eingeht, und Bildunterschriften werden die Aufnahmen nicht weiter kommentiert. Auf die coburnschen Photobücher wird in dieser Arbeit noch einmal gesondert eingegangen werden. Die Geschichte des Photobuchs ist mittlerweile eingehend aufgearbeitet. Siehe zum Beispiel Martin Parr und Gerry Badger, *The photobook. A history,* London und New York 2004, oder auch Patrizia DiBello, Colette Wilson und Zamir Shamoon, *The Photobook. From Talbot to Ruscha and Beyond,* London 2012.

35 Alvin Langdon Coburn, *London. With an introduction by Hilaire Belloc,* London 1909; *New York. With a foreword by H.G. Wells,* London und New York 1911; *Moor Park. A series of photographs,* London 1915; *The Book of Harlech,* 1920.

36 Vgl. Coburn (2015), „Autobiographie", S. 46; Ders. (2015), „Männer von besonderem Schlag (1913)", S. 178; und auch Ders., „Kommentare zu Photographien (1964)", in: Ders. (2015), *Auf der Suche nach der Schönheit*, S. 337f, 338.

Stelle des Textes“, zu denken.[37] Gerade in den 1920er und 30er Jahren entstehen zahlreiche Photobücher, die sich mit der neuen Aufgabe und der neuen Eigenständigkeit der Photographie beschäftigen.[38] Photographien an Stelle des Textes, das bedeutet auch, das Narrative durch Photos entwickelt und Bilder sequentialisiert werden, sie anstatt mit dem Text in Beziehung zu treten, vornehmlich miteinander Liaisons eingehen.[39] Im Moment der Entstehung eines Phototexts, sowie der völlig autonomen Reihung von Abbildungen im Photobuch, führt die Kombination von Aufnahmen zu einer Veränderung der inneren Komposition durch die Zusammenstellung mit anderen Abbildungen und/oder mit einem Text. Neue Bedeutungen werden erzeugt, die Bilder werden narrativisiert. Aussagen und Stimmungen, die im Text erzeugt werden, werden so bildlich kommuniziert und treten in einen Dialog mit dem Text – so gesehen bei *Die Tür in der Mauer.* Oder sie können, wie es die Photobücher andeuten, den Text im Sinne Moholy-Nagys ersetzen, der Photograph wird selbst zum Autor.

Das Photobuch zeichnet sich in dieser Hochzeit durch eine „konzeptionelle Orientierung des Fotografen [aus], die gerade auf die wahrnehmungserweiternde Funktion der Bilder zielt.“[40] Denn es ist eben das *Neue Sehen*, das eine auf der Faszination für Technik fußende grundlegende Umwälzung der Wahrnehmung einläutet. Es entwickelt sich „eine neue Bildsprache, deren Ästhetik sich gleichermaßen aus dem rhythmischen Leben der Großstädte wie aus der seriellen Produktion der Industrie speist.“[41] Mit der ganzheitlich aufgeladenen Bedeutung, die gerade im sowjetischen Kontext weit in sozialkritische und ideologische Gefilde

37 László Moholy-Nagy, *Malerei, Photographie, Film,* München 1925, S. 34; siehe dazu ausführlich Stiegler (2006), *Theoriegeschichte,* S. 204ff, und auch Klingbeil (2000), *Die Bilder wechseln,* S. 45.

38 Angeführt seien hier u.a. von Albert Renger-Patzsch *Die Halligen* von 1927 und *Die Welt ist schön* von 1928, oder auch Karl Blossfeldt, *Urformen der Kunst* von 1928 und August Sanders *Antlitz der Zeit* von 1929. Vgl. hierzu Stiegler (2006), *Theoriegeschichte,* S. 185-254 und Klingbeil (2000), *Die Bilder wechseln,* S. 43ff.

39 Das Photobuch nimmt in diesem Sinne auch das Medium des Films im Buch auf und referiert dessen Medialität. Klingbeil (2000), *Die Bilder wechseln,* S. 44.

40 Ebd., S. 44f.

41 Jäger/Fischer u.a. (2001), *Geschichte des deutschen Buchhandels,* S. 491f.

vordringt,[42] hat Coburn nichts zu schaffen, mit einer Form der Umwälzung der Photographie und des Denkens um die Photographie jedoch durchaus.[43]

In Coburns publizistisch emsiger Phase zwischen 1906 und 1922 kann man an seinen Arbeiten den Status der Photographie in Referenz zum Text ablesen. Einerseits nutzt er den mitunter zum Kommentar und Gebrauchsgegenstand reduzierten Text als legitimierendes Mittel für die Publikation von Abbildungen, gleichzeitig entdeckt er die Möglichkeiten der vollständigen Ablösung vom Text (wenngleich nicht vom Paratext). In der photographischen Autobiographie findet sich eine weitere Variante: Das Photo dominiert den Text und etabliert sich selbst als legitimierendes Medium *für* den Text: Die photographische Autobiographie ist eine Publikation, die eben auf Grund der Photographien einen autobiographischen Text ermöglicht.

Tatsächlich kann man die Frage stellen, weshalb Coburn für seine photographische Autobiographie im Sinne persönlicher Progression nicht vollständig auf Text verzichtet und nur auf die Macht seiner Bilder und die durch die Reihung geschaffene Narrativierung jener gesetzt hat – ein folgerichtiges Ausrufezeichen am Ende der persönlichen Verhandlungen von Photographie und Text im Buch wäre es gewesen. Doch Coburn entscheidet sich gegen diese radikale mediale Umsetzung und für einen breitangelegten Text, der schlussendlich ähnlich einem Kommentar die Kunstphotographien begleitet und in einen autobiographischen Rahmen setzt.

Coburn scheint dem geschriebenen Wort im Buch neben Informationsvermittlung und künstlerischem Wert noch eine weitere Rolle zuzuschreiben: jene der Auszeichnung und Nobilitierung. Coburn verfügt über ein ungemein großes Statusbewusstsein, habituell passt er sich, wie bereits erörtert, nahtlos in die Gruppe der Piktorialisten ein, die mit ihrem elitären Selbst-, Klassen- und einem an der Malerei des 19. Jahrhunderts orientierten Kunstverständnis einem im 20.

42 Vor allem auch in der russischen Avantgarde wurde die Kamera zum Leitstern der Bewegung und bedeutete auch einen ideologischen Umsturz. Das photographische und gerade auch filmische Sehen ist demnach das vollkommenere, dem menschlichen überlegene Sehen: „Ich bin Kinoglaz. Ich bin ein mechanisches Auge. Ich, die Maschine, zeige euch die Welt so, wie nur ich sie sehen kann. Von heute an und in alle Zukunft befreie ich mich von der menschlichen Unbeweglichkeit." Aus „Kinoki-Umsturz (1923)" in: Dziga Vertov, *Aufsätze, Tagebücher, Skizzen,* hg. v. Sergej Drobaschenko, Berlin 1967, S. 71f. Das *Neue Sehen* geht hier Hand in Hand mit der Konstruktion eines neuen Menschen, einer neuen sowjetischen Gesellschaft.

43 Coburn (2015), „Die Zukunft des Piktorialismus (1916)", S. 315.

Jahrhundert anachronistischen Gesellschaftsmodell verbunden bleiben. Der Text ist es, der diesem geradezu antimodernen Selbstverständnis eine stabilisierende Form gibt. Nicht umsonst betont Coburn in seiner Autobiographie immer wieder seine Heldenverehrung – die nicht zuletzt auf ihn selbst verweist.[44] Des Weiteren führt er in der Autobiographie lobendes Vorwort um auszeichnende Kritik seiner Arbeiten an, sammelt Briefe und Preisungen, vornehmlich anderer etablierter Künstler (hier sei noch einmal auf die Runde der *men of mark* verwiesen[45]): Es ist das Lob des Helden, das einen anderen Helden erst als solchen zu erkennen gibt. Es scheint, als ob die vollständige künstlerische Nobilitierung als Photograph nur durch eine verschriftlichte Anerkennung erfolgen kann. Die Relevanz der Worte für den eitlen Photographen wird eindrucksvoll deutlich, betrachtet man eine Episode aus Kapitel sieben der Autobiographie, „Photogravüren":

„Doch ging die von Hilaire Belloc verfasste Einleitung [zur Publikation *London*; C. H.], die sich vor allem der Stadt selbst widmete, nicht im Mindesten auf meine Bilder ein! [...] kürzlich stieß ich zwischen zahlreichen Schreiben von Shaw auch auf ein Vorwort für mein Buch, das der Verleger aus welchen Gründen auch immer nicht hatte verwenden wollen; ich veröffentliche es an dieser Stelle zum allerersten Mal: ‚Mr. Coburn bereitet seit fünf Jahren diese Sammlung Londoner Photographien vor, und doch zeigen sie die *neuesten technischen Entwicklungen* in seiner Kunst. Mit jedem seiner Gummi- und Platindrucke, die in ihrer Herstellung *jeweils teurer* sind als alle in diesem Band erschienenen Drucke zusammen, hat er sich einen *Ruf als Meister photographischer Kopierverfahren* erarbeiten können. [...] Die Photogravüren, von denen die Bilder kopiert wurden, sind nicht in irgendeiner Fabrik von Mr. Coburns Negativen erstellt worden, sondern in *eigener Handarbeit* entstanden. [...] *Wie einst Whistler* verfügt auch Mr. Coburn über den Vorteil, London mit sehr viel mehr schöpferischer Phantasie betrachten zu können, als es jemand vermöchte, der

44 „Ich bin ein Heldenverehrer, das habe ich bereits mehrfach zugegeben. Warum sollte ich mich auch nicht auf der Stelle für schuldig erklären?" (AB 144f), zur Figur des Helden siehe S. 60.

45 Einige Bseispiele aus der Autobiographie: „ein Zitat von G. Bernard Shaw aus dem Jahr 1912 [...]: ‚Steichen und Coburn sind die beiden bedeutendsten Photographen der Welt.'" (AB 14) Und weiter: „Nichts hätte mir zu Beginn meiner photographischen Laufbahn mehr nützen können, als von diesem kontrovers diskutierten Dramatiker und Kritiker, dessen Ruhm damals schon gefestigt war, öffentliches Lob zu erfahren." (AB 36) Oder auch Shaw: „Noch dazu ist es Coburn gelungen, die Ähnlichkeit Chestertons zu Balzac einzufangen; ohne sich dessen bewusst zu sein, hat er sein Motiv ganz so bearbeitet, wie Rodin es bei Balzac getan hat" (AB 38) .

vor Ort geboren wurde. […]‘ Dem Manuskript lag eine Karte bei, auf der stand: ‚Gut so? Machen Sie damit, was Sie möchten. G. B. S.‘ Ich wünschte, man hätte *diesen überaus gescheiten Text* an Stelle des Vorworts von Belloc für mein Buch über London verwendet.“ (AB 62f)[46]

Es verwundert wenig, dass Coburn sich in der hier skizzierten Rolle des photographischen Meisters, der keine Kosten scheut, und des handwerklich talentierten Verfechters der *Arts & Crafts*-Bewegung, gefällt, noch dazu in Beziehung mit dem von ihm verehrten Whistler gesetzt, sind das doch jene Rollen, in denen sich Coburn selbst inszeniert. Folgerichtig kann er retrospektiv nur bedauern, dass dieser „überaus gescheite[…] Text“ nicht abgedruckt wurde, sondern Bellocs sachlichere Hommage an die Stadt.

Gegenüber der Affinität zur ausformulierten Huldigung und narzisstischen Heldenverehrung formiert ein „frischer Blickwinkel der Photographie“[47] das Gegenstück an der Bruchstelle zur Moderne, wo ein autobiographisches, reines Photobuch im Jahre 1966 selbstverständlich möglich wäre. Obgleich das *Neue Sehen* die Grenzen von Text und Photo verwischt,[48] formieren beide Medien bei Coburn starke, diametral entgegengesetzte Pole und übernehmen unterschiedliche Rollen. Der Text im Buch ist Träger Coburns antimodernen Statusbewusstseins, die Photographie und die Loslösung von der Textdominanz im Buch zeigt die Begeisterung für eine ästhetisch umgesetzte Moderne. Die Kombination von Text und Photo in der Autobiographie zeigt Coburns Oszillieren zwischen piktorialistischer Tradition und moderner Ästhetik. Eben dieses Spannungsfeld wiederholt sich auch in Coburns Forderung gegenüber seinem Editor Helmut Gernsheim zur Gestaltung seiner Autobiographie: „The text should fill the left-hand pages and the plates […] should appear on the right-hand side.“[49]

46 [Kursivierungen nicht im Original.]

47 Coburn (2015), „Die Zukunft des Piktorialismus (1916)“, S. 314.

48 Im *Neuen Sehen* spielt die „traditionelle Trennung zwischen Text und Bild keine Rolle mehr“ – Photomontagen, typographische Experimente, Graphiken und Broschüren verbreiten sich, die Hierarchie zwischen den Medien verflacht. Stiegler (2006), *Theoriegeschichte,* S. 187.

49 Es gab noch eine weitere Auflage: „The photograph of Edith which you don’t care for I would like to remain.“ Coburn (1978 [1966]), *Photographer,* Vorwort von Helmut Gernsheim, S. vii.

2.2.2 Die Autobiographie eines Photographen

Betrachtet man Coburns Autobiographie auch inhaltlich, ragen zwei Aspekte besonders hervor: Zum einen das omnipräsente Paradigma der Photographie, das auch textimmanent den Ton angibt. Zum anderen die Unmöglichkeit eines persönlichen Blicks des Rezipienten auf die Privatperson Coburn, die Verweigerung dessen, aus seiner Rolle des *witty* Dandy, der nichts von sich selbst preisgibt, auszubrechen.

Doch vorerst zur Thematik der Photographie, die getreu dem Titel der Publikation auf gleich vier Ebenen verhandelt wird. Erstens ist das photographische Schaffen ordnendes Element der Arbeit, die Kapitel orientieren sich an Coburns photographischen Phasen, worin zweitens immer wieder einzelne Bilder in ihrem Entstehungsprozess erinnert werden. Drittens legt Coburn technisch photographische Verfahren dar und lässt es sich viertens nicht nehmen, die Kunst des photographischen Sehens geradezu philosophisch zu erörtern und damit den eigenen, zum Zeitpunkt der Veröffentlichung der Autobiographie geistigen, von spirituellen Erkenntnissen geküssten Horizont abzustecken.

In vierzehn Kapiteln, die Namen wie „Männer von besonderem Schlag" (*MoM*), „Landschaftsaufnahmen und Stadtansichten", „Photogravüren", aber auch etwas entlegener „Vortographien, das Pianola und die Musiker" und „Das Seelenleben" tragen, wird Coburns Leben als Photograph auf 132 Seiten erzählt. Exemplarisch für die gesamte Publikation lässt sich kurz Kapitel eins, „Jugendzeit", betrachten. Bereits auf der zweiten Seite wird die erste Kamera des 8-jährigen Alvin detailliert beschrieben und das erste Photo vom Hund des Nachbarn erwähnt. Von da nimmt die photographische Entwicklung Coburns ihren Lauf: über die langsam wachsende freundschaftliche Beziehung zu seinem Cousin Fred Holland Day, die Übersiedlung nach England, die Einführung in die *Photo-Secession*, die Bekanntschaft mit dem elitären Kreis der Piktorialisten. Dazwischen exakte Erklärungen zu photographischen Verfahren – beispielsweise zur Gummi-Platinotypie (AB 25), Positionsbestimmungen der Photographie selbst –

> „als ich meine Laufbahn begann, galt die Photographie kaum als Kunstform oder der Photograph als Künstler. Sie musste erst einige Schlachten für sich gewinnen, doch sollte sie aufgrund ihrer Vorzüge den Sieg davontragen, denn diese lagen in der einzigartigen Subtilität ihres Tonwertumfanges und den Möglichkeiten, die unbegrenzten Abstufungen ihrer Leuchtkraft erproben und für sich nutzen zu können, statt sich in bloßen Nachahmungen der Techniken eines Zeichners zu ergehen." (AB 28) –

und Ratschläge an nachfolgende Photographen. „Ich glaube, es ist am besten, mit der Photographie zu beginnen, wenn man noch recht jung ist, obgleich acht Jahre, wie in meinem Fall, vielleicht unnötig früh sein mag." (AB 28) In ähnlicher Art und Weise geht es, folgt man den photographischen Spuren, weiter. Gleichzeitig, wenn auch leise, erzählt die Autobiographie von sozialen Stationen des Lebens, die jedoch stets mit den photographischen Verwoben sind. Die Erzählung beginnt mit der Geburt und endet im Kapitel „Schluss" mit dem „Ende der Geschichte meiner photographischen Abenteuer" und dem Verweis auf einen „göttlichen Schöpfer" (AB 162f) in den letzten Worten. Coburn hat sein photographisches und damit sein gesamtes Leben gelebt und erzählt, nun kann er sein Schicksal in die Hände seines Schöpfers legen. Die Publikation steht in ihrer Konstruktion des Lebens als Ganzes in der klassischen Tradition der Autobiographie im Sinne Wilhelm Diltheys,[50] Georg Misch[51] und Wayne Shumakers, die das Leben „in der Art und Weise der dargestellten Entwicklung – verstanden als erzähltechnische Frage der Verbindung von ‚Anfang', ‚Mitte' und ‚Ende' – artikuliert."[52]

Nach Shumaker, der 1954 das Standardwerk zur *English Autobiography* verfasste, ist die Ganzheit und in sich abgeschlossene Einheit einer Autobiographie, die vom Autobiographen als „interpretierende[r] Matrix"[53] ausgeht, entscheidendes Merkmal einer solchen. Die Autobiographie als in sich runder und stimmig erzählter Lebenslauf ist auch bei George Gusdorf zentral, der jedoch speziell das Moment des Erinnerns herausarbeitet, die Geschichte wird also stets von jemandem erzählt, „der das Ende der Geschichte kennt."[54] So scheinbar auch Coburn,

50 Für Wilhelm Dilthey führt die Autobiographie das hermeneutische Verfahren selbst vor: „Der Selbstbiograph erfasst paradigmatisch die Bedeutung seiner persönlichen Geschichte und gibt damit das Beispiel für das Verständnis der allgemeinen Geschichte." Michael Jaeger, *Autobiographie und Geschichte. Wilhelm Dilthey, Georg Misch, Karl Löwith, Gottfried Benn, Alfred Döblin,* Stuttgart 1995, S. 55, und Daniela Langer, *Wie man wird, was man schreibt. Sprache, Subjekt und Autobiographie bei Nietzsche und Barthes,* Paderborn 2005, S. 11f; vgl. dazu Wilhelm Dilthey, „Das Erleben und die Selbstbiographie (1906–1911)", in: Niggl (1989), *Die Autobiographie*, S. 21-32.

51 Misch verfasste das bis dato umfassendste Werk zur Geschichte der Autobiographie: Misch (1949–1969), *Geschichte der Autobiographie.*

52 Schabacher in Referenz auf Shumaker; Gabriele Schabacher, *Topik der Referenz. Theorie der Autobiographie, die Funktion „Gattung" und Roland Barthes' „Über mich selbst",* Würzburg 2007, S. 116; vgl. auch Shumaker (1989), „Die englische Autobiographie (1954)", S. 106-110.

53 Shumaker (1989), „Die englische Autobiographie", S. 89.

54 Georges Gusdorf, „Voraussetzungen und Grenzen der Autobiographie (1956)", in: Niggl (1989), *Die Autobiographie*, S. 121-148, 137.

dessen Stimme über den gesamten Verlauf der Autobiographie hinweg in der ersten Person Singular dem impliziten Leser von seinem Leben erzählt. Coburns Autobiographie präsentiert sich in diesem Kontext dem Leser als tadelloses Beispiel einer traditionellen Autobiographie: Der Anfang, die Mitte, das Ende, die Beschreibung aus der Ich-Perspektive retrospektiv erinnernd – Coburn erzählt am Ende seines Lebens sich wohl im Schaukelstuhl wiegend vom erfüllten Leben, ausgerichtet an seiner Passion, der Photographie.

Wenngleich die umfassende Chronik von der Wiege bis zur Bahre eine vertraute Geschichte vorgaukelt, so bleibt die Autobiographie überraschend unpersönlich. Das führt zum anderen zentralen Aspekt der Publikation: Ein persönlicher Blick auf Coburn ist dem Rezipienten verwehrt, stattdessen präsentiert sich der dandyesk charmant, ironisch *witty* und bleibt – gerade entgegen den Erwartungen in einer Autobiographie eine unverstellte Sicht auf den Autor zu erhalten – gänzlich ungreifbar. Die Publikation ist gesättigt von einem Überangebot spiritueller Erkenntnisse und Randinformationen,[55] zeigt Abbildungen, deren Auswahl nicht näher erklärt wird. Für persönliche Belange bleibt wenig Raum.

Über seine Mutter und seine Ehefrau schreibt Coburn nur wenig und das Wenige bleibt nichtssagend.[56] Jahrelang reiste er mit seiner Mutter nach dem Tod des Vaters durch Europa, zurück in die Vereinigten Staaten und wieder nach Europa. Er zieht im Alter von 27 Jahren mit seiner Mutter „aus der Wohnung in der Guildford Street aus[…], wo wir bis zu diesem Zeitpunkt während unser Aufenthalte in London gewohnt hatten" und bezieht wiederum mit ihr zusammen „das bezaubernde alte Haus ‚Thameside' in der Lower Mall in Hammersmith […], das wir uns gekauft hatten." (AB 62) Bei der Hochzeit im Jahr 1912 mit seiner Braut Edith seien dann „nur meine Mutter und der Küster […] als Trauzeugen anwesend" (AB

55 Beispielsweise am Ende des ersten Kapitels: „Ich konnte fast genauso früh mit Stäbchen essen wie mit Messer und Gabel – was mich an ein chinesisches Sprichwort erinnert, wonach Stäbchen dem Schnabel eines Vogels entsprechen, während die Verwendung von Messer und Gabel an ein Tier erinnern, das seine Beute zerreißt. Das ist wahrlich kein Kompliment für die europäische Zivilisation. Den Chinesen muss es fast wie Kannibalismus erscheinen, ganze Stücke eines Tieres zu servieren, während sie ihre Speisen so anmutig in kleinen Stücken anrichten. Bis heute erfreue ich mich an ‚Chow mien' und ‚Süßsauer', und meine Sammlung chinesischer Kochbücher ist ausgesprochen groß, wird von mir sehr geschätzt und regelmäßig zu Rate gezogen." (AB 29)

56 Gerade das Ausklammern des Partners in Autobiographien führt Cockshut allerdings zurück auf „reticence and good taste." Aber auch darauf, dass sie oftmals zu nah dran („too near to be seen") seien. Eltern seien demgegenüber jedoch zumeist ausgiebig thematisiertes Sujet der Autobiographie in England. Anthony O. Cockshut, *The art of autobiography in 19th and 20th century England,* New Haven 1984, S. 4.

136) gewesen. Seine Mutter übernimmt fraglos eine zentrale, wenn nicht dominante Position in seinem Leben, und wird zwar öfters in der Autobiographie genannt, aber nur selten wird von ihr und ihrer Beziehung zu ihrem Sohn erzählt. Diesen Themenkomplex abhandelnd schreibt Coburn, seine Mutter sei

> „eine bemerkenswerte Frau mit einer sehr starken Persönlichkeit [gewesen], die mein gesamtes Leben zu dominieren suchte. Dagegen hatte ich jedoch ernsthafte Einwände, und so zog ich mich in mein Innerstes zurück, um im Verborgenen meine Abwehr aufzubauen; deshalb fochten wir Zeit unseres Lebens täglich die heftigsten Kämpfe aus. Doch liebte sie mich auf ihre eigene Weise aus der Tiefe ihres Herzens." (AB 27)

Was „ihre eigene Weise" von der anderer Mütter unterscheidet, wird nicht geklärt und auch nicht, ob Coburn jemals wieder seine Abwehr abbaute – beispielsweise seiner Frau gegenüber. Über jene, die er im Alter von 30 Jahren ehelichte und mit der er bis zu ihrem Tod 45 Jahre verheiratet blieb, schreibt er ähnlich funktional und nur vordergründig persönlich. Edith klingt in Coburns Beschreibung mehr nach einem treuem Freund, „ihr Verständnis und ihr Mitgefühl waren einfach tadellos", denn nach „geliebte[r] Ehefrau und größte[m] Schatz" (AB 137). Coburn und seine Partnerin haben keine Kinder, was ebenfalls von Coburn auf recht unpersönliche Weise dargelegt wird:

> „Sie [Edith; C. H.] liebte Kinder und Tiere, und diese wussten ihre Zuneigung zu schätzen und erwiderten ihre Liebe. Eigene Kinder hatte sie nicht, doch wäre sie gewiss eine wundervolle Mutter geworden, denn sie überschüttete jenen kleinen Junge hier, der es eigentlich gar nicht wert war, mit so viel mütterlicher Zuneigung, während ich mein Bestes tat, mich dessen auch würdig zu erweisen." (AB 137)

Mit diesen zwei Sätzen wird die eigenwillige Beziehung von Coburn zu seiner Mutter *und* zu seiner Ehefrau für scheinbar ausreichend diskutiert befunden, denn näher wird darauf nicht eingegangen. Ausführlich beschäftigt sich Coburn in seiner Autobiographie mit zahlreichen seiner geschätzten Kollegen des elitären Kulturbetriebs, zwei von ihnen ist ein eigenes Kapitel gewidmet (Kapitel drei „George Bernard Shaw", Kapitel fünf „Henry James bebildern"). Zwei weitere Kapitel handeln explizit von den Büchern „Männer von besonderem Schlag" (*MoM*) und „Weitere Männer von besonderem Schlag" (*MMoM*). Von seiner Mutter ist keine Aufnahme abgedruckt, von Edith eine der Publikation vorangestellte Aufnahme, die durch die Kennzeichnung mit „Fig." klar von den anderen, künstlerischen, in die Autobiographie integrierten und sie legitimierenden Aufnahmen getrennt ist.

Es sind die Erinnerungen an die Treffen mit den bedeutenden Größen seines gesellschaftlichen Kreises, die Coburns kühle Fassade zu durchbrechen vermögen. Eine solche Erinnerung ist jene an die Begegnung mit Vladimir de Pachmann:

> „Wir hatten am Vorabend einen Termin ausgemacht, an dem ich Pachmann photographieren sollte, und so begab ich mich zu einer seiner Aufführungen [...] und saß auf der Bühne, um ihn aus möglichst großer Nähe studieren zu können. Mir fiel auf, dass er während seines Spiels immer wieder zu mir herübersah, lächelte und mir zunickte. Als ich ihn am nächsten Tag in seinem Atelier traf, stürmte er zu meinem Erstaunen auf mich zu, umarmte mich und rief: ‚Gestern Abend habe ich nur für *Sie* gespielt!'" (AB 148)[57]

Ein persönlicher Moment, dem jedoch unmittelbar der schon bekannte, etwas träge Modus der Heldenverehrung folgt: „Wie wunderbar es doch ist, auf diese Weise mit den Großen der Großen, die wir so sehr bewundern, in engen persönlichen Kontakt zu treten." (AB 148) Wie vereinzeltes Wetterleuchten scheinen persönliche Momente auf, um danach sofort wieder in den Kontext der eigenen Inszenierung gesetzt und umkodiert zu werden.

Tatsächlich scheint die gesamte Autobiographie dem Zweck zu unterstehen, den eigenen Mythos voranzutreiben und eben keine persönliche Sichtweise auf die eigene Lebensgeschichte zu erzählen. Schon der erste Satz der Autobiographie zeigt diese Richtung an: „‚Es gab einmal einen kleinen Jungen namens Alvin'," und weiter, „auf diese Weise beginnt jedes anständige Märchen, und mir gefällt der Gedanke, dass sich etwas von den Mysterien einer solchen Geschichte in den Entwicklungen meines Lebens niedergeschlagen haben könnte." (AB 22) Der allzu bekannte Anfang zahlreicher Märchen wird zum einen scheinbar selbstironisch eingesetzt und zum anderen selbstreflexiv als Referenz ausgewiesen. Doch eigentlich sind es nicht die Mysterien „solcher Geschichten" die sich in Coburns Leben „niedergeschlagen haben", sondern es ist Coburn, der als Autor seiner Biographie sein Leben mythisch verklärt.[58] Er erklärt sein Leben zum Märchen. Es ist klar, es geht nicht darum, vermeintlich objektiv seinen Lebensweg weiterzugeben, hier wird das Märchen vom kleinen Alvin erzählt. Der ironische Ton gehört dabei zur Inszenierung und ist selbst Teil des Mythos: Coburn, der Dandy,

57 [Kursivierung im Original.]

58 Interessanterweise ist eben diese Passage im bruchstückhaften, 21 Seiten fassenden handschriftlichen Manuskript zur Autobiographie bereits von Coburn als erste Zeile gesetzt. Manuskript zur Autobiographie aus dem Nachlass Coburns: Alvin Langdon Coburn, Box 12.4, *George Eastman House*, Rochester, New York.

gediegen, elegant und voll Esprit. Doch unter der scheinbaren Ironie liegt wiederum der ausgesprochen unironische Kern der Arbeit: den eigenen Mythos so zu erzählen, wie er in der Photographiegeschichte erinnert werden soll.

2.2.3 Das ist (k)eine Autobiographie!

Dieser Metaebene der Geschichtsschreibung ist sich Coburn stets bewusst. Schon 1910 schreibt er in einem Essay bezüglich des Ausstellungskatalogs der *International Exhibition of Pictorial Photography in Buffalo*: „Zukünftig wird dieser Katalog ein sehr wertvolles Dokument sein, denn im Laufe der Zeit wird man die Wichtigkeit dieser Ausstellung für die Geschichte der Photographie erkennen.“[59] Coburn reflektiert die Relevanz von Zeitdokumenten ebenso wie Geschichtsschreibung und befindet sich mit diesem Bewusstsein für die Historiographie auf der Höhe der Zeit.[60] In diesem Sinne formuliert er in *MMoM* die Reflexion über das Entstehen dieses Werks als Zeitdokument. Es sei „schwierig, Geschichte zu schreiben, während man sie lebt, und ich nähere mich mit den letzten fünf Portraits so sehr dem Heute, dass ich einfach nicht die richtige Perspektive zu finden vermag, um auf eine Weise darüber zu schreiben, wie es mir vielleicht in zehn Jahren möglich sein wird.“ (AB 140) Demgemäß beklagt er 1915: „Es ist sehr schade, dass Mrs. Cameron [Julia Margaret Cameron, C.H.] keine Autobiographie hinterlassen hat.“[61] Dieser Fehler eines seiner Idole unterläuft ihm selbst nicht! Er weiß, dass er sich in die Photographiegeschichte einschreibt und reflektiert diesen Vorgang stets, die Autobiographie ist das letzte Detail der Selbstinszenierung.

Interessanterweise finden sich allein unter Coburns britischen *men of mark* zahlreiche weitere Autoren, die Autobiographien (oder Texte, die unter diesem Titel publiziert wurden) verfasst haben: Henry James, Herbert George Wells,

59 Alvin Langdon Coburn, „Kamerakünstler: The International Exhibition of Pictorial Photography in Buffalo (1910)“, in: Ders. (2015), *Auf der Suche nach der Schönheit*, S. 266-269, 268.

60 Siehe zur Etablierung der Geschichtswissenschaft und wissenschaftlichen Geschichtsschreibung bspw. Lutz Raphael, *Geschichtswissenschaft im Zeitalter der Extreme. Theorien, Methoden, Tendenzen von 1900 bis zur Gegenwart*, München 2003, S. 66-80. „Das wachsende Bewusstsein der Distanz zwischen Vergangenheit und Gegenwart hat sich generell in der Neugierde der Kulturhistoriker für grundlegende Erscheinungsformen vergangener Lebensformen niedergeschlagen.“ Ebd. S. 238.

61 Coburn (2015), „Die alten Meister der Photographie (1915)“, S. 304.

Gilbert Keith Chesterton, William Butler Yeats,[62] um nur einige zu nennen. Und auch James McNeill Whistler, dessen Arbeit Coburn bewunderte und dessen Porträt er sicherlich auch gerne in *MoM* integriert hätte[63], verfasste 1890 eine autobiographische Arbeit.[64] Eindrucksvoll ist die Weitläufigkeit der Interpretationsfähigkeit des Begriffes der Autobiographie und was darunter subsumiert wird. Handelt es sich bei Henry James um autonome autobiographische Essays, die 1956 posthum als *Autobiography* veröffentlicht werden, nennt H. G. Wells 1934 seine Arbeit *Experiment in Autobiography*. Die Amerikanerin Gertrude Stein schreibt mit *Autobiographie von Alice B. Toklas* zuerst ihre Geschichte aus der Perspektive ihrer Mitarbeiterin und Lebenspartnerin Alice B. Toklas und im Anschluss programmatisch für den Zeitgeist dann *Jedermanns Autobiographie*, die nun wiederum ihre eigene ist.[65] Längst ist nicht mehr fest umrissen, was eine „Autobiographie" leisten muss, der Reiz eine zu verfassen, ist, insbesondere für Personen des öffentlichen Lebens, jedoch ungebrochen. Nicht übersehen darf man hier die Tatsache, dass auch Edward Steichen, selbst zentrale Figur der *Photo-Secession* und Vertrauter Alfred Stieglitz', eine Autobiographie veröffentlicht, und zwar gerade einmal drei Jahre bevor auch Coburn Arbeit erscheint: 1963 legt Steichen *Ein Leben für die Photographie*[66] vor.

Durch die eigene Autobiographie positioniert sich Coburn nun nicht nur gegenüber seinem altem Konkurrenten Steichen,[67] sondern reiht sich abermals in

62 Henry James, *Autobiography,* hg. v. F. W. Dupee, New York 1956; H. G. Wells, *Experiment in autobiography,* London 1934; G. K. Chesterton, *Autobiography,* London 1936; William Butler Yeats, *The autobiography of William Butler Yeats. Consisting of reveries over childhood and youth, the trembling of the veil, and dramatis personae,* New York 1938.

63 „Ich bedaure es zutiefst, dass ich zu spät kam, um Whistler photographieren zu können, denn ich verehrte seine Arbeiten sehr" (AB 55). Whistler starb im Jahr 1903 in London.

64 James McNeill Whistler, *The gentle art of making enemies, etc.,* London 1890.

65 Gertrude Stein, *Autobiographie von Alice B. Toklas [The autobiography of Alice B. Toklas, 1933],* Zürich 2006, und Dies., *Jedermanns Autobiographie [Everybody's autobiography, 1937],* Frankfurt am Main 1986.

66 Edward Steichen, *Ein Leben für die Fotografie [Steichen. A Life in Photography, 1963],* Wien u.a. 1965.

67 In einem Brief an Dudley Johnson von der *Royal Photographic Society* im Juni 1924, erörtert Stieglitz die Beziehung von Steichen und Coburn über die Jahre und führt aus, weshalb jene nie warm miteinander geworden seien. Der Brief befindet sich im Archiv des RPS. Stieglitz Correspondence / RPS CAB 5 / Shelf 4 / 2003-5001/4/20288/1to10.

eine – wenn auch geschrumpfte – Reihe seiner *MoM*, derer er durch die Setzung seines eigenen Porträts in *MMoM* ja ohnehin angehört. Coburn ist – man erinnere sich an die Selbstdarstellung im Photo, intellektualisiert durch Brille und Buch – nobilitiertes Mitglied der künstlerischen Elite (Abb. 5).

Das Vorwort von Helmut Gernsheim zur *Dover Edition* von Coburns Autobiographie, die 12 Jahre nach der ersten Auflage und damit 12 Jahre nach Coburns Tod veröffentlicht wird, gibt Aufschluss darüber, wie wichtig diese Publikation für Coburn als Selbstinszenierungsinstrument wirklich ist. Hier zeigt sich: Coburn war versessen darauf, dass eine monographische Arbeit zu seinem Lebenswerk veröffentlicht wird. Wie jene dann tatsächlich aussieht, war ihm hingegen nicht ganz so wichtig; er traf weder die Auswahl der Bilder, noch der erzählten Episoden. Und noch weiter, Coburn schrieb den Text nicht um 1960; er verfasste auch nicht das Manuskript.

Stattdessen bekniete er seinen Bekannten, den bedeutenden, schillernden und selbst zur photographischen Prominenz gehörenden Photokritiker und -sammler Helmut Gernsheim[68] regelrecht, seine Biographie zu schreiben. Gernsheim erkannte darin folgendes: „One strong desire [still] agitating his mind to bring the last touch of fulfillment to his life."[69] Es sollte eine Monographie zu seinem Werk entstehen. Gernsheim schien für Coburn der geeignete Mann für die Aufgabe, verfasste er doch die von Coburn verehrten („greatly admired") Monographien zu Julia Margaret Cameron und Lewis Carroll.[70] Schon Coburns Artikel „Die alten Meister der Photographie" von 1915 kreist neben Thomas Keith, David Octavius Hill und Robert Adamson um eben Cameron und Carroll,[71] die er als die herausragenden Begründer der Photographie ausmachte. Mit Gernsheim als Editor seiner Autobiographie würde sich Coburn in die Reihe seiner photographischen Idole

68 Vgl. Coburn (1978 [1966]), *Photographer,* Vorwort von Gernsheim, S. v.; zu Helmut Gernsheim, der sich wiederum nicht zu Letzt durch die Entdeckung der (aktuell) ältesten Photographie überhaupt von Nicéphore Niépce aus dem Jahr 1827 selbst in die Photographiegeschichte eingeschrieben hat, u.a. bei Anna Auer und Alistair Crawford (Hg.), *Helmut Gernsheim reconsidered. The proceedings of the Mannheim Symposium: Forum Internationale Photographie (FIP),* Passau 2004; Alfred Wieczorek (Hg.), *Helmut Gernsheim. Pionier der Fotogeschichte,* Ostfildern-Ruit 2003.

69 Coburn (1978 [1966]), *Photographer,* Vorwort von Gernsheim, S. v.

70 Ebd. Vgl. Helmut Gernsheim, *Julia Margaret Cameron. Her life and photographic work,* London 1948; Ders., *Lewis Carroll, photographer,* London 1949.

71 Coburn (2015), „Die alten Meister der Photographie (1915)".

integrieren können. Jener gibt in der *Dover Edition* zu, dass für ihn die Zusammenarbeit mit Coburn nur wenig verlockend gewesen sei. Zu anstrengend die Zusammenarbeit mit lebenden Photographen, zu ausgelastet sein Terminkalender, zu wenig begeistert er selbst von Coburns Werk:[72]

> „Coburn was undoubtedly an experimentor and innovator in many respects, but was not Paul Strand, his American contemporary, a far greater avant-garde artist? Paul had broken with nineteenth-century conceptions of photograpy and ushered in the twentieth with quite novel ways of seeing and expressing. Given the choice, would I not rather produce a study on Paul?“[73]

Gernsheim überzeugt Coburn mit Argumenten, die bei jenem auf Gehör stoßen, davon, eine Autobiographie anstelle der Biographie zu verfassen – „for it was bound to arouse deeper public interest than the best pen portrait by someone else“[74] – und bietet eine Endpolitur des Textes an. Coburn beginnt einen bruchstückhaften Text zu verfassen,[75] sammelt Anekdoten, Briefe, Notizen, Aufschriebe und übergibt diese Sammlung Gernsheim, mit der Bitte, daraus etwas zu basteln: „you have carte blanche to use or reject anything. I won't interfere.“[76] Coburn ist es schlussendlich gleichgültig, wie seine Geschichte erzählt wird, wichtig ist, *dass* sie erzählt wird. Auch Gernsheim scheint klar zu sein, wie sehr es Coburn um die Nobilitierung, die Inszenierung des eigenen Mythos geht:

> „My suggestion that the fine text contributed by Nancy Newhall for the portfolio of plates published by George Eastman House the previous year, constituted a lasting monument to him, hardly to be improved upon, fell on deaf ears. Coburn had set his heart on a full-length biography, and it was clear that no discussion could make him waver from his resolution.“[77]

---

72 Coburn (1978 [1966]), *Photographer,* Vorwort von Gernsheim, S. vi.

73 Ebd.

74 Ebd.

75 Coburns Nachlass enthält ein in Coburns Handschrift abgefasstes Manuskript. Hieraus ergibt sich, dass Coburn sowohl die Aufteilung der Kapitel bereits in der Endfassung andachte, als auch den Rahmen, vom mythologischen Verweis aufs Märchen zur „Conclusion“ vorgab. Coburn, Box 12.4, *George Eastman House*, Rochester, New York.

76 Abgesehen von den zwei bereits erwähnten Vorgaben Coburns, Ediths Bild zu Beginn zu belassen und auf jeder Doppelseite eine Abbildung anzuführen. Ebd., Vorwort von Gernsheim, S. viii.

77 Ebd.

Coburn besteht auf die Biographie und auf die Zusammenarbeit mit dem berühmten Photosammler, denn neben dem *Dass* ist auch das *Von wem* zentral: Gernsheim als Herausgeber bedeutet hochwertige, ernstgenommene Photogeschichtsschreibung. Im Endeffekt ist es Alison, Gernsheims Ehefrau und Co-Photosammlerin, die die (Auto-)Biographie zusammensetzt.

„Alison did, I think, a brilliant job of knitting Coburn's notes and documents, and her own additions, into a homogeneous and coherent biography," schreibt Gernsheim im Vorwort. Und weiter: „The text is a harmonious blend of Coburn and herself, indistinguishable to the reader in keeping the autobiographical character intact."[78] Es handelt sich um Fragmente, mehrheitlich Coburns photographischer Hochphase zwischen 1900 und 1920 entstammend, die von Alison Gernsheim homogenisiert und montiert werden. So befinden sich weitgehend unveränderte Auszüge aus diversen publizierten Essays oder Büchern in der Publikation, die zu einem zusammenhängenden Text verarbeitet wurden: etwa aus Coburns Vorwort zu *MoM* oder aus dem Artikel „Alvin Langdon Coburn, Künstlerischer Photograph – von ihm selbst", um nur zwei zu nennen.[79] Die Arbeit ist also nicht zurückblickend verfasst, sondern wurde bereits viel früher, im Falle des Kapitels „Weitere Männer von besonderem Schlag" eben bei der Entstehung von *MoM* 1913 geschrieben. Andere Teile stammen wiederum aus Schriftstücken anderer Jahre. Das Verblüffende hierbei: Die *Autobiographie* erweckt beim Rezipienten den Anschein, eben diese für eine klassische Autobiographie zentralen Aspekte – Ich-Erzähler und Autor fallen zusammen und erzählen das Ende der

78 Ebd., S. x.

79 Coburn (2015), „Künstlerischer Photograph (1913)", S. 280. Da heißt es u.a. „Können Sie sich eine vollkommenere Art und Weise vorstellen, das subtile Spiel des Sonnenlichts auf der bewegten Wasseroberfläche zu studieren und dauerhaft einzufangen? Ich habe Stunden um Stunden auf den Kanälen Venedigs und den Wasserwegen vieler anderer Orte verbracht und dort meine Augen an der rhythmischen Schönheit und der Poesie der Oberflächen von Flüssigkeiten geweidet." Und in Kapitel vier „Landschaftsaufnahmen und Stadtansichten" der Autobiographie dann: „Gibt es ein besseres Medium als die Photographie, um das subtile Spiel des Sonnenlichts auf der bewegten Wasseroberfläche zu studieren und dauerhaft einzufangen? Ich habe Stunden um Stunden auf den Kanälen Venedigs und den Wasserwegen vieler anderer Orte verbracht und dort meine Augen an der rhythmische Schönheit und der Poesie der Oberflächen von Flüssigkeiten geweidet" (AB 45).

Geschichte bereits kennend selbige – zu erfüllen.[80] Für den Leser handelt es sich, lässt er den Entstehungskontext außen vor, um eine klassische Autobiographie.

Coburn drängt auf die Veröffentlichung. Gernsheim schreibt, „his letters became more pressing and urgent, for he felt he would not live to see the book – and its expectation was all that still sustained him. It was pathetic."[81] Er ist bereits 84 Jahre alt. Mit großer Anstrengung kann Coburn leben, um die publizierte Ausgabe in Händen zu halten. Und stirbt nur wenige Tage nach Veröffentlichung, die Autobiographie auf dem Schoß.[82]

Die Episode zeigt, welche Rolle der Publikation zukommt: Sie ist ein „lasting monument", Coburns Stern am photohistorischen *walk of fame*. Zentral sind für den statusbewussten Coburn der monographische Charakter der Arbeit selbst und die Nobilitierung durch einen renommierten phototheoretischen Biographen. Durch die Zusammenarbeit mit Gernsheim wird Coburn selbst in die Tradition seiner Idole Cameron und Carroll gesetzt. Es wird deutlich, dass es sich um ein letztes Moment der Selbstinszenierung handelt, das Coburn endgültig in der Geschichte der Photographie verewigen soll.

Der Status der Publikation als Autobiographie und gleichzeitig nicht-Autobiographie, wirft Fragen auf. Coburn könnte das Werk auch als ausgewiesen fragmentarische Sammlung publizieren, etwa als „Gesammelte autobiographische Schriften".[83] Stattdessen entscheidet er sich für die Montage und Konstruktion einer traditionellen Autobiographie – für eine (falsche) Kopie einer traditionellen

80 Wenngleich es Coburn sicherlich in erster Linie um die Veröffentlichung selbst und die biographische Publikation an sich ging, so kann man dennoch davon ausgehen, dass er mit Form und Rhetorik seiner Geschichte einig war und selbst durch seine Materialien den Ton setzte. Alison Gernsheims Rolle im Montage-Verfahren ist dennoch überaus interessant. Sie bringt es fertig, obzwar mit einer „carte blanche" ausgestattet, die von Coburn bereits früher im Zuge seiner Selbstinszenierung gespielten Rollen aufzugreifen und den Mythos vom nobilitierten Kunstphotographen zu nähren. Dessen Persönlichkeit ist überraschend konstant und unverändert stabil in der aus Fragmenten entstandenen Autobiographie greifbar; es handelt sich um die gleiche ironisch gewitzt distanzierte Stimme, die auch aus seinen zahlreichen Aufsätzen spricht und die von ihm gespielten Rollen etabliert.

81 Coburn (1978 [1966]), *Photographer,* Vorwort von Gernsheim, S. x.

82 Ebd., S. v. Dazu auch Pam Roberts, *Alvin Langdon Coburn 1882–1966,* Rochester 2002, o. S.

83 William Butler Yeats, dessen Porträt sich ebenfalls in *MoM* findet, veröffentlichte 1934

Autobiographie.[84] Aber warum kaschiert er den fragmentarischen Charakter der Arbeit überhaupt? Weshalb imitiert Coburn eine klassische Autobiographie?

Eine mögliche Antwort auf diese Fragen findet man in Coburns Oszillieren zwischen der Tradition des 19. Jahrhunderts und der Moderne, das sich in einem medienspezifischen Zugang manifestiert. Bereits in Coburns Beziehung zu literarischem Text und Photo im Buch zeigt sich diese ambivalente Haltung. Der Text als klassisches Buchmedium, das Coburns Statusbewusstsein, seine Heldenverehrung und Nobilitierungsstrategie wiedergibt; das Photo als Inbegriff moderner Ästhetik, das für technischen Fortschritt einerseits und die Erkundung neuer künstlerischer Wege andererseits steht. Die Autobiographie bleibt im Sinne einer elitären und hermetischen Publikationskultur als Anachronismus bestehen: Coburn veröffentlicht im Jahre 1966 eine Autobiographie, die sich liest, wie aus der Zeit vor der Jahrhundertwende – nicht zuletzt aufgrund Coburns Ignoranz politisch historischen Ereignissen gegenüber.[85] Diese Rezeptionswirkung wird

---

seine zahlreichen autobiographischen Schriften beispielsweise unter dem Titel „Autobiography". Die einzelnen Essays wurden als nicht retrospektiv erzählte Episoden aus verschiedenen Jahren seines Lebens ausgewiesen, das Fragmentarische der Publikation blieb erhalten. Der Begriff der „Autobiographie" als Titel einer solchen Sammlung problematisiert einerseits die autobiographische Tradition und eröffnet andererseits die Dimensionen möglicher moderner Varianten einer „Autobiographie". Vgl. Yeats (1938), *The autobiography of William Butler Yeats*; dazu auch Carl Dawson, *Prophets of past time. Seven autobiographers, 1880–1914,* Baltimore 1988, S. 177-205.

84 Siehe dazu in diesem Text in Anlehnung an Rosalind Krauss, Kap. 2.1.2.

85 Der Erste Weltkrieg findet sich vornehmlich als Stolperstein im Kontext vergeudeter photographischer Möglichkeiten wieder: „Belloc schlug mir 1914 vor, eine Serie photographischer Illustrationen für sein Buch über die Pyrenäen zu erstellen, [...] aber leider brach der Erste Weltkrieg aus, und so kam das Projekt zu meiner großen Enttäuschung niemals zustande." (AB 61) Und weiter: „Chaliapin [war] so zufrieden mit meiner Arbeit, dass er vorschlug, ich sollte ihn in den verschiedenen Rollen der russischen Oper photographieren, [...] aber dann kam es ganz plötzlich zur Kriegserklärung, so dass der Plan zu meinem großen Bedauern niemals in die Tat umgesetzt wurde." (AB 149) Außerdem: „Zu meinem Bedauern wurde die Produktion von speziellen Platindruckpapieren, die äußerst erlesene Tonwerte lieferten und noch dazu über den Vorteil absoluter Haltbarkeit verfügten, nach dem Ersten Weltkrieg eingestellt." (AB 27) Weiterhin: „Obgleich Zivilisten im Ersten Weltkrieg nicht im gleichen Ausmaß in den Krieg verwickelt waren wie während des Zweiten, wo praktisch jeder der Front ausgesetzt war, hinterließ der Erste trotzdem eine tiefe Narbe und führte zu einer

bizarrer Weise durch ein nachgerade modernes Merkmal, die Montage von Fragmenten, konstruiert. Die Autobiographie als das letzte Fragment Coburns Auseinandersetzung mit literarischem Text, demaskiert Coburns Funktionalisierung der Literatur, um seine traditionelle Haltung, seine Heldenverehrung, seinen Nobilitierungswahn, seinen Wunsch, sich in die Photographiegeschichte einzuschreiben, umzusetzen. Die Photographie hingegen wird von ihm als ästhetisch fortschrittliches Medium am Umbruch zur Moderne interpretiert, welches die Inszenierung nun künstlerisch legitimiert. Coburn erschafft mit seiner photographischen Autobiographie ein gleichermaßen traditionelles wie modernes Werk, dessen mediale und programmatische Wirkungsweisen verschiedene dualistische Spannungsfelder eröffnen.

verstärkten Suche nach spirituellen Dingen." (AB 153) Zu seiner eigenen Rolle im Zweiten Weltkrieg, die auch nicht weiter ausbuchstabiert wird: „Anfang des Zweiten Weltkrieges trat ich dem Roten Kreuz bei und wurde für die Dauer der Feindseligkeiten zum ehrenamtlichen Sekretär der Gemeinsamen Kriegsorganisation des Roten Kreuzes und des Johanniterordens ernannt." (AB 157)

3 Modern / Antimodern. Dualistische Spannungsfelder auf dem Weg in die Moderne

Nun ist es gerade ein Charakteristikum der ästhetischen und gesellschaftlichen Moderne, dass ihre Wirkmächte in verschiedene, scheinbar entgegengesetzte Richtungen ausstrahlen und so im modernen Diskurs von „Polyperspektivität“[1], einer „Struktur der Dualität“[2] und vermeintlich widerstreitenden Positionen die Rede ist. „Dem modernen Fortschrittsglauben entspricht eine genuin moderne Rückkehrsehnsucht, der Zukunftsbezogenheit der Moderne ihr Historismus, ihrer Säkularisation eine Tendenz zur Resakralisierung, ihrem Desillusionismus ein Neoillusionismus, der Option für Moderne eine grundlegende Tendenz zur Kritik der Moderne und so fort.“[3] Moderne, verstanden als klassische Moderne ab 1918 mitsamt den prozessualen Entwicklungen industrieller und ästhetischer Erneuerung seit 1900, impliziert so nicht nur Ambivalenz, „ihr Wesen ist Ambivalenz“[4] und bewegt sich zwischen den verschiedenen Polen, binnen welcher sie sich nur

---

1 Silvio Vietta, *Europäische Kulturgeschichte. Eine Einführung – Erweiterte Studienausgabe,* Stuttgart 2007, S. 60.

2 Carsten Zelle, *Die doppelte Ästhetik der Moderne. Revisionen des Schönen von Boileau bis Nietzsche,* Stuttgart u.a. 1995, S. 3, zit. n. Becker/Kiesel (2007), „Literarische Moderne“, S. 10.

3 Silvio Vietta, „Nationalisierung und Europäisierung der Literatur und Literaturwissenschaft in Deutschland und Italien“, in: Ders. (Hg.), *Das Europa-Projekt der Romantik und die Moderne. Ansätze zu einer deutsch-italienischen Mentaliätsgeschichte,* Tübingen 2005, S. 1-38, 4.

4 Becker/Kiesel (2007), „Literarische Moderne“, S. 30.

schwammig abgrenzen lässt und welche sie dennoch alle integriert. Daraus folgt eine Grundproblematik, der die vorliegende Arbeit ausgesetzt ist: Auf der einen Seite soll Coburns Schaffen zwischen der Tradition des 19. Jahrhunderts und der Moderne des 20. Jahrhunderts positioniert werden, gleichzeitig gilt die Diagnose, dass die Moderne selbst bereits die Zerrissenheit zwischen „Provokation und Institution [...], Provokation spezifiziert als Abweichung von der ästhetischen Norm, Institution verstanden als Rekurs auf Tradition und Traditionen,“[5] in sich trägt. Modernität und Antimodernität[6] – beide sind integrale Bestandteile der Moderne. In diesem Sinne erscheint Coburn in seiner Zerrissenheit trotz aller anachronistischen und mitunter gar antimodernen Tendenzen in ausdrücklich modernem Licht. Herauszufinden, wie das Pendeln zwischen den verschiedenen Bereichen eines epochalen Modernebegriffs allerdings in Erscheinung tritt und wo besondere Ausschläge zu verzeichnen sind, ist die Aufgabe des nächsten Kapitels. Nimmt man im Anschluss an die Untersuchung von Coburns photographischer Selbstinszenierung und der photographischen Autobiographie sein photographisches und programmatisches Werk ästhetisch und epistemologisch in Augenschein, stößt man auch dort auf *moderne* Dualismen.

In drei Teilen werden im Folgenden diese dualistischen Beziehungen, bei welchen es sich nur vordergründig um Gegensatzpaare handelt und welche sich vielmehr als untrennbare Einheiten am Übergang zur Moderne erweisen, im Werk Coburns nachgezeichnet. Teil eins widmet sich dem Paradigma von Unikat und Serie, Teil zwei der Verquickung von Kunstreligion und Fortschrittsglaube. Daran anschließend verhandelt Teil drei die Motive von Stimmung und Abstraktion in Coburns Werk als Repräsentanten eines stimmungsvollen Piktorialismus und einer abstrakten Moderne, um so den zentralen Fragen dieser Arbeit auf den Grund zu gehen: Wieviel Moderne steckt bereits im Piktorialismus – und wie viel Piktorialismus dann in der Moderne? Wie konstituieren sich die Druckpunkte, wenn Institution und Provokation nun ästhetisch, epistemisch, motivisch und programmatisch aufeinander stoßen? Und was bedeutet das, über Coburns Werk hinausragend, für die Geschichte der Photographie?

5 Ebd., S. 10.

6 Antimoderne bedeutet hier einerseits die Verneinung der Moderne in Abhängigkeit jener und gleichzeitig die in der Moderne bereits integrierte Gegenbewegung *zur* Moderne. Vgl. zur Antimoderne als in der Moderne angelegte Gegenposition Christiane Barz, *Weltflucht und Lebensglaube. Aspekte der Dekadenz in der skandinavischen und deutschen Literatur der Moderne um 1900,* Leipzig 2003, S. 23.

3.1 UNIKAT VS .SERIE . VON DEN SPIELARTEN DER WIEDERHOLUNG

Das Spannungsfeld kunstphotographischer Singularität und photographischer Wiederholbarkeit hin zum seriellen Gefüge wird in Coburns Werk immer wieder aufgegriffen und verhandelt: als mehrteilige künstlerische Ordnung, als epistemische Reflexion industrieller Produktion oder auch als Darstellung ästhetischer Endlosigkeit. Diese Spielarten lassen sich unter dem Begriff „Wiederholungskunst" subsumieren, den Umberto Eco synonym zur „sehr weite[n] Kategorie" der Serialität setzt.[7] In der Photographie haben diese Modi nicht nur zahlreiche Möglichkeiten der Ausgestaltung, das Medium der Photographie hat an sich bereits eine besondere Beziehung zu Wiederholungskunst und dem seriellen Prinzip, was nicht zuletzt Walter Benjamin in seinem grundlegenden Text zum *Kunstwerk im Zeitalter seiner Technischen Reproduzierbarkeit* darlegte.[8] Eine erste Bedeutung von *Wiederholung* bezieht sich nach Eco nun auf das formale Kopieren, ‚wiederholen' bedeutet hier erst einmal einen „abstrakten Typus" nachzubilden.[9] Der abstrakte Typus ist das Grundmodell, nach dessen Vorbild alle weiteren Anfertigungen produziert werden. Die einzelnen wiederholten Einheiten sind identische, austauschbare Kopien dieses gleichen Modells. In Anlehnung daran bedeutet *serialisieren* wiederum „gewissermaßen – wiederholen."[10] In diesem Sinne ist die industrielle Produktion der Inbegriff serieller Fertigung: „Aus der Sicht der industriellen Massenproduktion können zwei „Einzelprodukte" als Kopien des gleichen „Typus" betrachtet werden, wenn es für eine Durchschnittsperson mit durchschnittlichen Forderungen gleichgültig ist, ob sie das eine oder das andere wählt, vorausgesetzt, keines weist offensichtliche Mängel auf."[11] Die Photographie scheint die mediale Entsprechung dieses Prinzips zu sein, zumindest,

7 Umberto Eco, „Serialität im Universum der Kunst und Massenmedien", in: Ders., *Im Labyrinth der Vernunft. Texte über Kunst und Zeichen,* Leipzig 1990, S. 301-324, 302. Vgl. ferner zur „Kunst der Wiederholung" auch Ariane Mensger (Hg.), *Déjà-vu? Die Kunst der Wiederholung von Dürer bis You Tube*, Bielefeld 2012.

8 Vgl. Walter Benjamin, „Kleine Geschichte der Photographie (1931)", in: Ders., *Aura und Reflexion. Schriften zur Ästhetik und Kunstphilosophie,* hg. v. Hartmut Böhme und Yvonne Ehrenspeck, Frankfurt/M. 2007, S. 353-377.

9 Eco (1990), „Serialität im Universum der Kunst und Massenmedien", S. 303.

10 Ebd.

11 Ebd.

wenn dabei die Möglichkeit der technischen Reproduktion als Parameter herangezogen wird. Bei der Beziehung zwischen Wirklichkeit und photographischem Abbild sieht es anders aus. Aufbauend auf Rosalind Krauss' Überlegungen zu Original, Kopie und Differenz, zeigt sich die Photographie, wie bereits gezeigt wurde,[12] als „falsche Kopie – als Bild, das nur durch mechanische Umstände und nicht durch innere, wesensmäßige Verbindung mit dem Vorbild diesem ähnlich ist,"[13] wenngleich sie als tatsächliches Abbild rezipiert wird. Die photographische „falsche Kopie" eines Unikats, hier: des Wirklichkeitsausschnitts, verhandelt also auch immer die eigene Beziehung zum Original und Unikat. Reproduziert man nun aber die „falsche Kopie", entstehen identische Kopien dieser „falschen Kopien" – und das Unikat fällt im Sinne einer Spur mit Ecos abstraktem Modell zusammen.[14] Das serielle Prinzip wird in Zusammenhang mit der Industrialisierung und der daraus folgenden Massenproduktion und -reproduktion, die insbesondere das handwerkliche Unikat verdrängt und den Einzug des Identischen gegenüber dem Originalen anführt, mit Symbolik aufgeladen und findet in der Photographie scheinbar seine Vervollkommnung.[15] Es werden „menschliche Fertigkeiten und Anstrengungen durch eine präzise und unermüdliche Maschine ersetzt", in diesem Sinne charakterisieren „Wiederholung und Präzision [...] die Maschine, Einzigartigkeit und kleine Fehler das Handwerk."[16] Eco allerdings positioniert in seiner

---

12 Dazu auch Kap. 2.1.2.; Krauss (1998), *Das Photographische,* S. 220.

13 Ebd.

14 Entsprechend könnte auch der Begriff der „Multiples ohne Original" herangezogen werden. Krauss nutzt jenen, um im Rückgriff auf die Photographie den Originalitätsanspruch moderner Kunst als Mythos zu entlarven. Rosalind Krauss, *Die Originalität der Avantgarde und andere Mythen der Moderne [The Originality of the Avantgarde and other Modernist Myths, 1981],* Amsterdam und Dresden 2000, S. 203, vgl. dazu Verena Krieger, *Kunstgeschichte und Gegenwartskunst. Vom Nutzen und Nachteil der Zeitgenossenschaft,* Köln 2008, S. 145f. Siehe zum Paradigma einer Kunst ohne Unikat und hier explizit zur Edition MAT (*Multiplication d'art transformable*) nach Daniel Spoerri und Karl Gerstner (1959): Peter Weibel und Friedrich Tietjen, *Kunst ohne Unikat, die Folge 1. Art without the unique, sequel 1,* Graz 1998, S. 33.

15 Vgl. Hartmut Winkler, „Technische Reproduktion und Serialität", in: Günter Giesenfeld (Hg.), *Endlose Geschichten. Serialität in den Medien; ein Sammelband,* Hildesheim 1994, S. 38-45, 38.

16 Beides Sonja Hnilica, *Metaphern für die Stadt. Zur Bedeutung von Denkmodellen in der Architekturtheorie,* Bielefeld 2014, S. 148.

Diskussion das Handwerk mitnichten als Produktion singulärer Einzelwerke, sondern stattdessen als „*Verwirklichungen* oder *Vorkommnisse* des gleichen *Typus* oder Modells“[17] und somit als Wiederholungskunst neben der industriellen Produktion. Beide stellt er einem Kunstverständnis der Moderne[18] gegenüber, welches die inventionale Kraft der Kunst betone: „[J]edes moderne Kunstwerk stellt ein neues Gesetz vor, erstellt ein neues Paradigma, gibt einen neuen Blick auf die Welt frei.“[19] Im Bemühen der piktorialistischen Photographie *Kunst* zu sein, fallen diese Positionen jedoch zusammen und sind nicht mehr klar abgrenzbar. Die Pole verschieben sich hin zur Unterscheidung des Paradigmas der Photographie als reproduzierbares Medium – mit den von Benjamin angestellten Überlegungen zum Verlust der Aura des Kunstwerkes[20] und André Malraux' *musée imaginaire*[21] als nur zwei Perspektiven auf die folgenden Möglichkeiten und Funktionen der Photographie[22] – und der Sonderstellung der Kunstphotographie als künstlerisches Handwerk.

Zurück zur Wiederholungskunst. Werden Photographien nun wiederum *in Serien* angeordnet, wird also das serielle Prinzip selbst reflektiert. Denn ‚Serie‘ bedeutet über die reine Repetition hinausgehend den Modus des Verkettens und ist

17 Eco (1990), „Serialität im Universum der Kunst und Massenmedien“, S. 301. [Kursivierungen im Original.]

18 Während Eco „mit ‚modern‘ […] solche [Ästhetik und Kunsttheorien, C.H.] [meint], die mit dem Manierismus entstanden, während der Romantik weiterentwickelt und im frühen 20. Jahrhundert durch die Avantgarden provokativ neu formuliert wurden,“ (ebd.) wird der Begriff im vorliegenden Text, wie bereits erörtert, als klassische Moderne in der Kunst verstanden, ausgehend von den gesellschaftlichen, politischen und kulturellen Umbrüchen zu Beginn des 20. Jahrhunderts.

19 Ebd. Dazu auch Helge Schalk, *Umberto Eco und das Problem der Interpretation. Ästhetik, Semiotik, Textpragmatik,* Würzburg 2000, S. 17-35.

20 Vgl. Benjamin (2013), *Das Kunstwerk im Zeitalter seiner technischen Reproduzierbarkeit (1936).* Interessant in diesem Zusammenhang daran anschließend auch Jens Schröter, „Das Zeitalter der technischen Nicht-Reproduzierbarkeit“, in: *Navigationen. Zeitschrift für Medien- und Kulturwissenschaften,* 10/Kulturen des Kopierschutzes 1 (2010), S. 9-36.

21 Zuerst veröffentlicht in André Malraux, *Psychologie de l'art,* Genf und Paris 1947.

22 Vgl. dazu auch Felix Thürlemann, „Vom Einzelbild zum hyperimage: Eine neue Herausforderung für die kunstgeschichtliche Hermeneutik (2004)“, in: Gerd Blum, Steffen Bogen, David Ganz und Marius Rimmele (Hg.), *Pendant Plus. Praktiken der Bildkombinatorik,* Berlin 2012, S. 23-45, 35f.

die Bezeichnung eines vollständigen Ganzen, das einer – hier: künstlerisch konstruierten – Ordnung unterliegt. So gibt es „jedes Glied einer Kette […] um der Vollständigkeit des Systems willen."[23] Im vorliegenden Fall photographischer Reproduktionen in Büchern handelt es sich dabei um photographische Reihen.[24] Die Einzelteile des seriellen Gefüges sind hier keinesfalls identisch, die Serie entsteht durch die konzeptionelle Bezugnahme und zeichnet sich in Anlehnung an Knut Hickethier u.a. „durch Mehrteiligkeit [und] eine Dramaturgie der Endlosigkeit, bei der Anfang und Ende aus dem Blick geraten"[25] aus. Letzteres wird in modernen Photographien eindrücklich sichtbar, wenn motivisch die scheinbar endlose Reihung und Wiederholung eines Gegenstandes gezeigt wird.

Das Motiv der Serialität taucht in Coburns Arbeit immer wieder auf und wird in den verschiedenen hier aufgegriffenen Varianten verhandelt: die Serie als künstlerische Ordnung, die serielle Struktur als dramaturgisches Motiv und die industriell serielle Fertigung. Coburns Vorliebe für die serielle Publikation seiner kunstphotographischen Arbeiten in Form von Photobüchern und seine zahlreichen auch unpublizierten Photoserien führt die Beziehung von Unikat und Serie im kunstphotographischen Kontext vor Augen. Dabei haben die zahlreichen von ihm angefertigten Porträts eine besondere Stellung. In *MoM* und *MMoM* impliziert die serielle Anordnung der Photogravüren beispielsweise nicht nur eine Verbindung verschiedener Einzelwerke, sondern die Erschaffung einer idiosynkratischen Gruppierung von Individuen als Photoalben von Wahlverwandten Coburns selbst.[26] Seine wenig beachteten Frauenporträts positionieren sich hingegen als isolierte Einzelwerke und scheinen als Antipode zu *men of mark* zu funktionieren und somit gemeinsam mit jenen die verschiedenen Funktionsweisen der Porträtphotographie auszutesten.

Im Falle der poetischen Publikation *Die Wolke* werden – wie bei der Manchester-Publikation *Cotton Waste* – hingegen Abbildungen in Serien als Illustrationen eines Texts präsentiert, wodurch die Einzelbilder in eine narrative Ordnung übertragen und mit neuen Semantisierungen aufgeladen werden. Allerdings wird nicht nur zwischen verschiedenen Photographien, sondern auch innerhalb der jeweiligen Bildgrenzen der Status von Serialität und Singularität verhandelt: Während die Photogravüren aus *Die Wolke* Wolken durch Narrativierung subjektivieren,

---

23 Elke Bippus, „Konzeptionelle Überlegungen zu Serialität: Reihen und Netze", in: Dies. und Andrea Sick (Hg.), *Serialität. Reihen und Netze,* Bremen 2000.

24 Ebd.

25 Nach Knut Hickethier und Christine Mielke, *Zyklisch-serielle Narration. Erzähltes Erzählen von 1001 Nacht bis zur TV-Serie,* Berlin 2006. Vgl. Knut Hickethier, *Die Fernsehserie und das Serielle des Fernsehens,* Lüneburg 1991, S. 8f.

26 Vgl. das Nachwort in Coburn (2015), *Auf der Suche nach der Schönheit,* S. 359.

zeigen Abbildungen aus Pittsburgh industrielle Serialität im Sinne einer *Industrial Photography* und machen die photographische Reproduzierbarkeit zum Programm. Aufnahmen aus Paris entdecken das Serielle als dramaturgisches Motiv wiederum im geschichtsträchtigen Stadtbild der französischen Metropole – und verneinen damit den mutmaßlich modernen Status des Seriellen.

3.1.1 Unikate mit und ohne Serie: Die Porträts

Auf den ersten Blick scheinen sich die von Coburn angefertigten Porträts von sowohl Männern als auch Frauen ästhetisch nicht fundamental zu unterscheiden: Sie alle sind einzigartige Studien, in denen die Persönlichkeit des porträtsitzenden Individuums ins Zentrum gerückt und künstlerisch zu fassen gesucht wurde. Doch bereits bei einem zweiten Blick auf die Titel zeigen sich gravierende konzeptionelle Unterschiede: Wo die einen konsequent Berühmtheiten zeigen, handelt es sich bei den anderen um weitgehend anonyme Figuren. Und weiter: Wo die Bildnisse der Männer zur Serie arrangiert wurden, bleiben die Frauenporträts Einzelwerke. Es scheint, als übernehmen die Männer- und Frauenporträts gänzlich unterschiedliche Positionen und auch Funktionen in Coburns Werk. Wie aber generieren sich die geschlechtsspezifischen Funktionsweisen der Porträts und welche Rolle spielt dabei der Modus der Serialität – oder auch die Abwesenheit eines solchen?

Men of Mark, More Men of Mark...

Coburns Publikation *MoM* aus dem Jahr 1913 versammelt während der Vorkriegszeit Repräsentanten aus Literatur, Kunst und Politik. Das Inhaltsverzeichnis liest sich aus heutiger Perspektive mit Mark Twain, G. B. Shaw, H. G. Wells, Maurice Maeterlinck, August Rodin und vielen weiteren wie ein Index der prominentesten Vertreter dieser Phase und lässt das Werk in überaus zeitgemäßen Licht erscheinen: Wer hier gezeigt wird, ist ein Vertreter einer neuen Zeit, Pionier einer sich aufdrängenden Moderne nach dem langen 19. Jahrhundert. Die Auswahl der einzelnen „Portraits bedeutender Persönlichkeiten“[27] geht laut Coburns eigener Aussage in erster Linie auf eine Liste zurück, die er 1904 vom damaligen Herausgeber des *New York Metropolitan Magazine* auf Nachfrage erhalten hatte:

> „Ich war zu dieser Zeit ein ehrgeiziger junger Mann von einundzwanzig Jahren, der kurz davor stand [...] nach London aufzubrechen, und so fragte ich Mr. Maxwell nach einer Liste Schriftsteller und Künstler, die ich während meines Aufenthalts in der großartigsten Stadt der Welt photographieren könnte. Aus der Güte seines Herzens – oder vielleicht eher, um

27 Coburn (2015), „Männer von besonderem Schlag (1913)“, S. 165.

mich loszuwerden – schrieb er mir schnell eine Liste der herausragendsten Persönlichkeiten auf, die ihm in den Sinn kamen, und mittlerweile hat er mir eingestanden, dass er sich nicht im Geringsten hätte vorstellen können, ich würde auch nur einen davon jemals auftreiben können. [...] Von meinen Eltern habe ich jedoch eine Beharrlichkeit und Entschlossenheit geerbt, die mich dazu treibt, alles einmal angefangene auch zu Ende zu führen; noch dazu war mir das Glück gewogen, und so glaube ich, die Liste, die er mir gab, bis auf ein oder zwei Ausnahmen vollständig abgearbeitet und viele illustre Namen hinzugefügt zu haben."[28]

Gemeinsam formieren die Abgebildeten die von Coburn gesetzte Gruppe moderner, herausragender Persönlichkeiten, die den Nimbus kultureller Elite verliehen bekommen haben. Auch medientheoretisch zeigt sich das Buch modern, es zeigt nur Porträts, die bis auf den Kommentar als Paratext für sich selbst sprechen;[29] individuelle Aufnahmen, keinesfalls angepasst an geltende Studiotechniken der Porträtkunst, sondern selbst so progressiv und frei in ihrer eigenen Kunst wie die Abgebildeten in den ihren.[30] Coburns *MoM* zeugt ästhetisch wie epistemisch von einem neuen Zeitgeist, eingefangen und veröffentlicht unmittelbar bevor sich die Welt selbst aus den Angeln hebt. Die Kriegszeit geradezu rahmend, entsteht 1922 der Folgeband *MMoM*. Umso interessanter, dass die Publikation einen fast schon demonstrativen Blick zurück wirft. Von Interesse ist dabei ihr Titel *Men of Mark*. Nicht nur wird mit diesem Titel die kulturelle Elite *als* Elite festgeschrieben und ihr somit ein papiernes Denkmal gesetzt, sondern es wird auch der Diskurs dieses Titels reflektiert. Coburns *MoM* ist bei weitem nicht die erste Publikation, die diesen Namen trägt. Insbesondere in den vierzig Jahren vor Veröffentlichung der Ausgabe wurden zahlreiche Bände unter dem Titel publiziert, die sich allesamt als Kataloge prominenter und wichtiger Männer binnen ihres jeweiligen Kontextes verstehen und international im englischsprachigen Raum Verbreitung fanden.[31] Eine frühe Publikation aus dem Jahr 1869 widmet sich der *History of Quincy and*

28 Ebd.

29 Zur Beziehung von Text und Photo siehe hier auch Kap. 2.2.1.

30 Nicht umsonst betont bspw. der Katalog des *Mark Twain House & Museum* bereits im Untertitel den modernen progressiven Charakter der Publikation: „Pioneers of modernism". Siehe dazu Moore/Huget (2004), *A.L. Coburn's Men of Mark*.

31 Es handelt sich bei den hier angeführten Büchern um eine Auswahl, die keinesfalls Anspruch auf Vollständigkeit erhebt.

its men of mark[32], gefolgt von Ausgaben zu *Men of Mark in British Church History*[33] 1875, zu afro-amerikanischen *Men of Mark. Eminent, progressive and rising*[34] in den Südstaaten der Vereinigten Staaten 1887, dem mindestens sieben Mal aufgelegten Werk *Australian Men of Mark*[35] von 1888/1889, dem Band *Men of Mark 'twixt Tyne and Tweed*[36] zu Newcastle und seiner Region aus dem Jahr 1895, oder aber ab 1905 in Form mehrerer Publikationen zu einzelnen Staaten der oder den gesamten USA.[37]

Gemeinsam ist all diesen britischen, amerikanischen und australischen Ausgaben, dass sie mit Hilfe von biographischen Texten und begleitenden Porträt-Zeichnungen die herausragenden männlichen Figuren zu einem bestimmten geographischen oder sozialen Topos – einem regionalen Raum, der britischen Kirche, der afro-amerikanischen Gesellschaft – darzustellen versuchen, um ihn dadurch selbst zu repräsentieren.[38] Sie alle bilden nicht nur zeitgenössische Figuren ab, sondern unternehmen Streifzüge durch die jeweilige Geschichte, um, so scheint es, ein genaueres Bild aus vielen einzelnen entstehen zu lassen: Der William J. Simmons Katalog fasst nicht weniger als rund 1100 Seiten, auf denen ca. 180 afro-amerikanische Männer biographisch dargestellt werden, die meisten der anderen betrachteten Publikationen bestehen aus mehreren Bänden mit je 300-400 Seiten. Es sind umfassende Almanache, die die Geschichte mittels ihrer Repräsentanten abzubilden suchen, mit dem Titel *MoM* die Tradition des jeweiligen Kontextes nobilitieren und gruppeninterne Tugenden und Ideale herausstellen.[39]

---

32 Redmond, Pat. H., *History of Quincy and its men of mark, or, Facts and figures exhibiting its advantages and resources, manufactures and commerce*, Quincy 1869.

33 William Marshall, *Men of Mark in British Church History,* Edinburgh 1875.

34 William J. Simmons, *Men of Mark. Eminent, progressive and rising*, Cleveland 1887.

35 Charles F. Maxwell, *Australian Men of Mark*, Sydney 1888/1889.

36 Richard Welford, *Men of Mark 'twixt Tyne and Tweed*, London 1895.

37 Um 1900 entstanden zahlreiche Bände über die *men of mark* u.a. aus Georgia, Maryland, Connecticut, Massachusetts, Virginia. Vgl. *Archive.org*, online: https://archive.org/search.php?query=%22men%20of%20mark%22%20AND%20mediatype%3Atexts, zugegriffen am 6.9.2017.

38 In diesem Sinne im Untertitel zu einem Band über Georgia, USA: „A Complete and Elaborate History of the state from its settlement to the present time, chiefly told in biographies and autobiographies of the most eminent men of each period of Georgia's progress and development." William J. Northen und John Temple Graves, *Men of Mark in Georgia*, Atlanta 1907.

39 So bspw. der Untertitel zu Merrill Edward Gates, *Men of Mark in America,* Washington

Doch eine der frühen Serien schlägt aus der Reihe. Der Brite Thompson Cooper veröffentlicht zwischen 1876 und 1883 sieben Bände unter dem Titel *Men of Mark. A Gallery of Contemporary Portraits of Distinguished Men* in denen Biographien von Männern – „in the Senate, the Church, in Science, Literature and Art, the Army, Navy, Law, Medicine, etc.“[40] – abgedruckt sind, bebildert durch Woodburytypien[41] der Photographen Samuel Robert Lock und George Carpe Whitfield. Die Reihe illustriert im Gegensatz zu ihren zahlreichen Namensvettern pro Band ca. 36 biographische Texte mit hochwertigen photographischen Porträts und fokussiert sich auf einen nur kleinen Kreis „distinguierter Herren“. Zudem handelt sich dem Titel nach um eine „gallery of contemporary portraits“. Gleich zwei Aspekte verdeutlichen die unterschiedliche Stoßrichtung gegenüber anderen Veröffentlichungen: Durch die photographische Abbildung der Porträtierten ist keine überzeitliche Repräsentation historischer Figuren, bzw. in nur sehr geringem Ausmaß, möglich, und die photographische Eigenschaft der Momentaufnahme führt zu einem zeitgenössischen und eben nicht historischen Blick auf die dargestellte Gruppierung von Männern. Zum anderen tituliert sich der Band als *gallery* und damit als Ausstellungsraum. Hier wird die mediale Dimension des Zusammentreffens von Abbildung und Text deutlich. In den meisten Bänden fungieren die gezeichneten Porträts als Illustrationen des fokussiert biographischen Texts, hier wird nun die Emphase auf das photographische Porträt gelegt, ist es doch jenes, das in einer Galerie betrachtet wird. Das Buch verweist auf seinen ästhetischen Gehalt als Ausstellungsort, als Photoalbum, in dem der Text hinter die ovalen Porträts, in denen mit nur wenigen Abweichungen der Abgebildete jeweils im Halbprofil von rechts oder links zu sehen ist, zurücktritt. In diesem Sinne heißt es auch als Untertitel der Ausgabe, die Photographen hierarchisch zuerst nennend: „Photographed from live by Lock and Withfield, with brief biographical notices by Thompson Cooper“.

Die sieben Bände zeigen in erster Linie Abbildungen von Männern, darunter prominente Porträts anderer Photographen: von Jules Verne, von Victor Hugo und

1905: „Ideals of American Life told in Biographies of Eminent Living Americans“.

40 Thompson Cooper, *Men of Mark. A Gallery of Contemporary Portraits of Distinguished Men*, London 1876–1883. Zitiert nach dem Untertitel der Reihe.

41 1864 entwickeltes und nach Walter Bentley Woodbury benanntes Druckverfahren, das zum Ende des 20. Jahrhunderts insbesondere für hochwertige Abbildungen in Buchpublikationen genutzt wurde. Vgl. Barrett Oliver, *A history of the Woodburytype. The first successful photomechanical printing process and Walter Bentley Woodbury*, Nevada City 2006.

von Lord Tennyson (aufgenommen in entsprechender Reihenfolge von Antoine Samuel Adam-Salomon, Etienne Carjat und John Jabez Edwin Paisley Mayall).[42] Cooper, Lock und Whitfields *Men of Mark* zeigen eine Gruppierung, deren Selektionskriterien sehr weit gefasst und retrospektiv nur schwer nachzuvollziehen bleiben. „They are either British upper class and/or nobility, or have risen to some prominence as members of the military, lawyers, clergymen, artists or writers," heißt es dazu auf der Internetpräsenz *Liminous-Lint*.[43] Ganz ähnlich dem fast vierzig Jahre später folgenden Büchlein Coburns handelt es sich um eine idiosynkratische Zusammenstellung, die in erster Linie als Momentaufnahme der kulturellen und gesellschaftlichen Oberschicht funktioniert und welche – wie alle *Men of Mark*-Publikationen – durch die Benennung und Systematisierung erst zu dem wird, was sie im Titel vorgibt bereits zu sein: eine in sich geschlossene Gruppe mit eigenen Idealen. Begreift man eine solche „gallery of contemporary portraits" als Sammlung Gleichgesinnter, wird das Buch zum Familienalbum – eine Gruppe Wahlverwandter, in diesem Beispiel bemerkenswerterweise zusammengestellt von einem Außenstehenden. Im Gegensatz dazu positioniert sich Coburn selbst als Mitglied seiner eigenen Gruppierung der *men of mark* am Ende des zweiten Bandes und definiert sich so als Teil der von ihm ausgerufenen Familienzusammengehörigkeit: Er erschafft sein eigenes Familienalbum künstlerischer Elite zu Beginn des 21. Jahrhunderts (vgl. Abb. 5).

Betrachtet man Coburns Werk im Kontext verwandter Publikationen, erscheint es in zeitgenössischem, hier nun aber höchst vertrautem Licht. Mit dem Titel *MoM* und *MMoM* werden Coburns zwei Porträtbände in Beziehung zu den Vorgängern gesetzt und in ihre Tradition eingebunden. Insbesondere der Photoband von Cooper, Lock und Whitfield dürfte Coburn als Modell gedient haben, um 1913 seine eigene „gallery of portraits of distinguished men" anzufertigen. Gleichzeitig mit Coburns zweitem Band ebbten die *Men of Mark*-Veröffentlichungen dann auch ab, die Publikationswelle brandete bis auf wenige Ableger ausschließlich zwischen 1870 und 1920 auf.[44] Coburns Photobände erscheinen folglich beide zum Ende dieser Phase, sein eigenes Porträt als letztes Blatt schließt

42 Siehe hierzu auch Gaston Schéfer (Hg.), *Galerie contemporaine, littéraire, artistique*, Paris 1876–1884.

43 *Luminous-Lint. For Connoisseurs of Photography*, online: http://www.luminouslint.com/app/contents/fra/_portrait_thomas_cooper_men_of_mark_01/, zugegriffen am 17.10.2014.

44 Bis auf wenige Ausnahmen, wie diese Publikation von 1943, die zumindest dem Titel nach „men and women" umfasst: John Walter Wayland, *Men of mark and representative citizens of Harrisonburg and Rockingham County, Virginia: portraits and biographies of men and women*, Staunton 1943.

nicht nur seine Reihe, sondern referiert darüber hinaus auf die gesamte Tradition, die ihm vorausgeht und die es implizit abschließt. Hier zeigt sich, dass mehrere Kräfte in *MoM* und *MMoM* zum Tragen kommen und die Ambivalenz der Moderne verdeutlichen: Publikationstheoretisch wird durch die serielle und textlose Reihung der Abgebildeten einerseits auf die Moderne verwiesen, andererseits etabliert der Titel nicht zukunftsgewandt ein ästhetisches Novum, sondern verweist antimodern auf die Tradition, in die er sich einbindet. Und auch symbolisch lassen sich die Porträtierten in gleichem Ausmaß als Pioniere der Moderne wie als Nachboten einer anachronistischen Heldenverehrung verstehen. Sie scheinen zwischen den Polen zu schwimmen, lose darauf bedacht, ‚dazwischen' zu bleiben.

Photographien in Serie bzw. die künstlerische Zusammenstellung photographischer Serien verhandeln nicht nur das serielle Prinzip an sich, sondern nutzen die ontologische Engführung von Photographie und Serialität für die Etablierung und Abgrenzung der Photographie als Kunst.[45] Denn was passiert ästhetisch und semantisch mit dem einzelnen Bild im seriellen Gefüge? Bezüglich des *Neuen Sehens* formuliert Lázló Moholy-Nagy diese Dynamik des Einzelbilds im Serienkontext wie folgt:

> „die *serie* ist *kein bild mehr*, an *sie können keine bildästhetischen maßstäbe angelegt* werden. das einzelbild als solches verliert in ihr sein eigenleben, wird montageteil, stützung eines ganzen, das die sache selbst ist. *in diesem* zusammenhang ihrer einzelnen teile kann die serie auf ein bestimmtes ziel gerichtet die stärkste waffe aber auch die zarteste dichtung sein."[46]

Nun stellt sich aber die Frage, wann eine Photographie tatsächlich einmal isoliert auftritt und keine Bezüge über die ästhetische Bildgrenze hinaus zu anderen Bildern aufbaut, sei es in der Ausstellungspraxis, im Buch oder aber, ganz elementar gedacht, bei ihrer Entstehung: Mit der Einführung des Rollfilms 1889 befinden sich Photographien als Einheiten auf Photostreifen per se immer im Kontext anderer, sie umgebender Bilder. Auch Coburn, der seine Photographien künstlerisch einzigartig produziert und gegen die reproduzierbare Photographie arbeitet, nutzt

45 Vgl. dazu Joel Smith, „More than One: Sources of Serialism", in: Ders., Peter Barberie u.a. (Hg.), *More than one. Photographs in sequence,* Princeton und New Haven 2008, S. 8-29, 14; zur photographischen Serialität siehe den gesamten Band.

46 László Moholy-Nagy, „A New Instrument of Vision", in: *Telehor,* 1-2 (Februar 1936), S. 34-36, auf Englisch auch in Smith (2008), „More than One", S. 9.

Rollfilme und ihre Möglichkeiten.[47] 1951 formuliert er in einem Aufsatz: „Ich hatte mich nie für Photoplatten interessiert, denn sie waren zu zerbrechlich und zu schwer, um sie herumzutragen."[48] Coburn hat aus praktischen Gründen wenig Interesse an Photoplatten, welche durch ihren singulären Charakter die künstlerische Einzigartigkeit konzeptuell jedoch verstärken würden, statt dessen gebraucht er Rollfilme, auf denen photographische Aufnahmen als Negativ Seite an Seite in Folge produziert werden.

Photographie selbst impliziert, wie dargelegt wurde, serielle Photographie.[49] Hier wird deshalb auf eine spezielle Form photographischer Serien fokussiert: die vom Autor/Photographen als Serie ausgestellte oder publizierte Folge von Photographien, deren Zusammenhang eben durch die Publikation intendiert wird. In dieses Feld fügt sich dann auch das Zitat Moholy-Nagys ein, wonach das Einzelbild in der Serie in den Bedeutungszusammenhang des entstehenden Gesamtbildes übergeht – vergleichbar einer Hängung und dem entstehenden *hyperimage*.[50] Ob es bei diesem seriellen Gefüge um einen räumlichen oder digitalen Ausstellungsort, eine Publikation in Buch-, Katalog-, oder Zeitschriftenform oder in einer noch weiteren Variante geht, soll hier erst einmal keine Rolle spielen. Zentral ist für alle Darstellungsformen der Gedanke der Bedeutungserweiterung über die jeweilige ästhetische Grenze hinaus im Moment der Bildkombinatorik.

Im vorliegenden Fall handelt es sich konkret um die Publikation von Photogravüren, deren Ausstellungsform sich sowohl innerhalb der Buchrücken als auch hinsichtlich der Existenz mehrerer Bände als seriell bezeichnen lässt. *MoM* und *MMoM* sind eine zweiteilige von Coburn angelegte kleine Serie mit jeweils 33 Porträts. Durch die Konfrontation der kunstphotographischen, nicht seriell reproduzierbaren Einzelwerke mit ihrem Präsentationsformat als Serie, entsteht eine innere Spannung der Arbeit, die nicht nur die eigene Medialität und die eigenen Produktionsbedingungen, sondern den künstlerischen Diskurs selbst und im

47 Die Negative im Coburn-Archiv des *George Eastman House* geben Aufschluss darüber. Dort werden zahlreiche von Coburns Aufnahmen mit den Worten „negative, gelatin on nitrocellulose roll film" beschrieben, darunter auch jene, aus deren Fundus wiederum die Photogravüren für *Men of Mark* entstanden. Vgl. George Eastman House, *Mark Twain*, online: http://www.geh.org/ar/celeb/htmlsrc5/twain_sum00001.html, zugegriffen am 30.10.2014.

48 Alvin Langdon Coburn, „George Bernard Shaw: 26 July 1856 to 2 November 1950", in: *The Photographic Journal,* 91 (Januar 1951), S. 30.

49 Ausgenommen die Photographie im kameralosen Verfahren oder mit Photoplatten.

50 Zum *hyperimage* siehe Felix Thürlemann, *Mehr als ein Bild. Für eine Kunstgeschichte des hyperimage*, München 2013 und Ders. (2012), „Vom Einzelbild zum hyperimage", S. 23.

Zirkelschluss die zwanzig Jahre später folgende Frage nach dem *Kunstwerk im Zeitalter seiner technischen Reproduzierbarkeit* quasi performativ erörtert.

In beiden Bänden befinden sich die Photogravüren *en bloc* nach einem einleitenden, links- und rechtsseitig gedruckten Kommentar Coburns zu seinem Zusammentreffen mit den Porträtierten und der Entstehung der Aufnahmen. Sie nehmen jeweils die rechte Seite einer Doppelseite des Buches ein, während die linke Seite neben ihnen jeweils leer bleibt. Die Aufnahmen im Format von ca. 16 x 13 cm sind in die Originalbände eingeklebt, der Platz, den sie dabei pro Seite beanspruchen, entspricht dem Textfeld einer Seite des Kommentars. Sie umgibt ein grautoniger Rand, links unterhalb der Aufnahme befindet sich in römischen Zahlen die Nummerierung, rechts unten die Unterschrift des Porträtierten. Da sich pro Doppelseite nur eine Abbildung im Buch befindet, muss geblättert werden, um die nächste Abbildung zu sehen. Durch diese Komposition ist ein direkter Vergleich der Porträts in einer Gegenüberstellung unterbunden.

MoM zeigt eine Serie von Photographien, die qua Serie in Beziehung zueinander gesetzt werden und unterbindet gleichzeitig ein vergleichendes, in Beziehung setzendes Sehen der einzelnen Abbildungen untereinander, indem sie nicht in Bildpaaren gezeigt werden. Stattdessen könnte man von ‚Einzelhängungen' im Buch sprechen: Jedem Bild steht eine eigene Wand, hier nun eine eigene Doppelseite, zur Verfügung, nichts lenkt von ihm ab. Eine solche Präsentation hat ganz praktische Gründe, lägen doch ansonsten zwei hochwertige Photogravüren im zugeklappten Zustand direkt aufeinander auf; zudem vermittelt der großzügige Platz auch Qualität. Dennoch, aus rezeptionsästhetischer Sicht betrachtet, fördert die Präsentation der einzelnen Porträts ihre Wahrnehmung als Einzelwerke – und das, wo es doch eine Sammlung von Männern ist, die durch ihre serielle Gruppierung als *men of mark* mit Bedeutung aufgeladen wird, die dem Einzelbild nicht zukommt. Hier stehen sich zwei Lesarten gegenüber: Auf der einen Seite die Konstruktion der einzelnen Photogravüren als Serie und der Universalisierung des Einzelnen zu Gunsten eines Gesamtwerkes, das als elitärer Club der Moderne verstanden werden kann. Auf der anderen Seite führt die raumgreifende Darstellung der Einzelwerke dazu, dass jene zu jeder Zeit auch als einzelne, kunstphotographische Kunstwerke wahrgenommen werden können und nicht zwangsweise in Konkurrenz eines klassischen vergleichenden Sehens[51] – wo liegen die Unterschiede, wo die Gemeinsamkeiten? – zueinander gesetzt werden.

51 Siehe zum vergleichenden Sehen in diesem Kontext bspw. Felix Thürlemann, „Bild gegen Bild: Für eine Theorie des vergeichenden Sehens (2005)“, in: Blum/Bogen u.a. (2012), *Pendant Plus*, S. 391-401.

Nimmt man die einzelnen Aufnahmen von *MoM* isoliert in ihrem Raum wahr, stellen sie sich als ästhetisch komplexe, künstlerische Einzelwerke heraus. Im Folgenden wird exemplarisch auf vier Porträts eingegangen, deren besondere Eigenschaften sich jedoch – wiederum ergänzt durch weitere – auch in anderen Porträts nachskizzieren ließen. Dafür muss man sich zwar nun doch auf einen impliziten Vergleich über die Buchdoppelseite hinaus einlassen, kann auf diese Weise aber gleichzeitig jede einzeln betrachtete Abbildung für sich, sowie in ihren Bezügen zu anderen Aufnahmen wahrnehmen.

Es gibt einige grundsätzliche ästhetische Gemeinsamkeiten aller Abbildungen: Kurz gefasst sind sie alle gleichformatige, auf der Seite gleichpositionierte, aufwendig produzierte Photogravüren, die mit leichter Unschärfe einen einzelnen Mann abbilden. Dabei bedienen sie sich sämtlicher Grauwerte in der Tonwert-Palette und widersprechen in ihrer stilistischen Gesamtheit den Konventionen der Gattung ‚Porträtphotographie', wie sie beispielsweise in Porträtstudios praktiziert wurde.[52] Dem gegenüber gibt es mehrere Unterschiede, die Kategorisierungen zur Beschreibung der Porträts und einer Annäherung an den Bildinhalt zulassen: Der Porträtierte ist mal als Büste, mal als Kopfbild oder auch als Ganzfigur zu sehen, positioniert sich frontal, im Viertel-, Dreiviertel-, Halb- oder Profil zur Kamera, von links oder rechts aufgenommen, hat den Blick abgewendet oder sieht in die Kamera. Näher unterteilen sich die Abbildungen in Aufnahmen, in denen sich eine Hand des Porträtierten dominant im Bildraum befindet oder auch in solche, wo mitunter nebst dem Körper des Mannes Inventar im Raum zu sehen ist. Es sind insbesondere die Hände und die Augen, in denen in jedem einzelnen Bild, so unterschiedlich Komposition und Cadrierung gewählt sind, ein besonderer Ausdruck liegt. Mal sind die Hände ans Kinn gelegt oder umfassen einen Gegenstand, mal sind sie auf Lehnen abgelegt oder stützen den Kopf. Der Blick zielt gelegentlich auf den Betrachter, dann wieder ragt er aus dem Bild hinaus, scheint bedrohlich fordernd oder kühl interessiert, mal nach oben, mal nach unten gerichtet. Die Vielzahl sich wiederholender und variierender Motive lassen die Porträts individuell abgestimmt wirken, als sei die Persönlichkeit des Abgebildeten zu erfassen gesucht. Dieses Vorgehen erscheint in der Logik eines Bandes über *MoM* überaus evident: Die einzigartigen künstlerischen Individuen werden in einzigartigen individuell betrachteten Kunstwerken verewigt. Der Effekt einer Personalisierung wird insbesondere durch die von Coburn genutzte Titelformel verstärkt: Die

52 Zur Porträtphotographie siehe Graham Clarke, *The Portrait in photography,* London und Seattle 1992, oder auch das Kapitel „Portraiture" in: Pam Roberts, *PhotoHistorica. Landmarks in photography: rare images from the collection of the Royal Photographic Society,* New York 2000, S. 16-26.

Abbildung 10: Coburn, Frank Brangwyn, Hammersmith, September 8th, *1904*

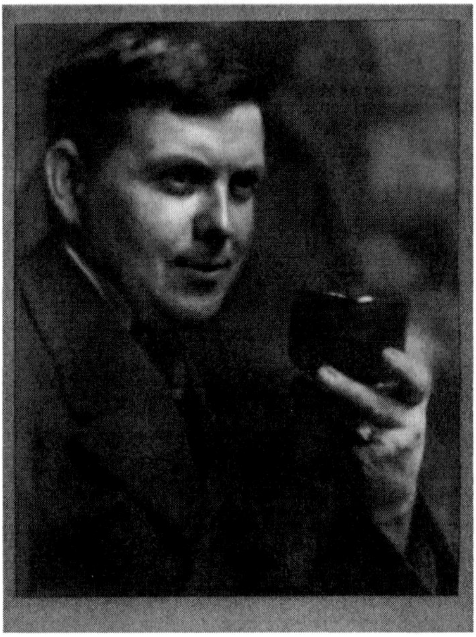

Bilder sind mit Vor- und Nachname, Ort und Zeit beschriftet. Im Gegensatz zu biographischen Texten, die einen zeitlichen Rundumschlag anstreben, entsprechen die Aufnahmen einem konkreten Ereignis; der spezifische Moment der Aufnahme wird in den Vordergrund gestellt. Der persönliche Austausch zwischen Photograph und Photographiertem und sein Niederschlag in der Aufnahme sind für Coburn von besonderer Bedeutung. In *MoM* beschreibt er es wie folgt:

„Ich habe mich immer schon für die Perfektion der Künste interessiert, und das ist, so glaube ich, auch der Hauptgrund, warum ich mit der Portraitphotographie begann. Immer, wenn ich die Texte oder die zum Ausdruck kommende Vision eines Menschen bewunderte, erfüllte mich sofort der drängende Wunsch, ihn treffen und photographieren zu dürfen. […] Ich habe stets versucht, soviel wie möglich vorausgehende Informationen zu beschaffen, bevor ich mich auf die Suche nach herausragenden Persönlichkeiten begab, denn nur so vermochte ich einen Eindruck vom Wesen und Charakter der Person zu erhaschen, die ich zu porträtieren gedachte." (AB 30)

Das Porträtieren ist für Coburn ein persönliches Unterfangen, das Treffen mit dem Künstler und das Einfangen seines Genies selbst das zentrale Ereignis, das schlussendlich im Fokus steht. Die Abbildungen sind augenfälliges Zeugnis dieses Treffens. Auch die Unterschriften der Abgebildeten unter den jeweiligen Porträts betonen die individuelle Auseinandersetzung. Die Unterschrift kommt einer Verifizierung des eigenen Abbildes gleich, das als zutreffend gekennzeichnet wird – und nicht zuletzt das Treffen als Ereignis bestätigt. Die individuelle, doch strukturell und konzeptuell ähnliche Form der Darstellung (Format, Unterschrift, etc.) betont gleichzeitig die ästhetische Ganzheit der Arbeit als Serie. Wenngleich es sich bei den Abbildungen selbstverständlich um inszenierte Darstellungen handelt, die bewusst auf eine bestimmte Art komponiert und eben nicht im alltäglichen Leben, vom Porträtierten unbemerkt, aufgenommen wurden, so erzählen sie dennoch – oder gerade deshalb – individuelle, persönliche Geschichten und präsentieren unterschiedliche Facetten eines je singulären *Man of Mark*.

Das Porträt des britischen Künstlers Frank Brangwyn, Tafel IV in *MoM* (Abb. 10) zeigt ihn im Dreiviertelprofil von rechts. Der Bildraum endet links direkt neben seinem Kopf, die Bildgrenze verläuft durch seinen Mantel oder Anzug tragenden Körper, der am rechten Arm hart abgeschnitten ist. Zur rechten Bildseite hin öffnet sich das Bild ebenso wie Brangwyns Körpervorderseite, er hält den linken Arm vor sich, eine Tasse auf langen Fingern balancierend, welche ein Stück unterhalb seines Kinns positioniert ist. Man könnte eine Diagonale von links unten nach rechts oben durch das Bild legen, die sowohl Hand und Tasse als auch seinem Kopf gleich viel Raum im Bild zugestehen würde. Brangwyns Blick ragt aus dunklen Höhlen auf Augenhöhe minimal nach oben rutschend rechts aus dem Bildraum, seine Augenbraue zeichnet ein kleines Runzeln, der Mund ist in Bewegung – ein Lächeln, Worte, die gesprochen werden. Die unkonventionelle Platzierung des Körpers am Bildrand, die lässig, abgeklärte Mimik und die auffällig beiläufige Präsenz der Hand im Raum, an der der Blick nicht vorbeizuführen zu sein scheint, zeichnen das Bild aus. Sieht man Brangwyn hier aufmerksam und entspannt zugleich im Gespräch beim *Afternoon Tea* oder einfach zufrieden posierend für das Porträt?

Unkonventioneller in der Komposition zeigt sich das Bild Mark Twains, Tafel XXII in *MoM* (Abb. 11), auch hier ist die Figur weit nach links im Bild gerückt. Tatsächlich besetzt Mark Twain, stehend bis zum Knie abgebildet, ausschließlich die linke Hälfte des Bildes, die rechte bleibt leer bis auf den Hintergrund und Twains auch den linken Bildraum einnehmende Präsenz. Der Porträtierte steht im Dreiviertelprofil von rechts aufgenommen, die rechte Hand an den Rücken gelegt,

Abbildung 11: Coburn, Mark Twain, Stormfield, December 21st, *1908*

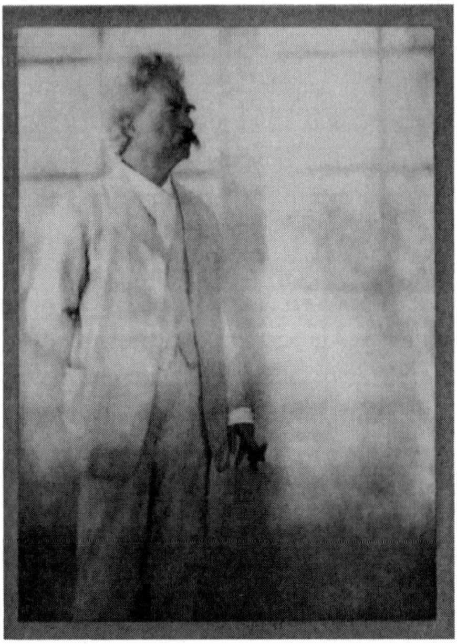

die linke vor dem linken Oberschenkel leicht nach vorne bewegt eine Zigarre haltend. Der amerikanische Schriftsteller wendet sich mit seinem gesamten Körper der rechten Bildseite zu, sein Blick weist jedoch über die Bildgrenze genau auf Augenhöhe hinaus in die Ferne. Seine gesamte Figur hebt sich, in sehr hellen Grautönen abgebildet, die fast weiß erscheinen, nur wenig vom Hintergrund ab, der bis auf die Rahmung eines großen Fensters oder dessen Schattenwurfs genauso hell bleibt. Sein Haar, voll, wellig und weiß, geht fließend in den Hintergrund über. Einzig sein dunkleres Gesicht sticht mit buschigen Augenbrauen und ebenso buschigem Schnauzbart, gewohnt markant sein Profil formend, hervor. Die untere Bildhälfte ist insgesamt in etwas dunkleren Tonwerten gehalten, der Farbverlauf verdunkelt sich von oben nach unten nachhaltig. Die linke Hand, im unteren Drittel nahe der vertikalen Bildmitte angesiedelt, wiederholt die dunkleren Flächen des Gesichts und dessen Spannung. Die Manschette des Hemdes strahlt weiß gegen die Haut, die hier so dunkel wie die Zigarre erscheint. Routiniert zwischen Zeige- und Mittelfinger gehalten, wirkt jene wie ein weiterer Finger, der die Hand komplettiert. Twains Pose ist von einer spannungsvollen inneren Ruhe. Sein Kör-

Abbildung 12: Coburn, William Butler Yeats, Dublin, January 24th, *1908*

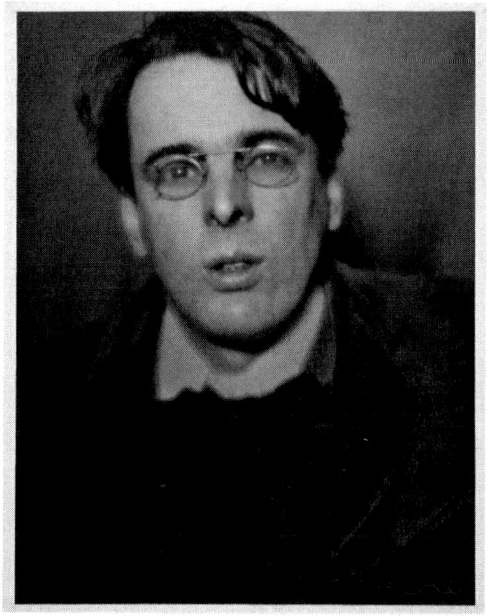

per braucht nicht viel Platz, um den Raum zu beherrschen. Seine kraftvolle Präsenz reicht weit über die Körper- und – geführt durch den gradlinigen Blick – auch weit über die Bildgrenze hinaus.

W. B. Yeats scheint den Blick des Betrachters wiederum zu suchen und regelrecht einzufordern. Yeats, Tafel XIX in *MoM* (Abb. 12), befindet sich der Mitte des Bildraumes, sein Haar stößt oben an die Bildgrenze, links und rechts umspielt jene die Schulterpartie, die untere Grenze läuft auf Höhe der Brust unterhalb einer großen, lockergebundenen Fliege. Der gesamte Körper des irischen Dichters ist in sich leicht nach rechts unten gedreht, läuft die Schulterlinie doch im Bild nach links hin abfallend. So ist auch der Kopf, der recht frontal mit leichter Aufsicht getroffen ist, etwas nach rechts und nach vorne in den Bildraum hinein, auf den Betrachter zu geneigt. Er sitzt auf einem leuchtend weißen Hemdkragen auf, welcher als Bildmitte zwischen der ansonsten in dunklen Tonwerten gehaltenen Kleidung grell heraussticht. Ebenfalls herauszustechen scheint Yeats' Gesichtsmitte, Augen, Nase, Mund, und Schleife, welche scharf abgebildet sind, während der Körper zu den Seiten hin immer unschärfer wird. Yeats trägt eine einfache Brille mit ovalen Gläsern, deren Symmetrie sich in den zwei Schlaufen der Fliege an

Abbildung 13: Coburn, Max Beerbohm, New York, January 15th, *1908*

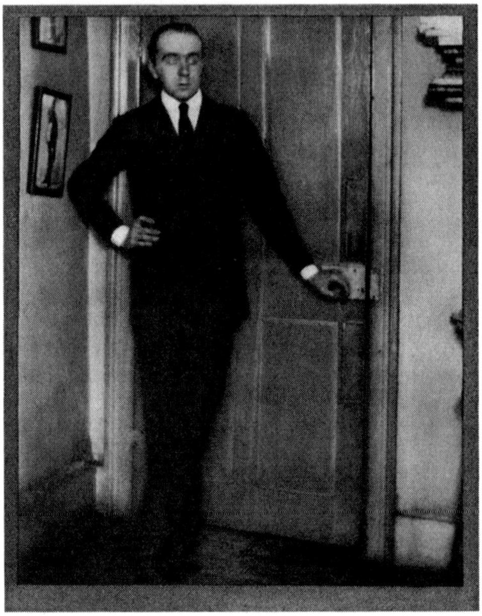

einer Vertikalen als auch Senkrechten durch die Bildmitte wiederholt. Das eindrücklichste Element im Bild ist jedoch Yeats unmittelbarer, gänzlich unverstellter Blick. Er blickt genau auf den Betrachter, Augen und auch Mund wie in großer Verwunderung oder Überraschung geöffnet. Yeats sieht die Kamera, seinen Betrachter, auch wenn nicht klar wird, in welcher Beziehung er zu ihr stehen mag. Neigt er sich in Neugier nach vorne, um ihr näher zu sein? Oder handelt es sich um den erschrockenen Versuch, nach hinten auszuweichen?

Nach hinten zurück weichen zu wollen, das könnte man auch (Sir) Max Beerbohm, Tafel XVI in *MoM* (Abb. 13) unterstellen. Als Ganzfigur steht er auf der linken Seite des Bildraumes vor einer geschlossenen Tür, sein Körper wendet sich dabei frontal der Kamera zu, seine linke Hand ist sich vom Körper entfernend auf die Türklinke gelegt, bereit sie zu öffnen. Beerbohms rechter Arm ist in die Hüfte gestemmt. Die Finger umfassen vorne seine Taille und liegen auf einem dunklen Anzug auf, jener sitzt akkurat über einem weißen Hemd und einer dunklen Krawatte. Der britische Gesellschaftskritiker befindet sich mit seiner Pose tief in der Ecke eines Raumes platziert, rechts hinter ihm schließt die Tür den Raum ab, sein rechter Ellenbogen berührt links fast ein Bild an der Wand neben ihm, in welchem ein Mann stehend als Ganzfigur zu erkennen ist und die Portraitform doppelt. Die Kamera nimmt diese eigentümliche Position auf, indem sie den Raum nun ebenfalls vor Beerbohm begrenzt und im Bildraum ein rechtwinkliges Dreieck aus Wand, Tür und unterer Bildgrenze entstehen lässt, in welchem Beerbohm steht. Sein Kopf und seine Füße schließen mit der oberen und unteren Bildgrenze fast unmittelbar ab, sein Körper wirkt einerseits durch die vielen ihn umgebenden Grenzen und die Rahmung durch Tür und Ecke geradezu umschlossen. Dennoch schafft es der abgebildete Körper, sich Freiheiten zu nehmen: Der abgewinkelte Arm vergrößert den Raum des Körpers, die Hand am Türgriff ist bereit den Raum selbst zu erweitern. Der Öffnung des Körpers zur rechten Bildseite hin folgt auch der Blick, jener zielt leicht abgesenkt rechts in den offenen Raum. Und auch hier wiederholt sich die Dynamik des Verschlossenen und sich gleichzeitig Ausdehnenden: Über einem fest verschlossenen, ernsten Mund blickt Beerbohm unter hochgezogenen Augenbrauen und halb gesenkten Augenlidern leicht abgesenkt rechts aus dem Bild hinaus. Angeschnittene Bücher und möglicherweise ein angedeuteter Tisch rechts im Bild sowie die zwei links neben Beerbohm hängenden Bilder verweisen auf all das, was dem Betrachter im Raum verborgen bleibt und sich vor Beerbohm entfaltet.

Coburns *men of mark* lassen sich weder auf ihre Funktion als Teile einer Serie, die erst in ihrer Gesamtheit Relevanz finden, noch auf ihre alleinige Präsenz als Einzelwerke reduzieren. Auf Moholy-Nagys Zitat zurückkommend zeigt sich, dass das Einzelbild hier keinesfalls seine Identität als solches verliert und nur noch „montageteil, stützung eines ganzen, das die sache selbst ist," wird.[53] Die Beziehung beider Funktionen ist eng verwoben und lässt sich kaum auseinander dividieren: Eben so, wie die Aufnahmen durchaus jeweils für sich auf einer Seite betrachtet werden können und dabei eine je eigene Geschichte des Porträtierten erzählen, entfalten sie in ihrer Ganzheit Bezüge, wiederkehrende Motive und Aussagen über die Bild- und Buchseitengrenzen hinweg. Insbesondere die Dynamik der Hände, der Augen, der Positionierungen im Raum und jene zwischen Porträtiertem und Betrachter variieren in der hier dargelegten, exemplarischen und nicht umfassenden Auswahl von Bild zu Bild und lassen sich in ähnlicher Weise in den anderen Aufnahmen der Reihe ausmachen. Es führt kein Weg daran vorbei: Coburns *men of mark* sind stets sowohl ästhetische Einzelwerke als auch programmatisches Kollektiv.

Das Prinzip der Serialität wird bei Coburns *MoM und MMoM* in mehrfacher Weise umgesetzt. Von der Makro- zur Mikroebene hin fokussierend, zeigt es sich in der Fortführung der gleichnamigen Publikationstradition im angloamerikani-

53 Moholy-Nagy (1936), „A New Instrument of Vision", S. 9.

schen Raum, in der Beziehung der zwei Bände zueinander und innerhalb der Bücher als Serien von Photographien. Was bedeutet es nun, wenn Coburn sein eigenes Porträt als letztes Blatt in *MMoM* abbildet?

Die Frage lässt sich in mehrfacher Hinsicht beantworten. Zum einen inszeniert sich Coburn als Teil der von ihm gesetzten elitären Gruppe als Gleicher unter Gleichen und findet eine Form künstlerischer Nobilitierung, indem er am, man möchte fast sagen ‚evolutionären', Ende der Reihe sich selbst setzt. Zum anderen stellt er sich in eine historisch dokumentierende Tradition des 19. Jahrhunderts, wenn er selbst zum Geschichtsschreiber seiner Moderne wird. Seine Titel *MoM* und *MMoM* gehört zu den letzten Publikationen der gleichnamigen Publikationswelle um 1900. Dies kann jedoch sicherlich weniger als Coburns Kalkulation, sondern vielmehr als mentalitätsgeschichtlicher Wandel im Zusammenhang mit dem Großen Krieg gelesen werden. Dennoch sind Coburns Bände als zwei der letzten überhaupt unter dem Titel *Men of Mark* entstanden. Coburn bildet mit ihnen wiederum den Abschluss der Bewegung und setzt – nun gedoppelt durch sein eigenes Porträt – der Serie ein, wenn auch nicht faktisches, so doch symbolisches Ende.

MoM und *MMoM* demonstrieren in vielfacher Weise die Spannung zwischen Etabliertem und Aufstrebendem, Original und Reproduktion, Vergangenheit und Zukunft, Unikat und Serie. Ästhetisch können die Aufnahmen weder als kunstphotographische Unikate ohne intramedialen Bezug, noch als performative Umsetzung der Idee einer photographischen Serie allein dekodiert werden. Indem die Einzelwerke als solche honoriert und als selbstständig markiert werden, oszilliert die Darstellung im Buch zwischen einer zu Inszenierungszwecken funktionalisierten seriellen Uniformität und der gleichzeitigen Negierung einer vollständigen seriellen Bedeutungszuschreibung. Obwohl die Sammlung von Repräsentanten der kulturellen Oberschicht des beginnenden 20. Jahrhundert ästhetisch genuin modern anmutet, wurzelt die Arbeit im Sinne historisierender Heldenverehrung in antimodernen Gefilden. Hier scheitert eine eindeutige Positionsbestimmung bereits. Coburns *MoM* versucht keinesfalls eine historische Aufarbeitung, sondern funktioniert als zeitgenössische Bestandsaufnahme, die den Fingerzeig in Richtung Zukunft leisten soll. Dass die Sammlung ausgerechnet in einem Photoalbum angelegt ist, betont dabei weniger die tatsächliche Vergangenheit des photographischen Moments der Aufnahme, als die Bedeutung eines Bewahrens vor dem Vergessen in der Zukunft. Die Botschaft ist klar: Diese Sammlung um Coburn ist es wert, nicht vergessen, sondern als historisch bedeutsames Gut archiviert zu werden.

... und ihr blinder Fleck: die Frauenporträts

Während zahlreiche der von Coburn angefertigten männlichen Porträts in *MoM* nachdrücklich in die Geschichte eingeschrieben werden und zu einer wechselwirksamen Nobilitierung des Porträtierenden und den Porträtierten führen, fristen die Aufnahmen von Frauen ein Schattendasein.[54] Es fällt auf, dass Coburn ungleich weniger Frauenporträts angefertigt zu haben scheint und weiter, dass jene, die es gibt, im Gegensatz zu den männlichen Pendants keinesfalls von namhaften Frauen aus der kulturellen Elite der Zeit stammen. Im Gegenteil, viele dieser Porträts zeigen anonyme Frauen, deren Identität keine Rolle für die Photographie in Coburns künstlerischem Portfolio zu spielen scheint. Ein Blick in seine Autobiographie verschärft diesen Eindruck: Aufnahmen von Frauen sind künstlerisch kaum von Interesse für Coburn, ganz gleich ob es sich dabei um anonyme Modelle oder kulturelle Größen seiner Zeit handeln würde. Nur vereinzelt finden sich in der Autobiographie, dem letzten Teilstück seiner ausgefeilten Selbstinszenierungspraxis, Abbildungen, die Frauen zeigen. Da ist einmal das Frontispiz, das seine Ehefrau Edith in den Dünen kniend zeigt, und das Porträt von Gertrude Stein, die sich unauffällig zwischen die *men of mark* geschoben hat. Bis auf zwei vernachlässigbare Fälle,[55] sind diese zwei die einzigen in der Autobiographie abgebildeten Frauen.[56]

Bei der Photographie von Coburns Ehefrau Edith, die als Frontispiz der Publikation vorangestellt ist, handelt es sich allerdings nicht nur um kein Porträt, sondern auch um eine Abbildung außerhalb des künstlerischen Korpus: Das Frontispiz funktioniert hier wie eine Widmung oder Danksagung, ist aber keinesfalls künstlerisches Exponat wie die Tafeln, die jeweils ganzseitig pro Doppelseite rechts platziert sind und Zeugnis von Coburns photographischen Leistungen ablegen. In diesem Sinne schreibt Coburn in seiner Autobiographie zu Edith, dass sie

54 Sowohl zur Tradition der Frau als Motiv männlicher Künstler, als auch als Motiv männlicher und weiblicher PhotographInnen im Piktorialismus siehe das Kapitel „The Geometry of Bodies: Gender and Genre in Pictorialist Photography“, in: Judith Fryer Davidov, *Women's camera work. Self/body/other in American visual culture,* Durham 1998, S. 45-102, und auch C. Jane Gover, *The positive image. Women photographers in turn of the century America,* Albany 1988.

55 Des Weiteren gibt es eine Schauspielerin, die in einer Aufnahme gemeinsam mit Bernard Shaw und einem Schauspieler „Androcles and the Lion“ probt, und die Silhouette einer mutmaßlich weiblichen Person, die 1905 der Mode der Zeit entsprechend im bodenlangen Rock in Venedig über einen Brücke geht (AB 86, 100).

56 Siehe AB 19, 82.

Abbildung 14: Coburn, Study – Miss R., *1904*

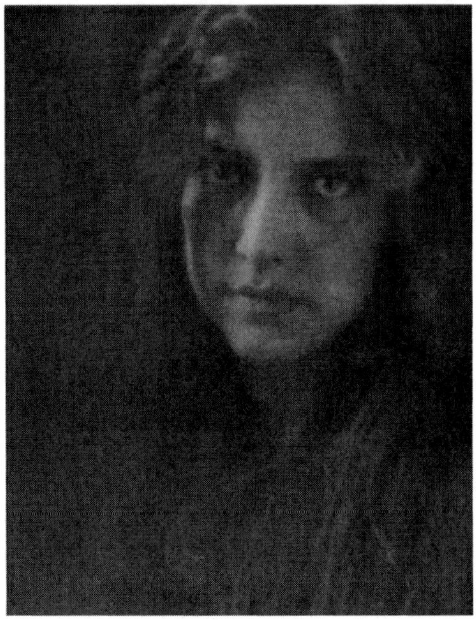

„es nicht sonderlich [mochte], photographiert zu werden, doch wenn sie der Meinung war, sie könnte mir so bei der Lösung eines Kompositionsproblems behilflich sein, unterwarf sie sich voller Freude und Güte dieser Tortur.“[57] Coburns Ehefrau ist, wie auch seine Mutter, von der zwar zahlreiche, jedoch unpublizierte Photographien existieren, in erster Linie Versuchsobjekt und nicht künstlerisches Motiv.[58]

Natürlich gibt es in Coburns Gesamtwerk darüber hinaus weitere Porträts von Frauen, wenngleich jene nicht in der autobiographischen Sammlung aufgeführt sind: Es existieren sowohl anonyme Porträts, als auch personalisierte Aufnahmen

57 Coburn (2015), „‚Schnappschüsse aus der Heimat‘ für den piktorialistischen Photographen (1915)“, S. 137.

58 Es existieren u.a. Porträtstudien mit farbigen Autochromes, auf denen Coburn seine Mutter Fannie abbildete und so das Verfahren erprobte. Vgl. dazu George Eastman House, Alvin Langdon Coburn Archive, 1967:0106:0001–3.

von beispielsweise einer Frau namens Elsie Thomas und, wenn auch recht unspezifisch, von Miss R. oder auch Miss L. R. Der Artikel *Schnappschüsse aus der Heimat* aus dem Jahre 1915 ist einer der wenigen Essays, in denen – wenn auch völlig anonym – Aufnahmen von Frauen abgebildet wurden.[59] Dabei handelt sich neben einem Porträt um zwei Familienphotos von Müttern und ihren Kindern, die der Moral während des ersten Weltkriegs dienen. Diese Frauen unterstützen und denken an ihre Männer, so die Nachricht. Bei der Publikationsbegeisterung, die Coburn nachgesagt werden kann, fällt auf, wie unsichtbar die Frauen bleiben. Wirft man einen Blick in *Camera Work*, zeigt sich, dass Coburn speziell zu Beginn seiner Karriere Photographien von Frauen nicht nur anfertigte, sondern auch in *Camera Work* publizierte. In Nr. 6 und in Nr. 8 von *Camera Work* des Jahres 1904[60] finden sich gleich drei Abbildungen, die Frauen im Porträt zeigen. Interessanterweise sind sie allesamt als „Studie" überschrieben: *A Portrait Study, Mother and Child – A Study* und *Study – Miss R.* heißt es da.[61] Auf diese oder ähnliche Arbeiten bezieht sich vermutlich auch C. Jane Gover, wenn sie behauptet, Coburn bilde häufig Frauen photographisch ab. In 1988 dekonstruiert sie in *The positive image. Women photographers in turn-of-the-century America* das Vorurteil, es seien ausschließlich die Photographinnen, die eine hohe Affinität für bestimmte Themenfelder – Frauen, Kinder, Pflanzen, etc. – hätten.[62] Stattdessen würden auch die Photographen solche Motive abbilden: „Many of Clarence White's images are of women as are those of Alvin Langdon Coburn"[63]. Es handelt sich hierbei um eine Darstellung, die genauso gut auch umgekehrt werden könnte: Frauen sind während der piktorialistischen Hochphase zu Beginn des 19. Jahrhunderts beliebte

59 Ebd.

60 Später erscheinen keine Aufnahmen Coburns von Frauen in *Camera Work*. 1908 wurden wieder zwei Porträts publiziert, diesmal aber von drei Männern: Rodin, Bernard Shaw und Stieglitz. Die Aufnahmen von Rodin und Bernard Shaw wurden fünf Jahre später auch in seiner Reihe *MoM* veröffentlicht. „*Camera Work*, Nr. 21, 1908", in: Stieglitz (2008), *Camera work*, S. 266-277, 270ff.

61 „*Camera Work*, Nr. 6, 1904", in: Stieglitz (2008), *Camera work*, S. 76-85, 78 und 80; und „*Camera Work*, Nr. 8, 1904", in: ebd., S. 96-101, 101.

62 Vgl. Gover (1988), *The positive image*, S. 107.

63 Ebd., S. 106. Siehe zu Clarence Hudson White auch Marianne Fulton (Hg.), *Pictorialism into Modernism. The Clarence H. White School of Photography*, New York 1996.

Motive, die, so Mary Warner Marien, insbesondere Natur und Häuslichkeit symbolisieren,[64] und eben nicht nur von Photographen, sondern auch von Photographinnen aufgegriffen werden.

Auch wenn es Gover darum geht, Stereotype über genderspezifische Motivik zu durchbrechen, lässt sich Coburn nur begrenzt als funktionierendes Beispiel verwenden. Tatsächlich sind Frauen in Coburns Œuvre gegenüber Männern nicht nur stark unterrepräsentiert, sondern übernehmen auch andere Funktionen: Sie dienen der technischen Übung um neue Verfahren zu erproben, während die Männerporträts zur künstlerischen Nobilitierung selbst beitragen. Denn eines ist den Frauenporträts gemeinsam: Sie tauchen in keiner von Coburn initiierten Buchpublikation auf und auch in dem vorgestellten Essay übernehmen sie einzig die Rolle der Zuhausegebliebenen, die ihre Männer unterstützen.[65] Die Aufnahmen sind nicht seriell künstlerisch arrangiert oder in eine Ordnung überführt, stattdessen bleiben sie Einzelwerke. In Coburns Werk bilden die Aufnahmen von Frauen geradezu einen blinden Fleck. Doch wie verhalten sich die Aufnahmen zu Coburns Gruppe der *men of mark*, haben sie einen eigenständigen Charakter, der über eine Positionierung als negatives Abziehbild jener hinausgeht?

Die meisten Frauenporträts, die Coburn anfertigte und die nicht Mutter oder Ehefrau abbilden, zeigen anonyme oder nur unzureichend personalisierte Frauen. Es handelt sich bei jenen um einzigartige Photographien, in denen Coburn die ephemere Sinnlichkeit seiner Modelle einfängt und abbildet. Da ist beispielsweise die eingangs erwähnte *Study – Miss R.* aus dem Jahr 1904 (Abb. 14). Die sehr dunkle und kontrastlose Photogravüre zeigt das Porträt einer jungen Frau, die ernst aus mit leicht gesenktem Kopf in die Kamera blickt. Der Lichteinfall hebt das Haar um die Stirn, die gerade Nase und den Bogen der Lippen hervor, die Augen liegen ebenfalls im Schatten und sind genauso wie die restlichen Strukturen des Bildes nur vage zu erkennen. Der Bildausschnitt ist sehr eng gefasst, nur das Gesicht und das lange, lockige Haar, welches in Wellen um Kopf und Hals fließt und sich im Dunkel des Bildraumes verläuft, ist zu erkennen. Durch die kontrastlosen Tonwerte weist das Bild eine symbolistisch entrückte Stimmung auf, die abgebildete Dame, die übergangslos mit dem Hintergrund zu verschmelzen scheint, wirkt wie nicht von dieser Welt, fast wie einem Traum entstiegen.

Weniger traumhaft erscheint demgegenüber die *Unidentified Female* aus Abb. 15. Jene ist im Gummidruck von 1908 auf Grund der Positionierung eines Spiegels hinter dem Modell teilweise gedoppelt zu sehen. Der Bildausschnitt zeigt den

64 Siehe Mary Warner Marien, *Photography. A cultural history,* Upper River Saddle 2002, S. 187ff, 187.

65 Hier sind nicht die Aufnahmen zu Phototexten mit fremdem Text gemeint, bspw. die Arbeiterinnen in der Publikation *Cotton Waste*, dazu 3.1.2.

Abbildung 15: Coburn, Unidentified Female, *1908*

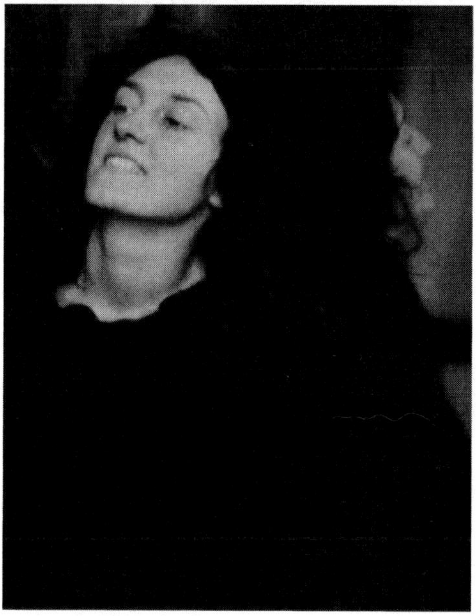

Torso einer Frau, der links im Bild platziert ist. Sie steht an eine spiegelnde Fläche gelehnt im Halbprofil zur Kamera, wobei ihr rechter Arm durch die linke Bildgrenze abgeschnitten ist. Ihr Haar liegt in dunklen Locken offen um ihren Kopf und verschmilzt mit der dunklen Kleidung, die sie trägt. Ihr erhobener, leicht zurückgeworfener Kopf und ihr sich vorwölbender Hals heben sich hart von der Kleidung ab, sie strahlen hell aus dem Bild hervor. Die Bewegung des Kopfes wird durch den Blick unter halbgesenkten Augenlidern heraus begleitet, jener führt über die linke Bildgrenze aus dem Bildraum hinaus. Ihr Mund ist zu einem angedeuteten Lächeln geöffnet, ihre Zähne blitzen wie in Verzückung hervor. Auf der rechten Bildseite spiegeln sich Hinterkopf und Oberkörper des Modells, ihr Haar geht wie der kontrastlose Körper nahtlos in ihrem Spiegelbild weiter. Dahinter ist die Spiegelung ihres Gesichts als fast vollständig verdecktes Profil zu sehen: das gereckte Kinn, die Nase, ein Augenlid, die Rundung der zum Lächeln gewölbten Wange. Das Spiegelbild scheint nun über die rechte Bildgrenze diagonal nach hinten aus dem Bild hinaus zu blicken, wodurch die Blickachsen in einer – räumlich gedachten – Diagonalen von vorne links nach hinten rechts gebündelt werden. Die unmittelbare Nähe des gedrehten Körpers zum Bildrand und die Führung des

Abbildung 16: Coburn, Miss Anderson, *1924*

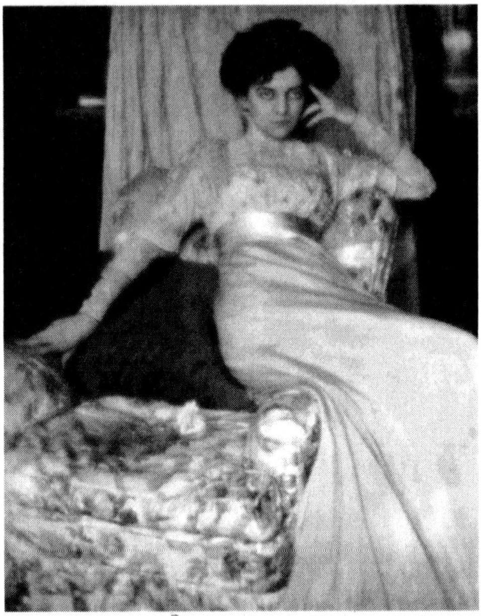

Blicks aus dem Bild hinaus, sowie die Kombination aus dem dunkeltonigen und scheinbar passiven Oberkörper einerseits und dem hellen, flexibel beweglichen Hals-Kopfbereich andererseits, verleihen der Aufnahme eine intensive Dynamik. Die Frau scheint gleichzeitig in sich versunken und für ihre Umwelt geöffnet, entspannt und angespannt, und strahlt so eine den Betrachter unmittelbar ergreifende Sinnlichkeit aus, obgleich ihr Körper bis zum Schlüsselbein vollständig bedeckt bleibt.

Auch wenn Coburn bis auf die Gesichter nur sehr wenig nackte Haut in seinen Aufnahmen abbildet, zeugen die Photographien von Sinnlichkeit und Körperlichkeit. Die Bilder zeigen junge, anonyme oder unbekannte Frauen, die als sinnlich dargestellte Modelle in der Photographie, als Studienobjekte, funktionieren.[66] Sie

66 Susanne Holschbach arbeitet heraus, dass in fotografischen Frauenporträts des 19. Jahrhunderts Weiblichkeit durch die Pose generiert und grundsätzlich als theatralisch angesehen wird. Susanne Holschbach, *Vom Ausdruck zur Pose. Theatralität und Weiblichkeit in der Fotografie des 19. Jahrhunderts*, Berlin 2006, S. 41

scheinen im Sinne einer traditionellen Bildpraxis auf einen männlichen, heterosexuellen Blick hin ausgestellt zu werden, bei dem der weibliche Körper als passives, erotisches Objekt betrachtet wird.[67] In diesem Sinne funktioniert auch die Anonymität der Abgebildeten als Katalysator erotischer Phantasien: Es ist nicht wichtig, wessen weiblicher Körper ausgestellt wird, wichtig ist, was er verkörpert und wie er Phantasien anregen kann. Doch trotz der unverkennbaren Körperlichkeit der Aufnahmen, gibt es auch eine weitere Ebene in den Aufnahmen, die den Frauen Macht verleiht. Die Frauen blicken auf den Betrachter, zurück, lösen sich aus der Passivität und werden selbst Akteurinnen. Zudem unterstreicht die zwar verführerische, aber wenig explizite Darstellung der Frauen einen differenzierteren Blick auf die Modelle: Ihre Körper sind gemeinhin unter langen, weiten Roben versteckt, die Verführung wird vornehmlich über die Haltung des Kopfes und die Mimik kommuniziert.

Die recht späte Aufnahme in Abb. 16 von 1924 zeigt diesen Aspekt: Die (nicht anonyme) *Miss Anderson* trägt ihr Haar geschlossen, das bodenlange fließende Kleid zeichnet den Körper deutlich nach, gleichzeitig sind nur Gesicht und Hände unbedeckt. Der Blick der Frau ist abwartend, ruhend, weist ernst über die rechte obere Bildecke aus dem Bild heraus. Die Aufnahme zeigt die junge Frau fast vollständig aufgenommen auf der breiten linken Armstütze eines großen Polstersessels sitzend, die Beine unter dem Stoff des Rockes übereinandergeschlagen zur rechten Bildseite gestreckt, den Rücken an der Sessellehne ablegend. Im Hintergrund befindet sich ein Spitzenvorhang unmittelbar hinter Modell und Sessel, rechts und links daneben sind die dunklen Umrisse des Mobiliars auszumachen. Der linke Arm der Figur liegt oben auf der Lehne auf und stützt angewinkelt mit langen Fingern den Kopf, während der rechte Arm entlang dem Sessel zur rechten Armstütze führt. So ergibt sich ein freier Raum auf der Sitzfläche des Sessels, zwischen dem rechten Arm und der rechten Seite des Modells, der direkt gegenüber dem Betrachter platziert ist, der sich jenem scheinbar öffnet. Dort abgelegt liegt kontrastlos auf dem floral gemusterten Stoff des Polstermöbels eine helle Rose. Die Leere des Raumes, der fordernde Blick, der nichts preisgibt, nicht einlädt, nur schaut, und die einerseits durch die übereinandergeschlagenen Beine zwar verschlossene, durch den geöffneten Arm jedoch andererseits zugängliche

67 Zum breit rezipierten Konzept des *male gaze* siehe Laura Mulvey, „Visuelle Lust und narratives Kino [Visual Pleasure and Narrative Cinema, 1975]“, in: Liliane Weissberg (Hg.), *Weiblichkeit als Maskerade,* Frankfurt am Main 1994, S. 48-65; dazu bspw. auch Patricia Gozalbez Cantó, *Fotografische Inszenierungen von Weiblichkeit*, ebook, online: http://www.degruyter.com/search?f_0=isbnissn&q_0=9783839419489&searchTitles=true, zugegriffen am 12.11.2017.

Körper, werfen Fragen auf. Wartet Sie auf jemanden? Wird sie durch den Betrachter gestört? Zu sehen ist hier kein elfenhaft entrücktes Frauenbild, sondern eine eigenständige Persönlichkeit, die allerdings, die Eigenständigkeit drosselnd, im häuslichen Setting und dekoriert mit Blumen gezeigt wird.

Die Aufnahmen der Frauen changieren vom symbolistischen Traumbild hin zur selbstbewusst agierenden Frau. Wenngleich ein den Körper betrachtender männlicher Blick in keiner der Aufnahmen geleugnet werden kann, versperren die Aufnahmen sich der Rezeption vollständiger weiblicher Passivität und Machtlosigkeit. Stattdessen wird – chronologisch betrachtet –die sich wandelnde Wahrnehmung des weiblichen Körpers – aus wiederum männlichem Blick – inszeniert.

Es gibt ein Porträt, das sich jedweder Reduzierung des weiblichen Körper verweigert. Stattdessen betrachtet die Porträtierte aus einer Position der Stärke den Betrachter gänzlich unverblümt und ließe sich nahtlos in die Reihe der *men of mark* integrieren: Es handelt sich um das Porträt von Gertrude Stein (Abb. 17). Die Photographie stammt aus einer Folge von Aufnahmen, die 1913 in der Wohnung der Schriftstellerin entstanden ist, und jene frontal leicht nach vorne gebeugt in einem Lehnstuhl sitzend zeigt.[68] Gertrude Stein nimmt beinahe den gesamten Bildraum ein: Die untere Bildgrenze verläuft horizontal durch ihre von Rockschößen verdeckten Schienbeine, rechts und links schließt der Bildraum unmittelbar an ihre Ellenbogen an, oberhalb ihres Kopfes befindet sich nur ein schmaler Streifen zur oberen Bildgrenze. Der linke Ellenbogen ist auf die Armstütze aufgestützt, deren hölzerne Windungen parallel zur äußeren Bildgrenze zu sehen ist. Den Hintergrund des Bildes bildet links die helle Rückenlehne des Sessels, recht ist eine Konsole mit darauf platzierten Figuren zu erkennen. Sie ist in ein sehr dunkles samtartiges Gewand gehüllt, das ihre Körperformen verdeckt und nur Kopf und Hände frei gibt. Am rechten Handgelenk ist der weitläufige Stoff umgeschlagen, es ist ein heller Innenstoff zu sehen, der wie eine Verlängerung der Hand erscheint. Die Hände liegen dabei einander umfassend locker in ihrem Schoß, während der Kopf exakt darüber positioniert ist und eine vertikale Achse mit den Händen bildet. Die Aufnahme zeigt Stein nachdenklich und ernsthaft in sich ruhend, ihr Blick ist frontal auf die Kamera gerichtet. Ihre Augen blicken geradewegs auf den Betrachter, der Mund fest verschlossen, das dunkle, lockige Haar ist nach hinten aus dem Gesicht zusammengefasst.

68 Zu Coburns Aufnahmen von Stein siehe das Kapitel „The world of cameo appereances“, in: Mark Goble, *Beautiful circuits. Modernism and the mediated life,* New York 2010, S. 90-97.

Abbildung 17: Coburn, Gertrude Stein, *1913*

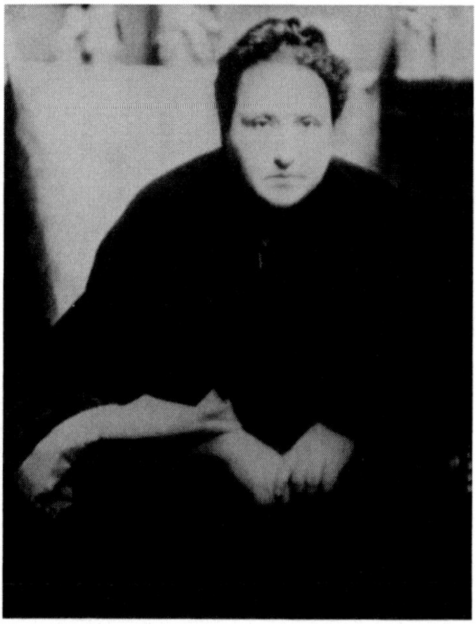

In der Originalausgabe von Coburns Autobiographie befindet sich die Aufnahme auf Seite 45 gegenüber dem Titel „IV. Landschaftsaufnahmen und Stadtansichten“ (Landscapes and Cityscapes), eingefasst von dem Porträt Alfred Stieglitz eine Doppelseite davor, und jenem von Henri Matisse eine danach. Das Porträt Steins ist so nicht nur scheinbar in die Reihe bedeutenden Männer nachträglich aufgenommen worden,[69] sie ist auch die einzige Frau, deren Porträt in der Autobiographie abgebildet ist. Das Porträt von Gertrude Stein transportiert aus heutiger Perspektive all die Attribute, die auch in *MoM* und *MMoM* etabliert werden: Es handelt sich um ein ästhetisch ausdrucksstarkes Porträt, die Porträtierte gehört zur künstlerischen Elite ihrer Zeit und wird – zumindest in der Autobiographie – zwischen weiteren kulturellen Größen platziert und in Beziehung gesetzt. Stein scheint die berühmte Ausnahme der Regel zu sein, die eine Frau zwischen Männern, die einen Platz in der Autobiographie erhaschen kann und als Gleiche unter Gleicheren im elitären Zirkel von Coburn nachträglich akzeptiert wird.

69 Stieglitz wurde von Coburn nie in die Runde der *men of mark* im Buch integriert, er ist aber unzweifelhaft die zentrale Figur der *Photo-Secession.*

Abbildung 18: Coburn, Gertrude Käsebier, *1903*

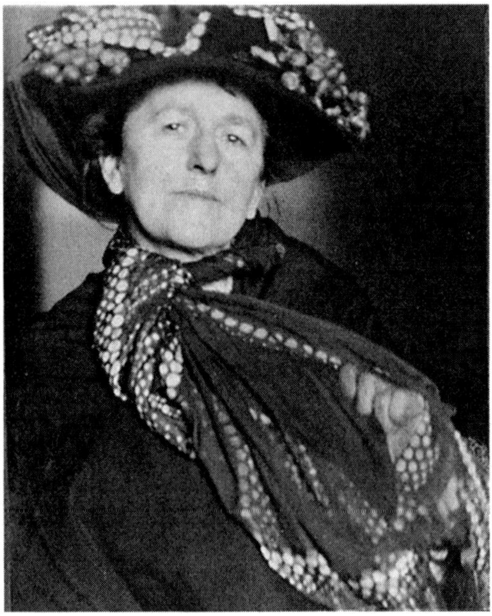

Glaubt man Steins eigenen fiktionalisierten Worten, plante Coburn ohnehin nach seinem Werk *MoM* eine Ausgabe zu den *women of mark* zu veröffentlichen: In *Autobiographie von Alice B. Toklas* schreibt Stein aus der Perspektive ihrer Partnerin über ihr eigenes treffen mit Coburn:

„It was about nineteen twelve that Alvin Langdon Coburn turned up in Paris. [...] He had published a book of photographs of prominent men and he wished now to do a companion volume of prominent women. [...] At any rate he was the first photographer to come and photograph her [Gertrude Stein, C.H.] as a celebrity and she was nicely gratified."[70]

Es ist Coburn, der Stein als erstes als „celebrity" begreift und photographiert – und plant, ihr Genie im Kontext eines weiblichen Eliteverbundes auszustellen. Dass der Glanz der Abgebildeten dabei wieder auf ihn selbst reflektiert, ist ein

70 Stein (1933), *The autobiography of Alice B. Toklas,* o.S. Vgl. dazu auch Linda Simon, *The biography of Alice B. Toklas,* Garden City 1977, S. 113.

zentraler Aspekt des Unterfangens. Coburn selbst schreibt in seiner Autobiographie, Gertrude Stein habe „meiner Ansicht nach etwas mitzuteilen […], das die Welt eines Tages zu würdigen wissen wird, das viele bereits zu erkennen beginnen und viele auch zukünftig zu schätzen wissen werden.“ (AB 138) Und weiterhin:

> „Es ist in jeder Kunst eine triumphale Leistung, neue Ausdrucksformen zu finden, und Gertrude Stein erfreute sich an dieser frischen und spontanen Herangehensweise. […] Es ist äußert befriedigend, einen großen Mann oder eine große Frau zu entdecken, bevor es der Rest der Welt tut. Es hat mir nie Schwierigkeiten bereitet, die Avantgarde der Kunst, Musik und Literatur würdigend wahrzunehmen.“ (AB 138f)

Drei Punkte werden hier deutlich: Coburn schätzt zum einen Steins avantgardistische Kraft und ihr Bemühen ihre Kunstform voranzubringen, zum anderen betont er seine eigene Fähigkeit, ihre Einzigartigkeit und kulturelle Relevanz erkannt zu haben, „bevor der Rest der Welt es tut“, drittens erklärt er Männer und Frauen gleichermaßen als künstlerische Eliten anzuerkennen. An Stein zeigt sich, wie Coburn seine Porträtsitzenden nicht nur zur photographischen Etablierung moderner Herangehensweisen und künstlerischen Nobilitierung nutzt, sondern auch um die eigene Expertenrolle zu untermauern: Die Tatsache, dass Coburn Gertrude Stein bereits 1913 schätzte und ihr Porträt einfing, unterstreicht seine Expertise gegenüber künstlerischen Avantgarden – was durch Steins' Formulierung, erst er habe sie „as a celebrity“ photographiert, gestützt wird.

Wenn laut der *Autobiographie von Alice B. Toklas* im Jahr 1913 von einem Folgeband zu *MoM*, welcher ausschließlich Frauen zeigen würde, die Rede gewesen sein soll, könnte auch die Porträtaufnahme der damals bereits äußerst renommierten Photographin Gertrude Käsebier aus dem Jahr 1905 Teil des Vorhabens gewesen sein (Abb. 18). Coburn fertigte es möglicherweise an, als er ab 1902 im Studio von Käsebier kunstphotographische Verfahren erlernte. Das Porträt zeigt Käsebier *en buste* nach links gedreht vor neutralem Hintergrund. Ihr Gesicht ist gegen die Körperdrehung der Kamera frontal zugewandt und blickt ernst mit leicht angehobenem Kinn zum Betrachter. Sie trägt einen breiten Hut mitsamt gemustertem Tuch, das diagonal über ihre Brust und den Bildraum verläuft. Ihre linke Hand greift von unten in das Tuch. Es wirkt, als ziehe sie etwas daran, wodurch eine dynamische Bewegung von links nach rechts im Bild fließend entsteht. Die Aufnahme zeichnet sich insgesamt durch eine leichte Unschärfe aus und entspricht der Ästhetik, die Coburns männliche Porträts auszeichnet.

Wenngleich Coburn mit den Aufnahmen von Stein und Käsebier die Basis für eine Publikation von *women of mark* legte, so wurde eine solche nie umgesetzt oder tatkräftig angegangen. Stattdessen fertigte Coburn in 1922 einen weiteren auf

Männer setzenden Band an: *MMoM*, noch weitere künstlerisch nobilitierte Männer, die wiederum Coburn nobilitieren. 1966 beim Erscheinen der Autobiographie ist das Porträt von Gertrude Stein dann noch immer das Einzige, das es in die männlich besetzten, künstlerischen Reihen geschafft hat.

In Coburns Werk, das insbesondere aus zahlreichen photographischen Serien besteht, scheinen die Frauenporträts konzeptuell als blinde Flecken außerhalb des eigentlichen Geschehens zu existieren. Die Aufnahmen sind nicht seriell künstlerisch arrangiert oder in eine Ordnung überführt, stattdessen bleiben sie Einzelwerke, die sich insbesondere der stimmungsvollen Darstellung körperlicher Sinnlichkeit verschreiben, dabei aber nicht nur symbolistisch entrückte Traumbilder bilden. Sie bedienen so einerseits einen traditionell männlichen Blick, gestehen aber gleichzeitig und andererseits der Porträtierten ästhetische Individualität zu. Coburn schafft es, den je individuellen Reiz seiner weiblichen Modelle ästhetisch herauszuarbeiten, ohne sich an immer gleichen Formeln abzuarbeiten. So entstehen Aufnahmen, die ebenso einzigartig und individuell wie die Porträts der *men of mark* sind – jedoch völlig anders in Szene gesetzt werden. Wo die Frauen Verführung transportieren, zeigen die Männer Status und Macht; wo es sich bei den einen um anonyme und oder unbekannte Figuren handelt, sind die anderen gestandene Größen des kulturellen Betriebs; wo die Frauenporträts als Einzelwerke existieren, funktionieren die der Männer als künstlerisches Netzwerk. Es sind nun die Porträts von Gertrude Stein und Gertrude Käsebier, die diese Dichotomie der Funktionalität der Porträts unterwandern. Beide Aufnahmen sind bar jeglichen sinnlichen Spiels, stattdessen voller Ernst. Coburn begegnet ihnen photographisch so, wie er es gegenüber seinen männlichen Porträtsitzenden täte: Er photographiert sie als einzigartige Künstlerinnen, als künstlerische Individuen.

Obschon Coburn nie seinen Plan einer Edition mit *women of mark* umsetzte, so sprechen diese Aufnahmen deutlich von seinem Konzept, Berühmtheiten einzufangen und sich durch die von ihm angefertigten photographischen Porträts selbst zu nobilitieren. Coburn ging es bei aller genderspezifischer Porträtierung in erster Linie wohl weniger um das Geschlecht, als um den eigentlichen gesellschaftlichen und künstlerischen Status der von ihm Porträtierten. Coburn interessiert sich für Status und Glanz seiner zu Porträtierenden – der nachhaltig auf ihn als Kunstphotographen reflektiert und auch ihn in hellem Licht erstrahlen lässt.

Bei den gemeinhin anonymen Porträts von Frauen spielen diese Faktoren schlicht keine Rolle. Die Anonymität eines Modells verneint bereits im Voraus jegliche Form künstlerischer Nobilitierung. Dadurch entsteht eine konzeptuelle Leerstelle in Coburns Werk. Dass Photographien, die erst einmal keinen weiteren Nutzen in sich tragen, als experimentelle, kunstphotographische Studien zu sein, künstlerisch eine größere Freiheit mit sich bringen, als solche, die darauf abzielen gleichzeitig den profilierten Status des Kunstphotographen zu stärken, liegt nahe. Man könnte sagen, dass es sich bei den (anonymen) Frauenporträts um eine von Selbstinszenierung befreite Photographie in Coburns Werk handelt, die ihm eben vornehmlich zur Etablierung seiner Kunstfertigkeiten im Sinne einer stimmungsvollen und künstlerisch hochwertigen Photographie diente, und was der Ästhetik der Aufnahmen selbst keinen Abbruch tut. Im Gegenteil, es ist die Abwesenheit selbstinszinatorischer Praxis, die den Aspekt photographischer Etablierung gegenüber der künstlerischen Nobilitierung in Coburns Porträtphotographie stärkt. Demnach führen die wenig beachteten Frauenporträts eine weitere Idee von „reiner Photographie" mit sich: Photographie, die sich konzeptuell dadurch auszeichnet, dass sie keinem strategischen Konzept folgt.

3.1.2 Die Narrativierung von Bildern in Serie: *Die Wolke & Cotton Waste*

Photographien in Buchform zu publizieren, ist eines der zentralen Konzepte, derer sich Coburn bedient. Auf diese Weise werden zahlreiche seiner Aufnahmen ausgestellt und gleichzeitig medial die Beziehung von Text und Bild im Buch verhandelt – nicht zuletzt durch narrative Bedeutungserzeugung und -übertragung über die Bild- und Seitengrenzen hinaus. Insbesondere zwischen 1906 und 1922 kann man an Coburns Arbeiten die Veränderung des Status der Photographie in Beziehung zum Text nachverfolgen. Die entstehenden Formate reichen von den von ihm selbst kommentierten Photobüchern wie *MoM*, über solche, die mit dem Kommentar eines anderen Autors im Sinne eines Vorwortes versehen wurden – wie etwa *London* oder *New York* – bis hin zu kollaborativen Phototexten, zusammengesetzt aus seinen Photographien und den Texten anderer Autoren.

Auf letztgenannte Weise entstehen so unterschiedliche Publikationen wie die photopoetische Betrachtung ephemerer Naturphänomene oder die kommerziell essayistische Auseinandersetzung mit industriellen Abfallprodukten. So unterschiedlich die Publikationen *Die Wolke* oder auch *Cotton Waste*[71] inhaltlich auch sein mögen, sie beide erzählen die Geschichten ihrer Gegenstände und spannen ausgehend von miteinander kombinierten Photographien und Texten einen in sich abgeschlossenen semantischen Bogen.

71 O.A. *Cotton Waste. A study of a great Lancashire industry,* Manchester 1920.

Von nobilitierenden Phototexten und (kommerziellen) Sonderfällen

Während die Photoserien im Buch sowohl mit eigenem als auch von anderer Hand geschriebenem Kommentar immer dem gleichen Muster folgen – einleitende Anmerkungen als Vorwort und daran anschließend die photographische Serie von orts- oder personenbezogenen Aufnahmen –, umfassen die kollaborativen Projekte eine thematisch auf den ersten Blick bemerkenswert große Spannweite: Coburns Aufnahmen finden sich in literarischen Werken von Henry James und H. G. Wells,[72] neben symbolischen Texten Maeterlincks wie *Die Intelligenz der Blumen*,[73] an der Seite von G. K. Chestertons *London*[74] oder von John Masefields Gedicht „Ships. A Poem“[75]. Die meisten der zeitgenössischen Schriftsteller, mit denen Coburn zusammenarbeitet, tummeln sich, wie man auf den zweiten Blick bemerkt, ebenfalls in seiner Porträtreihe der *men of mark*: Wells, James, Maeterlinck, Chesterton, Masefield – sie alle sind als einschlägige Figuren der Kulturlandschaft in seiner Sammlung verewigt. Die Zusammenarbeit Coburns mit der kulturellen Oberschicht und die gemeinsame Erschaffung weiterer künstlerischer Artefakte unterstreicht abermals seinen Drang zu und seine Verortung in dieser Gruppe. Die gemeinsamen Projekte führen in gleicher Weise wie die Sammlung der *men of mark* zur emphatischen Betonung des Einzelnen – des einzelnen Künstlers, des einzelnen Kunstwerks; so entsteht ein steter Kreislauf künstlerischer Einschlägigkeit.

Doch zwischen den genialischen Zusammenarbeiten existieren vereinzelte Blitzlichter, deren Ausrichtungen weniger leicht zu kategorisieren sind. Das Kochbuch von Minnie C. Fox nimmt sicherlich eine Sonderstellung ein: „the first

72 Dazu auch Kap. 2.2.1.

73 Maurice Maeterlinck, *Die Intelligenz der Blumen [L'intelligence des fleurs, New York 1907]*, Jena 1907.

74 G. K. Chesterton, *London*, London 1914.

75 Das allerdings nicht später, wie von Coburn geplant, in Buchform, sondern ausschließlich als Artikel in einer Zeitschrift publiziert wurde: John Masefield, „Ships. A Poem“, in: *Harper's Magazine*, 775 (Dezember 1914). Es gibt weitere kollaborative Projekte, die in Zeitschriften abgedruckt wurden und auf die hier nicht weiter eingegangen werden wird, so z. B. Archibald Henderson, „Old Edinburgh“, in: *Harper's Magazine* (Oktober 1909), oder auch Maurice Maeterlinck, „Foretelling the Future“, in: *Nash's Magazine*, 10/6 (September 1914), S. 721-733.

book, I ever illustrated."[76] *The Blue Grass Cook Book*[77] ist das erste von Coburn realisierte kollaborative Publikationsprojekt, welches im Jahre 1904 veröffentlicht wurde. Zu einer Zeit also, in der Coburn selbst noch über keine künstlerisch bemerkenswerte Reputation verfügte. Auch *Cotton Waste. A Study of A Great Lancashire Industry* hebt sich von den anderen Publikationen ab. Bei dem veröffentlichten Text handelt es sich nicht um ein literarisches Großereignis, sondern um eine Werbebroschüre zur Baumwollproduktion in Manchester, die 1920 publiziert wurde. Da Coburn nicht genötigt war, aus finanziellen Gesichtspunkten ein Projekt durchzuführen, könnte sein Engagement hier vielmehr persönlichem Interesse an der Thematik oder der Ästhetik des Abgebildeten zuzuschreiben sein. Tatsächlich beschäftigte sich Coburn in den frühen 1920er Jahren mit mehreren kommerziellen Manchesterprojekten, die in der Forschung nur begrenzt Aufmerksamkeit finden.[78] Im Gegensatz zu den anderen zwischen 1906 und 1922 entstandenen kollaborativen Phototexten in Coburns Werk fällt der Aspekt künstlerischer Nobilitierung durch die Zusammenarbeit mit der schriftstellerischen Elite nun weg. Allerdings werfen die Manchesterprojekte Licht auf Coburns stete Auseinandersetzung mit dem industriellen Fortschritt. Es ist jedoch interessant festzustellen, dass sie in der Autobiographie mit keinem Wort erwähnt werden. Der selbstinszenierte Mythos eines Wandels vom Kunstphotographen zum spirituell Geleiteten scheint im Sinne seiner Selbstinszenierungsstrategie keinen Verweis auf kommerzielle Arbeiten zuzulassen.[79]

Die Liste der Sonderfälle gemeinschaftlicher Phototexte lässt sich fortschreiben. Ebenfalls einen besonderen Status haben Robert Louis Stevensons' *Edinburgh. Picturesque Notes*[80] und das kleine Büchlein *Die Wolke*. Für beide Publikationen wurden die Texte der Autoren erst nach deren Tod gemeinsam mit Aufnahmen Coburns neu veröffentlicht. Zu diesem Verfahren in Zusammenhang mit *Edinburgh* schreibt Coburn, er halte

76 Handschriftlicher Kommentar Coburns in einer Ausgabe von *The Blue Grass Cook Book*, die sich in seinem Nachlass befindet. Alvin Langdon Coburn, George Eastman House, Rochester.

77 Minnie C. Fox, *The Blue Grass Cook Book*, New York 1904.

78 Mark Crinson hat sich ihnen in einem Aufsatz gewidmet: Crinson (2006), „Pictorialism and Industry".

79 Vgl. Coburn (2015), „Autobiographie". Vgl. auch Crinson (2006), „Pictorialism and Industry", S. 156.

80 Stevenson (1906 [1878]), *Edinburgh*.

„Edinburgh für eine der schönsten Städte der Welt, und kaum jemand hat diesen Ort so zu würdigen gewusst wie Robert Louis Stevenson. Über fünfzig Jahre lang bin ich voller Hingabe in seinen Fußspuren gewandelt, immer darum bemüht, die Stadt so zu sehen wie er; und ich hoffe sehr, dass er mit meinen Arbeiten einverstanden gewesen wäre, die als Illustrationen sein Buch *Edinburgh. Picturesque Notes* zieren.“ (AB 46f)

Im Fall von *Die Wolke* publiziert Coburn rund hundert Jahre nach der Erstveröffentlichung das Gedicht von Percy Bysshe Shelley selbstständig in kleiner Auflage zusammen mit Photogravüren, die zumeist am Grand Canyon entstanden. Beide Male kann auf Grund der retrospektiven Publikation nicht von einer faktisch partnerschaftlichen Zusammenarbeit die Rede sein, vielmehr nutzt Coburn die Jahrhunderte überdauernde Aura des Textes zu Edinburgh und des Klassikers der romantischen Poesie für sich und setzt so die eigenen Aufnahmen in den nobilitierenden Kontext britischer Hochkunst.[81]

Blickt man vor diesem Hintergrund nun auf die entstandenen Werke selbst, zeigt sich, dass in ihnen die Beziehung von Text und Bild neu verhandelt und neu gedacht wird. Der Text dient in Coburns Arbeiten, wie gezeigt wurde, vorrangig der künstlerischen Nobilitierung und der Einschreibung in eine klassische Tradition, das Bild hingegen wagt neue Wege hinsichtlich seiner Ästhetik und Funktionalität im Buch.[82] Bei den Photographien, die in den gemeinschaftlichen Publikationen platziert wurden, handelt es sich wie in Coburns anderen Publikationen vornehmlich um Photogravüren. Wie schon in *MoM* durchläuft das Einzelbild im Buch durch die Reihung und Kontextualisierung durch andere Aufnahmen und nunmehr neuen Text eine Transformation. Welche Bedeutung wird ihm zugeschrieben, welche Funktionen übernimmt es für sich und im Verbund mit den anderen Aufnahmen? Im Gegensatz zu klassischen Illustrationen kommentieren Coburns Photographien den Text nicht nur als Beiwerk, sondern entwickeln eine eigenständige Perspektive und werden selbst Handlungsträger ihrer Geschichte. Die Bilder erzählen eine Geschichte, die in Kooperation mit dem Text entwickelt, jedoch nicht von ihm diktiert wird. Ähnlich der filmischen Bildfolge entsteht eine bildliche Narration, die die Photographien über ihre Bildgrenzen hinweg verknüpft und neu semantisiert. Dieser Aspekt der kollaborativen Phototext-Projekte scheint rezeptionsästhetisch für den Mehrwert gegenüber der Einzelpräsentation von Bildern verantwortlich: Durch die serielle, in Folge gesetzte Anordnung der

81 Trotz der einseitigen und nicht gemeinschaftlichen Publikationsinitiative werden sie in die Reihe der kollaborativen Phototext-Bücher aufgenommen: Es soll hier nicht vorrangig um die Aufarbeitung der historischen Zusammenarbeit zwischen Photograph und Autor, sondern vielmehr um die entstehenden Phototexte selbst gehen.

82 Siehe dazu Kap. 2.2.1.

Bilder im Buch erzeugen sie im Rückgriff auf den Text und die anderen Abbildungen neue Bedeutungen, generieren eine individuelle Bildsprache und werden auf diese Weise narrativiert. Die neue Bedeutungszuschreibung für die Bilderserie in ihrer Gesamtheit reflektiert auf das einzelne Bild, das durch den Kontext der Publikation neuen Sinn zugesprochen bekommt und über die eigenen Grenzen hinaus verweist.

Wie also wird welche Geschichte erzählt? Während in James' *New York Edition* Coburns Aufnahmen jeweils als Frontispiz der einzelnen Bände eingesetzt sind, erscheinen sie in Chestertons *London* oder in *Cotton Waste* dem Text nachfolgend *en bloc* – ganz ähnlich wie in Coburns Photobüchern. *Die Wolke* hingegen zeigt pro Doppelseite eine Abbildung auf der rechten Seite, welche den Gedichtversen links direkt gegenüber gestellt ist – also auf gleiche Weise, wie Fließtext und Photographie in seiner Autobiographie arrangiert sind. Die Gesamtkomposition beeinflusst die Rezeption und die Bedeutungserzeugung natürlich erheblich. Mitunter funktionieren die Abbildungen als atmosphärische Schlaglichter, die den Betrachter an einen bestimmten Ort entführen, dann wieder als Schauplätze einer übertragenen Handlung, die zuvor gelesen wurde, oder als gleichzeitige visuelle Entsprechung des Gelesenen, jenes wird nahezu filmisch mitverfolgt – oder, dreht man die Dominanzbeziehung von Text und Bild um, wird das Gesehene ähnlich einer Ekphrasis ins textliche Format transkribiert. Im Folgenden werden *Die Wolke* sowie *Cotton Waste* beispielhaft für die kollaborativen Phototexte untersucht und das Zusammenspiel von Text und Bild und die Funktionsweise der Narration und der Ästhetik der Publikationen analysiert.

Die Wolke und die Erhabenheit der Wolken(photographie)

Wolkenphotographie ist ein beliebtes und häufiges Sujet in der Kunstphotographie um 1900,[83] sowohl Coburn als auch schon Gustave Le Gray, Alfred Horsley Hinton oder Alfred Stieglitz und viele weitere fertigen seit den Anfängen der Photographie bis in die 1920er Jahre (und darüber hinaus) unzählige Wolkenphotographien an. Dabei werden autoreferentielle (das photographische Festschreiben von etwas *per se* Vergänglichem), indexikalische (die Wolke als verdampftes Wasser als Spur entsprechend dem photographischen Abdruck eines Moments) und symbolische (die Abbildung erhabener Naturphänomene, die in Beziehung zum Menschen gesetzt werden) Aspekte der Wolkenphotographie angesprochen. Diese Ansätze sind es, die die Abbildung von Wolken zu einem gleichermaßen selbstreflexiven wie auch existentiellen Thema um die Jahrhundertwende werden lassen.

---

83 Zur Wolkenphotographie siehe Kap. 3.3.1.

An dieser Stelle ist der in der Wolkenphotographie transportierte Gedanke an die existenzielle Symbolik der Beziehung von Mensch und Natur und die den Menschen überwältigende Erhabenheit[84] in dieser Auseinandersetzung, ein entscheidender. Nach Edmund Burke erschließt der Begriff in Unterscheidung zum Schönen die Wahrnehmung als wesentliche Kategorie der Erfahrung des Erhabenen und zeige sich als Ausdruck der Größe und Unbeschränktheit von Naturphänomenen erst, wenn im (sinnlich einfühlsamen) Betrachter das Gefühl der Erhabenheit durch die Naturgewalt erregt werde und sich „delightful horror" im Angesicht jener Größe äußere.[85] Folgt man im Anschluss an Burke der weiterführenden Argumentation Immanuel Kants, konstatiert jener, dass die „wahre Erhabenheit nur im Gemüte des Urteilenden"[86] zu finden sei – und keinem Naturphänomen, keinem Gegenstand eigen oder gegeben sei. Die entsprechende Gemütslage definiere sich dabei, ähnlich wie bei Burke, als zwiespältiges Gefühl der Ohnmacht, des Überwältigtseins.[87] Der weiterführende Aspekt bei Kant ist allerdings die Einführung des Begriffs der Unendlichkeit in die Analyse. Wie Johannes Stückelberger es formuliert, kann „Kants Analytik des Erhabenen [...] als Versuch interpretiert werden, Unendlichkeit nicht als Jenseits, sondern in ihrer Beziehung zum Diesseits, zur Endlichkeit des Betrachters zu denken."[88] Dieser Systematik nachfolgend liegt der Gedanke an eine symbolische, universelle Ordnung der Welt, wie sie um die Jahrhundertwende weithin gedacht wurde und ihren Weg auch in die Photographie fand, nicht fern – so zum Beispiel bei August Strindberg. Dessen späte photographische Wolkenstudien, die er 1907 während täglicher Morgenspaziergänge aufnahm, zeigen Wolken zur immer gleichen Zeit am immer gleichen Ort: „Gripped still by the idea of correspondence he saw in these phenomena evidence of deeper order and symbolism amidst apparent chaos,"[89] schreibt

84 Vgl. Edmund Burke, *Philosophische Untersuchung über den Ursprung unserer Ideen vom Erhabenen und Schönen [A Philosophical Enquiry into the Origin of Our Ideas of the Sublime and Beautiful, 1757],* hg. v. Friedrich Bassenge und Werner Strube, Hamburg 1980; Immanuel Kant, *Kritik der Urteilskraft (1790),* Frankfurt/M. 1974, S. 165-189.

85 Burke zit. n. Johannes Stückelberger, *Wolkenbilder. Deutungen des Himmels in der Moderne,* München 2010, S. 21.

86 Kant (1974), *Kritik der Urteilskraft (1790),* S. 179.

87 Vgl. Stückelberger (2010), *Wolkenbilder,* S. 21f.

88 Ebd., S. 22.

89 David Campany, „Art, Science and Speculation: August Strindberg's photographics", in: Olle Granath (Hg.), *August Strindberg. Painter Photographer Writer,* London 2005,

David Campany. Wolken bilden so ein Analogon zur Ordnung und Gesamtheit der Welt, für ihn sind sie Epiphanien.[90] Die Wolken werden symbolisch aufgeladen als konkrete Bezugspunkte zwischen Himmel und Erde und bilden ein ideales Referenzobjekt für den Menschen, an dem er sich in seiner Unzulänglichkeit und Menschlichkeit abarbeiten kann. Ähnlich fasziniert Horsley Hinton 1909 fast zeitgleich das symbolische Wesen der Wolken: „Clouds and the immeasurable sky, too little seen by eyes turned earthward, quicken the imagination and give food for thought."[91] Hinton erachtet Wolken und die Abbildungen von Wolken als fähig, den Menschen zum Nachdenken über die Schönheit der Welt und die Erhabenheit der Natur zu inspirieren. Auf diese Weise inspirieren die ephemeren Gebilde wiederum Coburn, der nach eigener Auskunft „bereits hunderte Wolken photographiert" hatte und „dessen nie müde [wird]". (AB 45)

Die Legende will es so, dass Coburn nach einer Reise zum Grand Canyon, bei der er zahlreiche Wolkenstudien angefertigt hatte, seine entwickelten Aufnahmen betrachtete und, wie sie alle vor ihm lagen, unmittelbar auf die Idee kam, sie in Kombination mit Shelleys *Die Wolke* herauszugeben.[92] In einer kleinen, limitierten Auflage von nur 60 Stück publizierte er sechs Photographien dann tatsächlich gegenüber jeweils einer der sechs Strophen des Gedichts, die in einer „eleganten Type"[93] gesetzt waren. Schenkt man der Anekdote Glauben, ist eine der sich aufdrängenden Fragen bei der Betrachtung der Publikation: Wie kam es Coburn in den Sinn, das Gedicht neu zu publizieren? Die Antwort muss in den Photographien liegen. Sie waren es, die ihm das bekannte Gedicht in den Sinn riefen und deren innere Stimmung Assoziationen an die in *Die Wolke* dargelegte Erhabenheit weckten. Sie erinnerten ihn vielleicht an erzählerische Strukturen, die er bereits von einer früheren Lektüre in seinem Gedächtnis abgespeichert hatte. Um dem aber näher auf den Grund zu gehen, müssen sowohl der Text als auch die Bilder genauer betrachtet werden. Die Reihenfolge der Analyse bezieht sich dabei nicht auf ein hierarchisches Gefälle, sondern folgt der scheinbaren Chronologie der Ereignisse: Da das Gedicht als Erinnertes bekannt gewesen sein muss, wird erst jenes eingeführt, im Anschluss daran werden die Bilder betrachtet und in einem dritten Schritt beides zusammengeführt.

S. 113-119, 118; August Strindberg, *Ein Blaubuch. Die Synthese meines Lebens. 1. Band,* München 1920, S. 337.

90 Vgl. Stiegler (2006), *Theoriegeschichte,* S. 172.

91 Alfred Horsley Hinton zit. n. Stückelberger (2010), *Wolkenbilder,* S. 171.

92 Newhall (1998), „Alvin Langdon Coburn – Der jüngste Stern", S. 38.

93 Ebd.

Im Sommer 1819 veröffentlichte Shelley in London *Die Wolke.*[94] Shelley, der neben John Keats und Lord Byron als einer der wichtigsten Vertreter der zweiten Welle der britischen Romantik gilt, beschäftigte sich intensiv mit der Meteorologie und den Naturwissenschaften, bildete sich fortwährend auf diesen Gebieten weiter und wählte das Motiv der Wolke mit Bedacht:[95] *Die Wolke* und auch *Ode to the West Wind*, das im selben Band erschien, entspringen nicht nur einem romantischen, sondern einem wissenschaftlich geprägten Dichter, der zu gerade dem Zeitpunkt, als die Meteorologie populär wurde, romantische Gedichte über Naturphänomene verfasste.

Die Wolke fließt frei prosaisch und besteht aus sechs Strophen zu jeweils 12 bis 18 Versen. Es herrscht ein recht konsequentes Reimschema, bei dem sich in der Einheit von vier Versen der jeweils zweite auf den vierten Vers reimt (A-B-C-B). Gleichzeitig reimen sich die Verse in sich selbst; so reimen sich pro A und C Vers meist zwei akzentuierte Worte, die unregelmäßig auf Silbe 4/5 und Silbe 9/10 fallen (Vers 1: showers – flowers; Vers 3: shade – laid; Vers 5: shaken – waken). Zu den äußeren Merkmalen des fließenden Schemas passend, erzählt das Gedicht – wie der Titel schon sagt – von einer Wolke und dem Kreislauf, in dem sie sich bewegt. Erzählt wird in der ersten Person Singular, es handelt sich um einen autodiegetischen Erzähler; sozusagen berichtet die Wolke von ihrem eigenen Sein: „I bring fresh showers" (Vers 1), „I laugh to see them whirl and flee" (Vers 53). Die Wolke wird als anthropomorphes Wesen personifiziert, nicht nur erzählt sie von sich, auch sind ihr die Eigenschaften von (menschlichen) Lebewesen eigen, sie lacht, schläft, ruht sich aus.

Das Gedicht beschreibt die Existenz einer personifizierten Wolke, die ihren eigenen Mythos erzählt. Dabei entpuppt sich die Wolke als eine Art Naturgeist, der von jeder Zeitlichkeit entbunden ist: Das Gedicht ist im Präsens und Indikativ geschrieben. Zeilen wie „I sift the snow on the mountains below" (Vers 13), werden Strophe für Strophe hintereinander gefügt, durchbrochen von Zustandsbeschreibungen („The sweet buds every one / When rocked to rest on their mother's breast / As she dances about the Sun." Vers 6-8). Es entsteht eine mythische, zeitlich enthobene Erzählung. Wesentlich trägt zu diesem Effekt bei, dass die Wolke ebenso wie die anderen Naturkräfte, die im Gedicht benannt werden, an anthropomorphe Gottheiten erinnern. Es scheint, als tummelten sich Donner,

94 Das Gedicht wird zit. nach Charles und James Olliver, *Prometheus unbound. A lyrical drama in four acts: with other poems,* London 1820, S. 196-200. Online: poetryfoundation, http://www.poetryfoundation.org/poems-and-poets/poems/detail/45117, zugegriffen am 2.11.2017.

95 Zu Shelleys Werk und *Die Wolke* siehe auch Dougald B. MacEachen, *Keats & Shelley,* Hoboken 1999.

Blitz, Wolke, Mond und Sonne in ihrem Reich im Himmel, die Erde überblickend, miteinander kommunizierend. Deren Inszenierung als Figuren wird deutlich, liest man Verse wie, „In a cavern under is fettered the thunder / It struggles and howls at fits“ (Vers 19/20) – einem Gefangenen gleich sitzt der Donner und tobt und wütet und kämpft. Oder auch, „That orbed maiden with white fire laden / Whom mortals call the Moon“ (Vers 45/46) – gerade der Verweis, nur die Sterblichen würden diese Maid von Himmelskörper Mond nennen, ergibt, dass noch eine andere Form der Existenz, als jene, die den Tod voraussetzt, besteht. Eben jener Form gehört die Wolke an.

Wie angedeutet wird, bewegt sich die Wolke in einem ewigen Kreislauf, so geschieht es, dass „I dissolve it in rain / And laugh as I pass in thunder“ (Vers 11/12): Hagel wird zu Regen wird zu Schnee, kommt aus der Wolke, löst die Wolke auf – und dennoch ist jene nie fort. Gleiches gilt für „the Spirit“, den ewigen Geist: „And I all the while bask in Heaven's blue smile / Whilst he is dissolving in rains“ (Vers 30/31). „Er“ ist der Geist, wenn auch nicht unbedingt ein religiöser: Der Atheist Shelley erkennt den Weltgeist als elektrische Grundspannung, als die Größe, die vom Himmel in die Erde wandert, wenn beispielsweise ein Blitz einschlägt, und niemals verloren geht, sondern ewig erhalten bleibt.[96] Die letzte Strophe zeigt auf, dass es gerade dieser Aspekt ist, von dem das Gedicht handelt: „I change, but I cannot die --“ (Vers 86), „Like a child from the womb, live a ghost from the tomb / I arise, and unbuild it again. --“ (Vers 83/84). Hier wird ausgesprochen, was davor angedeutet worden war: Das ewige Leben der Wolke und die Unauslöschlichkeit des „genii“ (Vers 23) der Naturkräfte als Metapher für den ewigen Kreislauf des Lebens. In diesem Sinne nutzt Shelley in *Die Wolke* zu keinem Zeitpunkt das Wort ‚Gott‘, obwohl andauernd auf eine göttliche Kraft verwiesen wird – auf eine metaphorische, das Religiöse ausklammernde Art: „God was the ‚personification of ideals‘ – the enduring human quest for beauty, truth, love, freedom, wisdom, joy. God was also the universe or the totality of natural phenomena.“[97]

Analysiert man das Gedicht Strophe für Strophe, wird eine thematische Steigerung erkennbar. Die erste Strophe befasst sich mit der Beantwortung der Frage, zu welchen Handlungen die Wolke fähig ist, wie sie Regen für die Blumen bringt oder Schatten und Tau für die Knospen. Die Wolke zeigt sich als freundliches, wohl gesonnenes, aktives Wesen. In der zweiten Strophe präsentiert das literarische Ich in der ersten Zeile ein anderes Gesicht, die Wolke lässt es schneien, was

96 Vgl. dazu Gary Sloan, *Shelley: Angelic Atheist*, online: liberator.net/articles/SloanGary/Shelley.html, zugegriffen am 10.11.2017.

97 Ebd.

Konsequenzen mit sich bringt („pines groan aghast“ Vers 14). Die Wolke übernimmt einen passiveren Part, während sie schläft (in „the arms of the blast“ Vers 16), kommt sie in Berührung mit weiteren Naturkräften, sie fliegt über das Meer, den Ozean, Land und Berge, ist Teil von allem und überall. In dieser Strophe findet auch erstmals der zentrale Aspekt des Geistes Erwähnung, des „Spirit[s]“: „Lured by the love of the genii that move,“ (Vers 23) und weiter „The Spirit he loves remains“ (Vers 28). Der allgemeine Geist ist es, der den eigentlich unverwüstlichen Stoff darstellt. In der dritten Strophe wird der thematisierte Kreislauf als Kreislauf offengelegt: von dem erwachenden Tag, dem Sonnenaufgang, zum Sonnenuntergang, wenn sich die Wolke wieder zur Ruhe legt. Strophe vier befasst sich nochmals eingehend mit den Personifikationen, Beschreibungen und Zuschreibungen der Naturkräfte, der Sonne, des Mondes, und der Charakterisierung jener als Menschen. Sterne beobachten, es gibt leise Füße, die nur Engel hören und eine über taumelnde Sterne lachende Wolken. Strophe fünf ordnet die Wolke als entscheidende Macht am Himmel ein, sie wird als Thron der Sonne und des Mondes ausgewiesen und weiter: „The triumphal arch, through which I march“ (Vers 76). Im Anschluss dann die Phrase „Powers of Air, are chained to my chair“ (Vers 79). Die Wolke wird als herrliche Königin des Himmels inszeniert, sie ist es, die voll Triumph marschiert, sie ist es, die die anderen Mächte der Luft in Ketten legt. Sie ist die größte aller Himmelskräfte. Strophe sechs mutet rhetorisch an die Rede eines Herrschers an. Nicht nur stellt die Wolke sich selbstherrlich in Szene, auch wird sie als Tochter von Erde und Wasser bezeichnet, als Kind des Himmels. Das Gedicht steuert seinen Höhepunkt an, der durch die anapherhafte häufige Wiederholung des Personalpronomen „I“ zu Beginn der Verse betont wird.

Sechs Aufnahmen illustrieren Coburns Neuauflage von *The Cloud* (Abb. 19-24). Drei stammen aus einer Serie von Photographien vom Grand Canyon, zwei zeigen allerdings eine Meeresbrandung und eine Aufnahme wird mit dem Titel *Bavaria Cloudscape* oder auch *The Cloud, Bavaria* (Abb. 44)[98] Deutschland als Aufnahmeort zugesprochen. Auch wenn Coburn nach seinem Besuch am Grand Canyon die Entscheidung traf, das Büchlein zu publizieren, so handelt es sich bei den Aufnahmen dennoch um keine in sich geschlossene photographische Serie, sondern um eine vom Künstler gesetzte und durch die Publikation zur Serie arrangierte Sammlung von Einzelaufnahmen. Dennoch ähneln sich die wolkenphotographischen Aufnahmen, die Coburn für die Publikation nutzt. Sie alle verbindet der eingefangene poetische Blick auf die Natur, ein Sinn dafür, die Erhabenheit

98 Unter diesem Titel ist die Photogravüre von 1908 aus *The Cloud* im Archiv der *Royal Photographic Society* in Bradford abgelegt. Alvin Langdon Coburn, Box C. 28; 2003-5001/0002/26041.

der Wolken einzufangen. Die Imposanz des Grand Canyon als Ort der Aufnahme unterstreicht diese Wirkung. Befasst man sich mit Coburns Wolkenaufnahmen, fällt besonders die einheitliche Bildkomposition der Aufnahmen auf. Alle Bilder zeigen flächige Wolkenfelder, die oberhalb der Horizontlinie schweben. Der Horizont befindet sich bei Abb. 19, 20 und 24 jeweils im unteren Drittel, in Abb. 21 und 22 exakt auf der Hälfte des Bildausschnitts. Unterhalb des Horizonts öffnet sich jeweils freie Sicht auf Gebirge, Hänge und Felsen des Grand Canyon oder die Meeresbrandung (oder bayrische Felder). Durch die Positionierung der Kamera blickt der Betrachter in Abb. 20, 21 und 24 gleichzeitig zu den Wolken auf – und in die Schlucht hinunter. Die gewählte Perspektive eröffnet ein Maximum an Distanz sowohl zwischen Wolke und Erde als auch zwischen Betrachter und Wolke und Betrachter und Erde. Abb. 22 und 23 brechen diese Darstellung, hier scheint der Betrachterstandpunkt an der Küste zu liegen, der Betrachter verfügt über Bodenhaftung.

Doch der Reihe nach. Abb. 19 zeigt einen Wolkenhimmel über einem Streifen Landschaft. Der Horizont verläuft im unteren Drittel der Photogravüre, ein als dunkler Streifen erahnbares Waldstück liegt hinter einer weiten, recht planen Landschaft, nur rechts im Bild steigt die Horizontlinie an; eine Buschgruppe hinter einem Weg nimmt an der rechten Seite wiederum ein Drittel des unteren Drittels ein und bildet die einzige markantere Fläche im Bild. Dem gegenüber befindet sich der zwei Drittel umfassende Wolkenhimmel. Viele Haufenwolken steigen vor einem schmalen schwarzen Himmelstreif am oberen Rand des Bildes an. Das zentrale Motiv ist die weiße Wolke im oberen Drittel, die ebenfalls rund ein Drittel der Breite des Bildes einnimmt. Zwar lässt sich schwer bestimmen, wie weit diese Wolke sich tatsächlich zieht, doch in Weiß leuchtet nur die recht kleine Fläche oben rechts. Sie bildet auch die hellste Fläche des Bildes, wenngleich sich von links eine kleinere dunkle Wolke davor schiebt. Die dunkelsten Tonwerte erreicht das Bild am oberen Bildrand, an der Waldlinie entlang des Horizonts und im hinteren Teil des Gebüsches. Es fällt auf, dass Gebüsch und Wolke fast achsensymmetrisch entlang der Mitte des Bildes angelegt sind; beide Male handelt es sich um umfangreiche, am rechten Bildrand platzierte Gebilde mit weichen Konturen. Der obere Bildrand findet sich in der Horizontlinie wiederholt. Die streng durchdachte Komposition ergibt, dass die Landschaft in Figur des Gebüschs und der Himmel in Figur der weißen Wolke zu einer Einheit werden. Dabei spielt ebenfalls das Format eine Rolle: Der Himmel steht der Landschaft zwar als Antipode gegenüber, die Formen scheinen sich jedoch – und dieser Gedanke führt zurück zu Strindbergs Niederschriften über die Formwiederholungen der Wolke in der Natur – zu wiederholen und den Kreislauf zu bestätigen. Auch wenn die Arbeiten in der

Abbildung 19: Coburn, Tafel I aus The Cloud, *1912*

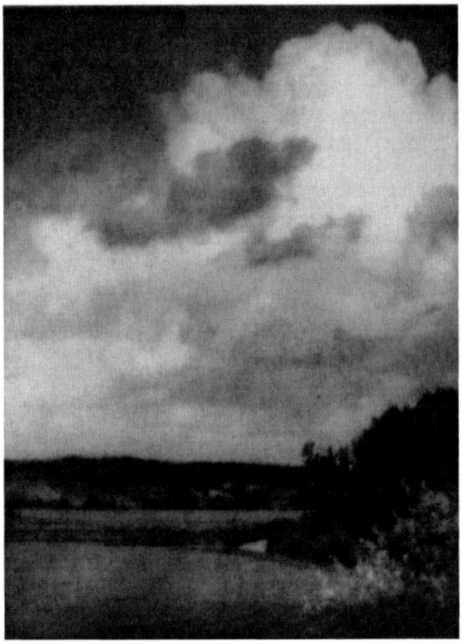

Publikation unbenannt bleiben, wird diese Aufnahme mitunter unter dem Titel *The Cloud, Bavaria* geführt. Der Name führt auf den Titel der Publikation zurück und hebt hervor, was in dieser wolkenphotographischen Arbeit Programm ist: die Fokussierung auf eine einzelne, isolierte und subjektivierbare Wolke. Entsprechend auch in Abb. 20 und 21. Erstere sieht auf den ersten Blick dem stimmungsvollen Bild aus Abb. 19 vage ähnlich, auf den zweiten Blick werden zahlreiche Unterschiede sichtbar. Die Bildfläche nimmt zu über vier Fünfteln der Himmel ein, die Landschaft ist ein recht schmaler Gebirgsstreifen, der in der Mitte in sehr hellen, an den äußeren Bereichen in dunklen Tonwerten gehalten ist. Den eigentlichen Mittelpunkt des Bildes bildet eine große, fast die Hälfte des Bildraumes einnehmende helle Wolke, die in der oberen Hälfte mittig sitzt. Unter dieser Wolke befindet sich ein dunkler Schatten, möglicherweise eine dunkle Wolke, darunter mit einigem Abstand einige kleinere weiße Wolken.

Im Gegensatz zu Abb. 19 bilden der Himmel und die Landschaft keine Einheit, vielmehr funktioniert der Gebirgsstreifen als Referenzlinie, um die Wolken verorten zu können, um ihrer Beziehung zur Erde eine Form zu geben: der harte Stein

Abbildung 20: Coburn, Tafel II aus The Cloud, *1912*

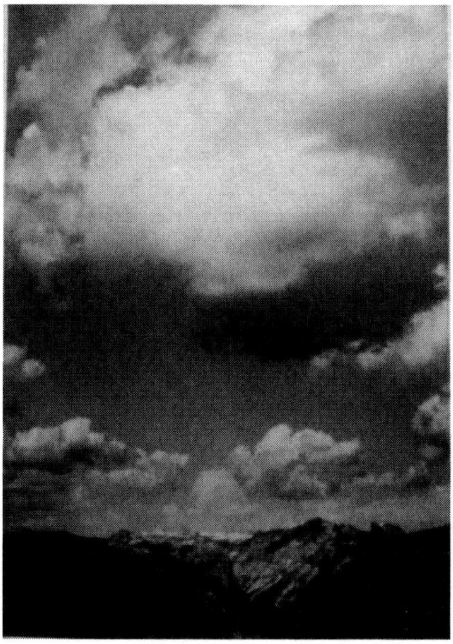

gegenüber der weichen Wolke, getrennt in der Horizontalen. Es fällt auf, dass somit nicht die stimmungsvolle Einheit der Natur im Vordergrund steht, sondern die Verortung der singulären Wolke in ihrer Beziehung zur Erde und damit in ihrer Beziehung zum Menschen. Interessanterweise befindet sich der Kamerablick nicht auf einer Ebene mit dem Gebirge. Stattdessen befindet sich der Betrachter erhöht und blickt zwischen Wolke und Erde geradezu hindurch, höher als das Gebirge, jedoch nicht so hoch wie die Wolke schwebt. Die Wolke wird „zu einer Metapher des zugleich erschreckenden wie faszinierenden Erhabenen",[99] und tritt gleichzeitig in einen Dialog mit dem Betrachter. Die Wolke erhält einen subjektiven Charakter im Sinne von Coburns symbolischen Verweis auf einen „großen Schöpfer[...] der Wolken" (AB 45), welcher jene als Individuen erschaffe. Die Wolke wird vom Betrachter einerseits in ihrer Erhabenheit als fernes Phänomen, gleichzeitig jedoch auch als personalisiertes Gegenüber wahrgenommen.

99 Stückelberger (2010), *Wolkenbilder,* S. 181.

Abbildung 21: Coburn, Tafel III aus The Cloud, *1912*

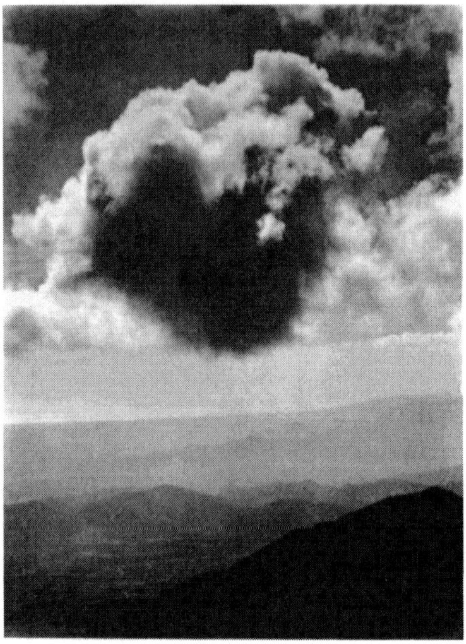

Noch klarer wird dieser Eindruck in Abb. 21, die die narrative Wirkung der Photographie-Serie verstärkt. Die Aufnahme zeigt eine Wolke einzeln fokussiert und zentral abgebildet. Sie beherrscht das Bild gänzlich, befindet sich mittig in der oberen Hälfte des Bildraumes, dominiert aber dennoch die gesamte Fläche des Bildes. Dieser Eindruck entsteht, da die Wolke unmittelbar vor der Kameralinse zu schweben scheint. Die Wolke vereinigt sich nicht mit den dezenten Landschaftslinien in der unteren Hälfte des Bildes zu einer stimmungsvollen Einheit, stattdessen wirkt die Wolke der Landschaft entrückt. Die Form der Wolke wird stark betont, sie setzt sich flächig aus einem weißen, flockigen Umriss und einer sehr dunklen, schattigen Innenfläche zusammen, die in Abgrenzung zum äußeren Teil der Wolke wie ein Vexierbild, ein Tintenfleck anmutet und Assoziationen über den bildlichen Gegenstand hinaus weckt. Dieser Effekt wird maßgeblich durch leichte Unschärfe und Kontrast verstärkt, was zudem zu einer malerischen Note im Bild führt. Durch die starke Isolation der Wolke und die Betonung ihrer Form wird die Individualität der abgebildeten Wolke hervorgehoben: Sie ist ein Individuum, ebenso wie die photographische Komposition, in der sie abgebildet

Abbildung 22: Coburn, Tafel IV aus The Cloud, *1912*

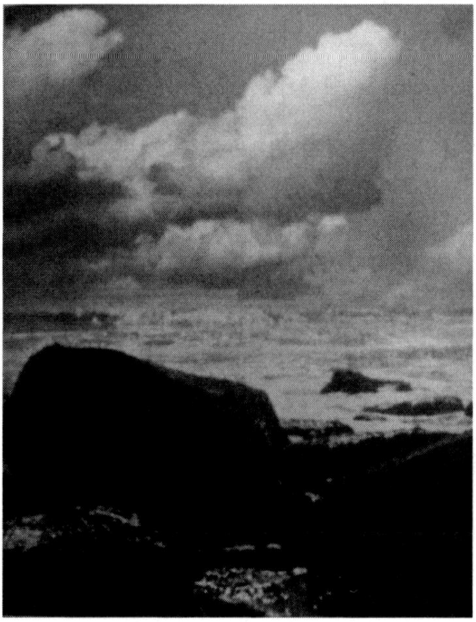

ist. Die Wolke eignet sich scheinbar optimal zur Subjektivierung und Personalisierung, der Betrachter nimmt sie als Gegenüber wahr. Die Wolke bietet eine Projektionsfläche zur Identifikation, in ihr spiegelt sich – göttliche und künstlerische – schöpferische Einmaligkeit.

Abb. 22 zeigt im Anschluss eine andere Szenerie. Die Aufnahme ist in zwei Bereiche geteilt, die durch die Horizontlinie entlang der Meereslinie mittig voneinander getrennt sind. In der oberen Hälfte zieht eine Wolkengruppe von links ins Bild, es handelt sich um mehrere hintereinander versetz positionierte Wolkengebilde, ein bauschiger Körper, der nach links hin schmaler und länglicher wird, bildet den Fokus in der Mitte der oberen Hälfte. Die Wolke ist von oben hell erleuchtet, der untere linke Teil ist in dunkleren Tonwerten gehalten. Die untere Bildhälfte wird durch zwei Themen dominiert: glitzerndes, sich brechendes Meereswasser einer Brandung und dazu große, in dunklen Tonwerten aufgenommene Felsbrocken im Vordergrund. Der Betrachterstandpunkt ist nun ein anderer als in den restlichen Aufnahmen, und scheint sich zwischen den Steinen am Boden zu

Abbildung 23: Coburn, Tafel V aus The Cloud, *1912*

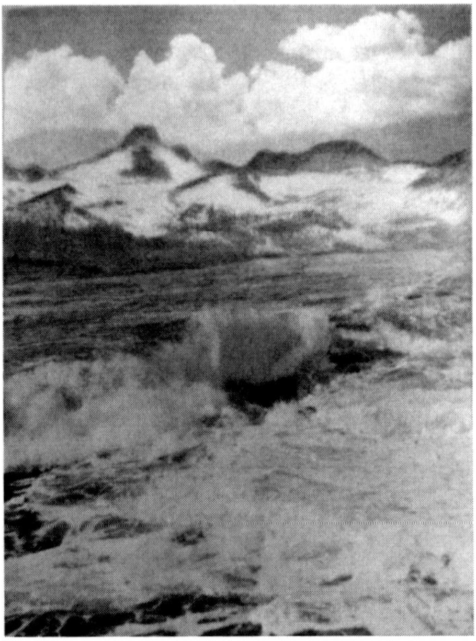

befinden, durch das Fehlen eines Referenzobjekts bezüglich der Größenverhältnisse der Felsen wirkt es, als komme der Blick der Kamera aus gebückter Froschperspektive hervor. Gestein und Wolken heben sich beide als Hügel unregelmäßig entlang ihrer Geraden in den Bildhälften, zwischen den Felsen sieht man das Wasser glitzern, was sich nach hinten im Bildraum verstärkt, dort werden weißleuchtend die hellen Konturen der tief hängenden Wolken wiederholt. Durch den harten Kontrast der Steine zu Wasser und Wolken mutet der Übergang zwischen jenen noch schwammiger, ja, flüssiger an. Während die harten Gesteinskörper einen Gegenpart zum ephemeren Wolkenkörper bilden, vereinen sich das Meer und der Himmel, Wasser und Wolken werden als gleiche Grundstoffe zu einem beweglichen Körper, zu einer Einheit. Im darauffolgenden Bild, Abb. 23, wird die Verquickung von Wasser und Wolken weiter verhandelt. Die Wolken ziehen sich weit in den Bildraum zurück. Nur das obere Bildviertel zeigt sie, wie sie sich über einer hügeligen Linie sammeln. Es ist nicht klar auszumachen, ob es sich um eine weit entfernte mittelhohe Gebirgskette, oder aber um eine nicht allzu ferne Dünenlandschaft handelt. Unterhalb des Landstriches und über die Hälfte des Bildes für sich

Abbildung 24: Coburn, Tafel VI aus The Cloud, *1912*

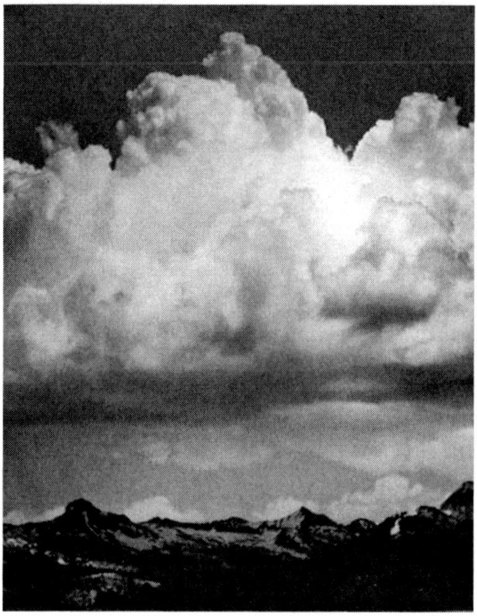

beanspruchend, wogt das Meer, das sich im vorderen Bildteil bricht und überschlägt, weiß sprudelnd entlang einem überspülten Verlauf von links unten im Bild in einer Geraden nach rechts oben unterhalb der Landlinie zieht und damit das Bild strukturiert: Oben die Wolken, die Landschaft, darunter das ruhige, weiter vorne das aufgewühlte Wasserspiel. Die Wolken- wie die Dünengebilde strahlen weiß, wenngleich zweitere zu ihren Rändern hin dunkler werden und einen Kontrast zu den Wolken bilden, auch das sprudelnde Wasser zeigt sich weiß schäumend. Das in den vorhergegangenen Abbildungen etablierte Verhältnis von Wolken und Wasser als Einheit im Bildraum wird im letzten Bild wieder transformiert. In Abb. 24 dominiert die Wolke mit nur kleinen Abstrichen das Bildgeschehen. Im Sinne eines ewigen Kreislaufs der Ordnungen ähnelt diese Aufnahme stark Abb. 20. Abermals wird der Wolkenkörper über einem nur noch sehr schmalen Gebirgsstrich am unteren Bildrand isoliert platziert, er nimmt bis auf einen schmalen Bereich, der ungefähr dem Gebirge der unteren Hälfte entspricht, die gesamte obere Bildhälfte ein. Entlang der Bildmitte türmt sich eine Haufenwolke auf, unten durch eine recht gerade Linie formiert, wölbt sich der Körper nach oben, rechts und links in kleineren Wolkenformen und -rundungen ausdehnend vor. Unterhalb der Wolke ist ‚nichts' zu sehen, der wenig zeigende Blick in die Ferne durch Täler und Hügel – wolkenverhangen, nebelumsäumt? – hinter der sehr dunkel kontrastierenden Gebirgskette. Durch die klaren Linien zwischen Bergen und Wolken wird das körperlich nicht existente ‚Dazwischen' selbst zum Thema. Es ist keinesfalls die Wolke, die im Dazwischen verweilt, stattdessen dehnt sich der Raum zwischen Betrachter, Erde und Wolke aus. Durch die sich aufdrängende Entfernung zwischen den Naturgewalten und dem Betrachter wird die Erhabenheit der Wolken spürbar: Majestätisch bewegen sie sich völlig frei und ungetrübt über dem Abgrund dahin, wo der Mensch nur fasziniert und ängstlich vor solcher Naturschönheit am Rande des Abgrunds verweilen kann. Durch diese Perspektive auf die Wolken, die sich in mehreren Abbildungen wiederholt, entsteht auch das Gefühl einer Subjektivierung der Wolken, die zur Wahrnehmung einer universellen Wolke führt: die vormals personifizierte Wolke wird zum Referenzobjekt *der einen* Wolke. Gleichzeitig drängt sich das Gefühl auf, nicht den geographischen Stand der Wolke zu beobachten, sondern vielmehr der Wanderung der Wolke konkret und exklusiv zu folgen – man folgt in der Bildserie einer Narration, als übernähme man mit der Perspektive *auf* die Wolken die Perspektive *der* Wolken.

Die Zusammenstellung der Wolkenaufnahmen miteinander und mit den Strophen verwandeln jene von stimmungsvollen Einzelbeiträgen zu in Beziehung zueinander stehenden Sequenzen, die über den Geltungsraum des Gedichts hinaus Bedeutung aufladen und den Phototext ausmachen. Es ergibt sich eine narrative Struktur der Einheit der Bilder, die weniger auf einen Plot, als auf einzelne Aspekte des Daseins einer Wolke abzielen, von denen das Gedicht wiederum erzählt. Sicherlich ließen sich in den einzelnen Abbildungen Inhalte der ihnen gegenüber gestellten Strophen wiederfinden, dieses Verfahren würde jedoch der Zusammenstellung nicht gerecht werden. Alle Referenzpunkte der Bilder – Berge, Meere, Landschaften – werden in den meisten Strophen aufgegriffen und eben nicht nur in jenen, in denen die Entsprechung im Bild wiederkehrt. Stattdessen ist es das Motiv der Erhabenheit, das thematisch Wolkenbilder und -gedicht verbindet.

Shelley entwirft einen romantischen Mythos der Naturphänomene, allen voran der Wolke, die zu Metaphern für den ewigen Kreislauf des Lebens werden. In *Die Wolke* wird nun ein Großteil der Spannung durch das rhetorische Mittel der autodiegetischen Erzählposition der Wolke erzeugt. Anstatt die Wolke als erhabenes Phänomen von einer ergriffenen Außenperspektive aus zu beschreiben, unternimmt Shelley den Versuch, das Erhabene selbst über sich erzählen zu lassen. Betrachtet man diesen Versuch aus der Tradition der Erhabenheit nach Burke und Kant, entsteht hier ein recht paradoxer Zusammenhang: Shelleys Wolke ist sich ihrer eigenen Erhabenheit bewusst, obwohl jene erst durch die Betrachtung durch den Menschen von jenem empfunden wird und nicht der Wolke oder einem anderen Naturphänomen an sich gegeben ist. Demnach gibt sich die Wolke als Zwitterwesen zu erkennen: Sie ist gleichzeitig anthropomorpher Beobachter und erhabenes Naturphänomen. Die Abbildungen bieten der Wolke eine Gestalt. In der Bildkomposition wird sie als Gegenüber, als Subjekt inszeniert. Geht Shelleys Gedicht weiter und beschreibt die entrückte Existenz der Wolke aus der Perspektive jener, bilden Coburns Aufnahmen aus der Distanz das bildliche Pendant dazu: Es wird zwar nicht die Perspektive der Wolke umgesetzt, dennoch wird die Wolke in ihrer sich selbst-bewussten Position gezeigt; die Wolke als der Inbegriff der Erhabenheit. Und auch ihre Taten, das Regnen, das Absinken, die geballte Macht am Himmel, das Spiel mit Licht und Schatten, erhält in Coburns Bildern eine Gestalt. Coburns Photographien ermöglichen es, die Personifikation und die Subjektivität der Wolke aus *Die Wolke* ins Bild zu transportieren und die mythische Stimmung aufzugreifen. Die dem Gedicht eigene Spannung und Thematisierung der Wolke als Naturkraft und darin als göttliche Kraft, findet sich in den Photographien wieder, wenn die symbolische Sprache des Gedichts und der nie enden wollende Kreislauf auch in Coburns Photographien zitiert werden: Durch die Publikation und serielle Formation der Abbildungen wird der Kreislauf selbst dokumentiert. Die ästhetische Rückbezugnahme von Abb. 24 auf Abb. 20 treibt diesen Verlauf auf die Spitze: Die Wolke ist jede Wolke und sie wandert immer weiter.

Die Wolke stellt nicht nur die Frage danach, welche Verbindung zwischen den Photographien und dem Gedicht existieren, sondern auch danach, was im Moment der Vereinigung beider geschieht. Einerseits zeigen sich narrative Strukturen ausgehend vom Text in den Bildern, andererseits unterstreicht der Text die von Coburn photographisch dokumentierte Erhabenheit der Naturphänomene im Bild. Shelleys Gedicht bietet also nicht nur einen historisch bedeutsamen Rahmen, der Coburns nunmehr narrativierte Bilder aufwertet, sondern bezeugt auch den Status der Bilder als phänomenale photographische Aufnahmen: Sie sind evidenter Ausdruck der Erhabenheit der Natur und ihrer Ordnung – was einzufangen in dieser Weise nur der photographischen Kamera möglich ist. Was hier offenbart wird, ist nichts weniger als eine Demonstration photographischer Fähigkeiten im Kontext vermeintlich undokumentierbarer Phänomene.

Cotton Waste und der Mythos der Industrieromantik

Zwischen 1920 und 1926 arbeitet Coburn an mehreren photographischen Projekten zu Manchester: Die Serie umfasst *Cotton Waste* von 1920, *A Study in Storage* von 1921, *Manchester by the Sea* von 1926.[100] Bei allen drei Publikationen handelt es sich um industriell kommerzielle Ausgaben, die von Manchester Unternehmen zur Eigenwerbung finanziert wurden. Sie führen in die Baumwollproduktion und die Weiterverarbeitung ihrer Abfallprodukte in der Firma William C. Jones Limited ein, fungieren als Werbebroschüre des Unternehmens Lloyd's Packing Warehouse oder werden von der Manchester Ship Canal Company initiiert.[101] Des Weiteren finden sich Aufnahmen von Coburn in *The Manchester Reform Club 1871-1921* und im *Manchester Civic Week Official Handbook* von 1922 und 1926.[102] Ein gemeinsamer Nenner der Publikationen ist Charles W. Hobson, der sowohl *Cotton Waste* als auch *Manchester by the Sea* und die Publikation zum *Reform Club* herausgibt. Bereits früher arbeitete Coburn an kommerziellen Veröffentlichungen, beispielsweise mit *The Euxit Camera. An Appreciation*[103] oder auch *A Question of Diffusion. Semiachromatic lenses manufactured by Pinkham*. Das Besondere an Coburns Arbeit und der Grund, weshalb sie hier betrachtet wird, ist die späte Hinwendung des ansonsten künstlerisch elitär orientierten Coburn zur wenig glamourösen photographischen Umsetzung eines kommerziellen Industriemärchens. Dabei ist Industriephotographie im Allgemeinen ein Thema, das in der ersten Hälfte des 20. Jahrhunderts von zahlreichen Photographen aufgegriffen wird.[104]

Die Manchester-Reihe, die sich historisch an der Schnittstelle von Coburns photographischer Hochphase und seiner Selbstverschreibung zum Mystizismus verortet, bedeutet nicht nur eine Abkehr von künstlerisch nobilitierenden Arbeiten, sondern nach bürgerlichen Stadt-Projekten wie jenen zu *London* und *New*

100 O.A., *A Study in Storage,* Manchester ca. 1921; o.A., *Manchester by the Sea,* Manchester 1926.

101 Vgl. Crinson (2006), „Pictorialism and Industry".

102 William H. Mills, *The Manchester reform Club 1871–1921,* Manchester 1922 und *Manchester Civic Week Official Handbook,* Manchester 1926.

103 Alvin Langdon Coburn, „The Question of Diffusion", in: *Semi-Achromatic Lenses Manufactured by Pinkham & Smith* (o.J.); Ders., *The Euxit Camera. An Appreciation,* London ca. 1909.

104 James Guimond, *American photography and the American dream,* Chapel Hill 1991, S.90ff.

York auch die Auseinandersetzung mit Manchester und seinem Mythos als Arbeiter- und Industriestadt. Die Broschüren und Aufnahmen entstehen in einer Phase des sich dort ankündigenden Verfalls der städtischen Wirtschaft. Wenngleich Manchester bis zum Zweiten Weltkrieg seine Vormachtstellung in der Baumwollindustrie halten konnte,[105] änderte sich das nach und nach:

> „it had become, through lack of investment and a reliance on the Indian market, markedly vulnerable, as shown during the First World War when supply lines were cut off and the Indian market was opened up to Indian and Japanese producers. After a brief post-war boom, prices fell throughout the 1920s, the start of a long decline."[106]

Während in *A Study of Storage* Text und Bild inhaltlich Hand in Hand gehen,[107] und dort durchaus von eigentlichen Illustrationen, deren Aufgabe es ist dem Text eine weitere, begleitende Ebene hinzuzufügen, gesprochen werden kann, handelt es sich bei *Cotton Waste* trotz des kommerziellen Kontextes um eine partnerschaftliche Einheit von Text und Bild. Wie sich jene konstituiert, wird im Folgenden näher beleuchtet.

Auf vierzehn Seiten wird die Geschichte der Baumwollproduktion, des Unternehmens Lancashire Cotton Trade und insbesondere des jenem nahestehenden (Unter-)Unternehmens William C. Jones Ltd., das sich der Weiterverarbeitung von Baumwollresten verschrieben hatte, behandelt. Die von William C. Jones Ltd. herausgegebene Publikation führt in die Baumwollproduktion und ihre titelgebenden Abfallprodukte ein und erklärt: „there is only one thing that cotton-waste is *not*, and that is waste in the sense the dictionary writers define it."[108] Stattdessen handle es sich um ein Multifunktionsprodukt, dessen Marktwert, Potential und positive Vermarktung[109] im Zentrum der Broschüre stehen: „you can do anything with waste except perhaps eat it."[110] Eingebunden ist die Marketingstrategie narrativ in eine romantisch verklärte Perspektive auf das Industrieunternehmen: „The

105 Zur Baumwollindustrie siehe bspw. Sven Beckert, *Empire of cotton. A global history,* New York 2014.

106 Crinson (2006), „Pictorialism and Industry", 158f. Vgl. auch Alan Kidd, *Manchester,* Keele, Staffordshire 1996, S. 184.

107 Vgl. Crinson (2006), „Pictorialism and Industry", S. 164.

108 O.A. (1920), *Cotton Waste,* S. 9. [Kursivierung im Original.]

109 Diese Aspekte stehen hier jedoch nicht im Fokus und werden deshalb nicht näher ausgeführt.

110 Ebd.

Lancashire Cotton Trade is one of the rare romances and one of the many puzzles of the economist."[111] So lautet der erste Satz und in ihm findet sich bereits die gesamte Strategie der Publikation wieder: Es geht um den Mythos des Betriebs, seine industrielle Romantik, die Rätsel, die er aufgibt. Die Geschichte des Unternehmens wird eingefangen, in dem jene mystifiziert und romantisiert werden. Weshalb das Zentrum des Baumwollhandels gerade in Manchester mit dem Unternehmen Lancashire Cotton Trade entstand, wird nicht beantwortet: „there is room to wonder here" und weiter, „if the globe had been laid out on strictly logical lines, if the Garden of Eden and the wastes beyond had only had a modern townplan, things might have been different"[112]. Der Verweis auf das Paradies und die nicht-Entsprechung der Welt nach einem modernen Stadtbild parallelisiert das Unternehmen in Manchester als ebenso mythischen Ort, als wundersame und wunderschöne Entwicklung. Diese Argumentation ist umso interessanter, da es im weiteren Verlauf des Textes eben die moderne Funktionalisierung des Ortes ist, die ihn abermals romantisiert und seinen Mythos stärkt: „The Lancashire Cotton Trade again is historically the most interesting of all the modern trades, because it is the one in which the new world of steam and the factory system came to birth."[113] Es handelt es sich um ein industrielles, auf Massenproduktion angelegtes Unternehmen, das als Schnittstelle zwischen West und Ost – „she buys in America and sells in Asia"[114] – Baumwolle verarbeitet, aber entgegen aggressiven Modernisierungs- und Industrialisierungsmechanismen als historisch traditionelles Modell inszeniert wird und so ein romantisches Industriebild verkörpert.

Dreizehn Photogravüren, die dem Text *en bloc* angefügt sind, sowie ein Frontispiz, begleiten den Essay. Die Photographien wurden in verschiedenen Werken des Unternehmens aufgenommen,[115] sind jeweils einzeln auf der rechten Seite jeder Doppelseite platziert und präsentieren etwas unscharf abgebildete, scheinbar alltägliche Situationen aus den Verwertungsfabriken. Sie zeigen Menschen bei der Arbeit, Männer und Frauen, beim Tragen, Sortieren, Bedienen von Maschinen. Während die Männer bis auf eine Abbildung durchweg einzeln abgebildet sind, agieren die Frauen gemeinsam. Das Frontispiz zeigt einen gebückten Mann wie er gebundene Baumwollberge auf seinem Rücken trägt, seine Figur füllt gemeinsam mit seinem Gepäck fast den gesamten Bildraum aus. Er hebt sich dunkel vor dem hell erleuchteten Hintergrund ab. Auch die dritte Tafel der Photoreihe (Abb. 26)

111 Ebd., S. 1.

112 Beides ebd.

113 Ebd., S. 2f.

114 Ebd., S. 1.

115 Ebd., S. 14.

Abbildung 25: Coburn, Cotton Waste*, 1920*

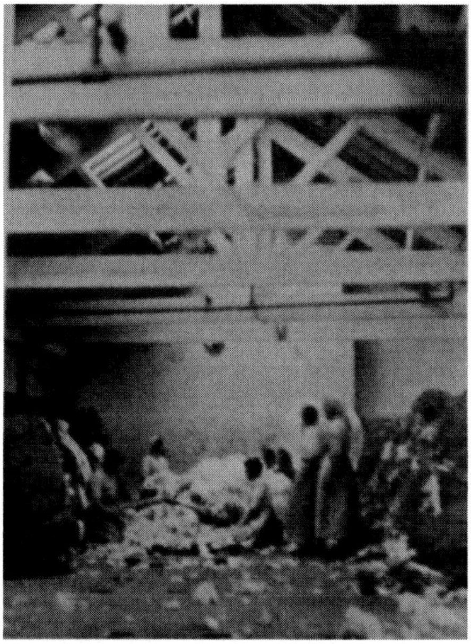

zeigt einen einzelnen Mann. Jener befindet sich, gerahmt durch ein Tor, mittig platziert aus einiger Distanz von hinten aufgenommen, während er im Begriff ist, den Inhalt eines Karrens auf oder vom Lastwagen im Hintergrund des Bildes umzuladen. Die zehnte Tafel zeigt einen ganz ähnlich gerahmten und in Szene gesetzten Arbeiter.

Im Gegensatz zu den männlichen werden die weiblichen Figuren ausschließlich in Gruppen abgebildet: mal zu zweit, zu dritt (Abb. 27), zu viert, zu fünft oder zu noch mehr (Abb. 25). Imposant mutet die erste Tafel des Bildteils an (Abb. 25), sie zeigt eindrücklich das Geschehen in der Produktionshalle. Aus einiger Distanz aufgenommen, versammeln sich in der Mitte der unteren Bildhälfte sieben Frauen und knien um einen hellen, chaotischen Berg der Baumwollüberreste (*cotton waste*). Rechts und links wird das Bild durch weitere, dunkel gebundene Ballen gesäumt. Nach vorne ist der Raum offen, der jedoch mit hellen Stofffetzen übersäht ist. Die gesamte obere Bildhälfte ist durch das Dachgebälk belegt. Fünf horizontale Balken laufen, die Abstände nach hinten perspektivisch verkürzend, durch den Raum. Dahinter sind zahlreiche von rechts und links diagonal zum Dachfirst

Abbildung 26: Coburn, Cotton Waste, *1920*

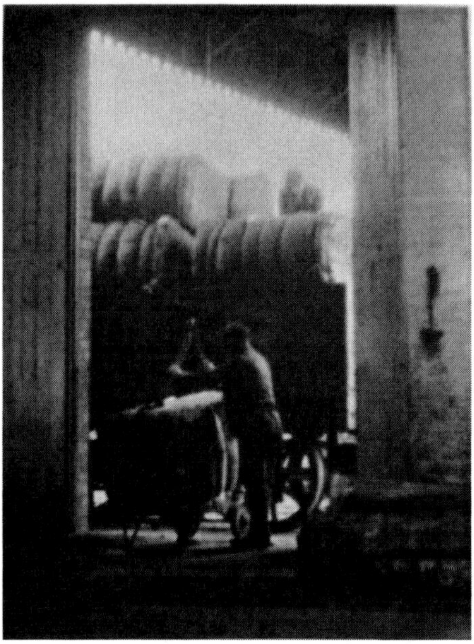

laufende Balken zu erkennen. Die Frauen bilden mit den Ballen, Bergen und Fetzen eine unregelmäßige Landschaft. Die einzelnen Köpfe und Röcke vereinen sich regelrecht mit den Rundungen der Stoffgebilde zu einer chaotischen Einheit. Demgegenüber bietet der Dachfirst klare Strukturen, formale Anordnungen und trotz der zahlreichen Geraden eine strenge Ordnung, die der Unruhe dessen, was am Boden passiert, einen Konterpart setzt. Die Verbindung der Arbeiterinnen mit ihrem Arbeitsprodukt wird in Abb. 28 evident: Hier ist nicht mehr zu erkennen, wo die Stoffberge am Boden aufhören, und wo die Röcke der Frauen, die am Boden sitzend der Kamera den Rücken zuwenden, anfangen. Das Produkt und seine Produzenten gehen grenzenlos ineinander über.[116] Schräg links hinter den drei mit dem Stoffmeer verschwommenen Frauen sind weitere drei Arbeiterinnen zu erkennen. Um eine phallische Betonsäule gruppiert, blicken sie in Richtung der Kamera, betrachten Kamera und Photographen bei den Beobachtungen ihrer Kolleginnen aus der Ferne. Aus der Serie sticht eine Aufnahme heraus, die diese

116 Zu diesem Aspekt schreibt Mark Crinson: „‚the female workers‘ status is equivalent to that of the goods themselves, they appear to be as much part of what is being dealt in as the waste.“ Crinson (2006), „Pictorialism and Industry“, S. 165.

Abbildung 27: Coburn, Cotton Waste, *1920*

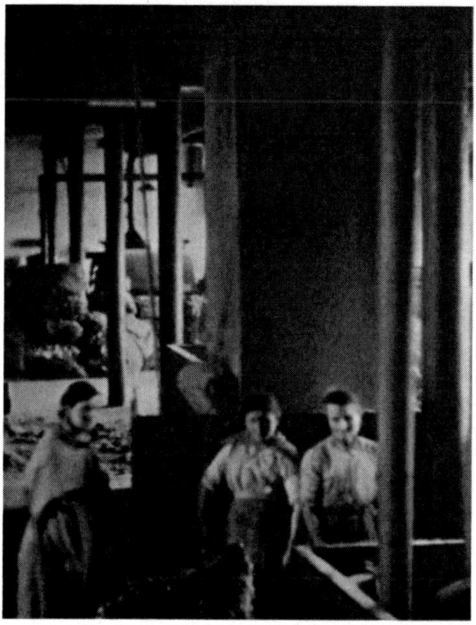

Blickrichtung aufnimmt. Die vierte Tafel der Reihe (Abb. 27) zeigt drei Frauen, die fast frontal im Dialog mit der Kamera abgebildet sind: Sie sind aus erhöhter Position herabblickend aufgenommen, befinden sich im unteren Drittel des Bildausschnitts, sind bis zu den Knien bzw. zu den Hüften zu sehen. Die oberen zwei Drittel des Bildes zeigen links im Bild den Fabrikraum, rechts dominiert eine massive Betonstütze. Vorne im Bild und nach hinten wird die vertikale Gerade noch einige Male wiederholt. Es sind zahlreiche schmale Pfeiler zu erkennen, die entlang einer Raumdiagonalen von vorne rechts nach hinten links platziert sind. Hinter dem ersten solchen Pfeiler ist die Kamera positioniert, in die die Frauen blicken. Während die zwei rechten Arbeiterinnen der Kamera zugewandt stehen, läuft von links die dritte Frau im Bildraum nach rechts, ihr Körper ist in Bewegung von der Kamera abgewendet, nur ihr Blick ist zu ihr hingedreht. Es scheint, als verlange die direkte Auseinandersetzung der Kamera mit den Arbeiterinnen anderweitig geschaffene Distanz, welche hier durch die leichte Vogelperspektive entsteht. In den anderen Abbildungen ist diese Distanznahme durch die Betrachterperspektive nicht nötig, dort sind die Frauen weiter entfernt oder von hinten aufgenommen – wenn auch auf gleicher Höhe mit der Kamera. Auf diese Weise wird jegliche Form der Subjektivierung der Figuren verhindert, ein gleichwertiger

Abbildung 28: Coburn, Cotton Waste, *1920*

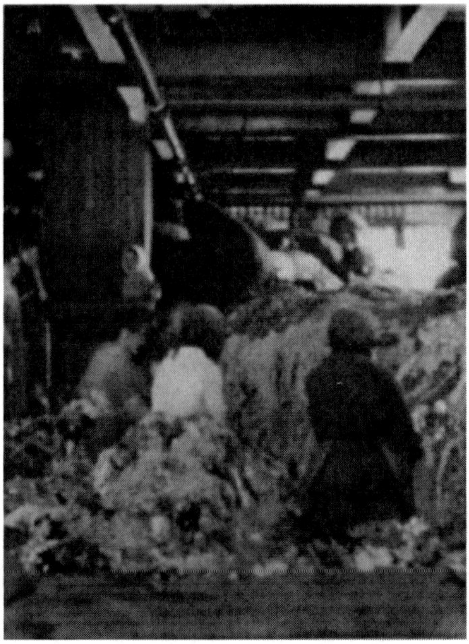

Dialog wird unterbunden. Stattdessen handelt es sich um anonymisierte Arbeiterinnen, die in einer stimmungsvollen, von Licht, Schatten und Formen dominierten Bildkomposition arrangiert sind; die Unschärfe, die allen Aufnahmen zu eigen ist, unterstreicht die Unmöglichkeit, ein Individuum auszumachen ebenso, wie die schwere Statik der Akteure. Sie scheinen parallel den Säulen und Pfeilern in die Fabrikhalle gesetzt worden zu sein.[117] Im Gegensatz zu den – ebenfalls wenig subjektivierten – Aufnahmen der Männer verlangen die Photographien, in denen Frauen zu sehen sind, jedoch noch weitere Anonymisierungen: Sie sind durchweg als Teil des Arbeiterkollektivs in der Gruppe abgebildet.

Während die ersten zehn Tafeln Szenerien zeigen, die sich in den Fabrikhallen abspielen und Einblicke bieten, die dem Konsumenten zumeist versagt bleiben, spielen sich die Ereignisse der letzten drei Tafeln draußen ab, scheinbar in den Innenhöfen zwischen den Hallen. Hier werden qualmende Dampfkarren gezeigt, gesichtslose Menschen, die über den Platz huschen, dahinter die Mauern der Firma: Im Gesamtverlauf der Tafeln wird der Blick ähnlich einer Kamerafahrt innen herum geführt, an den Arbeitern und Arbeiterinnen vorbei, nach draußen auf das Firmenschild zu, über jenes hinweg gleitend und sich entfernend zu den

117 Vgl. ebd., S. 164.

erhöhten Gebäudereihen. Die Menschen im Innenhof sind nur noch als kleine Figuren zu erkennen. Tatsächlich sind es nicht die Menschen, die im Zentrum der Aufmerksamkeit stehen. Im Fokus steht die Firma selbst, deren Geschichte erzählt wird. In jener Geschichte sind Arbeiterinnen und Arbeiter so wie die Maschinen und die Baumwollreste Mittel zum Zweck, um die Firma voranzutreiben: William C. Jones Ltd. präsentiert sein kapitalistisches Gesicht.

In *Cotton Waste* wird ein Industrieriese („with an export trade of GBP 127,000,000 and a huge home trade, Lancashire is one of the great supporting rafters of the edifice of English commerce“[118]) als historisch wertvolles Ausnahmeunternehmen inszeniert, um damit gleichzeitig dessen entsprechend großes Subunternehmen („after an experience of nearly half a century of its course of dealing, the cotton-waste industry recognizes William C. Jones Limited as one of the largest of its kind in the world“[119]) für seine Kunden in verklärtem Glanz erstrahlen zu lassen: die Schönheit der industriellen Produktion. Im Sinne der Produzenten macht es durchaus Sinn, Coburn als Photographen zu engagieren. Sowohl durch seine Selbstinszenierungen, seine gesellschaftliche Stellung und Reputation, als auch mittels seiner stimmungsvollen Aufnahmen transportiert er ein zugleich traditionelles und modernes, in jedem Fall im eigenen Geltungsbereich überlegenes Image, so, wie es der Text für das Unternehmen beansprucht.

Die Publikation führt in die Arbeit mit den Baumwollüberresten ein und zeigt eine für den Verbraucher ansonsten unsichtbare Seite des Kommerzes. Dabei entfaltet sich eine Dynamik: Bild und Text entlarven gemeinsam das Unternehmen als Massenproduktion, die Arbeiter werden entindividualisiert dargestellt, sie sind ähnlich dem Produkt, an welchen sie arbeiten, reproduzierbar. Das Menschenbild, das dem Betrachter vorgesetzt wird, ist ein dezidiert kapitalistisches, in dem jeder anonym und austauschbar bleibt. Gleichzeitig verweigert sich die Broschüre jedoch einem rein modernen Zugang der unmenschlichen Kommerzialisierung, stattdessen werden Betrieb und Produktion in einem traditionellen und atmosphärisch stimmungsvollen, ja, piktorialistisch anmutendem Umfeld historisiert, das insbesondere durch die Licht- und Schattenvariationen sowie die Kompositionen der Aufnahmen unterstrichen wird. Das Unternehmen greift auf einen traditionellen Mythos zurück und inszeniert sich im Sinne industrieller Romantik als ästhetisches, produktives und historisches Original. Die Broschüre erzählt so die wundersame Geschichte dieses einzigartigen Unternehmens, für die der moderne Arbeiter genutzt und in den Photographien in Szene gesetzt wird. Er arbeitet in

118 O.A. (1920), *Cotton Waste,* S. 3.

119 Ebd., S. 12.

der industriellen Produktion an Baumwollstoffresten, welche ebenso austauschbar sind wie er selbst. Dieser Effekt wird dadurch verstärkt, dass die Abbildungen an verschiedenen Standorten des Unternehmens und keinesfalls in ein und derselben Fabrik aufgenommen wurden.[120] Sie wurden zu einer vermeintlich einheitlichen Serie gereiht: Der Ursprung der Aufnahmen spielt keine Rolle, denn es handelt sich um die stets identische Produktion. Was in der hier dargestellten Welt nicht austauschbar oder reproduzierbar ist, merkt man schnell: Das Unikat, das Coburns Aufnahmen einzufangen imstande sind, ist das Unternehmen selbst.

Vom erweiterten Nutzen der Narrativierung

Während die meisten der kollaborativen Phototexte, an denen Coburn arbeitete, als wechselseitig nobilitierende Kunstprojekte zweier Größen ihrer Gebiete – der Photographie und der Literatur – funktionieren, fallen einige Projekte aus dieser Kategorisierung. Zum einen, da das Gegenüber bereits verstorben war, zum anderen aus rezeptionsästhetischer Sicht, da manche Projekte die Rezeption als künstlerische Hochkultur verweigern. *Die Wolke* und *Cotton Waste* sind solche Ausnahmeerscheinungen, die auf höchst unterschiedliche Weise einen fremden Text mit Coburns Aufnahmen zusammenführen und dabei sowohl das Verhältnis der Medien zueinander, als auch die Etablierung einer narrativen Geschichte durch Text in Zusammenspiel mit seriell arrangierten Photographien beleuchten. Die entstehenden Phototexte narrativieren die ehemals einzelnen Photographien und erzählen eine Geschichte: So wird in *Die Wolke* die Erhabenheit ephemerer Naturphänomene in den Fokus gerückt, während *Cotton Waste* den Mythos des Unternehmens William C. Jones Ltd. textlich und visuell ausformuliert. Während bei ersterem individuelle, photographisch eingefangene Wolken im Vordergrund stehen, die ihre Entsprechung in der universellen, subjektivierten Wolke aus *Die Wolke* wiederfinden, zeigt zweiteres anonymisierte Aufnahmen von Arbeitern und Arbeiterinnen in der Verwertung von Baumwollresten, die jedoch nicht ihre eigene, sondern die Geschichte des Unternehmens erzählen. Coburns Photographien dokumentieren in *Die Wolke* die Einzigartigkeit der Wolkengebilde, wie sie nur die Photokamera dokumentieren kann und erschafft ein Büchlein, das sich – ganz im Sinne der Entstehungsgeschichte, Coburn habe sich erst bei der Durchsicht seiner Aufnahmen an das Gedicht erinnert – des Textes bedient, um die Photographien im Kontext ausstellen zu können. Sie legen so geradeweg Zeugnis über die Erhabenheit der Kamera selbst und ihrer photographischen Ästhetik ab. In *Cotton Waste* werden hingegen die Photographien genutzt, um die stimmungsvolle Atmosphäre, die Coburns Aufnahmen eigen ist, für die Etablierung des romantischen

120 Ebd., S. 14.

Mythos des Unternehmens einzusetzen. Wenn man so will, handelt es sich in beiden Fällen um den geschickten Rückgriff auf eine jeweils etablierte Instanz: Für die nachhaltige Inszenierung eines mal künstlerischen, mal kommerziellen Topos, greift Coburn auf Shelleys Gedicht ebenso zurück wie William C. Jones Ltd. Auf wiederum Coburns Photographien.

Beide Publikationen setzen sich mit der hierarchischen Beziehung von Text und Bild auseinander, beide verhandeln die Dimension von Narrativierung und Bedeutungserzeugung von mehreren Bildern über die Bildgrenzen hinweg. Einzigartige, kunstphotographische Aufnahmen inszenieren dabei mehr oder weniger individuelle Gegenüber – die subjektivierten Wolken / die anonymisierten Arbeiter und Arbeiterinnen –, um sie durch Semantisierungen zugunsten eines größeren Ganzen – die universelle Wolke / den Mythos des Unternehmens – einzuordnen und in den Dienst des erweiterten Sinnhorizontes von Erhabenheit und Industrieromantik zu stellen. Es zeigt sich, dass beide Motive aneinander heranrücken und die scheinbare Gegensätzlichkeit von Wolken und Industrie überbrückt werden: Es ist die Industrie, die nun wie Wolken abgebildet und stimmungsvoll umgesetzt wird. Die Industrie nimmt so die Rolle stimmungsvoller Naturphänomene ein – ganz so, als handle es sich bei jener um eine artifiziell erschaffene, neue Natur.

3.1.3 Das Serielle im Bild: Pittsburgh & Paris

Keine künstlerischen Serien und doch Photographien des Seriellen

Die Transformation der Industrie zur artifiziellen Natur ist ästhetisch-epistemisch ein dominantes Thema in Coburns Arbeiten, das unmittelbar mit dem Prinzip der Serialität als industrielles Paradigma zusammenhängt. Geht man bei Coburns Arbeiten auf die Suche nach dem Seriellen, der Wiederholung und der künstlerischen Zusammenstellung in Serien, zeigen diese Modi sich augenscheinlich immer wieder im von ihm präferierten Mittel der Publikation seiner Photographien in Büchern. Dort werden seine kunstphotographischen Unikate zusammengestellt und in Beziehung gesetzt – dort werden sie zur Serie. Doch es gibt nicht nur durch die Publikation konstruierte Serien in Coburns Werk, sondern auch solche, die als Serien entstanden, aber nicht publiziert wurden, wie etwa jene zu Pittsburgh. Darunter wiederum jene, welche Coburn dennoch zu publizieren intendierte:

> „Ganz besonders schätze ich ungewöhnlich gestaltete Stadtansichten, daher habe ich einen Großteil meines Lebens darauf verwandt, sie aufzuspüren, und meine Bücher zu London, New York und Edinburgh dürften dies zur Genüge beweisen; außerdem denke ich über Bücher zu Paris, Boston und anderen Städte nach, die ich unter Umständen eines Tages zu meinen bereits veröffentlichten Werken hinzufügen werde.“ (AB 46)

Coburn spricht gleich mehrere Faktoren an, die für seine Arbeitsweise essentiell sind: zum einen die Veröffentlichung seiner Arbeiten in Buchform, zum anderen die ästhetische Bezugnahme auf „ungewöhnlich gestaltete Stadtansichten". Darin äußert sich ebenfalls das Prinzip der Serialität, und zwar in Form von Stadtansichten, die nicht nur ungewohnt aufgebaut sind, sondern insbesondere Strukturen offenlegen und den Modus formalästhetischer Wiederholung betonen. Interessanterweise lässt sich die gestalterische Umsetzung des seriellen Prinzips nun in jenen Photographien aufzeigen, die nicht zu einer künstlerisch arrangierten Folge im Photobuch kombiniert wurden, sondern als Einheiten auf einem photographischen Film in einer bestimmten Stadt entstanden sind. So steht es beispielsweise mit den Aufnahmen zu Pittsburgh, die als Einzelwerke und in Kombination das industriell-serielle Narrativ symbolisch in Gestalt von Fabriken, die nunmehr den Geist industrieller Produktion transportieren und dem nachfolgend auch formal durch die identische Reihung von Fabrikkörpern aufgreifen. Sie bedeuten gleichsam eine veränderte Rezeption der Industrie. Bei den Pariser Aufnahmen verhält es sich etwas anders. Coburn plante im Gegensatz zu den Pittsburgh-Abbildungen die Veröffentlichung der Photographien ganz konkret: Unter dem Titel „Paris Book" sind sie in seinem Nachlass vermerkt.[121] Da trotzdem nicht antizipiert werden kann, welche Photographien er für das Paris-Projekt schlussendlich ausgewählt hätte, steht hier eine rein argumentativ begründete Auswahl der Abbildungen im Fokus, in der sich die serielle Wiederholung in der Pariser Stadtlandschaft am eindrücklichsten vor Augen führen lässt. Der Begriff des Seriellen bezieht sich in beiden Fällen, bei den Pittsburgh- und bei den Paris-Aufnahmen, auf die ästhetische Wiederholung eines „abstrakten Typus",[122] also gleichstrukturierter Formen im Bild. In Paris hingegen ergibt sich durch die Verortung des Seriellen im historischen Stadtbild eine Rückkoppelung des modernen Narrativs in den Alltag: Das Serielle ist nun überall zu finden, beziehungsweise, *zu sehen*. Es stellt sich die Frage: Ist es die neue Fertigungstechnik oder ist es ein verändertes neues Sehen, das in der Photographie zu genuin modernen Motiven führt? Und was bedeutet das für die Rezeption?

121 Im *George Eastman House* in Rochester sind einige Negative zu Paris unter diesem originalen Vermerk abgelegt, so bspw. die Nummern 79:1978:0004-21. Vgl. George Eastman House, *Still Photograph Archive, Alvin Langdon Coburn*, Strip 24, online: http://www.geh.org/ar/strip24/htmlsrc/coburn_sum00047.html, zugegriffen am 2.12.2014.

122 Eco (1990), „Serialität im Universum der Kunst und Massenmedien", S. 301.

Pittsburgh & Industrial Photography

Coburns Aufnahmen von Fabrikgebäuden, die um 1910 in Pittsburgh entstehen, lassen sich als stimmungsvolle Kompositionen problemlos im Kontext piktorialistischer Tradition einordnen:

> „In photography this romantic vision of industry [from the 1900s through the 1930s] was expressed by Alfred Stieglitz [...]; by Alvin Langdon Coburn in his 1910 Pittsburgh industrial landscapes; and by Margaret Bourke-White [...]. There is a great emphasis in these pictures on the smoke, light, dust and drama of the industrial process.“[123]

Die Photographien suchen durch diese Mittel – Dampf und Rauch, Licht und Schatten – die Schönheit der industriellen Fabriken im Bild auszumachen und zu bannen. Sie wird in Szene gesetzt und die künstlerische Stimmung des Piktorialismus in der Industrielandschaft aufgezeigt (Abb. 29 und 30). Doch wäre es zu kurz gegriffen, die Photographien ausschließlich als romantisch verklärte Industrieaufnahmen zu kategorisieren, denn sie tragen mehr in sich: die Faszination für maschinelle Produktion und industrielle Maschinerie, die stets auf die photographische Kamera selbst reflektiert, und gleichzeitig den Fingerzeig hin zu einem neuen photographischen Blick auf die Welt.

Aufgenommen aus einiger Entfernung zeigt Abb. 29 eine Fabrikanlage, die sich am Ufer des Monongahela River befindet.[124] Die Anlage, vermutlich ein Stahlwerk, ist als horizontaler Streifen mittig im Bildausschnitt positioniert und umfasst in etwa ein Sechstel der Fläche. Über ihr erstreckt sich der Himmel, unter ihr fließt – unterbrochen von einem schneebedeckten Landstreifen – der Fluss, beide von geradezu identischem Grau. Die Anlage, bestehend aus Gebäuden, Hallen, Dächern und Schornsteinen ist von rechts aufgenommen und füllt, sich nach links perspektivisch verjüngend, die gesamte Breite des Bildraumes aus. Leicht nach rechts versetzt, sieht man vor der Anlage auf dem Fluss einen Heckraddampfer schwimmen, der parallel zur Fabrikanlage und zum Ufer leere Kähne vor sich her schiebend nach links fährt und den industriellen Körper des Stahlwerkes wiederholt. *Pillars of Smoke* heißt die Aufnahme von 1910 und tatsächlich sind es die

123 Guimond (1991), *American photography and the American dream,* S. 86. Vgl. dazu Abb. 33 von Bourke-White *Smoke stacks, Otis Steel Co., Cleveland, Ohio.*

124 Es könnte sich auch um den Allegheny River oder um den Ohio River handeln. Insbesondere auf dem Ohio und Monongahela River wurden Waren und Produktionsmittel mit Heckraddampfern transportiert. Vgl. Steve Kenwolf, *The Role of the River in the Development of West Virginia Commerce*, online: http://www.wvculture.org/history/wvhs/wvhs1401.html, zugegriffen am 10.11.2017.

Abbildung 29: Coburn, Pillars of Smoke, Pittsburgh*, 1910*

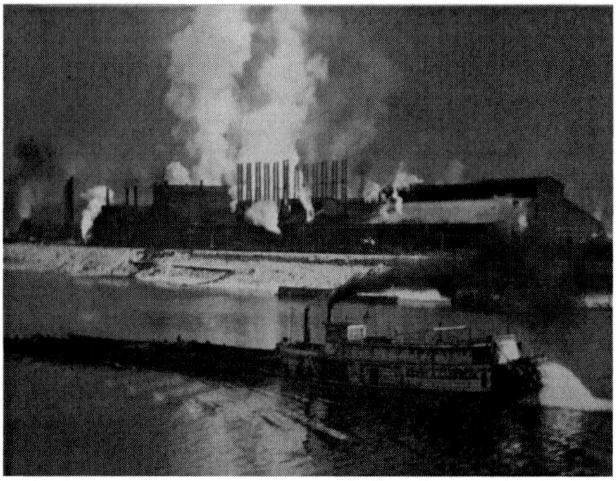

Rauchsäulen, die in der Komposition auffallen. Zwei herrische, weiße Säulen bilden dabei den Fokus. Sie befinden sich mittig links eng nebeneinander, hinter und neben einer Vielzahl hoch aufragender Schornsteine in der Mitte des Bildes, zwei Reihen von sechs Zweierpaaren. Der Ursprung der Säulen liegt in den Gebäuden, sie gehen ineinander über, vermengen sich und streben vertikal nach oben aus der Bildgrenze hinaus. Um sie sammeln sich mehrere ungleich kleinere Rauchschwaden, weiß aufqualmende Gebilde entlang der verschiedenen Gebäudeteile. An der linken Seite des Bildes eine dunklere Rauchsäule, die weißgrau sich verändernd bald in den Himmel übergeht. Eine weitere Rauchsäule findet sich über dem Dampfschiff. Durch den Fahrtwind qualmt das Schiff die grauen Wolken fast horizontal ausgerichtet hinaus, die -säule wird zum Rauchstreifen. Das Wasser, welches am Heck des Schiffes durch die Schaufel geschleudert wird, wiederholt nun als weißes Gebilde die kleineren Rauchwolken um die Anlage, glitzernd ziehen sich kleine Wellen entlang des Schiffes durch den Fluss. Dampfschiff und Fabrikhalle funktionieren als unterschiedliche Wesen einer Art, nebeneinander pusten sie ihren Atem in die Natur. Der Rauch, die weißen Wolken und Schwaden, befinden sich zwischen den verschiedenen Ebenen des Bildes, zwischen den harten, schwarzen Stahl- und Betonkörpern und der grauen, fast unsichtbar werdenden Natur im Bild. Die Rauchschwaden und titelgebenden -säulen setzen sich von beiden Positionen ab und verbinden sie dennoch: Sie sind Ergebnis der industriellen Produktion, der technisch maschinellen Vorgänge, und vereinen sich – ganz links im Bild ist es bereits zu erkennen – mit der Natur. Produziert von den Maschinen

Abbildung 30: Coburn, Pillars of Smoke, Pittsburgh*, 1910*

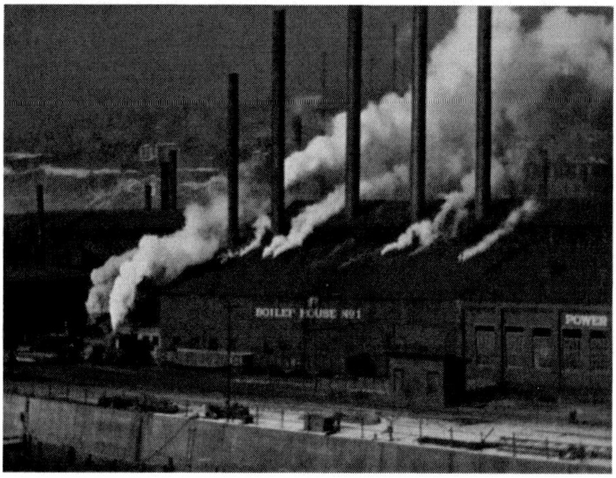

werden sie dennoch Teil der Luft, sie werden zu Wolken. Hier zeigt sich die visuelle Vereinigung von industriellem Rauch mit der Natur und damit einhergehend die immerwährende Wiederkehr der Stoffe. Der Mensch hingegen spielt, trotz seiner maßgeblichen Rolle in der Erzeugung maschineller Artefakte, in dieser Dynamik keine Rolle. Die Kamera beobachtet aus sicherer Distanz diese Dynamik, das Kräftespiel der höchst artifiziellen Körper mit der Landschaft, den Wolken und dem Wasser. Legte man parallele Geraden durch die Fabrik und durch das perspektivisch nach vorne versetzte Schiff und noch eine weitere mit gleichem Abstand davor, so liefe diese letzte Gerade durch den Betrachterstandpunkt, genauer noch, durch die Kamera. Die Kamera nimmt nicht nur das Schauspiel der Technik in der Natur wahr und auf, sie ist selbst Teil der Auseinandersetzung: „Sprössling des Stahlzeitalters" (ZuK 273) nennt Coburn die Photographie in „Der Zusammenhang von Zeit und Kunst" 1911 und das Kind entsprechend beim Namen.

Auch Abb. 30 wird unter demselben Titel geführt, *Pillars of Smoke*. Für diese Aufnahme hat sich die Kamera näher herangewagt, hat – auch für den Fall, dass es sich um eine andere Fabrikanlage handelt – den Fluss überquert und sich dem Gebäude genähert. Der Bildausschnitt zeigt aus ähnlichem Winkel wie in Abb. 29 eine Industrieanlage, die nun fast den gesamten Bildraum einnimmt. Der Haupttrakt befindet sich mittig und ragt recht aus dem Bild hinaus, vorne begrenzt ihn ein Straßenverlauf, links stehen Nebengebäude, hinten links sind Hügel und Gebäude zu erkennen. Von der Anlage ragen fünf Schornsteine hoch auf, welche von

Abbildung 31: Coburn, Smoke Stacks, Pittsburgh, *1910*

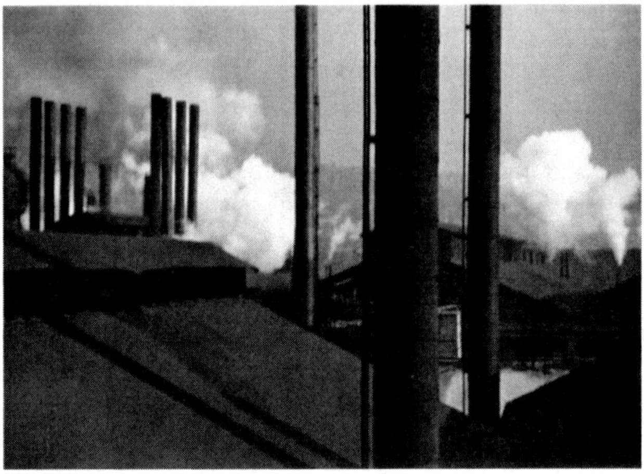

weißem Rauch umgeben sind, der wiederum aus anderen Öffnungen des Werkes strömt. Der Rauch zieht von links nach rechts oben aus dem Bild hinaus, entlang der Dachschräge des Gebäudes das mit „Boiler House No. 1" beschriftet ist, den Verlauf der Schornsteine aufnehmend, die ebenfalls weiter aufsteigen. Der Bildinhalt verdichtet sich nach rechts oben, dorthin strömen die Rauchschwaden. *Pillars of Smoke* scheint nunmehr nicht nur die Rauchsäulen zu benennen, sondern auch die Schornsteine in den Fokus zu rücken. Fast könnte man meinen, es handle sich um eine Detailaufnahme der Schornsteinreihung aus der vorherigen Abbildung. Riesige Schornsteine, einer neben dem anderen gereiht, ragen aus dem Bild, inmitten von weißem Rauch. Als zoome die Kamera abermals näher heran, zeigt Abb. 31 die *Smoke Stacks* das Bild formal dominierend. Elf Schornsteine sind deutlich über den Bildraum verteilt, mehrere unauffälligere verstecken sich zwischen den Dächern, aus denen sie emporsteigen. Die Photographie bildet den Raum auf und zwischen den Dächern ab, zentral steht ein Schornstein bei einem Drittel von rechts den Bildraum vertikal durchschneidend, oben und unten aus dem Bildraum führend. Rechts hinter ihm findet sich der nächste Schlot, links weiter hinten wieder einer. Auch diese zwei durchschneiden den Bildraum, führen oben aus jenem hinaus und organisieren ihn als Achsen. Dazwischen bilden die Hausdächer Diagonalen, die wiederum vom Schatten des vordersten Schornsteines aufgenommen und als Parallele wiederholt werden. Links hinten im Bild ist eine Anordnung von zwei mal vier Schloten um ein Dach zu erkennen, rechts hinten zieht sich die Fabriklandschaft weiter, Dächer, noch mehr Schornsteine. Rauch steigt auf, rechts und links hinten im Bild eine große weiße Rauchwolke. *Smoke*

Stacks fokussiert kompromisslos auf die Achsen, die Geraden und Linien, die jene ausbilden, auf die Strukturen, die auf dem Fabrikgelände entstehen. Die Körper werden abstrahiert und zerlegt, die industrielle Produktion ästhetisch erörtert und das wiedererkennbare Schema darin gezeigt: Schornsteine als Achsen, die den Raum durchschneiden. Plötzlich geht es nicht mehr um die Einheit oder Disposition von Stahlwerken in der Natur, um romantisch arrangierte Darstellungen von Industrie. Was hier abgebildet wird, ist ebenso artifiziell, wie der technische Körper selbst, er ist nur noch abstrahierte Form, die Natur tritt zurück. Fast scheint es, als gehe die Kamera auf die Suche nach ihren eigenen Spuren. Sich langsam herantastend wird der maschinelle Organismus aus der Ferne betrachtet, aus respektvoller Distanz als Gesamtwerk in der Natur wahrgenommen, dann wird herangezoomt, der architektonische Körper und die Rauchschwaden werden näher betrachtet, die Kamera zoomt weiter heran – und dechiffriert die artifizielle, rein technische Gemachtheit der Anlage. Diese Konstruktion zu zerlegen und so aufzuzeigen, ist wiederum eine Fähigkeit der Kamera.

Weiter getrieben wird dieses Moment in Abb. 32, *Station Roofs*. Aus verzerrender Perspektive von schräg oben werden Dächer gezeigt, neun Einheiten in Reih und Glied nebeneinander stehend, am linken und rechten Bildrand sind weitere Einheiten angeschnitten. Die Gebilde sind identische Wiederholungen voneinander, die nach rechts vorne perspektivisch an den Betrachter heranrücken, gleichzeitig wird in einer Biegung der längliche, nach hinten laufende Körper der Einheiten zur oberen rechten Bildecke verformt, was durch Rauchschwaden von links unten nach rechts oben betont wird. Die Rauchschwaden kontrastierend zieht noch eine weitere Gerade durch das Bild, im Vordergrund ist eine gerillte Oberfläche als Untergrund der Dächer auszumachen, die von der Mitte der linken Bildgrenze diagonal zur Bildecke rechts unten läuft. Es gibt weitere Strukturierungen, ein Gebäudeschatten gliedert die vordere Fläche abermals, links im Hintergrund sind die Fensterbuchten eines den Bildraum überwachsenden Gebäudes auszumachen. Die Eigentümlichkeit der Abbildung entsteht nicht zuletzt dadurch, dass nicht klar bestimmt werden kann, was sich vor der Linse befunden haben muss, was die Funktionalität dieser *Station Roofs* genau ist. Jedoch handelt es sich wohl eher um Detailaufnahmen von Lüftungsschächten auf einem Fabrikgebäude, als um eigenständige Hallen auf einer merkwürdig artifiziell geharkten Fläche. Aber es spielt keine Rolle, was das Objekt vor der Kamera war: Das Bild zeigt nun seinen eigenen Inhalt. Zu sehen ist der immer gleiche architektonische Körper in scheinbar fortlaufender Wiederholung. Der Bildraum wird so zum Ausstellungsort von einerseits formaler Abstraktion, als auch von Serialität im industriellen Sinne andererseits.

Betrachtet man Coburns Pittsburgh-Aufnahmen, treten zwei Aspekte deutlich hervor: Zum einen verschiebt sich bereits das Hauptmotiv der piktorialistischen Phase um 1900, die insbesondere Natur- und Personengruppierungen abbildete, hin zu industriellen und maschinellen Motiven. Zum anderen wird jedoch ein nicht an sich piktorialistischer, sondern vielmehr epistemologisch die Photographie und auch ihre Gegenstände neu betrachtender Blick des Photographen etabliert: Die Photographien inszenieren die Fabrikhallen als annähernd erhabene Gegenüber[125] ähnlich den Abbildungen der Wolken am Grand Canyon, die zwei Jahre später entstehen werden. Die Gebäude werden menschenleer als Gegenüber der beobachtenden Kamera gezeigt; sie scheinen entrückt und unerreichbar. „The romantic vision of industry was mainly an expression of the artists' and photographers' own feelings of awe and excitement as they observed processes that seemed mysterious and ‚infernal' to them,"[126] schreibt James Guimond. Eine solche Parallelisierung von Naturphänomenen und Industriebauten lässt sich auch in anderen Beispielen nachzeichnen. Miles Orvell erklärt dies Ambivalenz am Beispiel von Alfred Stieglitz und seinen menschenleeren Skyscraper-Aufnahmen in Manhattan aus den 1920er Jahren auf der einen und seinen *Equivalents* der 1920er und 30er Jahre auf der anderen Seite.[127] „The subjects are utterly different in character, the one organic and natural, the other utterly artificial. (These extreme purifications of subject matter were typical of modernist art in the 1920s),"[128] konstatiert Orvell, und weiter, „how similar Stieglitz's approach was to both subjects despite the difference: for in each case he is conducting an exploration of formal possibilities, a set of variations that exploits the full range of his subject matter."[129]

Bemerkenswerterweise lassen sich diese Gedanken fast korrekturlos in diesem Kontext auf Coburn übertragen. Bei den Aufnahmen am Grand Canyon und denen in Pittsburgh werden die hochwidersprüchlichen Motive von unberührter Natur und artifizieller Industrie als Gegenüber der Kamera ausgemacht. Die Art und Weise, wie sie aufgenommen werden, verändert sich dabei nicht drastisch: beide Male werden sie als vom Menschen entrückte Monumente der Natur und der Kultur inszeniert. Die Entwicklung hin zur Abstraktion in der *Industrial Photography* funktioniert, wie Guimond aufzeigt, dementsprechend über die Entwicklung neuer Sehweisen:

125 Zum Begriff der Erhabenheit im Kontext der Wolkenphotographie siehe Kap. 3.1.2.

126 Guimond (1991), *American photography and the American dream,* S. 87.

127 Siehe dazu Abb. 39 und Abb. 66.

128 Miles Orvell, *The Real Thing. Imitation and Authenticity in American Culture, 1880–1940,* Chapel Hill 2014 [1989], S. 213f.

129 Ebd., S. 214.

Abbildung 32: Coburn, Station Roofs, Pittsburgh, *1910*

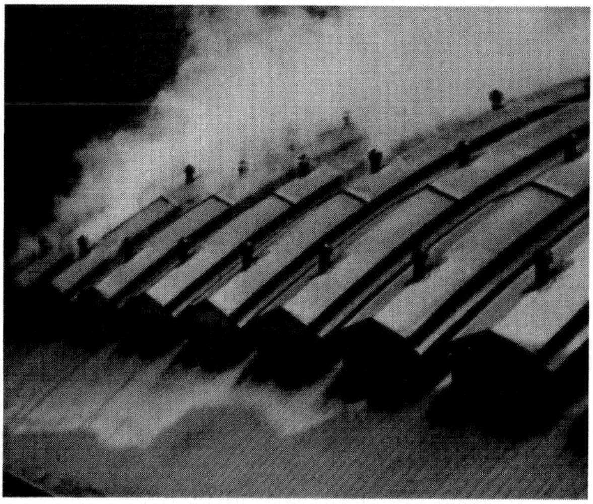

„Modernist photography was a particularly appropriate style for finding the beauty in factories and derricks. [...] pioneer modernist photographers [...] made images of machinery, automobiles, factories, and steel mills in which machine parts, pipes, wheels, and buildings formed cubist and abstract patterns."[130]

Die Inszenierung von Industrie schließt dabei autoreflexiv auf die Kamera selbst, die eben auch technologisches Artefakt ist. Coburn verweist 1914 direkt auf diesen Sachverhalt: „Die Bilder flüstern uns zu: ‚Wir wurden mit einer Maschine gemacht, die subtil von der menschlichen Intelligenz gesteuert wurde; sind wir nicht einfach wunderschön?'"[131] Technik, Konstruktion und Schönheit gehören zusammen und gehen Hand in Hand. Bei der Abbildung von Maschinen und Industrie wird mit der Kamera so auch ihr eigener Diskurs verhandelt.

In Abb. 31 und 32 entfernt sich Coburn von der stimmungsvollen Darstellung der Industrieriesen und wendet sich dezidiert der Ausstellung von Strukturen und Wiederholungen zu. Die Funktion der Abbildung gleitet von piktorialistisch durchdrungener Industrieromantik hin zu modernen Abstraktionen, die sich der industriellen Formen um ihrer Ästhetik Willen bedienen. Coburns Aufnahmen von 1910 zeigen, dass es sich bei der Entwicklung hin zur *Industrial Photography*

130 Guimond (1991), *American photography and the American dream,* S. 91.

131 Alvin Langdon Coburn, „Moderne Photographie (1914)", in: Ders. (2015), *Auf der Suche nach der Schönheit*, S. 295-297, 297.

Abbildung 33: Margaret Bourke-White,
Smoke stacks, Otis Steel Co.,
Cleveland, Ohio, *1927/28*

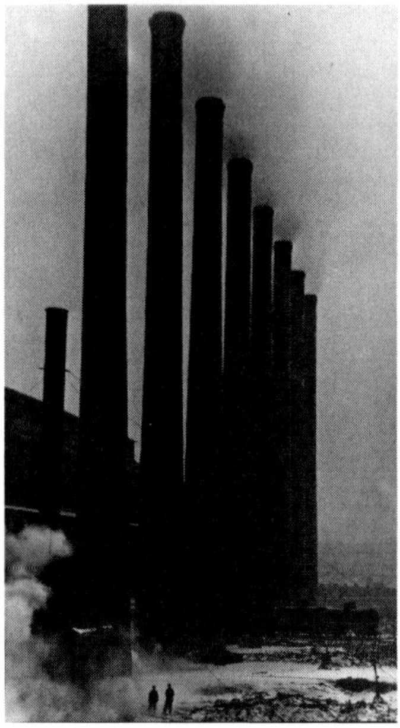

der 1920er und 1930er Jahre um eine allmähliche handelt, die ihre Anfänge im Piktorialismus findet und ihre Fühler in Richtung Moderne ausstreckt. Doch trotz der epistemologischen Justierung der Photographie von einer Inszenierung von Stimmung hin zum Abbilden formaler Gestaltungsmerkmale ändert sich die grundsätzliche Bewegungsrichtung nicht. Beide Varianten zielen darauf ab, eine selbstbewusste Photographie voranzubringen und ihre ihr eigenen Möglichkeiten aufzuzeigen – mal als Medium, das fähig ist, künstlerisch Stimmung und Erhabenheit zu konstruieren und abzubilden, dann als eines, das einen neuen Blick einfängt und offenlegt, und zwar einen genuin *photographischen*. Dieser vereint sowohl wahrnehmungstheoretische Aspekte, die im *Neuen Sehen* der 1920er Jahre dann zum Programm werden,[132] als auch ontologische, die sich auf einen photographischen, da technologisch artifiziell geführten Blick beziehen. Diese Entwicklung der Herausarbeitung eines genuin photographischen Modus findet sich, um den Bogen zurückzuschlagen, nicht nur bei Coburn, sondern in der gesamten

132 Coburn schreibt retrospektiv: „Die Photographie hilft uns nicht nur, uns an Dinge zu erinnern, sondern diese mit neuen Augen zu betrachten" (AB 46).

Photo-Secession wieder und zwar ganz im Sinne Stieglitz', der als Epizentrum der Bewegung stets darum bemüht war, „the cause of artistic photography“[133] voranzutreiben, soll heißen, die Etablierung der Photographie in ihren Möglichkeiten zur Entfaltung zu bringen. Dass und wie dabei Abstraktion eine Rolle spielt, erklärt Coburn 1916 in seinem Essay „Die Zukunft des Piktorialismus“. Hier spricht er von der „Schönheit winziger Strukturen“[134] und ordnet jede Gegenständlichkeit der Gestaltung und der Formgebung unter. Dementsprechend sieht auch sein Plan zur Umsetzung einer „Ausstellung zur Abstrakten Photographie“[135] aus,

> „bei der im Antragsformular ausdrücklich darauf hingewiesen werden sollte, dass keine Werke zugelassen würden, bei denen das Interesse am Gegenstand größer sei als die Würdigung des Außergewöhnlichen selbst. Ein Sinn für Gestaltung und Formgebung ist natürlich das Wichtigste; und auch die Möglichkeit, dem Unterdrückten oder Unerwarteten freien Lauf zu lassen, sollte sich letztlich als vorteilhaft erweisen.“[136]

„Sinn für Gestaltung und Formgebung“, oder für „Formen und Strukturen“[137] sind bereits in den Photographien von 1910 vorrangig, zumindest in Smoke Stacks und Station Roofs. Wie eine Kombination beider Aufnahmen erscheint die Photographie der Amerikanerin Margaret Bourke-White, die Ende der 1920er Jahre in Cleveland entsteht (Abb. 33).[138] Es handelt sich um *Smoke stacks, Otis Steel Co.,* die in den Himmel ragen, acht Stück davon, nebeneinander aufgereiht von links vorne nach hinten rechts laufend. Drumherum türmen sich die Rauchschwaden

---

133 Vorwort der Herausgeber, in: Hartmann (1978), *The valiant knights of Daguerre*, S. 1. Stieglitz selbst nannte sein Streben „the cause“, so bspw. auch in einem Brief an Dudley Johnson von der *Royal Photographic Society* im Juni 1924. Interessanterweise wirft er Coburn in eben jenem Brief vor, sich nicht in erster Linie für „the cause“ einzusetzen, sondern seinem eigenen Vorankommen Priorität beizumessen. Der Brief befindet sich im Archiv des RPS. Stieglitz Correspondence / RPS CAB 5 / Shelf 4 / 2003-5001/4/20288/1to10.

134 Coburn (2015), „Die Zukunft des Piktorialismus (1916)“, S. 314.

135 Ebd.

136 Ebd., S. 315.

137 So die Übersetzung der gleichen Stelle in Coburn (1980), „Die Zukunft der bildmässigen Fotografie (1916)“, S. 58.

138 Siehe zu Bourke-White bspw. Stephen Bennett Phillips, *Margaret Bourke-White. The photography of design, 1927–1936,* New York 2003.

auf, einzig vorne in der Mitte wird die Industrielandschaft menschlich durchbrochen: Hier sind zwei winzige Männer zu sehen.

Noch eindeutiger ist der Verweis zur Photographie der 1920er Jahre aber, vergleicht man die Aufnahmen mit einer neusachlichen Photographie wie jener der Schuhleisten des *Fagus-Werk*, aufgenommen vom deutschen Photographen Albert Renger-Patzsch im Jahr 1928 (Abb. 34).[139] Die Aufnahme gehört zu einer Serie, die Renger-Patzsch im Auftrag von Karl Benscheidt von der Schuhleistenfabrik anfertigte. Die Moderne ist dabei von Anfang an in das *Fagus-Werk* eingeschrieben; es war Walter Gropius, der 1911 die Gebäude entwarf und es ist Ende der 20er Jahre Renger-Patzsch, der sie dokumentiert.[140] Abb. 34 zeigt die immer gleichen Schuhleisten nebeneinander aufgereiht in drei Reihen nach hinten links laufend. Im Hintergrund erkennt man auf Regalen weitere Schuhleisten in Reih und Glied. Durch den nahen Ausschnitt und die durch die Bildgrenze angeschnittenen Leisten am rechten Bildrand, wirkt es so, als liefen die Reihen außerhalb des Bildraumes immer weiter, die Formen wiederholen sich unendlich; klar organisiert, vermeintlich objektiv dokumentiert. Die Reihung, der Anschnitt am rechten Rand und die Blickrichtung von hinten links nach vorne rechts wiederholt sich in den *Station Roofs*. Interessanterweise ist es bei aller Ähnlichkeit der Ästhetisierung doch eine andere Herangehensweise an die photographische Aufnahme, die die Arbeiten unterscheidet. Renger-Patzsch verortet seine neusachliche Photographie[141] explizit im Gegensatz zu den kunstphotographischen Bestrebungen, Photographien ‚Kunst' werden zu lassen, und sucht „das Wesen der Dinge"[142] in dokumentarischer Treue abzubilden, und zwar mittels „„fotografische[r] Fotografie",[143] die in der Lage sei, Wirklichkeit angemessen und dem Gegenstand verpflichtet wiederzugeben.

139 Zu Albert Renger-Patzsch siehe u.a. Albert Renger-Patzsch, *Die Freude am Gegenstand. Gesammelte Aufsätze zur Photographie,* hg. v. Bernd Stiegler und Ann und Jürgen Wilde, München 2010, und auch Albert Renger-Patzsch, *Meisterwerke. Mit einem Text von Thomas Janzen,* hg. v. Ann und Jürgen Wilde und Thomas Weski, München u.a. 1997.

140 Dazu Annemarie Jaeggi (Hg.), *Die Moderne im Blick. Albert Renger-Patzsch fotografiert das Fagus-Werk,* Berlin 2011.

141 Zur *Neuen Sachlichkeit* am Beispiel von Renger-Patzsch vgl. Stiegler (2006), *Theoriegeschichte,* S. 218-242.

142 Renger-Patzsch (1997), *Meisterwerke,* S. 9.

143 Albert Renger-Patzsch, „Ein Vortrag, der nicht gehalten wurde (1966)", in: Ders. (2010), *Die Freude am Gegenstand,* S. 241-244, 241.

Abbildung 34: Albert Renger-Patzsch, Fagus-Werk, *1928*

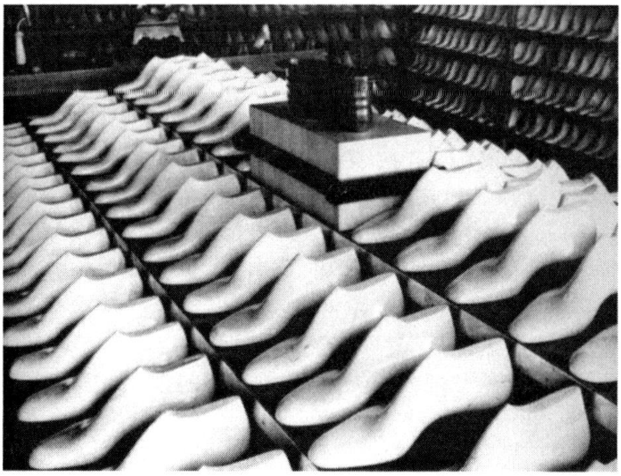

Setzt man ausgehend von diesen sowohl motivisch (industrielle Produktionsstätte vs. industriell Produziertes) als auch kompositorisch ähnlichen Abbildungen Coburn Renger-Patzsch programmatisch entgegen, steht Kunststreben gegen Dokumentation, künstlerische Leistung gegen objektives Aufzeigen und die künstlerische Etablierung der Photographie gegen eine photographische Photographie, die zur sachlichen Entdeckung der Dinge führe. Ungeachtet der Tatsache, dass die Gegenüberstellung an die Auseinandersetzung zum Beginn der Photographie und der Frage nach der Möglichkeit künstlerischer Photographie erinnert, zeigt sich, dass sich ästhetische und epistemologische Aspekte der Photographie in ihrer Entwicklung in geradezu gleichförmiger Ungleichzeitigkeit bewegen und verschiedene Ziele mit gleichen Mitteln, die jedoch zu unterschiedlichen Zeiten auf unterschiedliche Weise erreicht werden, verfolgen. So sehr die epistemologischen und programmatischen Ausgangspunkte in England 1910 und Deutschland 1928 divergieren, so sehr gleicht sich dennoch die Ästhetik bei dem Versuch, den Diskursen dieser Zeit entsprechend „reine[…] Photographie“ (AB 26) oder eben „fotografische Fotografie“ anzufertigen.

Paris & das Serielle in der Stadt

Wenngleich Coburn beabsichtigte eine Publikation mit Photogravüren von Paris zu veröffentlichen, so setzte er diesen Plan doch niemals um. 1913 entstanden zahlreiche Aufnahmen in Paris, die allerdings einen anderen Geist einfangen als jene aus Pittsburgh. Pittsburgh, das ist der Inbegriff von Industriebauten, von Stahlwerken, von technologischem Vormarsch. Paris hingegen erzählt eine andere (Bau-)Geschichte: Coburns Bilder zeigen nicht das Maschinelle im Pariser Stadtbild, stattdessen scheinen sie im Althergebrachten modern konnotierte Motive zu suchen, genauer, sich wiederholende, die Stadt ordnende Strukturmerkmale. Dabei sind die abgebildeten Objekte selbst keinesfalls modern, sondern im Gegenteil die Ikonen jahrhundertealter Architektur- und Kulturgeschichte: u.a. Pont Neuf und Notre Dame de Paris. Doch der Blick ist ein neuer, der explizit das Serielle und Formale in Augenschein nimmt und nach den Charakteristika einer Moderne fragt. Kann es sein, dass man diese klassische Strukturierung des Stadtbildes unter der Gewöhnung industrieller Ansichten als modern erkennt? Und welche Funktion übernimmt die Photographie dabei?

Es sind keine zufälligen Orte, die Coburn in Paris photographiert. Abb. 35 zeigt Pont Neuf aus Untersicht aufgenommen, der sich ähnlich wie zuvor die *Station Roofs*, von links hinten nach rechts vorne durch das Bild schiebt. Die Photographie ist in drei Bereiche unterteilt: Ein horizontaler Streifen am unteren Bildrand, der die Seine zeigt und ungefähr ein Viertel des Bildraums ausmacht, der Pont Neuf, der den Großteil der Bildfläche einnimmt und quasi diagonal vom linken Bildrand zur rechten oberen Ecke läuft, und als dritter Bereich ein Dreieck, das in der linken oberen Ecke Himmel und Gebäude im Hintergrund zeigt. Vier Stützpfeiler des Renaissance-Baus sind in der Aufnahme abgebildet, links und rechts verlaufen die Bildgrenzen durch Rundbögen, wodurch die Brücke perspektivisch außerhalb des Bildraumes weiterzugehen scheint. Die wiederholte Einheit setzt sich aus einem Stützpfeiler und einem Rundbogen mit Führungsringen nahe der Wasseroberfläche zusammen, dazu eine halbkreisförmig gewölbte Ausbuchtung mit je zwei Laternen, sowie gleichartige fortlaufende Konsolen mit Konsolenmasken, den *mascarons*. Jene sind allesamt individuell gestaltet, keine gleicht der anderen – doch die Kamera verschluckt durch die Distanz die Details, Unterschiede werden unsichtbar, die *mascarons* ebenfalls zu identischen, sich wiederholenden Teilstücken. All diese Komponenten sind Teil der seriellen Wiederholung. Die Rhythmik wird nicht durchbrochen, sondern läuft unverändert weiter. Einzig durch die Perspektive verändert sich die Dynamik im Bild: Durch

Abbildung 35: Coburn, Pont Neuf, Paris, ca. 1913

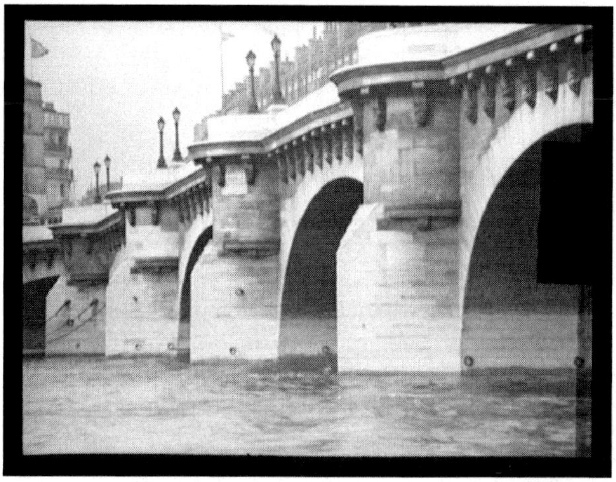

sie werden Räume verkürzt, gleichzeitig entsteht der Effekt einer gleichsam endlosen Weiterführung außerhalb des Bildraumes.

In verblüffend gleicher Weise mit verkehrten Vorzeichen funktioniert daneben Abb. 36. Hier lässt sich ein Ausschnitt der Südseite von Notre Dame de Paris ausmachen. Aus Vogelperspektive ist das Strebewerk wohl von der Rückseite des südlichen der zwei Türme der Westfassade der Kathedrale aus aufgenommen. Vier Strebebögen und drei -pfeiler sind zu sehen, von der vorderen rechten Bildecke zieht sich die Reihe der Bögen nach links oben im Bild. Während sich der zweitoberste Strebebogen parallel zur Bildgrenze verhält, sind die anderen drei leicht perspektivisch verzogen, der unterste Bogen ist durch den rechten Bildrand angeschnitten, der zugehörige Strebepfeiler fehlt im Bild. Ausgehend von der linken unteren Bildecke ist ein Teil des Daches des Langhauses von Notre Dame zu erkennen, gegenüberliegend sind Bäume und ein Stück des vor dem Bau liegenden Platzes zu sehen. Die Strebepfeiler werden durch kleine Dächer über Wasserspeiern, die nach rechts oben in den Raum stechen, abgeschlossen. Wie schon zuvor zeigt das Bild die mehrmalige Wiederholung einer architektonischen Einheit, wieder inszeniert die Kamera den seriellen Charakter. Durch die ungewöhnliche vom Gebäude ausgehende Vogelperspektive auf das eigene Gebälk wird der Ausschnitt des gotischen Baus von jenem stark abstrahiert, die Kathedrale als Ganzes ist nicht mehr zu erfassen: Die sichtbaren Teilstücke sind nur noch Ausdruck ihrer Struktur, ihrer Konstruktion, ihrer seriellen Bauweise.

Abbildung 36: Coburn, Notre Dame de Paris, ca. 1913

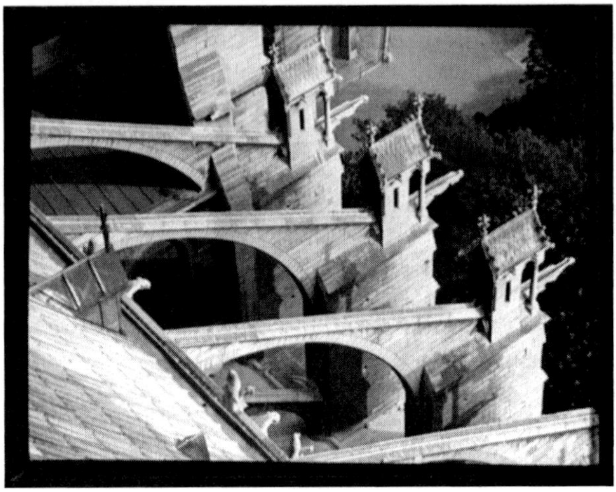

Anders verhält es sich mit dem Champ de Mars, das in Abb. 37 abgebildet ist. Das Marsfeld, das sich vor dem Eifelturm erstreckt, ist an seinen rechteckigen, geometrisch genau arrangierten Parkflächen und dem kreisförmigen Platz in seinem Zentrum gut erkennbar. In der Abbildung befindet sich der Platz als angeschnittene Ellipse am oberen Ende des Bildes, er nimmt die gesamte Breite ein, oberhalb von ihm ist in einem schmalen Spalt ersichtlich, dass dort die Felder weiterlaufen. Nach unten gliedert sich der Bildraum in drei Parkstücke, die nach links versetzt positioniert aufgenommen sind. Durch eine weiß abgesetzte Dopplung der rechteckigen Form binnen der einzelnen Felder wird sowohl jene, als auch der fortlaufende Charakter der Linien entlang der Felder über die Straßenauslassungen hinweg betont. Hecken und Sträucher längs der Seitenlinien bringen weiter symmetrische Ordnung in die Abbildung. Die unterste Parkfläche bildet das größte Rechteck, es ragt aus der linken Bildecke aus dem Bildraum hinaus. Es ist ersichtlich, dass die Parkfläche hier weiterführt. Die untere Begrenzung des zweiten Feldes formiert ungefähr die Mittelhorizontale der Aufnahme, die rechte Außenlinie der Rasenfläche verläuft vertikal. Auf der rechten Bildseite läuft eine Promenade parallel dazu auf den Platz zu, die nur annährend vertikale Fluchtung wird durch säumende Bäume und ihre Schatten, bauschige Tupfen auf dem grauen Boden entlang der Promenade, unterstrichen. Links im Bild kann man erahnen, dass die Promenade gedoppelt wird und durch Querwege zwischen den Feldern mit der rechten Seite verbunden ist. Die Komposition zeigt eine Vielzahl geometrischer

Abbildung 37: Coburn, Champ de Mars, Paris, ca. 1913

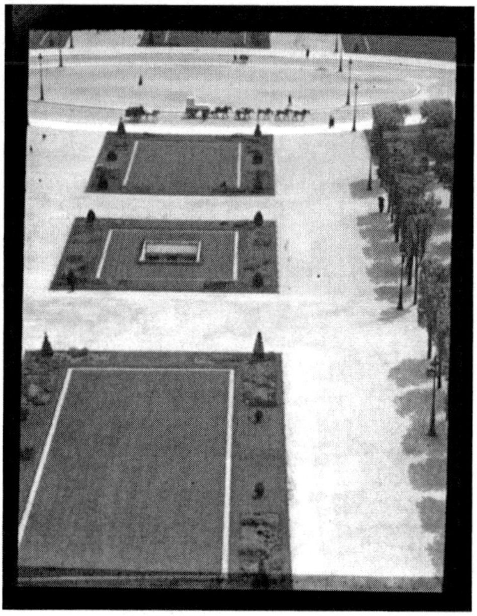

Formen, die miteinander interagieren, wiederholt und betont werden. Die Abstraktion des Stadtraumes wird durch die regelrechte Abwesenheit menschlicher Körper im Bild verstärkt. Wenngleich es sich um einen belebten Pariser Ort handelt, hat Coburn die Aufnahme in einem Moment getätigt, in dem nur vereinzelt schwarze Striche als Menschen auszumachen sind. Dennoch ist das Leben nicht vollständig aus der Ansicht getilgt: auf dem Platz befinden sich zwei Kutschen, vor einer davon tummeln sich fünf Pferde hintereinander.

Es ist bemerkenswert, wie ähnlich sich einige der Aufnahmen aus Paris strukturell sehen. Dabei handelt es sich bei dieser Art und Weise der Photographie, strenge serielle Muster offenzulegen, keinesfalls um ein gängiges Stilmittel in Coburns Werk, das in dieser Radikalität häufig auftreten würde. Abb. 35 und 36 gruppieren sich als wesensähnliche Arbeiten binnen des Werkes, wobei deutliche Parallelen zu *Station Roofs* aus Pittsburgh auszumachen sind. Die Aufnahmen des Pont Neuf und des Strebewerks von Notre Dame zeigen in gleicher Weise eine Reihung wie die Dächer. Die klassischen Bauten werden jenen der industriellen Produktion gegenübergestellt und die verschiedenen Bauweisen und Strukturmerkmale implizit einem Vergleich unterzogen. Die Architektur in der Pariser Innenstadt zeigt allerdings, dass das Serielle bereits lange vor Industrialisierung und maschineller Fertigungstechnik Teil des Stadtbildes war. Serielle Bauweisen, in denen Bauglieder aus „gleichartigen Einzelteilen zusammengesetzt wurden",[144] gibt es schon lange vor der Moderne, so insbesondere in der Gotik, der eben auch Notre Dame de Paris entstammt. Gerade im Kirchenbau zeige sich, so Anja Krämer, „wie stark die gotische Architektur von der Wiederholung, von der dichten Reihung gleichartiger Groß- und Kleinformen lebt. Diese Tendenz zur Reihung beginnt schon in der Romanik, […] in der Gotik steigert sich dieser Prozeß immer weiter."[145]

Interessanterweise ist es auch die Gotik, die John Ruskin in *The Stones of Venice* im Jahr 1853[146] als vollkommensten Baustil ausmacht, nicht zuletzt auf Grund ihrer baulichen Unzulänglichkeiten und Fehler, welche für das Handwerk und seine Einzigartigkeit sprechen:[147]

> „go forth again to gaze upon the old cathedral front, where you have smiled so often at the fantastic ignorance of the old sculptors: examine once more those ugly goblins, and formless monsters, and stern statues, anatomiless and rigid; but do not mock at them, for they are signs of the life and liberty of every workman who struck the stone."[148]

Demgegenüber kritisiert Ruskin die industriellen Bauweisen für ihre soziale Ausbeutung, ihre regelrechte Versklavung des Arbeiters zugunsten vollständiger Uniformität und Perfektion.[149] Industrielle Serialität stehe so für ein Arbeiten gegen die Natur und die Individualität und damit gegen das Leben.[150] Als zentrale Figur der *Arts & Crafts*-Bewegung in deren Dunstkreis sich wiederum Coburn immer

---

144 Anja Krämer, „Die unfreiwillige Serie: Wiederholte Wiederaufbauten im Umfeld der Denkmalpflege", in: Bippus/Sick (2000), *Serialität*, o.S.

145 Ebd.

146 John Ruskin, „The Nature of Gothic", in: Ders., *The stones of Venice, Vol. 2,* London 1853.

147 Vgl. dazu Hnilica (2014), *Metaphern für die Stadt,* S. 148f.

148 Ruskin (1853), *The stones of Venice,* S. 161f.

149 Vgl. ebd. und auch James K. A. Smith, *Ruskin, Work, and ‚The Nature of Gothic',* online: http://forsclavigera.blogspot.de/2008/02/ruskin-work-and-nature-of-gothic.html, zugegriffen am 10.11.2017.

150 Ebd.

wieder mit Nachdruck inszenierte, betont Ruskin so die Einzigartigkeiten des gotischen Baus als Zeichen des Lebens, während die gotische Bauweise selbst in besonderer Weise die serielle Fertigung architektonischer Elemente über die Industrialisierung hinaus verdeutlicht und beide vermeintlich oppositiven Aspekte zusammenführt. Es zeigt sich, dass Serialität in der Architektur nur scheinbar evident mit moderner Massenproduktion zusammenhängt – was zurück zu Ecos Annahmen bezüglich der Parallelisierung von Handwerk und industrieller Fertigung als jeweils „*Vorkommnisse* des gleichen *Typus*“[151] führt. Vielmehr ist es das Moment artifiziell erschaffener Perfektion, das in den maschinell gefertigten Produkten seine Vervollkommnung findet.

Coburns Aufnahmen fokussieren nun explizit auf das baustilistisch serielle Moment der Bauten aus Gotik und Renaissance und überkommen damit das Motiv artifizieller Verklärung im Zusammenhang mit moderner Serialität. Dass es sich bei der abgebildeten Architektur um französische Wahrzeichen handelt, ist dabei kein Zufall. Betrachtet man Notre Dame gemeinhin frontal großformatig und im Wissen, dass es sich um Notre Dame handelt,[152] rezipiert man unweigerlich ihre Konnotation als Architekturikone sowie ihre jahrhundertelange Geschichte mit. Der Blick durch die Kamera führt mittels Cadrierung, Dekontextualisierung und Fokussierung zur Abstraktion von diesen Faktoren und zur Offenlegung der seriellen Ästhetik. Ebenso verhält es sich mit dem Pont Neuf und dem Champ de Mars, auch hier verweist die Abbildung über die abgebildete Architektur bzw. Landschaftsplanung hinaus auf geschichtliche Ereignisse. Lange vor der industriellen Revolution haben die Linien, Winkel und Flächen der verschiedenen Bauten das Pariser Stadtbild geprägt und als strukturierte Konstrukte existiert. Es ist die Kamera, die dieses vermeintlich moderne Moment offenbart, aus der Konnotation traditioneller Architektur herauslöst und im zweidimensionalen Raum durch die Konzentration auf Strukturen, Muster und Wiederholungen umdeutet. Wo das Serielle in der Architektur nur auf die eigene Baugeschichte verweist, referiert es in der Photographie auf einen neuen Blick, der jenes als solches erkennt und

151 Eco (1990), „Serialität im Universum der Kunst und Massenmedien“, S. 301. [Kursivierung im Original.]

152 Damit ist sowohl die Betrachtung des Baus gemeint, bei dem sich der Betrachter vor jenem befindet, als auch der Blick auf Abbildungen des Bauwerkes, die einen vermeintlich optimalen Zugang zum Bau garantieren möchten. Dass perspektivische Verkürzungen stets den Blick auf das gesamte Gebäude verstellen, steht an dieser Stelle allerdings nicht im Fokus.

dekontextualisiert. Denn erst wenn serielle Produktionsverfahren und damit Serialität an sich reflektiert werden, wird scheinbar auch das Serielle im romantisierten Stadtbild, ohne industriellen Kontext, dekodiert. Der Blick für Strukturen in Stadtansichten findet sich in neuen oder ungewöhnlichen Perspektiven wieder, wie sie in allen drei Bildern (im Falle des Pont Neuf wohl am dezentesten) gewählt sind. Die jeweiligen Perspektiven betonen die Details der Bauten und die geometrische Ordnung der Plätze. Sie erinnern formalästhetisch wieder an neusachliche Photographien von beispielsweise Moholy-Nagy oder Alexander Rodtschenko und dessen Aufforderung im Kontext des *Neuen Sehen*, man möge nicht mehr aus der Bauchnabelperspektive photographieren:[153]

> „In der Photographie gibt es alte Blickwinkel, Standpunkte des Menschen, der auf der Erde steht und geradeaus blickt, oder wie ich es nenne, – ‚Aufnahmen vom Bauchnabel aus', den Apparat auf dem Bauch. Gegen diesen Standpunkt kämpfe ich und werde ich kämpfen, wie das auch meine Genossen aus der neuen Photographie tun. Photographiert von allen Blickwinkeln aus, nur nicht ‚vom Bauchnabel' aus, bis all diese Blickwinkel anerkannt sind."[154]

Im Photographie-Streit um Rodtschenko, welcher 1928 in den sowjetischen Zeitschriften *Sowjetskoje foto* und *Nowy LEF* ausgetragen wurde und Fragen um photographische Zitation, Originalität, reinen Formalismus und neue Sehweisen diskutierte, positioniert sich Rodtschenko mit dieser Aussage klar zum *Neuen Sehen* und zum Wunsch, dass „wir, denen man beigebracht hat, Gewöhnliches und Anerzogenes zu sehen […], die Welt des Sichtbaren neu entdecken [müssen]."[155] Im Zuge der gesellschaftlichen Umwälzung in der Sowjetunion wird das *Neue Sehen* zum politischen Motiv. Es geht darum, die Wahrnehmung zu revolutionieren und so endlich entsprechend einer neuen Gesellschaft auch neu zu sehen.[156]

---

153 Alexander Rodtschenko, *Schwarz und Weiß. Schriften zur Photographie,* hg. v. Schamma Schahadat und Bernd Stiegler, Paderborn 2011.

154 Alexander Rodtschenko, „Das große Analphabetentum oder eine kleine Gemeinheit? (Juni 1928)", in: Ders. (2011), *Schwarz und Weiß*, S. 207-217, 209.

155 Alexander Rodtschenko, „Die Wege der modernen Photographie (September 1928)," in: Ders. (2011), *Schwarz und Weiß*, S. 227-244, 244.

156 Vgl. Bernd Stiegler, *Montagen des Realen. Photographie als Reflexionsmedium und Kulturtechnik,* Paderborn 2009, S. 270-284.

Die Bauchnabelperspektive wird zum Inbegriff des alten Sehens und der alten Gesellschaft, die es zu überkommen gilt. 1916 fragte Coburn, einige Jahre nach den Paris-Aufnahmen und zehn Jahre vor Rodtschenkos manifestartigen Aufrufen, „warum sollten nicht Perspektiven von bisher vernachlässigten oder nicht wahrgenommenen Blickwinkeln aus versucht werden?", und verweist weiter auf „das Vergnügen, etwas zu machen, das nicht klassifiziert werden kann, das man nach Oben und Unten nicht unterscheiden kann."[157] Die Parallelen zeigen sich unverstellt, bei Rodtschenko und bei Coburn geht es um neue, photographische Sehweisen, um die Möglichkeit entgegen Konventionen und Etabliertem *neu* zu sehen.[158] Doch Coburns Aufforderungen zielen nicht auf den politischen und wahrnehmungstheoretisch globalen Gehalt jener Rodtschenkos ab. Bei ihm geht es in erster Linie um die Weiterentwicklung der Photographie in ihren künstlerischen Möglichkeiten, darum, jene entrückten, nicht klassifizierbaren Ansichten mit der Kamera einzufangen, festzuhalten und damit den Wert der Kamera selbst zu erhöhen und sie als technologisches Artefakt weiterhin zu nobilitieren.

Der Blick von der Natur auf die Industrie und zurück

Das Serielle wird auch motivisch in Coburns photographischen Arbeiten als Topos verhandelt. Besonders in den Abbildungen von Pittsburgh und Paris wird die Thematik sichtbar: zum einen in der Abbildung von Fabrikgebäuden als moderne Symbole serieller Fertigung, zum anderen im formalästhetischen Aufzeigen serieller Strukturen im Bild. Dabei wird ein neu betrachtender Blick des Photographen auf die Photographie und auch auf ihre Gegenstände etabliert. Bei Coburns Pittsburgh-Aufnahmen folgt der Blick auf die Industrie geradewegs dem piktorialistisch geschulten Blick auf die Natur. Die Industrie wird einerseits selbst symbolisch zur artifiziellen Natur verklärt, andererseits und gleichzeitig etabliert sich ein technisch orientierter Blick heraus, der perfekte Wiederholung und klar organisierte Formen sucht. Das ästhetische Ergebnis dieser Suche zeigt sich mittels Bildausschnitt und Perspektive in der einhergehenden Dekontextualisierung und Abstraktion der abgebildeten Reihen wiederholter Einheiten. Bei Coburns Paris-Aufnahmen hingegen zeigt sich das Serielle fern des technischen Konnexes im Stadtbild. Dass es sich dabei um historische Architekturikonen handelt, in denen diese „Wiederholungskunst" ausgemacht wird, ist nicht zufällig. Serialität, so zeigt sich, ist keineswegs ein *per se* modernes Motiv, sondern ein überzeitliches Konzept, das in Zusammenhang mit kultureller Produktion an sich steht. Wenn

157 Coburn (1980), „Die Zukunft der bildmässigen Fotografie (1916)", S. 57.

158 Vgl. zur Sehschulung das Nachwort der Herausgeber in Rodtschenko (2011), *Schwarz und Weiß*, S. 420; und auch Stiegler (2009), *Montagen des Realen*, S. 274.

Coburn nun das Serielle in abstrahierenden Ansichten in Notre Dame de Paris ausmacht, wird aber dennoch die Bedeutung neuer Sehweisen, die eben erst durch die moderne Symbolik industrieller Produktionsweisen erprobt wurden, demonstriert: Das Serielle ist in dieser Art und Weise erst abbildbar, da gelernt wurde, es zu erkennen bzw. es zu sehen.

Es entsteht eine ambivalente Bewegung, bei der Serialität zwar vom Topos maschineller (Re-)Produktion gelöst wird und zumindest theoretisch plötzlich überall ausmachbar wird, die Präsenz und die Symbolik der Technologie jedoch die Sehweisen selbst beeinflussen und verändern. Die Entwicklung eines genuin photographischen Sehens fokussierend, folgt bei Rodtschenko in den 1920er Jahren im Zirkelschluss dann, wie Bernd Stiegler aufzeigt, „die Betrachtung der Natur [...] dem Primat der Technik".[159] Es ist nicht mehr die historische Architektur und damit ein kategorisch kulturelles Gut, das aus industriell geschulten Augen betrachtet wird, nun ist es die Natur selbst, deren Bedeutung neu generiert werden muss.[160] Die Beziehung von Natur und Industrie im photographischen Kontext wird sich hier gegenüber Coburns piktorialistisch verwurzelten Pittsburgh-Aufnahmen verkehrt haben.

3.1.4 Unikat und Serie. Eine Synthese

Coburns Vorliebe für die serielle Publikation seiner kunstphotographischen Arbeiten in Form von Photobüchern und seine zahlreichen auch unpublizierten Photoserien führen die Beziehung von Unikat und Serie im kunstphotographischen Kontext eindrücklich vor Augen. Das Motiv der Serialität taucht immer wieder auf und wird auf unterschiedlichen Ebenen erörtert. Zum einen wird die Serie als künstlerische Ordnung, die als mehrteiliges System, bestehend aus nichtidentischen Teilstücken, über die eigene Materialität hinaus verweist, etabliert. Zum anderen impliziert die serielle Struktur konzeptuell eine Narrativierung von Bildern, die Bilder gehen über ihre Bildgrenzen in Beziehung zu einander, wodurch neue Bedeutungen entstehen. Eine weitere Ebene bildet die ästhetisch-epistemische Verhandlung von Serialität als industrielle, serielle Fertigung im

159 Stiegler (2009), *Montagen des Realen,* S. 269.

160 Rodtschenko zit. n. ebd.: „In der Sommerfrische in Puschkino gehe ich umher und schaue mir die Natur an: hier ein kleiner Strauch, dort ein Baum, hier eine Schlucht, Brennesseln... Alles ist zufällig und unorganisiert, und es [ist] uninteressant, etwas zu fotografieren. Die Kiefern sind noch passabel, sie sind lang, kahl, fast wie Telegraphenmasten."

Bild. Gleichzeitig bedeutet die Thematik im kunstphotographischen Kontext stets auch die Reflexion über das Unikat. Durch die verschiedenen Entwicklungsverfahren und je individuell erstellten photographischen Drucke handelt es sich erst einmal um einzigartige Kunstphotographie, die eben nicht, wie es die Photographie gemeinhin vorzugeben scheint, reproduzierbar sind, sondern ihren unikalen Charakter einzigartiger Kunstwerke ausstellen.

In *MoM* und *MMoM* werden die seriell arrangierten Photogravüren zum Photoalbum einer kulturellen Elite zum Beginn des 20. Jahrhunderts und durch den Titel bereits in einer gleichnamigen Publikationstradition im angloamerikanischen Raum verortet. Die serielle Ordnung wird bezüglich Wertschöpfung und Nobilitierung hier nun zur zirkulären Struktur, wenn der Glanz des einzelnen, also des Porträtierten, des Porträtierendem und des Porträts als künstlerischem Artefakt, wechselseitig weitergegeben wird und auf den jeweils anderen verweist. Demgegenüber funktionieren seine wenig beachteten Frauenporträts als isolierte Einzelwerke ohne gemeinsame Verweisstruktur oder serielle Ordnung. Hier wird deutlich, dass während die Männerporträts als vernetztes Nobilitierungssystem funktionieren, stehen die Frauenporträts hinsichtlich eines gemeinsamen Bezugssystems als blinde Flecken der künstlerischen Nobilitierung am Rande von Coburns Arbeit.

Anders verhält es sich mit dem Motiv der Serialität in den kollaborativen Phototexten wie in *Die Wolke* und auch *Cotton Waste*. Die Aufnahmen werden in eine narrative Ordnung übertragen und mit neuen Semantisierungen, die zwischen den Photographien, aber auch zwischen dem Text und den Aufnahmen, entstehen, aufgeladen. Beide Publikationen setzen sich so mit der Beziehung von Text und Bild auseinander, beide verhandeln die Dimension von Narrativierung und Bedeutungserzeugung von mehreren Bildern über die Bildgrenzen hinweg. Die individuell photographierte Wolke steht dabei für *die* Wolke, die individuell photographierten Arbeiter und Arbeiterinnen für *das* Unternehmen. Während in *Die Wolke* die einzigartigen Photogravüren Wolken dabei als erhabene Gegenüber zeigen, wird in *Cotton Waste* Industrieromantik betrieben, die einen modernen Zugang zu einer neuen Bildpraxis offenlegt: mit Industrie so zu verfahren wie mit Naturphänomenen. Die Industrie wird zur neuen, artifiziellen Natur. Die Photographie, selbst technologisches Artefakt, ist das Medium, das diesen Brückenschlag qua serieller Motivik einzufangen imstande ist.

Deutlich zeigt sich das in den Arbeiten zu Pittsburgh und Paris, die im Gegensatz zu den anderen Aufnahmen nicht als Serien publiziert wurden. Das serielle Motiv wird hier nun motivisch umgesetzt; zum einen symbolisch in Form von Fabrikgebäuden (also dem Ort der Praxis serieller Fertigung), zum anderen formalästhetisch mittels serieller Strukturen im Bild. Dabei wird ein neu betrachtender Blick des Photographen auf die Photographie und auch auf ihre Gegenstände etabliert, die Blickrichtung jedoch abermals verkehrt: Bei Coburns Pittsburgh-Aufnahmen folgt der Blick auf die Industrie – analog zu den Manchester-Aufnahmen – geradewegs dem piktorialistisch geschulten Blick auf die Natur. Bei den Paris-Aufnahmen hingegen zeigt sich das Serielle fern des technischen Zusammenhangs im Stadtbild in historischen Architekturikonen. Der Blick auf die historische Architektur folgt hier den an industrieller Produktion erprobten Sehweisen. Es zeigt sich, dass das Serielle zwar kein genuin modernes Moment ist, doch es ist die Moderne, die es als solches sichtbar und erfahrbar macht: durch neue Sehweisen des Photographen, neue Themen und Gegenstände in der Photographie, neue mediale Auseinandersetzungen.

Die Dynamik von Unikat und Serialität umfasst bei Coburn so stets die Frage nach der eigenen Modernität. Betrachtet man Coburns Arbeit rein rezeptionsästhetisch, erscheint sie progressiv, modern, mitunter avantgardistisch. Doch während auf ästhetisch-epistemischer Ebene Serialität in Coburns Werk für eine progressive Kunst steht, die sich am Puls der Zeit positioniert, unterwandert Coburns personalisierter, sich selbst stets mitdenkender Anspruch diese Verortung. Denn der serielle Modus wird auch für anachronistisch anmutende Modelle genutzt: die Inszenierung eines Photoalbums als Heldenausstellung, die Instrumentalisierung eines historiographischen Moments zur eigenen Nobilitierung, der stete Versuch, sich selbst als Kunstphotographen zu etablieren und am eigenen Mythos zu feilen. Die elitäre Kunstphotographie als Produktion künstlerischer Unikate parallelisiert Coburn und sein persönliches Streben nach Einzigartigkeit geradezu medial.

3.2 KUNSTRELIGION VS. TECHNIKFASZINATION. VOM GLAUBEN AN DIE SCHÖNHEIT DER TECHNIK

Es sind verschiedene Spannungsfelder vermeintlicher Widersprüche, in denen sich Coburn auf dem Weg in die Moderne bewegt, und welche jene gleichermaßen auszeichnen. Ein solches Spannungsfeld findet sich zwischen den Positionen einer ästhetischen Sakralisierung und eines modernen Fortschrittsenthusiasmus. Die Photographie und nicht zuletzt das maschinelle Medium der Kamera werden mit Bedeutung weit über die Grenzen ihrer ästhetischen Möglichkeiten aufgeladen und oszillieren epistemisch und symbolisch zwischen einer Kunstreligion,[1] deren Bezugsgröße das Schöne selbst ist, und der Faszination für technischen Fortschritt, die sich im anbrechenden 20. Jahrhundert unverstellt zeigt. Die ästhetische Sakralisierung, die mit dem Symbolismus um die Jahrhundertwende eine Konjunktur erfährt, positioniert sich antimodern entgegengesetzt zur Begeisterung für maschinelle und dabei genuin moderne Technologien, die eine spirituelle Weltsicht zu untergraben scheinen und die Säkularisierung vorantreiben. Während sich die Kunstreligion dabei scheinbar anachronistisch auf eine symbolistische Ordnung und eine absolute Schönheit stützt, weist die Verherrlichung des technischen Fortschritts über die Moderne hinaus in eine posthumane Zukunft. Die Photographie zeigt sich als Grenzgänger zwischen beiden Welten, die Kamera wird zur Mittlerin am Übergang zwischen spiritueller Symbolik und funktionaler Mechanik.

1 Der Begriff der Kunstreligion bringt eine weitreichende Tradition mit sich, die den Rahmen dieses Textes sprengen würde. Hier und im Folgenden wird der Begriff der Kunstreligion in erster Linie als eine Verbindung gelesen, in der die Kunst und die Schönheit zum Zentrum einer Sakralisierung werden und in der „die Kunst […] bewußter oder unbewußter die sinngebende Funktion, die vormals die Religion eingenommen hatte", übernimmt. Vgl. Ernst Müller, *Ästhetische Religiosität und Kunstreligion. In den Philosophien von der Aufklärung bis zum Ausgang des deutschen Idealismus,* Berlin 2004, S. 277. Siehe zur Kunstreligion u.a. Albert Meier, Alessandro Costazza und Gérard Laudin (Hg.), *Der Ursprung des Konzepts um 1800,* Berlin und New York 2011; Bernd Auerochs, *Die Entstehung der Kunstreligion,* Göttingen 2006; zur Verknüpfung von Schönheit und Kunst auch Arthur Pontynen, *For the love of beauty. Art, history and the moral foundations of aesthetic judgment,* New Brunswick 2006, aus evangelisch-theologischer Perspektive zur Verbindung von Schönheit, Kunst und Religion siehe Anne Käfer, *„Die wahre Ausübung der Kunst ist religiös". Schleiermachers Ästhetik im Kontext der zeitgenössischen Entwürfe Kants, Schillers und Friedrich Schlegels,* Tübingen 2006.

In zwei Teilen wird im Folgenden diese dualistische Beziehung auf dem Weg in die Moderne nachgezeichnet. Zuerst wird in Teil eins im Rückgriff auf Coburns Essays der Frage auf den Grund gegangen, wie sich sein Fortschrittsbegriff bestimmen lässt, welche Rolle die Kamera – mal Instrument, mal Monster – einnimmt und wie sich Coburns ästhetische Religiosität konstituiert. Teil zwei widmet sich dann der Wechselwirkung von sakralem Raum und photographischer (Re-)Konstruktion im photographischen Bild. Hier ist es die Kamera, die zum einen in den Aufnahmen der *California Missions* kirchliche Räume auferstehen lässt und photographisch wiederbelebt und zum anderen in den Aufnahmen der Liverpool Cathedral vermeintlich wissenschaftlich objektiv architektonische Konstruktionen dokumentiert und kirchliches Gemäuer dabei auch dekonstruiert. Zu erkennen geben sich dabei starke Wirkmächte, die Coburns Werk rahmen und 1920 auch noch zeitgleich wirken: Die Photographien zeugen sowohl von einen sehnsuchtsvoll die Moderne unterwandernden Antimodernismus, als auch von modernistischen Tendenzen der Säkularisierung – und das über die Grenzen des photographischen Bildes hinaus.

3.2.1 Die Magie der Kamera *oder* Von Magiern als Propheten

„Der Künstler [ist] jedoch nicht zwangsläufig ‚religiös' im üblichen Wortsinn. Die Kunst ist selbst eine Art Religion." (PSS 323) Die Beziehung von Photographie, Photograph und Kamera im Kontext von Kunst und Religion auf der einen Seite und Technik und Wissenschaft auf der anderen prägt Coburns Auseinandersetzung mit der Photographie im beginnenden 20. Jahrhundert. In manchen Essays betont er dezidiert ein symbolistisches Moment der Photographie, andere fokussieren ausschließlich auf Entwicklungsmethoden und photographische Verfahrensweisen. Während erstere damit den konzeptuell metaphysischen Anspruch der Photographie abstecken, kümmern sich die anderen um weit funktionalere Belange wie Tonwerte, Filter und künstlerischen Ausdruck.[2]

Es sind diese Kategorien, zwischen denen sich Coburns Photographie epistemisch und ästhetisch immer wieder neu positioniert: Kunst und Technik, Metaphysik und Funktionalität. In den 1920er Jahren wird Coburn eine Kunsttheorie, die einer regelrechten Kunstreligion gleicht, entwerfen, der praktischen Photographie entsagen und sich für die Ergründung spiritueller Belange entscheiden. Doch wie positioniert sich in dieser Entwicklung die Photographie zum Fortschritt?

2 Vgl. Alvin Langdon Coburn, „Der neue Rivale der Malerei (1907)", „Farbverlaufsfilter (1910)", „Die Photogravur (1913)" und „Ozotypie: Einige Anmerkungen zu einem neuen Verfahren (1900)", in: Ders. (2015), *Auf der Suche nach der Schönheit*.

Welche Rolle übernimmt die Kamera und welche der Photograph? Und wie verhält sich der Wert der Schönheit, höchstes Gut in Coburns Kunstreligion, zur Moderne?

Vom Fortschritt als (nicht nur) geistiger Impuls

Die piktorialistische Photographie der Jahrhundertwende zeichnet sich insbesondere dadurch aus, dass mit malerischen Mitteln versucht wird, Photographie Kunst sein zu lassen, und gleichzeitig ein Höchstmaß an Aufmerksamkeit dem technischen Verfahren zukommt. Kunst und Technik gehen Hand in Hand und zeigen sich als reziproke Partner. Auch in Coburns Schriften wird das deutlich: „Photographie ist ein Ausdrucksmittel, das im gewissen Maße dazu zwingt, auf doppelte Weise zu denken, denn bei ihr handelt es sich um eine Hochzeit der Wissenschaft mit der Kunst,“[3] formuliert er 1910 und zeigt auf, was in den folgenden Jahren den photographischen Diskurs, wie er um die *Photo-Secession* existiert, auszeichnet: Die Photographie ist epistemisch nicht eingleisig, sie zwingt dazu „auf doppelte Weise zu denken“, oder – bleibt man bei der visuellen Wahrnehmung – zum doppelten Sehen: Jenes lässt an die im 19. Jahrhundert populär werdende apparative Stereoskopie[4] oder ebenso an das Modell des Vexierbilds[5] denken. Die Photographie zeigt verschiedene Gesichter, die sie gleichermaßen zutreffend abbilden, sie ist eben nicht nur Kunst oder Wissenschaft, sondern beides. Damit schreibt sich Coburn in die Tradition früher Photo-Diskurse ein: William Henry Fox Talbot, Pionier der Photographiegeschichte und Verfasser des ersten Photobuches überhaupt, *The Pencil of Nature*,[6] nutzt bereits 1841 eine fast identische

3 Coburn (2015), „Kamerakünstler“, S. 269.

4 Zum apparativen doppelten Sehen der Stereoskopie, siehe Jonathan Crary, *Techniken des Betrachters. Sehen und Moderne im 19. Jahrhundert [Techniques of the observer. On vision and modernity in the Nineteenth Century, 1990],* Dresden u.a. 1996, S. 122-140.

5 Zum Vexierbild als Denkmodell bspw. bei Walter Benjamin, „Lehre vom Ähnlichen (1933)“, in: Ders., *Gesammelte Schriften. Bd. II.1,* hg. v. Rolf Tiedemann und Hermann Schweppenhäuser, Frankfurt/M. 1991, S. 204-210; vgl. dazu Peter Schmucker, *Grenzübertretungen. Intertextualität im Werk von W. G. Sebald,* Berlin 2012, S. 82f.

6 William Henry Fox Talbot, *The Pencil of Nature,* London 1844; in deutscher Übersetzung in Ders., „Der Zeichenstift der Natur (1844–1846): The Pencil of Nature“, in: Wilfried Wiegand (Hg.), *Die Wahrheit der Photographie. Klassische Bekenntnisse zu einer neuen Kunst,* Frankfurt/M. 1981, S. 45-89.

Beschreibung und nennt die Photographie eine „Verbindung der Wissenschaft mit der Kunst.“[7] Während in den folgenden Jahrzehnten des 19. Jahrhunderts die Photographie gemeinhin als mechanisch und objektiv reproduzierendes Medium und damit auch insbesondere als für wissenschaftliche Zwecke bestimmt wird, werden ab dem Ende des 19. Jahrhunderts auch die kunstphotographischen Strömungen, die wiederum den Kunstwert der Photographie in den Vordergrund stellen, lauter.[8] Photographie, so scheint es bis zu den Anfängen des 20. Jahrhunderts, kann eben immer nur einen Bereich, Kunst oder Wissenschaft, bedeuten. Bei Talbot hingegen sind beide Bereiche durchlässig und grundsätzlich verschränkt zu denken. Die Photographie ist hier, binnen des ästhetischen Diskurses, noch nicht so festgelegt,[9] wie es die antagonistisch angelegten Positionen der folgenden Jahre dann einfordern. Wenngleich bei Talbot ein anderer Kunstbegriff existiert,[10] als ihn dann Coburn im beginnenden 20. Jahrhundert gebraucht, zeigt sich dennoch die Variabilität bezüglich scheinbar widersprüchlicher Konzeptionen der Photographie. Auf den Spuren Talbots fängt Coburn beide Positionen wieder ein: Trotz allem Kunststreben wird der wissenschaftliche Nutzen der Photographie nicht ausgeklammert oder gar negiert, im Gegenteil. 1911 in „Der Zusammenhang von Zeit und Kunst“ ist es die Photographie, die „die modernste aller Künste“ ist, und zwar, da „ihre künstlerischen Anforderungen besser in dieses Zeitalter wissenschaftlicher Errungenschaften als irgendeine andere Kunstform [passen].“ (ZuK 273) Künstlerischer Anspruch und wissenschaftlicher Fortschritt gehen Hand in Hand in der Photographie und in gleich zwei Aspekten zeige sich ihre Verschränkung: Zum einen darin, dass die Photographie durch ihre – nicht nur technische – Funktionalität und Materialität als modern erkannt werde und so Teil des zeitgenössischen Diskurses und der Technisierung der Welt sei, was sie wiederum zum idealen Kunstmedium in Zeiten wissenschaftlicher Progression mache. So wird sie zur selbstreflexiven Kunstform, deren eigene mediale Bedingungen den Diskurs einerseits prägen und andererseits künstlerisch beleuchten. Zum anderen wird die Photographie in dieser Position jedoch dezidiert als *Kunst*medium interpretiert und als solches rezipiert. Dadurch wird nicht nur die Rolle und Bedeutung der Photographie, sondern der Kunst selbst innerhalb der Wissenschaft diskutiert.

7 Talbot zit. n. Stiegler (2006), *Theoriegeschichte,* 33-45, 45.

8 Vgl. dazu in diesem Text Kap. 1.

9 Vgl. Stiegler (2006), *Theoriegeschichte,* S. 45. Die Photographie sei noch nicht auf „die Positionen von Natur *oder* Kultur, Subjekt *oder* Objekt, Kunst *oder* Wissenschaft festgelegt“.

10 Vgl. ebd.: Talbot bestimmt Wissenschaft und Kunst als gleichsam der „Naturwahrheit und [dem] Realismus der Darstellung“ verpflichtet.

Coburn geht hier einen Schritt weiter und schließt die Bedeutung technisch maschinellen Fortschritts mit dem Wert einer modernen Kunst kurz. Er schreibt, dass

> „der entscheidende Unterschied [zwischen Photographie und Malerei, C.H.] nicht so sehr mechanischer Natur ist und an der Verwendung von Pinseln und Farbpigmenten gegenüber Objektiven und Trockenplatten hängt, sondern dass er insofern eher mentaler Art ist, als er auf einem Unterschied zwischen langsamem, graduellem und gewöhnlichem Aufbau gegenüber einem unmittelbaren, konzentrierten geistigen Impuls basiert, dem eine längere Phase der Erfüllung folgt.“ (ZuK 273)

Photographie ist demnach die modernste aller Kunstformen, aber eben nicht nur auf Grund ihrer mechanischen Ontologie. Sie ist zwar ein mechanisches Medium, das macht sie allerdings nicht zum fortschrittlichen Medium. Das bedeutet gleichsam, dass Coburn Technologie und Fortschritt entkoppelt. Kunst soll zwar einen Beitrag leisten und steht in direkter Verbindung zur Fortschrittlichkeit der Zeit, die Technologie selbst ist dabei jedoch nicht der entscheidende Faktor des Fortschritts. Für Coburn ist es eine der Photographie eigene epistemische Verfasstheit, die als fortschrittlich zu denken ist, eine photographische Philosophie, die mit einer wohl lebensweltlich modernen Philosophie parallelisiert wird und jener entspricht. Es handelt sich um den „unmittelbaren, konzentrierten geistigen Impuls [...], dem eine längere Phase der Erfüllung folgt“, der nach Coburn die besondere Bedeutung der Photographie als Kunstform „im Zeitalter wissenschaftlicher Errungenschaften“ offenbart. Fokussierung und Unmittelbarkeit sind Faktoren, die problemlos der Kamera als mechanisches Mittel zugeschrieben werden können – hier ordnet sie Coburn jedoch den geistigen Kapazitäten des Photographen als Urheber zu. Es geht um den genialen Moment des Sehens,[11] Erkennens und künstlerischen Schaffens, der dann im photographischen Verfahren mit mehreren technischen Mitteln wie eben der Wahl der Kamera, des Films, der Belichtungszeit und nicht zuletzt des gewählten Entwicklungsverfahrens, erfüllt wird. Es ist die pointierte Idee des Photographen als Schöpfer, welche im Anschluss nach und nach konstruktiv umgesetzt wird, die seinem modernen Fortschrittsbild entspricht. Die Technologie selbst ist für Coburn hinsichtlich des Fortschrittsgedanken zwar zentral für eine genuin technologische Moderne, konzeptuell für die Umsetzung jener jedoch zwischengeschaltet. Sie ist selbst funktionalisiert um die Idee des

11 Zur Darstellung eines veränderten Sehens seit der Erfindung der *camera obscura* siehe Crary (1996), *Techniken des Betrachters (1990)* und Ders., „Die Modernisierung des Sehens [Modernizing Vision, 1988]“, in: Herta Wolf (Hg.), *Paradigma Fotografie. Fotokritik am Ende des fotografischen Zeitalters I,* Frankfurt/M. 2002, S. 67-81.

Abbildung 38: Coburn, New York from its Pinnacles, *1912*

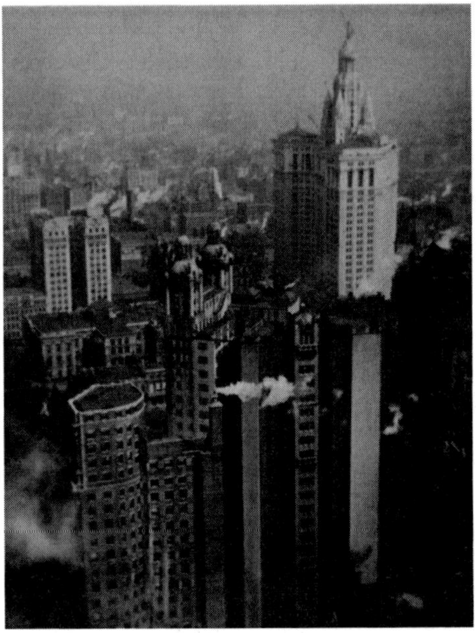

Fortschritts umzusetzen, ihr eine Form zu geben. Technologie und Epistemologie der Photographie funktionieren für die Fortschrittlichkeit wie zwei Ansichten eines Vexierbildes, die sich nicht isolieren lassen, da beide maßgeblich miteinander verflochten sind. Die Photographie ist demnach als das entscheidende Kunstmedium in Zeiten des Fortschritts das zentrale Medium um den Fortschritt zu begleiten. Als

„Sprössling des Stahlzeitalters scheint [sie] sich ganz von selbst an die gezwungenermaßen unüblichen Anforderungen einer Kunst angepasst zu haben, die vor allem in Hochhäusern leben muss; und gerade weil sie sich in diesen gigantischen Bauten so zuhause fühlt, führen die Amerikaner bekanntermaßen die weltweite Bewegung des Piktorialismus an." (ZuK 273)

Der Fortschritt zeige sich in der Bauweise, hier nun also in Hochhäusern, welche wiederum die künstlerischen Bedingungen der Photographie unterstützen, die Photographie fühlt sich laut Coburn in dieser Architektur „zuhause". Was meint

Abbildung 39: Alfred Stieglitz, From My Window at an American Place, North, *1931*

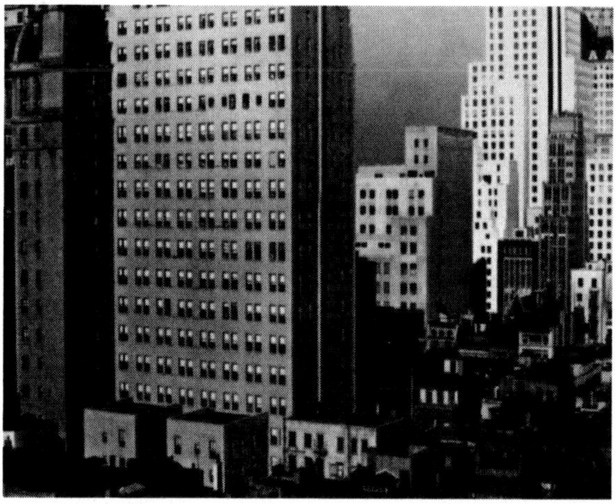

er damit? Die Photographie hat die Stadt als Raum entdeckt,[12] nicht die Natur ist nun ihr Material, sondern der ebenso wie sie selbst konstruierte urbane Raum mit Betonbauten, Elektronik und eben Hochhäusern.[13] Coburn fertigte zahlreiche Aufnahmen New Yorks an, bei denen der Fokus auf der modernen Architektur liegt. Abb. 38 *New York from its Pinnacles* von 1912 wurde wohl vom Singer Building aus aufgenommen.[14] Es zeigt aus leichter Obersicht eine Ansicht New Yorks, in der die verschieden hohen Gebäude zur Geltung kommen. Zahlreiche Wolkenkratzer sind zu sehen, auf die nun aber annähernd herabgeblickt werden kann. Den Blickpunkt bildet das Park Row Building in der Mitte des Bildes, das über zwei kleine Türmchen mit Kuppeln verfügt. Einzig das Municipal Building, dessen Bau erst 1907 begonnen wurde, und das rechts hinten im Bild hell erhoben zu sehen ist, bleibt auf Augenhöhe mit der Kamera. Im Hintergrund zieht sich die Stadtlandschaft New Yorks weiter, es sind weitere Häuser und Bauten zu erkennen bis am obersten Rand die Strukturen in nebligem Grau versinken. Zwischen den Bauten ziehen sich immer wieder kleine weiße Rauchwolken entlang, die aus den Gebäuden strömen. Es handelt sich bei den Bauten um moderne Hochhäuser, deren Formen, Fassaden und Fensteranordnungen den Bildraum in zahlreiche Rechtecke

12 Coburn verfasste gleich zwei Photobücher, die sich konkret der Stadt als photographischem Raum widmen: Coburn (1909), *London* und Ders. (1911), *New York.*

13 Vgl. bspw. Stiegler (2006), *Theoriegeschichte,* S. 215.

14 Coburn (2015), „Kamerabilder (1913)“, S. 288.

zerlegen. Einzig die Kuppeln auf dem zentralen Hochhaus und die Rauchschwaden durchbrechen die formalisierte, fast schon kubistisch anmutende Struktur, die New York als hochmoderne Stadt, deren spannendste Ansichten dort zu finden zu sein scheinen, wo keine Menschen mehr zu sehen sind. Dieser Effekt der menschenleeren, formalisierten Stadt wird bei Stieglitz 1931 auf die Spitze getrieben. In *From My Window at An American Place, North* (Abb. 39) zeigt er New York als kubistische Komposition – es gibt keine Menschen mehr, nur noch rechteckige Formen, welche die Kamera einfängt und gleichzeitig durch die Cadrierung abstrahiert: Die Gebäude sind abgeschnitten aufgenommen, wodurch sie aus dem Kontext gerissen und entindividualisiert werden. Um welche Gebäude es sich handelt, ist keinesfalls auszumachen. Zu sehen ist eine Ansicht New Yorks, die es als industrielle, posthumane Gebäudelandschaft enttarnt. Bei Coburn sind die Skyscraper noch dabei zu sehen, wie sie an den Wolken kratzen. „Einzig die Vögel und der eine oder andere ausländische Tourist dringen bis zur Spitze des Singer Towers vor, von dem ich einige der vorliegenden Ansichten photographierte," schreibt Coburn 1913 in „Kamerabilder" bezüglich der Aufnahme. Es handelt sich um Bilder New Yorks, die die Stadt aus unbekannten Perspektiven zeigen und jene für den Betrachter so zugänglich machen, gleichzeitig die Stadt aber als menschenleere und urbane Architekturlandschaft offenlegen.[15]

Die Kamera als Mittlerin der Photographie ist in der Lage, die urbane Stadt nicht nur künstlerisch zu erfassen, ihr eine zweidimensionale Präsenz in Form photographischer Aufnahmen zu bieten, sondern auch die besonderen Eigenheiten dieses Raumes herauszuarbeiten. Die Rolle der US-Amerikaner als führende Figuren des industriell-urbanen Fortschritts wird dabei kausal mit ihrer Position als führende Figuren der piktorialistischen Bewegung verknüpft: Der Fortschrittlichste ist auch der piktorialistisch erfolgreichste, der photographisch am konsequentesten Arbeitende. „Piktorialismus" bezieht sich hierbei auf die Bewegung der *Photo-Secession* und ihre Versuche, die Photographie als Kunstmedium binnen ihrer eigenen Mittel zu etablieren und keinesfalls auf allgemein kunstphotographische Positionen, die Malerei imitieren möchten. Als Photograph der *Photo-Secession* schreibt sich Coburn selbst in diese Entwicklungsgeschichte des Fortschritts ein: „Man hat mir nachgesagt, ich arbeitete zu schnell und suchte das gesamte New York innerhalb einer Woche zu photographieren," (ZuK 273) was so zwar nicht möglich, aber nichtsdestotrotz auf Coburns Ehrgeiz und Willen zur

15 Tatsächlich werden auf vielen Photographien Coburns auch in New York Menschen gezeigt, hier geht es aber speziell um den Fokus auf urbane Architektur und Elektrizität als Motive des Fortschritts.

Abbildung 40: Coburn, The Flat-Iron Building, New York, *1912*

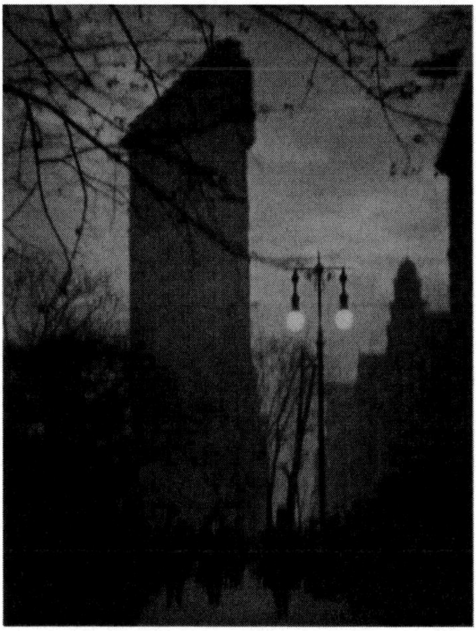

Photographie rückzuführen sei. Seine wohl unangemessene Eile gehe auf sein „brennendes Verlangen zurück, meine Vision der Stadt aufzunehmen, zu übertragen und zu erschaffen, bevor sie verschwindet." (ZuK 273) Coburn erkennt den flüssigen, veränderlichen Charakter der Stadt, den er mit der Photographie zumindest für den Moment zu bannen versucht. Coburn nennt es im Rückgriff auf einen Freund „in hochtrabenden Worten das ‚gegenwärtig Aktuelle'" (ZuK 273), und verweist so nicht nur auf die visuelle Evidenz der abgebildeten Situation, sondern auch auf die zwangsläufige Vergangenheit eines aufgezeichneten Moments: Auch unmittelbar nach dem Moment ist das gerade Aktuelle schon nicht mehr aktuell. Die Photographie hält so nicht nur fest, was in dem Moment da ist, sie zeigt auch auf, was bereits vorüber gegangen ist. Es ist der Versuch, die Idee New Yorks einzufangen, festzuhalten, gegen den ephemeren Charakter der Schnelllebigkeit die eigentliche Schönheit der Stadt auszustellen.

Dieser Versuch die Schnelllebigkeit festzuhalten, lässt sich in zahlreichen seiner New York Aufnahmen ausmachen. In Abb. 40 *The Flat-Iron Buliding* von

Abbildung 41: Coburn, The Fifth Avenue, from the St. Regis, New York, *ca. 1905*

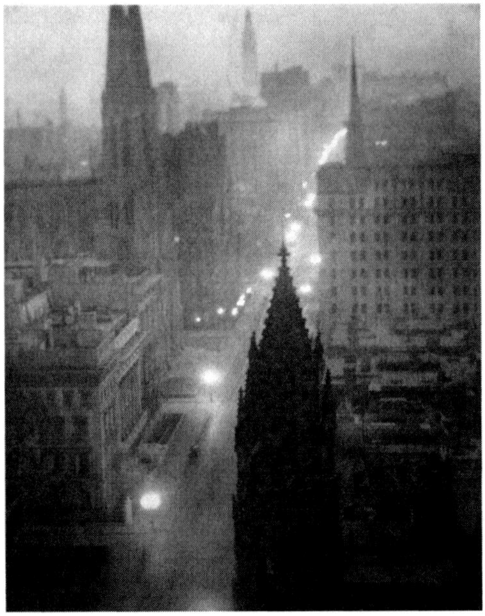

1912 sind es die vielen schemenhaften Körper von Anzugträgern, die im unteren Bereich des Bildes mittig abgebildet sind. Auf einem hellen Weg Richtung des Flat-Iron Buildings laufen sie auf einander zu. Sie befinden sich in der Bewegung, die Beine angehoben, ihre Köpfe sind so dunkel wie ihre Kleidung, sie sind entindividualisiert. Es sind die anonymen Körper New Yorks, die zwischen den Gebäuden entlang eilen. Nur das keilförmige, 1902 erbaute Flat-Iron steht still, ragt mittig links im Bild gräulich vor dem helleren Hintergrund auf. Vor und unterhalb von ihm stehen Bäume und kreuzen Äste das Bild, wohl ebenfalls in leichter Bewegung eingefangen. Rechts daneben sind die zwei leuchtenden Kugeln einer Straßenlampe zu sehen. Die Elektrik zeigt sich hier ebenso beständig wie die Architektur. In Abb. 41 *Fifth Avenue from the St. Regis*, die bereits um 1905 entstand, sind es gar nur diese zwei Positionen, die das Bild zeigt: rechts und links der Avenue aufragende Gebäude, im Vordergrund die Kirchturmspitze der St. Thomas Church, weiter unten ist linker Hand die Fassade der St. Patrick's Cathedral zu erkennen; auf der Straße unzählige Lichtpunkte, die jene erleuchten. Menschen sind keine zu sehen, auch keine Autos oder Kutschen. H. G. Wells schrieb im Vorwort zu Coburns Publikation *New York*, wo die Aufnahme veröffentlicht

Abbildung 42: Coburn, Broadway at night, New York, *1910*

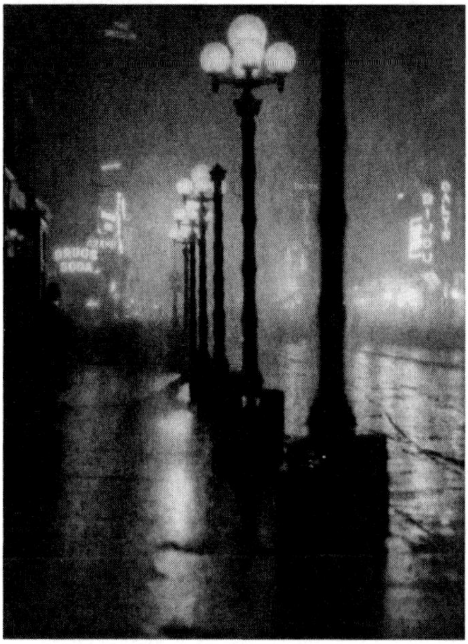

wurde, sie gefalle ihm von allen der abgebildeten am wenigsten, da sie „hazy" aussehe und er New York nie „hazy" gesehen habe.[16] Es ist eine stimmungsvolle Aufnahme New Yorks, die tatsächlich im Gegensatz zur sieben Jahre später entstandenen Abb. 38 steht. Die Stadt ist diesig, verschleiert und unscharf abgebildet, auch sind es nicht die Türme von Wolkenkratzern, die aus der Stadtlandschaft ragen, sondern jene der Kirchen. Und dennoch zeigt sich hier ein Bild, das auf verblüffende Weise jenem gleicht, welches Coburn 1911 in „Der Zusammenhang von Zeit und Kunst" als mentales Bild beschreibt: „Mir fällt bereits auf, dass meine Vision New Yorks nach und nach immer enger geworden ist, denn nur noch in der Dämmerung, wenn die Bogenlampen auf der Fifth Avenue eingeschaltet werden, offenbart sich mir die Stadt in ihrer ganzen Schönheit." (ZuK 273) Photographieren bedeutet festhalten, entgegen der Veränderlichkeit des Fortschritts genau einen Moment zu dokumentieren. Gleichzeitig bedeutet es aber auch, die Idee, Vision oder umfassende Schönheit der Stadt abzubilden und aufzuzeigen, in der Photographie wahrnehmbar zu machen und sich so dieser Idee, aber auch der

16 Vgl. H. G. Wells im Vorwort zu Coburn (1910), *New York,* o.S.

sichtbaren Welt selbst anzunähern. Dabei sind es immer wieder die Lichter der Stadt, die Coburn über Jahre hinweg besonders zu faszinieren scheinen und die er einzufangen sucht. *Broadway at Night* von 1910 (Abb. 42) zeigt wieder die Lichtkugeln der Straßenlaternen, leuchtende Schriftzüge der Gebäude des Broadway und die Reflexionen des Lichts auf der Straße. Strukturiert wird die Aufnahme durch die Laternenpfeiler, die von vorne rechts nach hinten leicht nach links versetzt laufen. Die Pfeiler tragen „die großen weißen Kugeln wie auf einer Perlenkette aufgereiht" (ZuK 273) – ein Motiv, das fast zeitgleich auch in Aufnahmen Londons auftaucht (*The Embankment,* London, 1911). Einerseits zeigte sich in den Aufnahmen gerade die Elektrizität der Stadt neben den Gebäuden als beständiges Motiv modernen Stadtbaus, andererseits ist es die Vergänglichkeit und Veränderlichkeit des Lichtes, welche die Schnelllebigkeit der Stadt selbst aufgreift. Die Kamera greift diese Schnelllebigkeit, die sich so zu erkennen gibt, auf und hält so einen Moment, der für Coburn die ganze Idee New Yorks in sich tragen soll, fest.

Exkurs: Auf dem Weg zum Neuen Sehen

Die Photographie epistemologisch als fortschrittlich zu denken, da mit ihr neue und zwar moderne Denkmodelle, die Erforschung der Welt der Dinge und des urbanen Raumes, eine Erweiterung der Wahrnehmung und nicht zuletzt ein neues, photographisches Sehen einhergeht, beschreiben in den 1920er Jahren die weitläufigen und heterogenen Entwicklungen des *Neuen Sehens*.[17] Die Positionsbestimmungen, die in der Theorie des *Neuen Sehens* unternommen werden, zeichnen sich auch in Coburns Ansätzen ab. Coburn reißt immer wieder moderne epistemisch-ästhetische Diskurse an, die Fesseln eines anachronistischen Kunst- und Künstlerbildes streift er jedoch nie ab: Seine Bestimmungen der Photographie bleiben an die schöpferische Figur des Photographen gekoppelt, was sich im *Neuen Sehen* grundlegend ändern wird: Hier wird „das Wesen der Dinge"[18] (Renger-Patzsch) und die „Stellung des Menschen in der Welt der Dinge"[19] (Raoul Hausmann) abgebildet werden. Die schwer bestimmbare Zerrissenheit zwischen einem Davor und einem Danach zeigt sich sehr eindrücklich noch in den 1930er Jahren. In Waldemar Georges Schrift *Photographie vision du monde*, die von Bernd Stiegler ausführlich diskutiert wurde, zeigt sich, dass die verschiedenen

17 Zum *Neuen Sehen* siehe auch S. 36, Fußnote 91.

18 Renger-Patzsch (1997), *Meisterwerke,* S. 9.

19 Raoul Hausmann, „Wie sieht der Fotograf? (1933)", in: Ders., *Kamerafotografien 1927–1957,* hg. v. Andreas Haus, 1979, S. 42-45, 42.

photographischen Koordinaten, die bereits in den 1910er Jahren bei Coburn auftauchen, noch immer aktuell zu sein scheinen.[20] Im Jahr 1930 verfasst George eine Positionsbestimmung der Photographie, die trotz der Ausrichtung an den Avantgarde-Photographen seiner Zeit (u.a. André Kertész, Germaine Krull, Man Ray, Albert Renger-Patzsch und Charles Sheeler, um nur einige zu nennen) zwischen den Grundbestimmungen der Kunstphotographie der Jahrhundertwende und denen des *Neuen Sehens* oszilliert. Denn wenngleich das *Neue Sehen* mit den Grundannahmen des Piktorialismus entschieden bricht, die Grenzen zwischen beiden Bereichen fluktuieren. Stiegler zeigt, dass George einerseits zu Beginn des Textes Photographie als „Zeugnis einer subjektiven Einstellung, als ‚Ausdrucksweise' und Manifestation einer Persönlichkeit" bestimmt und so die piktorialistische Tradition aufrechterhält, die auch für Coburn prägend ist: Man tauche „nicht in die bildlichen Gegenstände ein, sondern in den Blick auf sie, in die Persönlichkeit des Künstlers, in das Reich seiner Träume und Visionen".[21] Andererseits verschiebe sich im weiteren Verlauf des Artikels der Fokus, es werde „die harmonische Einheit von Mensch und Maschine"[22] gelobt und die progressiven, neuen Möglichkeiten der Photographie – Erweiterung der Wahrnehmung und der Einbildungskraft, Entdeckung alles Sichtbaren und der Welt der Dinge – im Sinne der Avantgarde benannt.[23] Es ist gerade diese Engführung eines vermeintlich überkommenen subjektiven Blicks und des neuen Bewusstseins für die scheinbar objektiven Fähigkeiten der Photographie, die Coburns Zugang zur Photographie in den 1910er Jahren prägen. Der Beziehung von „Mensch und Maschine", namentlich der Kamera, widmet Coburn sich in dieser Entwicklung besonders.

20 Stiegler (2006), *Theoriegeschichte,* S. 191-194. Waldemar Georges Text erschien in einem Sonderheft, dass der Photographie gewidmet wurde: Waldemar George, „Photographie, vision du monde", in: *Arts et Métiers graphiques,* 16 (15.03.1930), S. 5.

21 Stiegler (2006), *Theoriegeschichte,* S. 191. George zit. n. ebd.: „L'œuvre d'art n'est pas un mode de connaissance, un reflet de la vie objective; c'est und traduction, une manifestation de la personnalité."

22 George zit. n. ebd., S. 194: „C'est une exaltation de l'accord merveilleux de la machine et de l'homme."

23 Vgl. ebd.

Von Monstern und magischen Instrumenten

Die Photographie als Kunstmedium ist nicht nur am besten geeignet mit dem Fortschritt der Zeit standzuhalten, sie ist auch insbesondere epistemisch fortschrittlich zu denken. Die Kamera als mechanisches Instrument ist das Werkzeug, das der Idee der Photographie zur Erfüllung verhilft. Und dabei ähnlich den Glühbirnen, die „die Stadt in ihrer ganzen Schönheit" (ZuK 273) erstrahlen lassen, dem Konzept des Fortschritts einen mechanisch technischen, doch materiellen und symbolischen Körper gibt. Wenige Motive zeigen die Vielgestalt des photographischen Diskurses zwischen der Begeisterung für das Technische und dem Glauben an eine ästhetische Ordnung der Dinge so eindrücklich wie die Kamera. Sie wird zur Trägerin zahlreicher Bedeutungen und Konnotationen und lässt sich keinesfalls auf ihre instrumentale Rolle als mechanischer Gegenstand festlegen. Vielmehr wird sie zum magischen, mitunter gar monströsen und anthropomorphen Objekt. Die Position der Kamera ist gleichzeitig durch Funktionalität wie auch durch Symbolik gekennzeichnet.

Die Kamera steht im Mittelpunkt des photographischen Beziehungsgeflechts, übernimmt zahlreiche unterschiedliche, teils widersprüchliche Rollen. Für Coburn soll „die Kamera [...] Teil des Benutzers selbst werden," und weiter solle es „keine Unsicherheiten und Ungeschicklichkeiten geben, sondern einzig und allein Sicherheit und Beherrschung der Komplexität des verwendeten Instruments." (AB 28) Hier zeigt sich die verschränkte Position der Kamera zwischen Instrumentalisierung und Vermenschlichung: Einerseits soll sie Teil des Photographen und in diesem Sinne – wenn auch nicht als selbstständiger Organismus – menschlich sein, andererseits und gleichzeitig ist sie verwendetes und kulturelles Instrumentarium. Für den Photographen bedeutet die distanzlose Beziehung, dass er durch die Kamera zum Cyborg wird, ein mechanisches Element wird Teil seines Organismus.[24]

24 Medientechnisch und soziologisch wird immer wieder die Figur des Cyborgs im Kontext einer vor allem digitalen Photographie und Filmtechnik verhandelt. Siehe dazu u.a. Harraway, Donna, *Die Neuerfindung der Natur. Primaten, Cyborgs und Frauen [Primate visions. Gender, race and nature in the world of modern science, 1989]*, Frankfurt/M. 1995; John T. Caldwell, „Televisualität", in: Ralf Adelmann (Hg.), *Grundlagentexte zur Fernsehwissenschaft. Theorie, Geschichte, Analyse,* Konstanz 2001, S. 164-202; Sven Stollfuß, „Cyborg Visuality, Popularized: Überlegungen zu einer populären Wissenspraxis des Körperinnen", in: Marcus S. Kleiner (Hg.), *Methoden der Populärkulturforschung. Interdisziplinäre Perspektiven auf Film, Fernsehen, Musik, Internet und Computerspiele,* Berlin und Münster 2012, S. 385-416. Matthew

Die Kamera hingegen bleibt Grenzgänger, gleichermaßen Teil eines menschlichen Körpers und technischer Fremdkörper. Als ein solcher Fremdkörper kann sie auch Hilfswerkzeug sein, sie arbeitet dem Photographen zu. Jener ist es, der künstlerisch tätig ist, der die Kamera integriert, ihr Bedeutung verleiht, sie dazu bringt „eine bestimmte Stimmung ein[zu]fangen“ (AB 44). Die Kamera als treue Helferin sei jedoch, es kann nicht anders sein, begrenzt in ihren Fähigkeiten und „vermag uns Andeutungen zu vermitteln, aber nicht mehr.“ (AB 133) Sie ist technisches Werkzeug, doch „wenn man die Kamera sich selbst überlässt, wird sie einfach nur Informationen über die Örtlichkeiten übermitteln und alles andere vernachlässigen.“ (AB 44) Die Kamera scheint bedürftig nach der künstlerischen Leitung durch den Photographen, als Hilfsmittel verfügt sie über keine eigenständigen Impulse.

In der Beschreibung der Kamera klingen allerdings auch unüberhörbar Subjektivierung und Personifizierung des technischen Objekts an: Sie übermittelt und vermittelt, die Kamera agiert zwar vermeintlich ineffizient, aber sie agiert. Die Kamera ist nicht nur passives Instrument, für sie wird hier auch ein eigenes – welcher Art auch immer geartetes – Wesen konstruiert, das am photographischen Prozess persönlich beteiligt ist. Selbstbewusst kann sie auftreten, beispielsweise auch als Lehrerin in einer Schule des Sehens:[25] „Was immer die Kamera nicht zu tun vermag, sie tut mit Sicherheit eines: Sie lehrt einen, die Welt ringsum zu betrachten“ (AB 45). Trotz aller Begrenzungen ist die Kamera befähigt, den sie Nutzenden in der Betrachtung der Welt zu leiten und zu lehren und zwar auf genuin photographische, die Welt fragmentierende und in einzelne Bilder zerlegende Weise.

In „Meine Anfänge“ von 1913 wird eine weitere Konnotationsebene der Kamera beleuchtet. Es handelt sich um die Kamera, die als Blaupause für Ängste, Unzulänglichkeiten und Unbehagen funktioniert und dabei selbst mit eben jenen Gefühlen in Zusammenhang gebracht wird.

Biro verortet mit *The Dada Cyborg* jenen u.a. mit Photographie und Photomontage bereits in der ersten Hälfte des 20. Jahrhunderts, vgl. Matthew Biro, *The Dada Cyborg. Visions of the new human in Weimar Berlin,* London 2009.

25 Insbesondere mit dem *Neuen Sehen* wird die Photographie dann allgemeinhin als „Sehschule“ benannt, siehe dazu Bernd Stiegler, *Bilder der Photographie. Ein Album photographischer Metaphern,* Frankfurt/M. 2006, S. 70, und Ders. (2006), *Theoriegeschichte,* S. 196.

„In Gegenwart der Kamera werden wir Zeugen der Angst, welche die amerikanischen Indianer, die Wasserträger der Wüsten Nordafrikas und andere unzivilisierte Völker im Angesicht der Kamera empfinden. Sie fürchten den bösen Blick oder ängstigen sich gar, der magische Kasten könnte ihre Seele einfangen, oder sie entwickeln andere äußerst phantasievolle Vorstellungen.“[26]

Coburn erzählt seine Geschichte als die des ethnographischen Photographen, der sich mit der Angst vermeintlich „unzivilisierter Völker“ vor der Kamera konfrontiert sieht. Die Annahme, das Abbild stehe in unmittelbarem Zusammenhang mit dem Abgebildeten entstammt jedoch einer Tradition in der Photographiegeschichte, die sich nicht nur auf technologieferne Kulturen eingrenzen lässt, wie Michael Wiener 1990 in seiner grundlegenden Schrift zur *Ikonographie des Wilden. Menschen-Bilder in Ethnographie und Photographie zwischen 1850 und 1918* darlegt:

„Das *Bild* und der reale *Gegenstand*, besonders aber eine *abgebildete Person*, gelten somit nicht nur bei Naturvölkern beide als Träger ein und derselben *Energie* oder *Lebenskraft*, von der dann konsequenterweise angenommen wird, daß bei ihrer Übertragung [...] vom einen aufs andere der sie aussendende Teil zugunsten des neu entstehenden Bildes eine Schwächung erfährt.“[27]

Wiener arbeitet heraus, dass im Falle des reisenden Photographen die Angst vor dem Fremden durch die Kamera nachhaltig verstärkt werde. Die Kamera gerate „als *Instrumentalisierung des Blicks* ins Zentrum der Aufmerksamkeit“ und stigmatisiere die reisenden Photographen „in noch beträchtlicherer Weise als potentielle Unheilstifter, mußte sie in ihrer Erscheinung doch geradezu als Symbol des

26 Coburn (2015), „Künstlerischer Photograph (1913)“, S. 280.

27 Siehe dazu Michael Wiener, *Ikonographie des Wilden. Menschen-Bilder in Ethnographie und Photographie zwischen 1850 und 1918,* München 1990, S. 191. [Kursivierungen im Original.] Wiener führt verschiedene historische Positionen des Unbehagens gegenüber dem „Abbildzauber“ (S. 193) an, der etwas vom Abgebildeten fortnehme und sich in das Abbild einschreibe. Darunter die Anekdote Nadars zur Angst Balzacs vor dem photographischen Abbild: „Nach Balzac besteht jeder lebende Körper aus unendlich vielen ‚Spektren‘ ... Da es dem Menschen immer unmöglich sein wird, ... aus *nichts etwas* zu machen – muß bei der Daguerrschen Photographie eine Schicht des abzubildenden Körpers erfaßt, abgelöst und auf Platte gebannt werden.“ Nadar zit. n. ebd.

Bösen Blicks gelten."[28] Die Kamera wird zum Inbegriff von etwas Fremdem und von einem fordernden, übergriffigen Blick.

Diese, wie Regina Eickelkamp schreibt, „archaisch-prälogische Ebene der Angst vor dem bösen Auge der Kamera"[29] greift Coburn in der Betrachtung der von ihm als unzivilisiert bezeichneten Kulturgruppen aus kolonialistischer Distanz auf, nur um im Anschluss die tatsächliche Berechtigung des Gefühls zu attestieren. So sei das Unbehagen nachvollziehbar, denn „die Kamera hat wirklich etwas Magisches an sich".[30] Ganz gleich, „wie vertraut man auch mit ihrer inneren Arbeitsweise sein mag, erscheint es einem doch immer ein wenig unverständlich, wie sie einen Teil der Natur, dessen Abbild durch das dem Auge nachempfundene Objektiv huscht, dauerhaft auf eine empfindliche Oberfläche einzuprägen vermag."[31] Aus Coburn spricht die eigene Technikfaszination gegenüber der vermeintlichen Unerklärlichkeit des photographischen Prozesses, er beruft sich auf die Metapher des Objektivs als Auge,[32] die Spannung zwischen dem Abgebildeten als Bestandteil der Natur und der Bannung des Abbilds als kulturelles Artefakt. Es sind diese Positionen, die auch in „Alvin Langdon Coburn – Künstlerischer Photograph. Von ihm selbst" desselben Jahres aufgeworfen werden und die Photographie als furchteinflößendes Wesen inmitten der (britisch amerikanischen) Gesellschaft in den Blick nehmen. Coburn fragt, wie „man von einem Menschen erwarten [könne], sich in einem unbequemen und unbekannten Sessel natürlich zu verhalten, noch dazu im Angesicht eines einäugigen Monsters?"[33] Zwar geht es hier in erster Linie um die körperliche Dominanz der großen klassischen Kameras gegenüber den zeitgenössischen kleinen und handlichen Varianten, doch implizieren die Worte eine allgemeine Wirkung der Kamera auf einen zu Photographierenden. Jener werde von einem mechanischen Monster beäugt, ganz so, als sei der irrational beängstigende „böse Blick" auf ihn gerichtet, als sei er dem aufdringlichen Blick schonungslos ausgesetzt.

---

28 Ebd., S. 194. [Kursivierung im Original.]

29 Regina Eickelkamp, „Spuren des Verschwindens: Fotografie, Bild und Schrift in *La Goutte d'Or* von Michel Tournier", in: Philip Bracher, Florian Hertweck und Stefan Schröder (Hg.), *Materialität auf Reisen. Zur kulturellen Transformation der Dinge,* Berlin 2006, S. 253-276, 260.

30 Coburn (2015), „Künstlerischer Photograph (1913)", S. 280.

31 Ebd.

32 Der Vergleich von Kamera und Auge geht weit zurück. Siehe dazu paradigmatisch Stiegler (2001), *Philologie des Auges,* S. 56-71, Ders. (2006), *Theoriegeschichte,* S. 72-85, insb. 82f, und Ders., *Belichtete Augen. Optogramme oder das Versprechen der Retina,* Frankfurt/M. 2011.

33 Coburn (2015), „Meine Anfänge", S. 277.

Beide Seiten, das Faszinierende und das Erschreckende, scheinen dieser Magie der Kamera eingeschrieben und sie zu beleben: Die Kamera als Monster wird zum gleichermaßen distanzlosen (der aufdringliche Blick, der ungewollt Nähe entstehen lässt) wie distanzvollen (die mechanisch körperliche Fremdartigkeit, die Faszination verübt) Gegenüber, das umso mehr zwischen den verschiedenen Motiven pendelt. In seinem Essay „Die Zukunft des Piktorialismus" von 1916 betont Coburn weiterhin die wundersamen Aspekte des photographischen Prozesses und fokussiert auf die Rolle des Photographen. „Halten Sie einen Augenblick inne und denken Sie über den geheimnisvollen Vorgang nach, durch den sich ein Bild in einer lichtempfindlichen Gelatineschicht niederschlägt", fordert Coburn seine Leser auf, und erklärt, dass „zu Zeiten, als Menschen auf dem Scheiterhaufen brannten, weil sie sich in ‚schwarzer Magie' geübt haben sollten, [...] der Photograph zweifellos ebenfalls ein Opfer geworden [wäre]".[34] Der Photograph wird zum ‚schwarzen Magier', da er mit der magischen Kraft der Photographie hantiert, da er das magische Auge der Kamera nutzt.

Der Begriff der Magie verweist auf den illusionistischen Charakter des photographischen Prozesses, der zwar auf chemisch-technisch erklärbare Abläufe zurückzuführen ist, der Wahrnehmung jedoch als phantastischer Trick erscheint und Gefühle der Verwunderung und Fremdheit gegenüber dem Verfahren vorantreibt. Nicht zufällig taucht bereits seit den Anfängen der Photographie immer wieder der Begriff der Magie auf, wenn es eigentlich um Wesensbeschreibungen jener geht. Talbot schreibt in einem Brief an den Herausgeber der *Literary Gazette* im April 1839, in dem er das von ihm erfundene photographische Verfahren – dann Talbotypie genannt – vorstellt, es handle sich um „a little bit of magic realised: – of natural magic."[35] Hier ist es das photographische Verfahren selbst, Abbilder auf lichtempfindlichen Schichten entstehen zu lassen, das als „natural magic" bezeichnet wird: für die Wahrnehmung unbegreiflich und dennoch natürlich, also physikalisch nachvollziehbar. Im Begleitartikel „French Discovery – The Pencil of Nature" wird Talbots Arbeit auch prompt in Anlehnung an die historische Ablehnung gegenüber scheinbar unerklärlichen Phänomenen ironisierend zur „black magic"[36] erklärt – eine Verbindung, die Coburn ebenfalls aufgreift. Coburn referiert auf diesen frühzeitlichen Diskurs der Photographie und lässt den Mythos der

34 Coburn (2015), „Die Zukunft des Piktorialismus (1916)", S. 314.

35 William Henry Fox Talbot, „Photogenic Drawing: (Mr. Talbots letter to the editor of the Literary Gazette, 30. Januar 1839)", in: *The Literary Gazette,* 1150 (Februar 1839), S. 73f, 74; siehe zur Magie bei Talbot insbesondere Douglas R. Nickel, „Talbot's Natural Magic", in: *History of photography,* 26/2 (2002), S. 132-140.

36 O.A., „French Discovery – Pencil of Nature: (The Account of the French invention)", in: *The Literary Gazette,* 1150 (Februar 1839), S. 74.

unerklärlichen Magie, die ihr innewohne, aufleben. Nun ist es allerdings die Kamera, die zum materiellen Symbol dieser Magie wird, wodurch der magische Charakter ontologisch vom photographischen Verfahren gelöst und in die mechanische Materialität der Kamera eingeschrieben wird. Coburns Begeisterung für die Photographie scheint nicht zuletzt auf der Faszination für den Körper der Kamera, für ihre Technologie, aufzubauen. Gleichzeitig jedoch auch auf der Begeisterung für die Magie selbst, für die nur scheinbar unerklärliche Phänomenologie des photographischen Prozesses, der nicht nur der Photographie, sondern auch dem Photographen die Aura des Magischen verleiht, ihn zum Magier werden lässt.

Wenn die Kamera als magisch bezeichnet wird, deutet das auf ein Unverständnis gegenüber ihren Prozessen hin. Wenn ihr aber weiterhin Magie unterstellt wird, obwohl ihre Prozesse bekannt sind, könnte man auch von einer aufrechterhaltenen Illusion sprechen: Es ist funktional, wenn die Kamera als magisch erscheint, da so ihre Aura und auch die des Photographen entrückt werden – der Schritt zur spirituellen Verklärung der Kunst binnen eines symbolistischen Weltbildes ist dann nur noch ein kleiner. „Die Künstler, aber auch die philosophischen Autoren“, schreibt Michael Pauen in seiner Abhandlung *Dithyrambiker des Untergangs. Gnostizismus in Ästhetik und Philosophie der Moderne*, „sehen sich vielfach in der Rolle des Magiers oder des Propheten, der der verfallenden Realität in philosophischer Theorie oder ästhetischer Praxis ‚das Andere‘ entgegenhält.“[37] Der Magier als Figur, welche die Wahrnehmung der anderen erschüttert ohne die Gesetze der physikalischen Welt zu unterlaufen, erscheint dabei genauso als Vermittler zwischen zwei nur vermeintlich divergierenden Welten, wie die Kamera, die zur genuin photographischen Verzauberung eingesetzt werden kann. Im Kontext einer ganzheitlichen, symbolistischen Weltsicht können beide, die Kamera und der Photograph, ihre Rollen an der Schnittstelle von Technik und Kunst, aber auch von Metaphysik und Realität einnehmen. Der Photograph als Magier wird zum Propheten der Kunst.

37 Michael Pauen zit. n. Gabriela Lucia Wacker, *Poetik des Prophetischen. Zum visionären Kunstverständnis in der Klassischen Moderne,* Berlin 2013, S. 8; vgl. Pauen, *Dithyrambiker des Untergangs. Gnostizismus in Ästhetik und Philosophie der Moderne,* Berlin 1994.

Quest for Beauty: Von ästhetischer Religiosität

Einige Kunstphotographen und Kunstphotographinnen behandelten schon im 19. Jahrhundert religiöse Themen in ihren Aufnahmen[38] – so beispielsweise in den 1860er Jahren Julia Margaret Cameron[39] mit der photographischen Darstellung christlicher Ikonen, in den 1890er Jahren Coburns Cousin Fred Holland Day[40] mit der photographischen Umsetzung der Passion Christi. Mit der Jahrhundertwende rückt die Thematik vermehrt in den Fokus und wird neu interpretiert, „die Verbindung von Kunst und ‚Religiösem' [wird] im Symbolismus wieder besonders aktuell."[41] Tatsächlich ist das Interesse an spirituellen und symbolistischen Theorien im Kontext der Kunst und des Künstlers weitverbreitet. Die künstlerische Interpretation geht dabei über die Grenzen der photographischen Abbildung hinaus und wirkt auch auf Inszenierungen religiös indizierter Künstlermythen und der Entwicklung spiritueller Weltanschauungen ein. Day photographiert nicht nur Passionsszenen, er stellt sie mit seinen Anhängern auch performativ nach und inszeniert sich selbst als Christus.[42]

Ausgehend von Days Bildreihe *Seven Last Words* zieht Kristin Schwain eine Verbindung zwischen dem symbolistischen Schriftsteller Maurice Maeterlinck, den sowohl Day als auch Coburn verehrten,[43] und der Theosophin Helena Petrowna Blavatsky, die insbesondere die russische malerische Avantgarde stark

38 Siehe dazu bspw. Diane Kirkpatrick, „Religious Photography in the Victorian Age", in: Michael P. O'Connor (Hg.), *Backgrounds for the Bible,* Winona Lake/ID 1987, S. 321-336.

39 Siehe zu Cameron bspw. Gernsheim (1948), *Julia Margaret Cameron.*

40 Siehe zu Day bspw. Patricia J. Fanning, *Through an uncommon lens. The life and photography of F. Holland Day,* Amherst 2008.

41 Ludwig Lehnen, „Die ‚heidnische Möglichkeit': Grundlagen der symbolistischen Kunstreligion bei Mallarmé und George", in: Albert Meier und Alessandro Costazza u.a. (Hg.), *Kunstreligion. Die Radikalisierung des Konzepts nach 1850, Bd. 2,* Berlin 2012, S. 185-225, 186.

42 Kirkpatrick (1987), „Religious Photography in the Victorian Age", S. 334.

43 Coburn schreibt in seiner Autobiographie, Day sei ein „begeisterter Verehrer der Werke [...] Maeterlincks," und über seine eigene Begeisterung: „Sechzehn Jahre lang hatte ich bereits Maeterlincks Werke bewundert, bevor ich ihn endlich photographierte" (AB 24 und 144). Coburn illustrierte Maeterlinck (1914), „Foretelling the Future" und Ders., (1907), *L'intelligence de fleurs.* Vgl. Weaver (1986), *Alvin Langdon Coburn,* S. 23f.

beeinflusste,[44] und zeigt so eine die Kunstmedien als auch die Nationen übergreifende Entwicklung in der Kunst der Jahrhundertwende auf:

> „The close relationship Maeterlinck posited among communication between souls, mysticism, and silence was expressed in occult terminology as well. Combining Elements of Spiritualism, New England transcendentalism, Western conceptions of Hinduism and Buddhism, and occult traditions, Madame Blavatsky wrote a devotional tract entitled *The voice of the Silence.*"[45]

Demnach seien es eben diese zahlreichen Figuren, welche die verschiedenen symbolistischen Strömungen gleichermaßen beeinflussten. Gerade viele Expressionisten, „namentlich [Wassily] Kandinsky, Frantisek Kupka, Piet Mondrian, Kasimir Malewitsch, auch Max Beckmann"[46] interessierten sich in der programmatischen Ausformung ihrer Kunsttheorien für theosophische und anthroposophische Ansätze wie sie Rudolph Steiner und Blavatsky vertraten,[47] und entwickelten geradewegs Kunstreligionen. Kandinsky verortete beispielsweise in seiner Schrift *Über das Geistige in der Kunst* von 1912 „die Malerei in ihrer Realisation […] im Dienst des Göttlichen und den Künstler als ‚Diener höherer Zwecke, dessen Pflichten präzis, groß und heilig sind' oder gar als ‚Priester des ‚Schönen',"[48] und Theo van Doesburg dichtete 1916 den Gedanken weitertreibend prompt: „Die Kunst wird Religion / Der Künstler Priester nun […]."[49] Beide sprechen an, was sich in mitunter exemplarischer Radikalität bei zahlreichen anderen Künstlerfiguren des beginnenden 20. Jahrhunderts wiederfindet: die spirituelle Bedeutung der Kunst als Religion und die Stilisierung des Künstlers zum Propheten.

---

44 Beyme (2005), *Das Zeitalter der Avantgarden,* S. 284; Blavatsky gilt als Begründerin der Theosophie. Siehe dazu bspw. Gary Lachman, *Madame Blavatsky. The mother of modern spirituality,* New York 2012.

45 Kristin Schwain, *Signs of grace. Religion and American art in the Gilded Age,* Ithaca 2008, S. 91.

46 Martina Wagner-Egelhaaf, *Mystik der Moderne. Die visionäre Ästhetik der deutschen Literatur im 20. Jahrhundert,* Stuttgart 1989, S. 57; dazu auch exemplarisch Pauen (1994), *Dithyrambiker des Untergangs,* S. 127.

47 Vgl. bspw. Platschek (1975), „Die sprachlosen Propheten" und auch von Beyme (2005), *Das Zeitalter der Avantgarden,* S. 330-334.

48 Kandinsky zit. n. Wagner-Egelhaaf (1989), *Mystik der Moderne,* S. 56.

49 Theo van Doesburg zit. n. von Beyme (2005), *Das Zeitalter der Avantgarden,* S. 332.

Auch Alfred Stieglitz übernimmt die Rolle einer ebenso elitären wie spirituellen Leitfigur. Waldo Frank beschreibt 1919 in *Our America*[50] Stieglitz' *Galerie 291* als einen sakralen Raum im ansonsten heruntergekommenen New York. „New York was a lying destroying storm: ‚291' was the candle, that did not go out, since it alone was the truth."[51] Es handle sich bei ihr um einen „religious fact" und in diesem Sinne weiter: „no place could be so holy as this place."[52] Die Galerie ist ein gesamtgesellschaftliches Ereignis, sie steht für eine ästhetisierte Hoffnung auf Katharsis. In der Kirche der Kunst ist es Stieglitz, der predigt und entscheidet, wer Teil seiner spirituell überhöhten Welt – seiner Galerie, seines Photo-Clubs und seiner Ausstellungen – sein darf.[53] Für Künstler wie Kandinsky, Hugo Ball[54] oder auch Stefan George[55] – und mit Stieglitz und später auch Coburn ließe sich die Reihe problemlos fortsetzen – stehe die Zeit, wie Gabriela Wacker in Anlehnung an Hugo Balls Vortrag „Kandinsky" von 1917 in der *Galerie Dada* in Zürich schreibt, „an einer ‚Schwelle zur dritten Offenbarung', ihre vorzugsweise eingesetzte Künstler-*imago* ist der Prophet, weil dieser ein verkannter Mahner ist, eine ‚für Massen unhörbare Sprache' spricht und seinem Profil nach eine Reflexion auf

50 Der Text wurde für französische Intellektuelle geschrieben, Waldo David Frank, *Our America,* New York 1919; vgl. dazu Celeste Connor, *Democratic visions. Art and theory of the Stieglitz Circle, 1924–1934,* Berkeley 2001, S. 35f.

51 Frank (1919), *Our America,* S. 184.

52 Ebd.

53 Vgl. Catherine Berger, die in ihrer Dissertation u.a. die kunstreligiösen Ansätze Stieglitz' mit denen Georges vergleicht: *Progressive Nostalgia: Alfred Stieglitz, his Circle and the Romantic Anti-Capitalist Critique of Modernity,* University College London 2014, online: http://discovery.ucl.ac.uk/1457436/1/Berger_PhD_Thesis_copyright_material_removed.pdf, zugegriffen am 10.11.2017.

54 Hugo Ball, Mitbegründer der Dada-Bewegung, wendete sich später dem Katholizismus und Mystizismus zu. Bernd Wacker (Hg.), *Dionysius DADA Areopagita. Hugo Ball und die Kritik der Moderne,* Paderborn und Wien 1996; Michael Braun und Ernst Teubner u.a. (Hg.), *Hugo Ball. Der magische Bischof der Avantgarde,* Heidelberg 2011.

55 Der Poet Stefan George ist ein radikales Beispiel einer Kunstreligion, in der er selbst zum prophetischen Zentrum wurde. Vgl. dazu Lehnen (2012), „Die ‚heidnische Möglichkeit'", und Stefan Breuer, „Zur Religion Stefan Georges", in: Wolfgang Braungart, Ute Maria Oelmann und Bernhard Böschenstein (Hg.), *Stefan George. Werk und Wirkung seit dem „Siebenten Ring",* Tübingen 2001, S. 225-239.

die neuartige Kunst anstößt."[56] Das beginnende 20. Jahrhundert biete demnach nicht nur eine Zeit des Umbruchs auf dem Weg in die Moderne, sondern eine gänzlich neue Zeit stehe bevor. Die genannten Künstlerfiguren generieren sich als ebenso antimodern spirituelle wie ästhetisch erhabene Leitfiguren einer neuen Zeit.

Es ist auch Coburn, der sodann eine radikal überformte ästhetische Religiosität entwickelt, in der er seine symbolistische Weltanschauung in metaphysische Glaubensbekenntnisse übersetzt und selbst zum wissenden und Weg weisenden Propheten der Kunst wird. Auf diesem Weg beschäftigt er sich ab 1923 nachhaltig mit dem Mystizismus und schließt sich den Freimaurern an, woraufhin er bis in die 1950er Jahre das Photographieren, zumindest für die Öffentlichkeit, aufgibt.[57] So kontinuierlich die Entwicklung hin zur ästhetischen Religiosität aus der Retrospektive erscheint, so wenig zeichnete sich die spirituelle Verklärung in seinen photographischen Arbeiten ab. Die Selbstverpflichtung an den Mystizismus und das Lösen von der Photographie erweist sich zwar als klarer Bruch in Coburns Lebensgeschichte, gleichzeitig scheint die ästhetische Radikalisierung aus den früh angelegten Überzeugungen und Annahmen zur Rolle der Photographie als Kunstform, dem Photographen und der Kamera zu wachsen. Coburn verschreibt sich einem religiösen Mystizismus[58] genauso konsequent wie zuvor der Ergründung und Etablierung der Photographie. Im Zuge dieser Sakralisierung der Kunst wird Coburn zum sowohl überzeugten Gläubigen als auch Propheten der Kunst.[59] Das zentrale Dokument der neuen ästhetischen Religiosität ist der Essay „Die Photographie und die Suche nach der Schönheit" von 1924, in dem Coburn eine platonische Kunsttheorie ausformuliert, die nichts weniger ist, als eine umfassend auf die Idee des Schönen gestützte Metaphysik.[60] War bei Platon die Kunst als

---

56 Michael Pauen (1994) und Kandinsky (1912) zit. n. Wacker (2013), *Poetik des Prophetischen,* S. 9f. [Kursivierung im Original.]

57 Siehe dazu in der Autobiographie die beiden letzten Kapitel. Coburn (2015), „Autobiographie", S. 157-186.

58 Das Zitat ist auf S. 73 abgedruckt. Coburn (1962), „Photographic Adventures", S. 158.

59 Siehe zu diesen Rollenbildern insbesondere auch Kapitel 2.1.

60 Coburn bewegt sich auf Platons Spuren und der klassischer Trias des Schönen, Wahren und Guten, die sich als Teil dessen Ideenlehre in Symposion und Phaidros findet. Vgl. bspw. Plato, *Lysis, Symposion, Phaidon, Kleitophon, Politeia, Phaidros,* hg. v. Friedrich Schleiermacher, Walter F. Otto und Ursula Wolf, Reinbek bei Hamburg 2004.

Kunstschaffen jedoch von der Ideenlehre des Schönen strikt getrennt zu betrachten,[61] entspannen sich hier beide Bereiche Seite an Seite. Das „Schöne, [...] zusammen mit dem Wahren und dem Guten," (PSS 322) bildet als einer der „drei Teile der großen Wirklichkeit" den Rahmen jeglicher Existenz, die Kunst wiederum ist in ihren medialen Ausformungen das entscheidende Mittel um sich an diesen Wirklichkeitsentwurf anzunähern und „das Ideal der Schönheit zu verwirklichen" (beides PSS 321). Doch die Kunst hat dafür umfassende Möglichkeiten, handelt es sich hier doch um einen weitläufigen Kunstbegriff, der sich bis zur „höchsten aller Künste: der Kunst des Lebens selbst" (PSS 322) erstreckt.

„Und was hat das alles nun mit der Photographie zu tun? Absolut alles!" (PSS 322) gibt Coburn die Antwort auf seine Frage. Bereits 1910 in „Der Zusammenhang von Zeit und Kunst" ordnete Coburn die Photographie, den Mensch und das Leben in ein universelles Gesamtgefüge ein.[62] Die Photographie entspricht dem Leben, beide haben einen Hang zu wunderbaren Zufälligkeiten, beide entspringen einer gesamtschöpferischen Ordnung. Die symbolistische Verbindung von Leben und Photographie wird auch von anderen Photographen betont. Bei August Strindberg geht es bei den Versuchen eine Gesamtordnung photographisch aufzuzeigen bereits 1896 um das „Geheimnis der Schöpfung, [um] die Allgegenwart des Lebens"[63], Stieglitz wiederum erklärt 1923 in „How I came to photograph clouds," er wollte Jahrzehnte lang ausgehend von den abgebildeten Wolken, „meine Philosophie des Lebens niederschreiben – zeigen, daß meine Fotografien sich nicht auf den Inhalt und auf die Sujets zurückführen lassen."[64] Die Aufnahmen bedeuten eben nicht nur abgebildete Motive, sondern verweisen auf universelle Zusammenhänge. Die Photographie im Kontext eines symbolistischen Weltverständnisses bedeutet nicht nur sich selbst und referiert auch nicht nur auf die Kunst an sich, sie verweist auf das Leben und bietet im Sinne des Titels Stieglitz' Wolkenphotoreihe *Equivalents*, also Entsprechungen, zum Leben.

---

61 „Platonische Metaphysik, Kunstkritik und Mythos", in: Müller (2004), *Ästhetische Religiosität und Kunstreligion,* S. 1; vgl. Hans Blumenberg, „Wirklichkeitsbegriff und Möglichkeit des Romans", in: Hans Robert Jauß (Hg.), *Nachahmung und Illusion. Kolloquium Gießen, Juni 1963. Vorlagen und Verhandlungen,* München 1964, S. xxxc, und auch „Verurteilung der Kunst" in: Ernesto Grassi, *Die Theorie des Schönen in der Antike,* Köln 1980.

62 Vgl. Coburn (2015), „Zusammenhang von Zeit und Kunst (1911)", S. 273f.

63 Strindberg, *Jardin des Plantes*, S. 163, zit. n. Stiegler (2009), *Montagen des Realen,* S. 127-152, 149. Zu Strindbergs Photographie vgl. ebd und auch Stiegler (2001), *Philologie des Auges,* S. 268-279.

64 Stieglitz (2005), „Wie ich dazu kam, Wolken zu fotografieren (1923)".

Zurück zu „Die Photographie und die Suche nach der Schönheit". Für den Photograph wie den Menschen gelte es nun, die fundamentalen Aspekte des Lebens zu begreifen, denn „das Schöne schätzen zu wissen, ist für die Entwicklung eines Menschen eine absolute Notwendigkeit" (PSS 323). Schönheit ist der fundamentale Faktor allen Lebens und der Entwicklung des Menschen. Die Entwicklung des Menschen bedeutet nun Fortschritt und es ist, wie gezeigt wurde, für Coburn das Kunstmedium der Photographie, das in der Moderne am geeignetsten ist, den Fortschritt der Zeit zu begleiten. Die Kamera als technische Apparatur führt beide Positionen im photographischen Kontext zusammen, den sowohl konzeptuellen als auch technologischen Fortschritt und die Fähigkeit, gemeinsam mit dem Photographen Kunst zu erschaffen. Gleichzeitig wird das Kunststreben unterwandert: Die Photographie als Kunstform ist zwar in der Lage, der Wirklichkeit nahe zu kommen, kann sie jedoch nie erreichen, denn „wir vermögen abstrakte, jedoch niemals höchste Schönheit zu photographieren" (PSS 328). In diesem Sinne ist Kunst an sich „ein Gebet, ist Weihrauch, der am Altar der Schönheit verbrannt wird" (PSS 325).

Coburn verortet die „allumfassende," „allem zugrunde liegende" und „elementare" (PSS 321, 323) Schönheit als Idee jeder künstlerischen Erfüllung von Schönheit vorgelagert und konstatiert, dass „der Gedanke an das Schöne sich in den Köpfen der Menschen stets vor seiner Realisierung" (PSS 324f) forme. Auf den Spuren Platons ist die Idee der Schönheit der eigentliche, unantastbare Wert, die – künstlerische und photographische – Erfüllung des Gedankens bleibt dem nachgeordnet. Photographie, Photograph und Kamera sind in diesem Sinne alle Instrumente der Kunst, die wiederum der absoluten Schönheit diene. Der Künstler füge sich als „jemand, der sich zu einem gewissen Grad der Suche nach dem Schönen verschrieben hat" (PSS 323) in dieses Gefüge ein. Coburn benennt Venus als „Hüterin der Schönheit", die neben der „allumfassenden Mutter" und dem „Schöpfer" in Coburns Weltordnung integriert ist (PSS 323). Gerade ihr arbeite auch der Photograph zu, der als „Ritter der Linse auf Wunsch zu ihrem Verfechter werden" (PSS 328) könne. Coburns Sprache beschreibt mythologisch die Bedeutung des Photographen für die Photographie und vor allem für die Kunst selbst. Der Photograph ist nicht nur ausführendes Organ, er ist ein Ritter, ein Kämpfer für die Schönheit, ein Held. Coburn schreibt, es sei nicht nur seine Aufgabe, sondern sein Begehr, für die Schönheit zu kämpfen, denn „jeder Künstler verspürt vor allem den Drang, sich auszudrücken – er ist ihm so lebenswichtig wie die Nahrung oder die Luft zum Atmen" (PSS 328). Der Künstler als Prophet der Kunstreligion wird im Kampf für die Schönheit zum selbstlos drängenden Helden, eine auch im Kontext Coburns phototheoretischer Schriften wiederkehrende Figur (PSS 323).[65]

65 Vgl. zum Begriff des „Helden" auch S. 60.

Der moderne Held, der nicht zuletzt Coburn selbst ist, kämpft in der technologisch und gesellschaftlich fortschrittlichen Moderne unter dem Einsatz neuster Phototechnik einen Kampf für die allesüberdauernde idealisierte Schönheit und für eine Kunst, die das Ideal der Schönheit zu erfüllen sucht. Photographie als Kunst kann sich stets nur am Ideal messen, es zu erreichen und dann photographisch einzufangen, bleibt bei allem heldenhaften Einsatz des Photographen und aller technischen Magie der Kamera, so ließe sich das hier verstehen, unmöglich.

1966, über vierzig Jahre nach seinem kunstreligiösen Programm, präsentiert sich Coburn in seiner Autobiographie noch immer auf der Suche nach einem überzeitlichen und überräumlichen „Wesen, das nicht von dieser Welt ist" (AB 29) und sich in der Kunst zeige. Eine solche Kraft entdeckt er im Werk des japanischen Malers Sesshū (1420–1506), dessen Arbeiten vom Wesen einer Kunstform, das weder an Raum noch Zeit gebunden sei, durchdrungen würden.[66] Coburn stellt im hohen Alter hoffnungsvoll die Frage, ob ein solcher Wert wohl auch in seinen Arbeiten zu finden sei; den Weg dorthin fände das Wesen durch die Kamera: Sie hätte sich „durch mein Objektiv in mein Herz geschlichen und es auf eine Weise beeinflusst […], die in meiner photographischen Kunst ihrerseits Ausdruck findet" (AB 29). Das Objektiv ist Instrument des spirituellen Wesens der Kunst und füllt wie der Photograph seine Rolle für die Erfüllung der Kunst aus. Die Kamera positioniert sich zwischen einem körperlichen Innen und Außen, das Objektiv bietet den direkten Zugang für das künstlerische Wesen, um in das Herz des Photographen zu sickern und von dort wiederum die Photographie, die der Photograph initiiert, zu beeinflussen. Das Objektiv als Teil der Kamera wird als Instrument und Teil des Körpers des Photographen explizit zum Tor dieser Kunstform. Der Photograph, der eins ist mit seiner Kamera, ein Cyborg, der für die Kunst wirkt, wird zum Tor allen Kunstwerdens.

Bei Coburn erweist sich die ästhetische Sakralisierung als metaphysisch radikales Wirklichkeitskonstrukt, das die Schönheit als Ziel aller Kunst und des Lebens selbst setzt; die Wirklichkeit ist maßgeblich schön. Damit erinnern Coburns Ausführungen zwar an eine Kunsttheorie, welche die Ästhetik zum formalen Selbstzweck erhebt, doch bei Coburn geht es um etwas anderes. So sehr es Coburn in seinen photographischen Arbeiten darum ging, die Photographie selbst zu etablieren, so sehr geht es ihm in seiner ästhetischen Religiosität um das Bekennen zu absoluten Überzeugungen: Die Kunst kann niemals purer Ästhetizismus sein, da sie maßgeblich an die Wirklichkeit gebunden ist, da die Schönheit selbst Wirklichkeit bedeutet.

Mit seinem Ansatz verortet sich Coburn, wenngleich er auch konsequent damit bricht, weniger im Ästhetizismus als erst einmal in der Tradition der *Arts &*

66 Vgl. Coburn (2015), „Autobiographie", S. 29.

Crafts-Bewegung und John Ruskins Bestimmungen der Kunst. Ruskin formuliert im ersten, den er dann später teilweise auch widerrufen wird, von fünf Teilen der Reihe *Modern Painters*[67] (1843–1860) die Aufgabe der Kunst, namentlich der Malerei, als stimmungsvolle Wiedergabe der Natur nach den Präraffaeliten. Damit führt er jene Tendenzen aus, auf deren Spuren sich im photographischen Diskurs die piktorialistischen Arbeiten zum Ende des 19. Jahrhunderts etablieren, welche aber bereits in der *Photo-Secession* und damit auch in Coburns Arbeiten überkommen sein werden. Und dennoch handelt es sich bei seiner Bestimmung der Kunst um eine mit Coburn in mancherlei Hinsicht wesensgleiche. Ruskin beschreibt im Vorwort zur ersten Ausgabe die Aufgabe der Kunst folgendermaßen: „to declare and demonstrate, […] the essence and authority of the Beautiful and the True."[68] Zu finden sei die Schönheit und Wahrheit der Schöpfung eines – nun christlichen – Gottes in der Natur: „Nature is constantly beautiful, [though] she does not exhibit her highest powers of beauty constantly. "[69] Es sei die Aufgabe des Künstlers, sich von ihr hinsichtlich Schönheit und Wahrheit lehren zu lassen: „The teaching of nature is as varied and infinite as it is constant; and the duty of the painter is to watch for every one of her lessons."[70] Ruskin erklärt im Vorwort zur zweiten Ausgabe, dass er in seiner Schrift Dreierlei leisten möchte: „to analyze and demonstrate the nature of the emotions of the Beautiful and Sublime, […] and to bring to light […] that faultless, ceaseless, inconceivable, inexhaustible loveliness, which God has stamped upon all things."[71] Im letzten Schritt gelte es dann, die moralische Funktion von Kunst und das Ende der Kunst aufzuzeigen, und weiter: „to prove the share which it ought to have in the thoughts, and influence on the lives of all of us; to attach to the artist the responsibility of a preacher, and to kindle in the general mind that regard which such an office must demand."[72] Diese drei Aspekte beinhalten Ruskins Verständnis von Kunst: Es existiert eine umfassende Naturschönheit, welche durch Gott gegeben ist, der Künstler wiederum lässt sich von der Natur anleiten um einem Propheten gleich moralisch verantwortungsvoll zu wirken, die Idee der Schönheit gesellschaftlich relevant zu erfüllen.

Was bei Ruskin die Schönheit der Natur, ist bei Coburn nun die Schönheit der Welt, die Schönheit der auch artifiziellen Natur: Sie ist überall zu finden und genauso absolut und ausnahmslos. Die von Ruskin beschriebene essentielle Rolle

---

67 John Ruskin, *Modern painters. In 5 vol (1843–1960),* London ca. 1906.

68 Ders., *Modern painters. Vol. 1 (of V) (1843)*, online: http://www.gutenberg.org/files/29907/29907h/29907h.htm, zugegriffen am 10.11.2017.

69 Ebd., S. 66.

70 Ebd.

71 Ebd., S. xlv.

72 Ebd.

des Künstlers kehrt ebenfalls bei Coburn wieder, wird hier jedoch nur vordergründig gesamtgesellschaftlich relevant interpretiert. Coburn fordert, jeder möge „sich selbst das Versprechen [...] geben, das Schöne ausfindig zu machen – Schönheit des Herzens, des Geistes und der Seele. Denn nur so wird das Goldene Zeitalter zurückkehren“ (PSS 328). Jeder Mensch müsse ein Künstler sein und so paradiesische Zustände wiederkehren lassen. Damit entwickelt Coburn einen Zugang zur Kunst, der vorgibt, gesellschaftliche Erfüllung anzustreben, tatsächlich aber utopische Verklärung propagiert.

„Der Kunst und dem Schönen,“ schreibt Ernst Müller in *Ästhetische Religiosität und Kunstreligion*, drohe ohnehin stets „das Pathos einer bloß artifiziellen, falschen Versöhnung oder Kompensation als Kunstreligion.“[73] Auch die Kunstreligion könne keine utopischen Verheißungen durch den Propheten auflösen. So handelt es sich bei Coburns entrückter ästhetischer Sakralisierung selbstredend um Verklärung, um eine „für Massen unhörbare Sprache“[74] und – insbesondere durch die Veröffentlichung nur sechs Jahre nach dem Großen Krieg – um elitäre Realitätsferne,[75] die sich hinter spirituellen Vollkommenheitsansprüchen tarnt. So kann Coburn schlussendlich trotz ideeller Überschneidungen nur vordergründig in der Tradition der sozialkritischen *Arts & Crafts*-Bewegung positioniert werden.

Wenn das Schöne nützlich und das Nützliche schön ist

Nimmt man Coburns Schönheitsstreben ernst, stellt sich abschließend die Frage, wie die absolute Schönheit zur Moderne steht. „In der Optik des ‚Neuen Sehens‘“, konstatiert etwa Klaus Honnef, „entpuppt sich die sichtbare Welt als Konstruktion.“[76] Es handle sich, führt Wolfgang Kemp den Gedanken fort, um die „Konstruktion einer ganz und gar künstlichen Welt, geschaffen von Ingenieur und Gartenarchitekt, und ‚rekonstruiert‘ vom Fotografen.“[77] In dieser Welt ist von ‚Schönheit‘ keine Rede mehr – bei Coburn geht jene jedoch maßgeblich Hand in

73 Müller (2004), *Ästhetische Religiosität und Kunstreligion,* S. 278.

74 Siehe oben, Kandinsky (1912) zit. n. Wacker (2013), *Poetik des Prophetischen,* S. 9f.

75 Vgl. zur Präsenz des Krieges S. 101f, Fußnote 85. Und weiter im Sinne elitärer Realitätsferne: „Ich frage mich, ob jeder von Zeit zu Zeit seine Arbeit schwer erträglich findet. Man sollte es nicht. Die Arbeit sollte uns stets eine Freude sein, denn sie ist ein Aufwallen jener namenlosen Kraft, die hinter allen Errungenschaften dieser Welt steckt.“ Und auch: „Und wenn im Kampf des Lebens die Waffe in unseren Händen eine Kamera sein sollte, lassen Sie uns nicht murren, die Dinge könnten schlechter stehen.“ (PSS 327f)

76 Zit. n. Kemp (2011), *Geschichte der Fotografie,* S. 47.

77 Ebd.

Hand mit modernen Konstruktionen. Wenn in „Die Photographie und die Suche nach der Schönheit“ hervorgehoben wird, dass der Künstler für die Schönheit kämpfe, wahre Schönheit aber nie abgebildet werden könne, dann wird natürlich die kulturell erschaffene Kunst Instrument eines Kampfes für die Annäherung an das Schöne, Wahre und Gute als Absolutes. Die Verbindung von Kunst und Leben – das Leben als Kunstform – verwischt gleichzeitig aber die Grenzen von Natur und Kultur, wodurch auch die Grenzen zwischen Konstruktionen und Schöpfungen verwischen:

> „Denn die wahrhaft nützlichsten Dinge sind stets die schönsten, und dies gilt auch für die gewöhnlichen Gerätschaften des täglichen Lebens; und wenn wir uns erst jenen wundervollen modernen Schöpfungen wie Dynamos und Flugzeugen zuwenden, vermögen wir darin dann nicht Wunder der Schönheit zu erkennen? Da findet sich kein Gran Überflüssiges und kein Hebelchen, das nicht integraler Bestandteil des Ganzen wäre. Sie sind ebenso schön wie jedes mathematische Problem Euklids oder wie jeder Gedanke, der in den Köpfen all jener Männer heranreifte, die nach und nach zu deren Lösung beitrugen. Denken Sie nur an eine Brücke und wie sie sich schwungvoll wölbt – hier wird das Schöne mit dem Nützlichen vermählt. Ein solches modernes Wunder aus Stahl gleicht einem geschmeidigen und eleganten Windhund.“ (PSS 324)

Es macht, ganz im Gegensatz zu den Ausführungen Ruskins, keinen Unterschied mehr, ob es sich bei den modernen Schöpfungen und Wundern der Schönheit um Schöpfungen von Menschenhand oder des „Schöpfers“ handelt, beide Positionen fallen ohnehin zusammen: Für die Kunst liegt keine Differenz darin, ob es sich um stimmungsvolle Landschaften, wie Ruskin sie naturwahr abgebildet wissen wollte, handelt, oder um technologische Konstruktionen; diese Disposition ist aufgehoben. Denn „die unendliche Suche nach dem Schönen [bedeutet] stets auch, neue Formen von Schönheit voller Glanz und Herrlichkeit zu entdecken“ (PSS 325). Werden dann Stahlbauten mit Windhunden verglichen, werden Konstruktionen gleichzeitig naturalisiert als auch in ihrer Künstlichkeit bestärkt: Die neue Kunst ähnelt einer artifiziellen Natur, aus der moderne Erfindungen nicht mehr wegzudenken sind. Es handelt sich, wie schon Herbert Molderings zeigte, um eine Tendenz, die dann in den 1920er Jahren mit der *Neuen Sachlichkeit* erstarkt und bei der „in allen natürlichen, künstlerischen und industriellen Dingen ein einheitlich wirkendes Formprinzip hervor[ge]kehr[t]“ wird.[78] Die Kunst der Moderne ist die Technologie, die ebenso schön wie funktional ist und auf diese Weise zur

78 Herbert Molderings, *Fotografie in der Weimarer Republik,* Stuttgart 1987, S. 22.

zweiten Natur wird. Im Sinne Renger-Patzsch' Publikation von 1928 lässt sich sodann konstatieren: *Die Welt ist schön.*[79]

Die Verquickung des Schönen mit dem Nützlichen, Technologie als Kunst und die Naturalisierung von Konstruktionen, greift, wie gezeigt wurde, aber schon viel früher in Coburns Arbeiten. Man denke zurück an die Lichter auf der Fifth Avenue, „die großen weißen Kugeln wie auf einer Perlenkette aufgereiht“ (ZuK 273), die künstlichen Monde, welche für Coburn schon 1911 New York in seiner eigentlichen Schönheit zeigten. Die Lichter sind Ausdruck der neuen Technologie, und dennoch wirkte es auf Coburn „wie Schicksal, und Nacht für Nacht können wir beobachten, wie die Avenue von den aufgehenden Sternen erleuchtet wird“ (ZuK 273). Bereits in den 1910er Jahren zeigte sich bei Coburn eine Begeisterung für Technologie, die er insbesondere in seinen Photographien ästhetisch umsetzte, während für ihn gleichzeitig die Photographie binnen einer allumfassenden Ordnung auf das Leben an sich verwies. Epistemisch wird die Photographie so zum Inbegriff des Fortschritts, da sie in der Lage ist, Wissenschaftlichkeit und Kunst zu verbinden und dadurch als moderne Kunstform das Nützliche mit dem Schönen verbindet. Die Kamera wird in diesem Gefüge als Mittlerin am Übergang zwischen den verschiedenen Bereichen – pragmatische Mechanik und spirituelle Symbolik – positioniert. In der sich daraus bildenden Bestimmung als magisches Wesen wird ihre Rolle als Grenzgängerin betont – und die des Photographen gleich mit. Jener wird zum Magier und Illusionisten, der, ausgestattet mit der Kamera, zwischen beiden Welten wandert – und im Kontext einer radikalen ästhetischen Sakralisierung zum Propheten wird.

3.2.2 (Re-)Konstruktion sakraler Bauten: *California Missions* und Liverpool Cathedral

Ein weiterer Bereich, in dem moderne Technologie und antimodernes Sujet zusammenzutreffen scheinen, findet sich in der Photographie sakraler Bauten. Bei Coburn zeigt sich insbesondere in photographischen Aufnahmen von religiösen Gebäuden, wie den *California Missions* oder der sich im Bau befindenden Liverpool Cathedral, eine Spannung zwischen der Kamera als technischem Medium und ihren symbolisch aufgeladenen photographischen Gegenständen. Coburns spirituelle Faszination und sein Glaube an eine ästhetische Weltordnung kommen hier in besonderem Maße zum Ausdruck. Die Kamera scheint dabei einerseits Räume magisch wiederbeleben zu können, andererseits als aufzeichnendes Medium gleichermaßen analytisch zu dokumentieren als auch, mit dem Einzug der

79 Albert Renger-Patzsch, *Die Welt ist schön. Einhundert photographische Aufnahmen,* Dortmund 1992 [1928].

Moderne, die wissenschaftliche Distanz zu brechen und Strukturen zu ästhetisieren. Wie konstituiert sich hier die Rolle der Photographie, wie füllt die Kamera die verschiedenen Funktionen aus? Und was macht diese Wechselwirkung mit der Bedeutung des sakralen Baus?

Von photographierter (Kirchen-)Architektur

Allgemein lässt sich sagen, dass wenn Architektur photographiert wird,[80] nicht nur ein Bauwerk gezeigt, sondern auch ein Teil der Baugeschichte einer Gesellschaft festgehalten wird. Je nachdem, wie es aufgenommen ist, überwiegt der dokumentierende oder auch interpretierende, der objektive oder der subjektive Anteil der Photographie. „Die Versuchung, das Bild für die Wirklichkeit zu nehmen, ist bei Architekturfotografien offenbar besonders groß,“[81] schreibt Monika Melters und weist darauf hin, „dass die Architekturfotografie ebenso wie ihre zumeist weit kostspieligeren Vorläufer – Zeichnungen, Stiche und Lithografien – nicht nur neutrale Aufzeichnungsmedien darstellen, sondern unser Verständnis des Bauwerks bereits im Voraus konstituieren.“[82] Wie das Bauwerk photographiert wird, so wird es gedacht und gesehen. Photographen bleiben dabei gemeinhin etablierten Sehweisen auf das Bauwerk treu, die Aufnahmen werden „produced within conventions of framing from an ideal spot, already established by past practice in other media.“[83] Es handelt sich so um klar abgesteckte Grenzen der Dokumentation des Gebäudes, um zentralperspektivisch genormte Blickpunkte. Jene entsprechen dem idealen Betrachterstandpunkt zum Gebäude und ermöglichen eine

80 Zur Architekturphotographie existiert breite Literatur. Siehe u.a. Gordon Baldwin, *Architecture in photographs,* Los Angeles 2013; Edward Whittaker, „Photography and the subject of Architecture“, in: Andrew Higgott und Timothy Wray (Hg.), *Camera constructs. Photography, architecture and the modern city,* Farnham u.a. 2012, S. 125-134; Rolf Sachsse, „Architekturfotografie: Das analoge Bild der klassischen Moderne – zur gegenseitigen Historisierung von Fotografie und Architektur im 19. und 20. Jahrhundert“, in: Wolfgang Sonne (Hg.), *Die Medien der Architektur,* Berlin u.a. 2008, S. 85-98; Dieter Bartetzko, „‚Nach der Natur fotografiert‘: Architekturfotografie zwischen Dokumentation und Interpretation“, in: *Fotogeschichte,* 10/35 (1990), S. 31-38.

81 Monika Melters, „Die Versuchungen des Realismus: Zur Theorie und Forschungsgeschichte der Architekturfotografie“, in: *Fotogeschichte,* 34/132 (2014), S. 5-14, 5.

82 Ebd., S. 6.

83 Micheline Nilsen (Hg.), *Architecture in Nineteenth Century Photographs. Essays on Reading a Collection,* Farnham 2011, S. 29.

räumlich unabhängige, zweidimensionale Betrachtung des Bauwerks. Aufnahmen, welche insbesondere historische Architektur zentralperspektivisch oder idealtypisch abbilden, setzen die Architektur gleichsam als identitätsstiftende Institution einer Gesellschaft in Szene. Dabei wird das vermeintlich eigentliche Wesen des Bauwerks, seine Konnotation und damit einhergehend, wie es ‚gesehen werden soll', eingefangen und eben nicht abstrahiert oder ästhetisiert. Die Vorstellung eines Wesens des Bauwerks entstammt der Romantik, wenn Architektur ebenso wie Landschaft *caractère* zugesprochen wird[84] und beide Teil „einer zunächst patriotischen und im Verlauf des 19. Jahrhunderts zunehmend nationalen Identitätssuche"[85] werden. Der Blick auf Kirchen und Kathedralen ist – im Gegensatz zu einem solchen auf moderne Wolkenkratzer – ein Blick der Spurensuche in die Vergangenheit, in die kulturelle Geschichte einer Gesellschaft.

„By the late eighteenth century a picturesque mode was firmly established in Britain [...]. The romantic movement drew attention to medieval castles, manors, and ruins as pictorial subject matter as well as monuments to be studied and documented."[86] Es sind die historischen Bauten, denen besonderes Interesse gilt, da sich in ihnen eine romantische, vorindustrielle Vorstellung der eigenen, nationalen Identität, die es zu rekonstruieren gilt, findet. Das ist unmittelbar auf die *Arts & Crafts*-Bewegung, in deren Nähe sich Coburn immer wieder positioniert, zurückzuführen. Mittelalterliche Ruinen, Schlösser und Bauwerke implizieren eine Sehnsucht nach vergangen Zeiten, nach sinnstiftender Vergangenheit der eigenen Kultur. Jene findet sich auch in sakralen Bauten wie Kirchen und Kathedralen, den architekturhistorischen Prachtbauten.

Wenn Coburn nun die Missionsstationen Kaliforniens (1902), St. Paul's Cathedral in London (1905), Notre Dame in Paris (bspw. 1908) und auch die Liverpool Cathedral photographiert,[87] fügt er sich in eine jahrzehntelange Tradition der Kirchenphotographie. Da wären die selbstständig arbeitenden Briten Francis Bedford und Roger Fenton zu nennen, ferner in Frankreich insbesondere auch die im Kontext der *mission héliographique* entsandten Photographen Édouard Baldus, Hippolyte Bayard, Auguste Mestral, Charles Nègre und Henri Le Secq, die 1851 im Auftrag der *Commission des Monuments Historiques* die

84 Melters (2014), „Die Versuchungen des Realismus", S. 7f.

85 Ebd.

86 Nilsen (2011), *Architecture in Nineteenth Century Photographs,* S. 29.

87 Es handelt sich um eine unvollständige Aufzählung von Kirchen, Missionen und Kathedralen, die Coburn photographierte.

Monumente Frankreichs strukturiert nacheinander photographierten und so dokumentierten.[88] Es lassen sich zwei Stränge ausmachen: Auf der einen Seite die (kirchen-)architektonische Photographie, die vom einzelnen Photographen subjektiv motiviert und eigenständig durchgeführt wird, auf der anderen Seite jene, die im Auftrag, hier: der französischen Regierung, erfolgt. Beide Positionen finden sich bei Coburn wieder: Während die *California Missions* auf Eigeninitiative von ihm abgebildet werden, nimmt er später die Liverpool Cathedral auf Wunsch des Dekans auf und agiert so einem Auftragsphotographen gleich als Dokumentar des Bauprojekts. Doch dazu später mehr.

Ein Blick auf Coburns kirchenphotographische Vorgänger zeigt ein dezidiertes und etabliertes photographisches Interesse an Kirchenarchitektur. Bedford nahm beispielsweise in der zweiten Hälfte des 19. Jahrhunderts im Kontext gesellschaftlich geführter, religiöser Diskussionen unermüdlich zahlreiche Kirchen und Kathedralen auf,[89] und auch Fenton photographiert um die Mitte des 19. Jahrhunderts immer wieder sowohl Landschaften als auch verfallende Kathedralen oder verwitterte Abteien.[90] „These pictures celebrate the accomplishments of generations of British architects and builders."[91] Und sie zeigen ein romantisches Bild Englands, das vielen Rezipienten in natura verborgen bleibt: Es handelt sich um Reisephotographie, die ein Interesse der Bourgeoisie an entlegenen Orten ebenso wie an Kultur, die über das Alltägliche hinausgeht, nährt.[92] In diesem Kontext ist wiederum Francis Frith zu nennen. Der Brite photographierte nicht nur zahlreiche Kirchen und Kathedralen, er fertigte auch während drei Reisen in den

88 Vgl. James S. Ackerman, „On the origins of architectural photography", in: Kester Rattenbury (Hg.), *This is not architecture. Media constructions,* London u.a. 2002, S. 26-36; siehe dazu auch The Metropolitan Museum of Art, *Mission Héliographique, 1851*, online: http://www.metmuseum.org/toah/hd/heli/hd_heli.htm, zugegriffen am 11.11.2017; vgl. zur *mission heliographique* M. Christine Boyer, „Le Mission Héliographique: Architectural Photography, Collective Memory and the Patrimony of France, 1851", in: Joan M. Schwartz und James R. Ryan (Hg.), *Picturing place. Photography and geographical imagination,* London 2003, S. 21-54.

89 Stephanie Spencer, *Francis Bedford, landscape photography and Nineteenth-Century British culture. The artist as entrepreneur,* Farnham 2011, S. 119.

90 Vgl. Gordon Baldwin, „In Pursuit of Architecture", in: Ders., Malcolm R. Daniel und Sarah Greenough (Hg.), *All the mighty world. The photographs of Roger Fenton, 1852–1860,* New York und New Haven 2004, S. 55-73, 54.

91 Ebd., S. 73.

92 Vgl. Ackerman (2002), „On the origins of architectural photography", S. 26.

Nahen Osten (1856/57, 1857/58, 1859/60) in Ägypten, Syrien und Palästina unzählige Photographien an, welche er mit großem Publikumserfolg in Photobüchern publizierte.[93] Frith holte seinen Landsmännern und -frauen umfassende Ansichten des für die meisten Betrachter ebenso fernen wie exotischen Orients nach Hause und machte die Reisephotographie populär. Im Anschluss an seine Fernreisen wendete Frith sich seiner Heimat zu und durchreiste mit der Kamera England.[94] Auch Talbot durchreiste als Photograph das Land und profitierte vom Interesse der entsprechenden Bevölkerungsschicht, schreibt James S. Ackermann: „Talbot capitalized on this feature of his work by publishing books of photographic prints (e. g. *Sun Pictures of Scotland*, 1845), that appealed to the current culture of Romanticism and to the proponents of the medieval revival: castles, ruined abbeys, ancient country houses, and the undisturbed moors and downs".[95]

Wenn Coburn zu Beginn des 20. Jahrhunderts dann von der Ost- an die Westküste reist um die *California Missions* aufzunehmen, ergründet er nicht nur amerikanische Geschichte, er gibt auch selbst den wohlhabenden Reisephotograph, der Wege auf sich nimmt und auch nehmen kann. Er reiht sich ein in die namhafte Riege seiner sowohl kirchen- als auch reisephotographischen Vorgänger. Denn die Missionsstationen künstlerisch einzufangen, fußt auf einem ähnlichen Zugang: Entsprechend den mittelalterlichen Ruinen Europas werden die dem 18. Jahrhundert entstammenden Missionsstationen Kaliforniens zu identitätsstiftenden historischen Bauwerken, die auf die wiederum amerikanische Vergangenheit schließen lassen und als vorindustrielle Sehnsuchtsorte ausgemacht werden können.

California Missions: Von der photographischen Wiederbelebung historischer Orte

Ende 1902 veröffentlichte Coburn im Alter von 20 Jahren unter dem Titel „California Missions" in der Zeitschrift *Photo Era* einen historischen Streifzug durch die Missionen San Fernando Rey, Santa Barbara, San Gabriel und San Juan Capistrano. In vier kurzen rund 500 Wörter umfassenden Texten mit jeweils drei Photographien stellt er pro Ausgabe eine der vier von rund zwanzig kalifornischen

93 Vgl. John Hannavy (Hg.), *Encyclopedia of nineteenth-century photography,* New York 2013, S. 560ff. Siehe zu Francis Frith auch Douglas R. Nickel, *Francis Frith in Egypt and Palestine. A Victorian photographer abroad,* Princeton 2004.

94 Vgl. u.a. Bill Jay, *Victorian cameraman. Francis Frith's views of rural England, 1850–1898,* Newton Abbot 1973.

95 Ackerman (2002), „On the origins of architectural photography", S. 26.

Missionsstationen vor, die „fast alle im achtzehnten Jahrhundert aus Lehm errichtet worden sind".[96] In den Texten führt er geschichtlich kurz an die Stationen hin, schildert ihre zeitgenössische Nutzung, um sie dann in einem originalen, soll heißen, von modernen Strukturen befreiten Setting zu inszenieren und photographisch aufzunehmen. Für Coburn und jeden, „der sich für Architekturphotographie interessiert, bieten die alten franziskanischen Missionsstationen in Kalifornien hervorragende Möglichkeiten, um erfolgreich Studien anzustellen,"[97] wie er ausführt.

Coburn war scheinbar nicht der einzige, der das so empfand. „During the decades of abandonment and neglect, photographers and painters, attracted by the splendor of California's landscapes, were lured by the missions ruins, which some regarded as romantic subject matter evoking the lost grandeur of the past," heißt es in einer aktuellen Publikation zur Geschichte der Missionsstationen.[98] Diese Faszination ist eben auch in Coburns Essay deutlich auszumachen. Im Text zu San Gabriel formuliert Coburn beispielsweise, dass „jedem alten Gebäude eine gewisse Rätselhaftigkeit und eine verborgene Weisheit," eingeschrieben sei, und zwar „ganz besonders wenn es zum Zwecke der Gottesverehrung genutzt wurde".[99] Warum insbesondere dann? Coburn beantwortet die Frage im Text mit einem vagen Verweis auf „all die Freude und den Gram",[100] die ein solcher Ort miterlebe. Ein Ort der Gottesverehrung bedeutet, ein Ort der Gemeinschaft, der Emotionen, des gesellschaftlichen Lebens zu sein, wodurch Kirchenarchitektur Gesellschaft impliziert. Die Gebäude San Juan Capistrano sind demnach „für den Reisenden ein Anblick, der ihn mit Gedanken an jene alten Zeiten voller Tapferkeit erfüllt, als sich noch edle Missionare ihren Weg durch diesen unbekannten Landstrich bahnten und besagte Heimstätte christlichen Glaubens gründeten."[101] Wenngleich Coburn in der Folge sowohl von der vergangenen als auch von der gegenwärtigen Nutzung der Gebäude erzählt, geht es schlussendlich darum, die

96 Alvin Langdon Coburn, „Die kalifornischen Missionsstationen. San Fernando Rey (1902)", in: Ders. (2015), *Auf der Suche nach der Schönheit*, S. 224-227, 224.

97 Ebd.

98 Edna E. Kimbro, Julia G. Costello und Tevvy Ball, *The California missions. History, art, and preservation,* Los Angeles 2009, S. 46.

99 Alvin Langdon Coburn, „Die kalifornischen Missionsstationen. San Gabriel (1902)", in: Ders. (2015), *Auf der Suche nach der Schönheit*, S. 233-235, 233.

100 Ebd.

101 Alvin Langdon Coburn, „Die kalifornischen Missionsstationen. San Juan Capistrano (1902)", in: Ders. (2015), *Auf der Suche nach der Schönheit*, S. 236-239, 236.

Historie der sakralen Orte wiederzubeleben. In diesem Sinne wird „ein kurzer Blick auf die dem Artikel beigefügten Bilder [...] beweisen, dass die Mission zu einer Zeit erbaut wurde, als Kunst nicht nur daraus bestand, Schönes zu tun, sondern ebenso daraus, die Freude des Menschen an seiner Arbeit auszudrücken."[102] (Abb. 43 und 44) Die Aufnahmen sind das Medium, welches nun evidentes Dokument für einen vergangenen Kunstbegriff ist. Denn Coburn erkennt in der Architektur eine höchstsubjektiv motivierte Komponente, die er wiederum mit seiner Hände Arbeit, der Kunstphotographie, kurzzuschließen vermag: „Der Geist eines künstlerischen Photographen wird die verwandte Seele hinter diesen Ruinen entdecken können, deshalb bleibt ihm gar nichts anderes übrig, als in seinen Bildern den besonderen Charme und die Schönheit dieses Ortes widerzuspiegeln."[103] Jene, welche die Bauwerke errichteten, sind Coburns Wahlverwandte, die in der Architektur ebenso ihre eigene subjektive Freude am Erschaffen ausgedrückt haben wie er, der künstlerische Photograph, es in der Photographie tut. Gleichzeitig verweist er auf die Determinanten einer scheinbar vergangenen Zeit: Als die Architektur erbaut wurde, war ein solch künstlerischer Zugang, so will es zumindest Coburns Essay, auch maßgeblicher Bestandteil des baulichen Prozesses und damit doch wieder nicht persönlicher Ausdruck, sondern gesellschaftlich normiert und motiviert.

Coburn setzt sich wie andere vor ihm in seinen Arbeiten zu den kalifornischen Missionsstationen mit der scheinbar verlorenen Pracht und Herrlichkeit vergangener Tage auseinander – und greift damit auf die Programmatik der *Arts & Crafts*-Bewegung bezüglich der Wechselwirkung von Gesellschaft und Architektur zurück. Neben Ruskin prägte insbesondere Augustus Welby Pugin die zeitgenössischen Diskurse. In seinem polemischen und breit rezipierten Architekturmanifest *Contrasts; or, a parallel between the noble edifices of the fourteenth and fifteenth centuries and similar buildings of the present day. Shewing the present decay of taste*, kontrastierte Pugin 1836 die demnach hässlichen und sozial ungenügenden Bauwerke des modernen und industriell erschlossenen Englands mit jenen edlen und sozial herausragenden Bauten der Gotik.[104] Die industrielle Entwicklung wird

102 Ebd., S. 237.

103 Ebd.

104 David Stancliffe, *The Lion companion to church architecture,* Oxford 2008, S. 225, vgl. Augustus Welby Northmore Pugin, *Contrasts. Or, A parallel between the noble edifices of the fourteenth and fifteenth centuries and similar buildings of the present day. Shewing the present decay of taste. Accompanied by appropriate text,* London 1836.

Abbildung 43: Coburn, San Juan Capistrano Church, *1902*

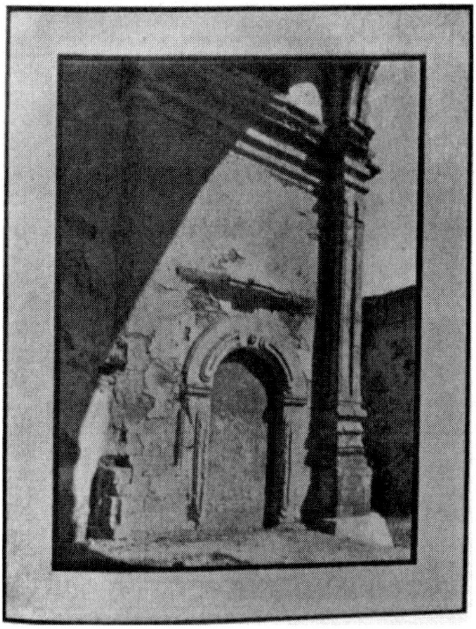

von Pugin weitgehend verteufelt: Im Gegensatz zur ausbeuterischen, menschenverachtenden und maßgeblich industriellen Architektur und Gesellschaft der Moderne steht die Gotik für eine gute und wahrhaftige, von Händen erschaffene Architektur und damit für eine gute und wahrhaftige Gesellschaft. Pugin glaubte daran, dass Architektur unmittelbar auf die Gesellschaft einwirke, dass Architektur als ethische Autorität die Möglichkeit besitze, Gesellschaft zu verändern.[105] Diesen Ansatz vertrat Ruskin, ebenso begeisterter Vertreter der noblen Gotik, hingegen mit umgekehrten Vorzeichen: „He [Ruskin, C.H.] certainly sees society reflected in its architecture. A strong and moral society is mirrored in good architecture, a corrupt society in a lifeless and mechanical architecture,“[106] schreibt Peter Anthony in *John Ruskin's labour*. Die industrielle und in diesem Sinne schlechte Bauweise wirke nicht negativ auf die Bevölkerung ein, sie sei vielmehr Ergebnis des verdorbenen Charakters eben jener. Die Gotik wird damit zum

105 Vgl. Peter D. Anthony, *John Ruskin's labour. A study of Ruskin's social theory,* Cambridge 1983, S. 26.

106 Ebd.

Abbildung 44: Coburn, The Cloisters, San Juan Capistrano, *1902*

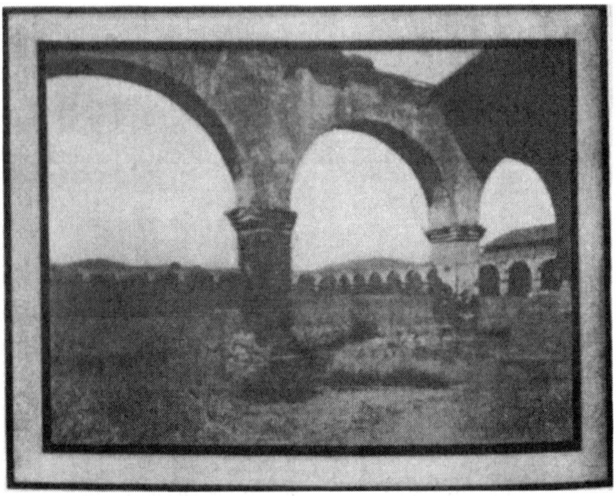

Inbegriff vorindustriellen wertvollen und noblen Bauens und gleichermaßen einer wertvollen und noblen Gesellschaft. Zieht man diese Gedanken für eine Positionierung der kalifornischen Missionsstationen heran, zeugt deren wenn schon nicht mittelalterliche so doch vorindustrielle Bauweise von einer Gesellschaft, die sich durch die Fähigkeit künstlerische Architektur zu erbauen, auszeichnet. In der Kunstphotographie wird von Coburn diese vergangene Herrlichkeit wiedergefunden und erkannt. Hier kommen beide Dimensionen zusammen. Denn „die architektonisch interessanten Gebäude, die noch dazu spannende Assoziationen wecken, bieten sich für photographische Zwecke geradezu an.“[107] Warum bieten sie sich dafür an? Die zu San Juan Capistrano reproduzierten Photographien zeigen drei unterschiedliche Ansichten des Geländes. Die erste Aufnahme (Abb. 43) bildet den Eingang zur Kirche mittig und leicht schräg von vorne aufgenommen ab, rechts säumt ihn eine in einer Mauerecke stehende Säule, die über den oberen Bildrand hinaus ragt. Die Mauer ist spröde und rissig um den Türbogen, man erkennt gut die Verwitterung an Wänden und Böden. Die zweite Aufnahme (Abb. 44) zeigt den scheinbar frei in der Landschaft stehenden Kreuzgang, unter dem wildes Gras wächst. Im Hintergrund ist die Fortsetzung des Kreuzganges zu sehen. Das Gestein der Architektur scheint verwittert und verwachsen, ebenso im dritten

107 Coburn (2015), „San Juan Capistrano (1902)“, S. 237.

Abbildung 45: Coburn, The Corridors, San Fernando Rey, *1902*

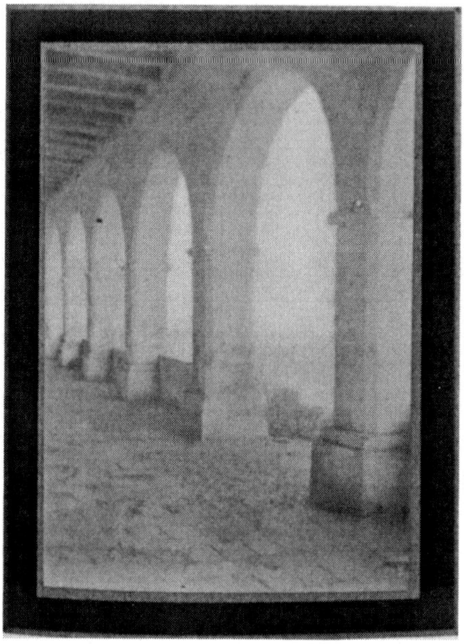

Bild, wo das Innenleben des Klosters zu sehen ist. Um auf die Frage zurückzukommen, weshalb sich nun „die architektonisch interessanten Gebäude […] für photographische Zwecke geradezu an[bieten],“[108] lässt sich Zweierlei anführen: Es geht zum einen um die Doppelung des Kunstschaffens, denn die Photographie beleuchtet in der Abbildung künstlerisch wertvoller Architektur ihr eigenes Kunststreben. Zum anderen geht es um das Aufzeigen photographischer Fähigkeiten: Die Photographie sei nun im Stande, diese Orte wieder aufleben zu lassen und ihnen, entgegen der Verwitterung, Leben einzuhauchen.

Mit einem Essay zu San Fernando Rey beginnt die Reihe. Die Missionsstation „wurde im Jahr 1797 gegründet und erst kürzlich vom Landmark Club Südkaliforniens sehr behutsam restauriert; heute wird sie von einer Familie Viehzüchter genutzt,“[109] schreibt Coburn im August 1902. Drei Aufnahmen fangen das Gelände ein, sie zeigen einen Springbrunnen vor jenem Rundgang, der in *The Corridors* (Abb. 45) nochmals isoliert abgebildet ist und einen *General View*, der

108 Ebd.

109 Coburn (2015), „San Fernando Rey (1902)“, S. 224.

aus der Ferne hinter einem Mauerstück hervorblickend die ganze Anlage zeigt. In Abb. 45 ist der Kreuzgang von vorne rechts nach hinten links im Bild laufend abgebildet. Säule um Säule ziehen sich die Bögen weiter, links oben ist das Gebälk zu sehen, der nach links hinten fluchtende Boden ist mit einzelnen Bodenplatten belegt. Hinter den Bögen öffnet sich der Raum für die Landschaft, die jedoch kaum zu erkennen, sondern überbelichtet nicht auszumachen ist. Der Korridor erscheint so hintergrundlos entrückt, aus Raum und Zeit enthoben. Die Aufnahmen bilden keine Menschen oder Artefakte ab, nichts was Aufschluss über den kontextualisierten Moment der Aufnahme geben würde. Der kurze Text hingegen beschreibt sowohl die Architektur der Anlage – so eben den „schöne[n] alte[n] Rundgang mit all seinen Bögen“ und den Springbrunnen, der „zu den interessantesten und schönsten Merkmalen dieser Station gehört“[110] –, konzentriert sich aber vor allem auf die Bemühungen des Photographen, das Gelände für die Aufnahmen in Szene zu setzen: Die Prüfungen eines Photographen sind wahrlich mannigfaltig,“ schreibt Coburn hinsichtlich seiner Versuche, etwas „Zufriedenstellendes aufnehmen [zu] können“.[111] „Zufriedenstellend“ kann hier nur sein, was die photographische Illusion historischer Originalität nicht stören würde: Nichts soll auf der von ihm getätigten Aufnahme zu sehen sein, was den Eindruck schmälern könnte. So stören Coburn die im Rundgang abgestellten Kutschen, die die angestrebte Illusion verweigern, woraufhin er „die beiden großen Kutschen und einen Planwagen in den hinteren Teil des Gebäudes […] zieh[t] – was mir unter leichten Schwierigkeiten auch gelang, obschon ich keinesfalls so stark wie Herkules bin.“[112] Coburn inszeniert sich als Photograph, den keine Schwierigkeiten hindern können, der tatkräftig zupackt und damit das Handwerk seiner eigenen Tätigkeit unter Beweis stellt. Und weiter: „Wenn man ihn [den Springbrunnen, C.H.] mit halb geschlossen Augen ansieht und noch dazu über eine gute Vorstellungskraft verfügt, kann man fast schon das funkelnde Wasser und die kleinen Goldfische sehen, die vor einem Jahrhundert darin umherschwammen,“[113] beschreibt er seine Versuche. In seinen Photographien soll das vorherige Jahrhundert mit all seinen Lebewesen reanimiert werden. Die Kamera vermag es, die Missionsstation von modernen Zeitzeugen befreit darzustellen und so die Illusion herzustellen, der Text durchbricht diese Inszenierung jedoch und weist geradezu methodisch auf die Bemühungen hin, die Illusion zu erschaffen.

110 Ebd.

111 Ebd.

112 Ebd.

113 Ebd.

Diese Spannung zwischen historischer Architektur und moderner Technik bleibt dem Betrachter auch in Santa Barbara durch Coburns gezielte photographische Inszenierung des Raumes weitgehend vorenthalten. Er schreibt: „So seltsam es aufgrund seines Kontrastes zum Alter der Gebäude auch erscheinen mag, wird die Mission mittlerweile vollständig mit Hilfe von Elektrizität beleuchtet."[114] Es handelt sich um einen scheinbaren Widerspruch, den Coburn mit seiner Kamera konsequent auszumerzen sucht. Deutlicher noch zeigt sich dieser Aspekt, wenn es in der Oktoberausgabe um San Gabriel geht. Diese Missionsstation, gegründet 1771, war bis „vor zehn Jahren [...] noch ein typisches Beispiel eines verschlafenen kleinen, spanischen Städtchens, wie es sie überall in Kalifornien gibt, doch mittlerweile hat sich das alles geändert," schreibt Coburn, und weiter: „Straßenbahnen fahren bis an die Türschwelle der Missionsstation, Telegraphenmasten schaffen es immer irgendwie, sich in die Ecken der Mattscheibe meiner Kamera zu drängen, und wenn man nicht sehr vorsichtig arbeitet, wird die Illusion schnell zerstört."[115] Coburn spricht hier ganz unverstellt an, um was es ihm mit seinen Aufnahmen geht: Illusionen zu erzeugen. Paradoxerweise versucht er, der Photograph, all die technischen Apparaturen vor der Kamera – selbst Produkt der Technologisierung der Welt – auszublenden und so die gewünschte Illusion mittels eben jener Apparatur zu erzeugen. Auf den abgebildeten Aufnahmen San Gabriels – von dem nach hinten rechts laufenden Gemäuer, den frontal aufgezeichneten Kirchenglocken und der Außentreppe San Gabriels – gelingt das Vorhaben, es sind keine der zahlreichen Masten und Gleise, von denen Coburn berichtet, zu erkennen. Und befinden sich jene dann auch tatsächlich nicht im Sichtfeld, droht man prompt zu „vergessen, dass man sich im Jahr 1902 befindet, so leicht kann man dort seine Gedanken zurück bis zu den Tagen seiner Gründung treiben lassen."[116]

Knapp zehn Jahre später, als er wieder in Kaliforniern weilt, schreibt er in „Coburn in Kalifornien. Ein typischer Brief", er hoffe, einmal zu den Missionsstationen „zurückkehren zu können, um die Klosterruinen zu besichtigen," er vermute, „die Jahre werden kaum eine Spur hinterlassen haben, denn die Zeit scheint diesem friedlichen Ort nichts anhaben zu können."[117] Die Zeit scheint stillzustehen in den Missionsstationen und kann photographisch jederzeit *wiederbelebt* werden. Photographische Wiederbelebung meint dabei ganz wörtlich, dass der Ort in den

114 Alvin Langdon Coburn, „Die kalifornischen Missionsstationen. Santa Barbara (1902)", in: Ders. (2015), *Auf der Suche nach der Schönheit*, S. 228-232, 228.

115 Coburn (2015), „San Gabriel (1902)", S. 233.

116 Ebd.

117 Alvin Langdon Coburn, „Coburn in Kalifornien: Ein typischer Brief (1911)", in: Ders. (2015), *Auf der Suche nach der Schönheit*, S. 270-272, 272.

Photographien wieder zum Leben erweckt wird, als originaler Raum aufersteht und für den Betrachter als solcher, und eben nicht als Photographie des zeitgenössischen Ortes, erfahrbar gemacht wird. Das funktioniert nicht etwa durch die Abbildung von Lebewesen, sondern durch die Konstruktion der photographischen Illusion eines erfahrbaren Raumes, der für den Betrachter die Erfahrung eines Besuchs des tatsächlichen historischen Ortes imitiert und damit jenen reaktiviert und als historischen Ort wiederbelebt.

Der Effekt der photographischen Wiederbelebung bekommt im Artikel zu Santa Barbara allerdings noch einen anderen Dreh. Coburn nimmt den Rezipienten mit auf einen Ausflug nach Santa Barbara und rekonstruiert nicht nur die Vergangenheit, sondern beschreibt den Aufenthalt als unmittelbare Erfahrung. Dabei führt er an die Station heran, begleitet von abermals drei Photographien. Die Ansicht der ersten reproduzierten Aufnahme zeige sich erst, „wenn man ganz nah herangekommen ist":[118] Die Arkaden ziehen sich von der linken Seite der Photographie zur Bildmitte nach hinten im Bild. Auch die zweite Photographie, die eine nähere Ansicht eines der Türme zeigt, wird von hartem Licht- und Schattenspiel dominiert (Abb. 46). Der Turm, leicht links im Bild frontal im Ganzen aufgenommen, ist hell erleuchtet. Deutlich ist die Architektur unter einer kleinen Kuppel zu erkennen, die Etagen des Turmes verfügen über Vorsprünge und Fenster, durch die man durch den Turm hindurchblicken kann. Auf der linken Seite stehen auf den Turm zu fluchtende Bäume, rechts ist das Gemäuer der Kapelle zu sehen, das vom Dach einen harten Schatten auf den Turm wirft, welcher das Bild fast in Gänze diagonal von unten links nach rechts oben durchschneidet. In diese Kapelle führt Coburn den Betrachter hinein:

> „Nun betreten wir die Mission durch den Haupteingang der Kapelle und begeben uns dann auf den angrenzenden Friedhof […]. Wir gehen nun am hinteren Teil der Mission durch ein Tor und schauen auf das gesamte Land, […] Im Inneren der Mission befindet sich der Kreuzgang – ein sehr großer, von den Missionsgebäuden umschlossener quadratischer Innenhof."[119]

Eine weitere Photographie zeigt dann auch den Innenhof mit darin wachsenden Pflanzen, Bäumen und Büschen. Coburn beschreibt im Präsens die Erkundungen des Geländes, wodurch der Betrachter direkt mit den Sinneseindrücken konfrontiert wird – er erfährt die Missionsstation, als wäre er selbst da, als würde er den Photographen auf seiner Reise begleiten. Es handelt sich damit um eine andere

118 Coburn (2015), „Santa Barbara (1902)", S. 228.

119 Ebd.

Abbildung 46: Coburn, Nearer View of Tower, Santa Barbara, *1902*

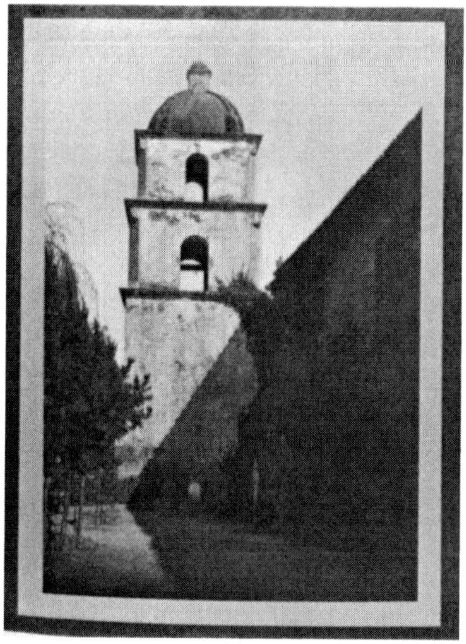

Variante photographischer Illusion. Hier wird nicht die Vergangenheit photographisch wiederbelebt, sondern die Gegenwart in der photographischen Aufnahme konserviert, um sie im Moment der Rezeption wiederbeleben zu können. Der Phototext entführt den Betrachter dorthin, wo Coburn seine Photographien im Jahre 1902 anfertigte; der Betrachter kann auch die verwitterten Mauern sehen, die Farben vor sich ausgebreitet. Die Illusion bezieht sich auf die für den Betrachter erschaffene Möglichkeit zur Erfahrung des photographisch aktuellen Raums. Die Photographien können, folgt man dieser Linie, je nach Lesart und Bedeutungszuschreibung die Historie oder die Gegenwart des photographisch festgehaltenen Ortes als Sehnsuchtsort photographisch erfahrbar machen und für den Betrachter wiederbeleben.

Coburn nähert sich damit den Methoden eines seiner zeitgenössischen Kollegen der *Photo-Secession* an, jenen des Amerikaners Frederick H. Evans, der in erster Linie für seine ikonische Kathedralen- und Kirchenphotographie bekannt ist. Anstelle die Gebäude den gängigen Sehweisen entsprechend aufzuzeichnen, arbeitete er zu Beginn des 20. Jahrhunderts an der Etablierung eines emotionalen Zugangs zu den Bauten. „Frederick H. Evans sought an emotional connection with the cathedrals he photographed," schreibt Anne M. Lyden, und weiter: „He succeeds in providing an ‚experience' of the building that goes beyond the recording of the physical structure and even the artistic properties of the actual print to become an emotional response in and of itself."[120] Seine Aufnahmen, bei denen es sich allerdings im Gegensatz zu jenen Coburns um Platindrucke handelt, sind dabei ebenso akkurat wie persönlich und zeigen die Strukturen und Formen der Architektur, ohne sich auf die Dokumentation jener zu beschränken. Evans versuchte stattdessen den Raum mittels seiner Kamera für den Rezipienten der Aufnahmen nicht nur betrachtbar, sondern erfahrbar zu machen.[121] Er selbst rät 1904 bezüglich einer photographischen Auseinandersetzung mit sakraler Architektur: „Try for a record of an emotion rather than a piece of topography."[122] Es geht ihm nicht um objektive Aufzeichnung von Architektur, es geht um das eigentliche Wesen der Architektur, um die Stimmung des Ortes, um die Emotionen, die der Ort im Besucher – und in diesem Sinne im Betrachter der Bilder – auslöst. Im Vergleich zu seinem photographischen Vorgänger Fenton, der oftmals Referenz- und Identifikationsfiguren, wenn auch nur andeutungsweise, in die Abbildungen integrierte, zeigt sich bei Evans eine menschen- und dekorentleerte Architektur. „He strove for a timeless quality, one that leaves room for an emotional response."[123] Es liegt in den Aufgaben der Photographie, diese emotionale Reaktion zu evozieren, wie Evans ausführt: „A perfect photograph is one that perfectly records, reflects its subject; gives its beholder the same order of joy that the original would; conveys the mood and atmosphere so as to accurately recall the original feeling or create it in one who can only see the print."[124] Genauigkeit und Detailgetreue der Photographie sind so Mittel für den künstlerischen Zweck, den Ort photographisch wiederzubeleben im Sinne der Erfahrbarkeit seines Wesens durch die Betrachtung photographischer Aufnahmen. Hier setzen auch Coburn Aufnahmen an: Es gilt den Raum so zu interpretieren, dass er für einen Betrachter der Photographien genauso erfahrbar wird, wie für den Besucher des Ortes selbst.

120 Anne M. Lyden, *The photographs of Frederick H. Evans,* Los Angeles 2010, S. 11.

121 Vgl. ebd., S. 14.

122 Evans zit. n. ebd., S. 11.

123 Ebd., S. 14.

124 Ebd.; vgl. Frederick H. Evans, „Art in Monochrome", in: *Amateur Photographer,* 47/1219 (Feb 1908), S. 129.

Führt man diese photohistorische Linie weiter, landet man in den 1920er–40er Jahren mit dem deutschen Photographen Walter Hege bei motivisch und ästhetisch ähnlichen Herangehensweisen.[125] Hege photographierte mitunter die Dome zu Naumberg und Bamberg und griechische Tempelanlagen[126] unzählige Male und dokumentierte die historischen Bauwerke inklusive ihrer Skulpturen menschen- und dekorentleert. Er selbst sah in seiner Arbeit keinesfalls eine objektiv dokumentarische, sondern eine hoch subjektive, bei der der künstlerische Photograph, „als Nachschaffender die vom Künstler beabsichtigte Wirkung aufnehmen“ solle.[127] Es geht um das Einfangen von Stimmung, um die Transformation der Empfindungen vor den monumentalen Ikonen. Der Photograph dringe dafür in das Bauwerk ein, erkenne das Wirken des Bauherrens und „stehe vollständig in der Suggestion des damaligen Schöpfers.“[128] Hege versucht die Herrlichkeit und

125 Vgl. Matthias Harder, *Walter Hege und Herbert List. Griechische Tempelarchitektur als photographische Inszenierung,* Berlin 2003, und auch Angelika Beckmann und Bodo von Dewitz (Hg.), *Dom, Tempel, Skulptur. Architekturphotographie von Walter Hege*, Köln 2003. Hege gilt als bedeutender Architekturphotograph. Seine Aufnahmen wurden von den Nationalsozialisten im Dritten Reich zur Verbreitung ihrer Rassenlehre genutzt, was von Hege, der auch Arbeitsaufträge von Albert Speer oder Joseph Goebbels erhielt, wohl nicht intendiert wurde, wogegen er sich soweit bekannt jedoch auch nicht auflehnte. Uwe Hoßfeld, Jürgen John und Rüdiger Stutz, „‚Kämpferische Wissenschaft‘: Zum Profilwandel der Jenaer Universität im Nationalsozialismus“, in: Uwe Hoßfeld, Jürgen John, Oliver Lemuth und Rüdiger Stutz (Hg.), *‚Kämpferische Wissenschaft‘. Studien zur Universität Jena im Nationalsozialismus,* Köln u.a. 2003, S. 23-122, 106; Friedrich Kestel, „Walter Hege (1893–1955): ‚Rassekunstphotograph‘ und/oder ‚Meister der Lichtbildkunst‘?“, in: *Fotogeschichte,* 8 (1988), S. 65-74, und auch Maren Hobein, „Die Griechenlandphotographien von Walter Hege“, in: Bodo von Dewitz (Hg.), *Das Land der Griechen mit der Seele suchen. Photographien des 19. und 20. Jahrhunderts,* Köln 1990, S. 59-64.

126 Gerhart Rodenwaldt und Walter Hege, *Griechische Tempel,* Berlin u.a. 1941.

127 Aus Gerhart Rodenwaldt und Walter Hege, *Olympia,* Berlin 1936, zit. n. Angela Matyssek, „Grenzen des fotografischen Dokuments? Die Fotografien der ‚Deutschen Dome‘“, in: Bernd Carqué, Daniela Mondini und Matthias Noell (Hg.), *Visualisierung und Imagination. Materielle Relikte des Mittelalters in bildlichen Darstellungen der Neuzeit und Moderne,* Göttingen 2006, S. 596-643, 627.

128 Aus Rodenwaldt/Hege (1936), *Olympia,* zit. n. Matyssek (2006), „Grenzen des fotografischen Dokuments?“, S. 627.

Abbildung 47: Coburn, Clouds and the Castle, *aus* The Book of Harlech, *London 1920*

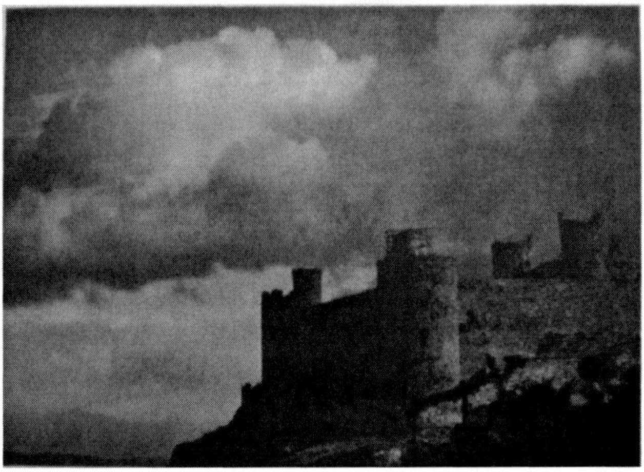

Pracht, die ein Bauwerk bei der räumlichen Erfahrung verströmt in sich aufzusaugen, photographisch zu übersetzen und so das eigene, pathetische Wesen des Gebäudes einzufangen: „in solchen Kunstdenkmälern, die über die Jahrhunderte hinweg bestehen, liegen Geheimnisse, die jeder hingebende Betrachter spürt, diese auf Platte zu bannen, ist sehr schwer. Ein Bauwerk hat viele Gesichter! Welches aber ist das ewige?“[129] Das „ewige“ Gesicht in der Photographie zu fassen und so zu reanimieren ist der zentrale Aspekt des Unterfangens. Der Photograph selbst wird zum Mittler zwischen Bauwerk und Betrachter.

1920, rund zwanzig Jahre nach den Arbeiten zu den California Missions und nur wenige Jahre vor Heges photographischen Reisen durch Deutschland, macht sich auch Coburn abermals auf, die Geheimnisse historisch bedeutsamer Orte photographisch zu erkunden und so wiederzubeleben. In „Das Buch von Harlech“[130] zeigt sich noch immer die Sehnsucht nach einer romantisierten Vergangenheit. Längst hat Coburn dann von „abstrakter Photographie“ gesprochen, Vortographien angefertigt und immer wieder die technischen Errungenschaften der Welt gelobt.[131] Dennoch bleibt er der Nostalgie, die sich an historischen Orten zeigt,

129 Ebd.

130 Alvin Langdon Coburn, „Das Buch von Harlech (1920)“, in: Ders. (2015), *Auf der Suche nach der Schönheit*, S. 197-203.

131 Vgl. u.a. Coburn (2015), „Autobiographie“, S. 147.

verhaftet. Harlech wird kurz vor Veröffentlichung der Publikation Coburns britische Wahlheimat in Wales. Dort befindet sich ein Höhenschloss, Harlech Castle, erbaut im 13. Jahrhundert. Wenngleich es sich nicht um Kirchenarchitektur handelt, entfaltet sich hier die historisch aufgeladene, mittelalterliche europäische Architektur, die in den Vereinigten Staaten nicht zu finden ist. „Das Buch von Harlech", publiziert mit zwanzig Aufnahmen, widmet sich der Geschichte Harlechs, den Mythen, die Coburn im Vorwort des Buches wiedergibt und seiner Erkundung der Landschaft, auf die er den Leser mitnimmt. Die Photographien zeigen Harlech menschen- und technologielos, nichts ist abgebildet, was die Illusion vergangener Zeiten stören würde (Abb. 47). Im einführenden Text gibt sich Coburn fasziniert von der Historie des Ortes, welche seine Phantasie anrege: „Selbst Legenden bleiben nebelhaft, doch erhaschen wir aus entferntesten Zeiten schemenhaft flüchtige Blicke auf bewaffnete Männer, die sich auf dieser Anhöhe sammeln, denn seit Anbeginn des christlichen Zeitalter soll hier ein Turm stehen, der sich dunkel gegen den Himmel abhebt."[132] Die „flüchtigen Blicke" entspringen den Vorstellungen und Träumen, denen er in der Landschaft nachhängt und die der Ort heraufbeschwört. Er empfiehlt dem Leser, sollte jener „dem Träumen zugeneigt sein," zuerst „das Mabinogion [Sammlung walisischer Erzählungen, C.H.] zu studieren und dann an einem Sommernachmittag mit halb geschlossenen Augen ruhig auf dem Felsen von Harlech zu sitzen." Infolgedessen werde sich dann „jenes dramatische Schauspiel längst vergangener Zeiten ein weiteres Mal vor Ihnen entfalten."[133] Wieder sind es halb geschlossene Augen, aus denen sich hervorblickend die Umwelt in ihre Vergangenheit entwickelt, wieder zu dem wird, was sie einmal war. Es sind diese Worte, die Coburn schon 1902 für die Beschreibung von Santa Barbara nutzte. Und auch die Heraufbeschwörung des Reiseerlebnisses, gleicht den Beschreibungen von damals:

> „Lassen Sie uns einen schönen Tag wählen, an dem die gesamte Weite Snowdonias wie ein Panorama ausgebreitet vor uns liegt, und lassen Sie uns dann die steile kleine Straße hinauf wandern, [...]. Einige Zeit lang passieren wir Gehöfte, während unsere Schritte uns eine Art Weg entlangführen. Dann erreichen wir mit Geländern gesicherte Pfade, die über kolossale, an Festungsmauern erinnernde Steinwälle führen, doch zuletzt bleiben auch sie hinter uns zurück, und wir befinden uns auf offenem Berggelände, wo wir soviel rufen und singen können, wie es uns beliebt [...] Während wir hinaufsteigen, erhaschen wir einen flüchtigen Blick auf die Burg, die zwischen den schachbrettartig angelegten Feldern wie ein Spielzeug wirkt [...]"[134]

132 Coburn (2015), „Das Buch von Harlech (1920)", S. 197.

133 Alles ebd.

134 Ebd., S. 198.

Der Leser wandert in der Beschreibung mit Coburn zusammen auf die Burg, gemeinsam erkunden sie die Landschaft, die sich sowohl im Text als auch in den Photographien entfaltet. Die Beschreibung ist detailliert und genau, der Phototext reanimiert den mythischen Ort in seiner Aktualität – und gleichermaßen auch in seiner Vergangenheit. Beides wird im photographischen Raum zu ein und demselben Ort: „Ich gebe offen zu, ein Romantiker zu sein, und genauso gebe ich zu, dass es mir freudige Erregung bereitet, in die Fußstapfen der Römer zu treten,“[135] schreibt Coburn. Der Rezipient kann im Phototext gemeinsam mit Coburn auf ihren Spuren wandern und damit die Vergangenheit wiederbeleben. Harlech, das ist 1920 der antimoderne Sehnsuchtsort, an dem vergangene Pracht gegenwärtig wird. Die Illusion ist vollständig, denn die mittels Text und Photo heraufbeschworene Erfahrung der Erkundung Harlechs fällt zusammen mit der erfahrbargemachten Erkundung des historischen Harlechs.

Liverpool Cathedral: Dokumentation und Abstraktion

Um eine völlig andere Art der Kirchenphotographie handelt es sich bei den Aufnahmen zur Liverpool Cathedral[136], die 1919 entstanden. Wie Coburn selbst in seiner Autobiographie schreibt, photographierte er „über einige Jahre hinweg die unterschiedlichen Bauphasen der Liverpool Cathedral“ (AB 154). Dabei entstehen „hunderte weiterer Aufnahmen“ (AB 154), die nie veröffentlicht wurden und in erster Linie den Bau der Kathedrale dokumentieren: Sie zeigen verschiedene Perspektiven auf das Gebäude in unterschiedlichen Bauabschnitten, zeigen die sich verändernde Außenfassade, Gerüstkonstruktionen innen und außen. In Abb. 48 ist aus starker Untersicht ein Teil der Fassade, die den Blick auf einen Rundbogenausschnitt freigibt, aufgenommen; links im Bild angeschnitten ragt ein Stahlgerüst in die Höhe, im Vordergrund kreuzen mehrere Achsen diagonal den Bildraum. Wenngleich Abb. 48 bereits über eine stark formale Strukturierung des Bildraums verfügt, ist bei diesen und weiteren Aufnahmen zumeist der Kontext des jeweiligen Ausschnitts zu erkennen: mal handelt sich um eine Fensterfront, dann um die sich im Bau befindliche Fassade. Die Aufnahmen zeichnen Arbeitsschritt um Arbeitsschritt den Fortgang des Projekts auf, halten ihn als Protokoll fest. Wie Coburn schreibt, ist es „Dekan Dwelley,“ der ihn mit der Dokumentation des Baus beauftragt hat und „in dessen Verantwortung die Überwachung des Bauvorhabens

135 Ebd., S. 199.

136 Vgl. bspw. William Johnson, Mark Rice und Carla Williams, *Photographs. George Eastman House, Rochester, NY,* Köln und New York 2000, S. 423; Chris Dähne, *Die Stadtsinfonien der 1920er Jahre. Architektur zwischen Film, Fotografie und Literatur,* Berlin 2013, S. 131.

Abbildung 48: Coburn, Liverpool Cathedral, 1919

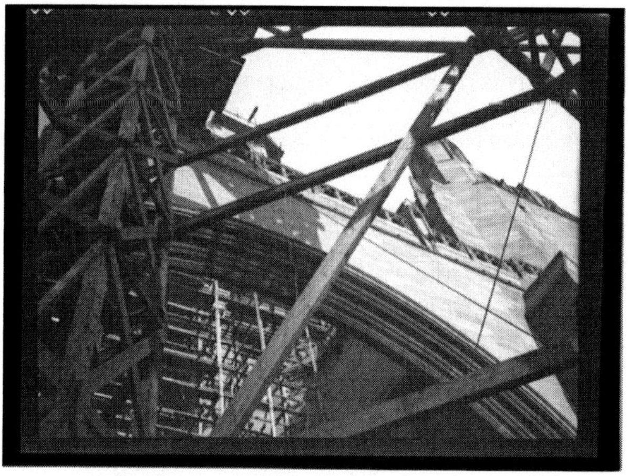

lag“ (AB 154). Coburn arbeitet hier mehr oder weniger auf Abruf, er scheint, auch wenn er zusätzlich von persönlichem Interesse spricht, einem Berufsphotographen gleich für seine Arbeit engagiert worden zu sein:

„Hin und wieder erreichten mich in Harlech dringende, fast schon verzweifelt klingende Telegramme des Dekans, in denen er mich darüber informierte, dass ein besonders anziehendes Teil des Gerüstes oder ein Mauerstück, das so nie wieder gebaut werden würde, *unbedingt* von mir photographiert werden müsse. Also vergaß ich alles andere um mich herum und machte mich hastig auf den Weg, um das Ganze zu verewigen.“ (AB 154)

Sowohl der gewählte Begriff des „Verewigens“[137] als auch der Verweis auf die Originalität und Rarität der verbauten Einzelteile unterstreicht die funktionale Einordnung der Photographie: Der Bau der Kathedrale wird dokumentiert um Architekturgeschichte nachzuvollziehen. Coburn berichtet davon, dass es sich „jedes Mal um ein erfreuliches Abenteuer“ (AB 154) handelte, welches allerdings „nicht immer ganz ungefährlich war, denn der Dekan pflegte mich oft auf geländerlosen Stegen zu photographischen Aussichtspunkten zu führen, die hoch oben lagen und einzig den Vögeln wirklich zugänglich waren“ (AB 154). Die beschriebene Episode erinnert nicht nur an andere vergangene photographische Unternehmungen,

137 Im Original: „to perpetuate it“, Coburn (1978 [1966]), *Photographer,* S. 118.

Abbildung 49: Coburn, Liverpool Cathedral under construction, *1919*

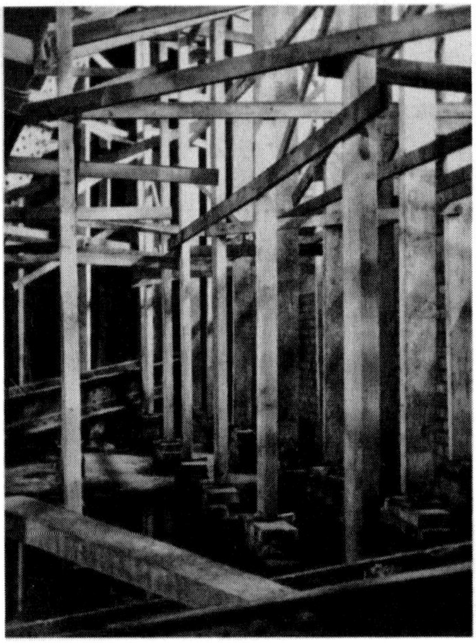

in denen Coburn von fremder Hand geleitet Erkundungen anstellte – zu denken wäre hier an die Kooperation mit Henry James zur *New York Edition,* bei der James Coburn losschickte, um seine mentale Bilder photographisch umzusetzen[138] –, sondern macht aus dem Photographen zudem einen zupackenden körperlichen Abenteurer, worauf noch zurückzukommen ist. Bei dem Projekt entstehen unter dem Titel *Liverpool Cathedral under construction* zwischen den in erster Linie dokumentierenden Aufnahmen auch Photographien, die sich gleichsam als künstlerische Photographien von der Dokumentationsfunktion lösen und den Gegenstand weitgehend abstrahieren. Das ist, wenn auch in gemäßigter Form, in Abb. 49 der Fall. Der Bildausschnitt zeigt hochkant eine Formation von Holzbalken, die Aufmerksamkeit des Betrachters liegt im Bild auf der formalen Komposition des Bildraumes. Die Aufnahme zeigt zahlreiche horizontale Balken, die gleichmäßig in der rechten Bildhälfte verteilt in Reih und Glied jeweils auf Erhöhungen durch Steinplatten stehen. Durch einen Balken parallel zum linken Rand bleibt die Reihe, die hinter diesem Balken folgt, verdeckt. Dadurch fluchten die Balken auf der rechten Seite nach hinten links, bis ein Stahlträger, der dort liegt, die Reihung

138 Vgl dazu in diesem Text Kap. 2.2.1.

Abbildung 50: Coburn, Liverpool Cathedral under construction, *1919*

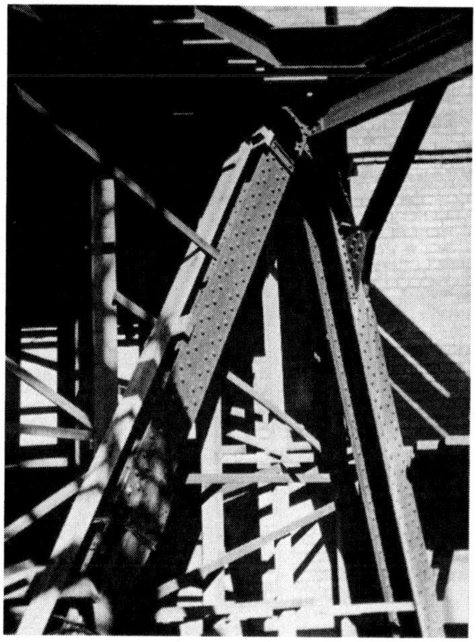

unterbricht. Im Vordergrund bildet ein Holzbalken den Gegenpart zum im Hintergrund liegenden Stahlträger. Der Holzbalken verläuft, ebenfalls vom linken Bildrand kommend, diagonal nach vorne im Bild, wo er, man kann es vage erahnen, unmittelbar am unteren Bildrand wieder auf einen Stahlträger trifft. Fast die gesamte obere Hälfte des Bildes wird durch unregelmäßige, über- und untereinander verlaufende Geraden gebildet, das Gebälk. Das Formenspiel wird durch Licht und Schatten aufgegriffen, doch die Aufnahme ist hinsichtlich der Tonwerte moderat gehalten. Durch die intensive Strukturierung des Bildraums durch das Gebälk tritt der Gegenstandsbereich selbst in den Hintergrund.

Weiter geht Coburn mit Abb. 50, welche als einzige Aufnahme des Bauprozesses in seiner Autobiographie reproduziert ist und von der er schreibt, jene ähnle „zu einem gewissen Grad einer Vortographie," einer der von ihm geschaffenen „ersten rein abstrakten Photographien" (AB 147) von 1917. Während auf Grund von Mehrfachbelichtungen viele Vortographien verschwommen sind, ist der Silbergelatineabzug in Abb. 48 gestochen scharf. Der Bildausschnitt zeigt hochkant ein Gewirr aus Geraden und Winkeln und verfügt über deutlich weniger Tiefe als Abb. 49. Das Augenmerk liegt auf einem Stahlträger, der mittig im Bild abgebildet ist. Eine Diagonale, die von der Ecke links unten im Bild nach rechts oben läuft, trifft etwas unterhalb des oberen Bildrands mittig leicht nach rechts versetzt im 45°-Winkel auf ihr Gegenstück, das als Diagonale von unten rechts im Bild kommt. An die Schnittstelle beider Achsen ist ein weiterer Arm des Trägers angelehnt, der nach rechts oben aus dem Bild läuft. Die Konstruktion verfügt über Stahlnoppen eingeschlagener Nägel, die einem Muster gleich über die Oberfläche verteilt sind und die den Träger von den umliegenden Bauteilen unterscheiden: Viele weitere diagonal, horizontal und vertikal verlaufende Achsen, die mal den Spitzenwinkel des Stahlträgers aufgreifend parallel zu jenem laufen und dann wieder windschief im Raum liegen, prägen den Ausschnitt. Es handelt sich sowohl um Holzbalken als auch andere, unbestimmbare Gerüstteile und nicht zuletzt um Schattenformationen, die gebildet werden. Während der Stahlträger in dunkelgrauen Tonwerten zu sehen ist und der gesamte linke obere Bildbereich Tiefschwarz gehalten ist, leuchten Teile der Holzgebälks fast weiß aus der Struktur hervor, auch das Mauerwerk, das rechts im Hintergrund des Bildraumes zu sehen ist, erhellt das Bild. Der Ausschnitt des Bildraumes lässt sich nicht im Gesamtgefüge des Baus der Kathedrale verorten. Mehr noch, dass es sich bei der Aufnahme überhaupt um einen Ausschnitt der Liverpool Cathedral handelt, wird einzig durch den Titel mitgeteilt. Betrachtete man die Photographie kontext- und titellos, ließen sich vermutlich die Stahlträger als Gegenstände ausmachen. Wahrgenommen werden würde jedoch vor allem die ästhetisierte Oberfläche der Photographie, ein zweidimensionaler Bildraum in konstruktive Achsen, Farbflächen und Winkel zerlegt.

Es lohnt einen Blick auf andere Photographien dieser Zeit zu werfen, die den Fokus ästhetisch oder motivisch auf Konstruktionen legen. Rund zehn Jahre später dokumentiert der Amerikaner Lewis W. Hine beispielsweise den Bau einer anderen Kathedrale des 20. Jahrhunderts: des Empire State Building. Abb. 51, *Laying Beams, Empire State Building Construction* von 1931 zeigt die Silhouetten der *Men at Work*,[139] die hoch über New York, das sich im Hintergrund gräulich blass abzeichnet, auf einem Stahlträger arbeiten, während jener von einem Kran gehalten wird. Die Männer befinden sich auf dem Eckstück des Trägers, man sieht sie mit Hämmern den Stahlkörper bearbeiten, während tief unter ihnen die Stadt liegt. Der Träger liegt als schwarzer Balken horizontal bei einem Drittel der Bildhöhe,

139 Lewis W. Hine, *Men at work. Photographic studies of modern men and machines (1932),* New York 1977; siehe u.a. Ders., *Photo story. Selected letters and photographs of Lewis W. Hine,* hg. v. Daile Kaplan, Washington 1992, und Kate Sampsell-Willmann, *Lewis Hine as social critic,* Jackson 2009.

Abbildung 51: Lewis Hine, Laying Beams, Empire State Building Construction, *1931*

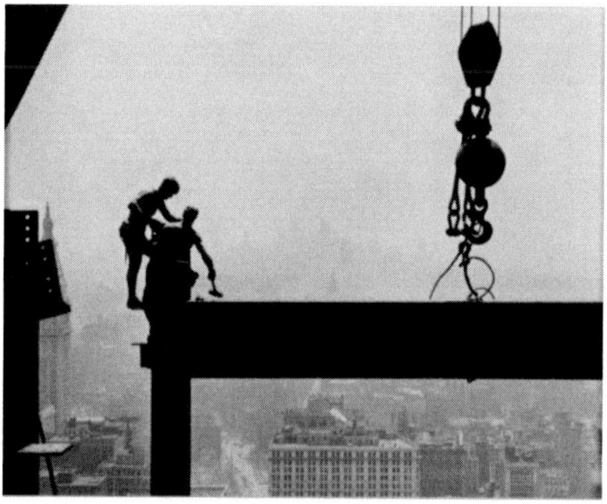

links führt eine Biegung nach unten aus dem Bildraum, rechts läuft er horizontal aus dem Bild. An der rechten Seite der Aufnahme sieht man auch die Befestigung des Bauteils, an einem riesigen Haken ist der Stahlkörper mit einem dünnen Gewinde befestigt. Der von oben aus dem Bild herunterhängende Haken bildet einen Gegenpol zu den dynamisch arbeitenden Männern auf der linken Seite. Hinter ihnen befindet sich ein weiterer Stahlträger, der ebenso dunkel gegen den hellen Hintergrund kontrastiert, und zeigt, dass der Bau des Gebäudes nach oben im Bild weiterführt.

Hines Photographien zeigen wie jene Coburns die Konstruktion eines neuen Gebäudes, hier des Symbols größter Industriemacht, ohne aber die monumentale Architektur selbst in den Blick zu nehmen. In beiden Fällen zeigen die Aufnahmen der Bauprojekte nicht die Pracht des entstehenden Monuments, sondern analysieren und erkunden die Machart im Detail. Die Aufnahme des Empire State Building gibt beispielsweise nur wenig Einblick auf den baulichen Fortschritt des Gebäudes: Allein die Höhe, aus der die Photographie aufgenommen wurde, lässt auf einen fortgeschrittenen Bau des Grundgerüsts schließen. Hine lenkt die Aufmerksamkeit dabei nicht auf das Gebäude, sondern auf die Arbeiter, welche die Monumente erschaffen: „We call this the Machine Age," schreibt Hine 1932 in seinem

Abbildung 52: Coburn,
Williamsburg Bridge, *1909*

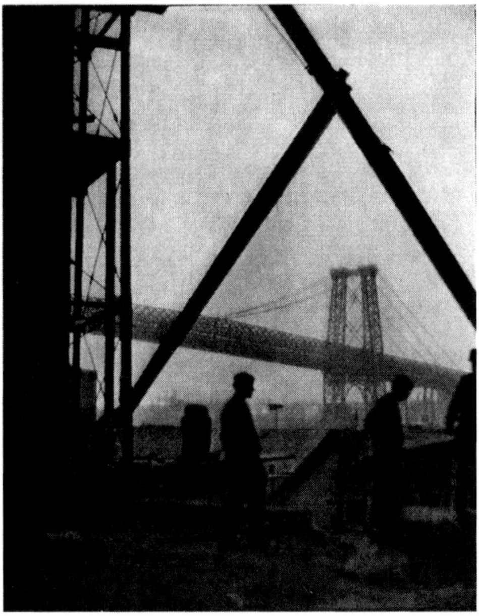

Photobuch *Men at Work*, „but the more machines we use, the more do we need real men to make and direct them."[140] Die Konstruktion des Baus zu zeigen, bedeutet, die menschliche Stärke und Macht über die Maschinen und die Industrie zu demonstrieren.

Denkt man hier an das von Coburn heraufbeschworene Bild seiner selbst als Abenteurer, der auf „geländerlosen Stegen zu photographischen Aussichtspunkten [geführt wird], die hoch oben lagen und einzig den Vögeln wirklich zugänglich waren," (AB 154) zeigen sich im selbstinszinatorischen Sinne Coburns und trotz aller augenfälligen Divergenzen die von ihm eröffneten Parallelen zwischen dem Dandy Coburn und den New Yorker Arbeitern oben auf dem Empire State Building. Der Kunstphotograph, ohnehin von Coburn immer wieder als furchtloser „Held" bezeichnet,[141] schwingt sich ähnlich den furchtlosen New Yorker *Men at Work* in die Lüfte und macht sich maschinelle Apparaturen, hier: die Kamera, zu Nutzen. Er selbst zeigt, ebenso wie Hine, die eigene Herrschaft über die technologischen Konstrukte des Industriezeitalters. Hines Aufnahme erinnert ästhetisch

140 Hine, „The Spirit of Industry", in: Ders. (1977), *Men at work*, o.S.

141 Siehe Kap. 2.1.2.

Abbildung 53: Charles Sheeler, Criss-Crossed Conveyors, River Rouge Plant, Ford Motor Company, *1927*

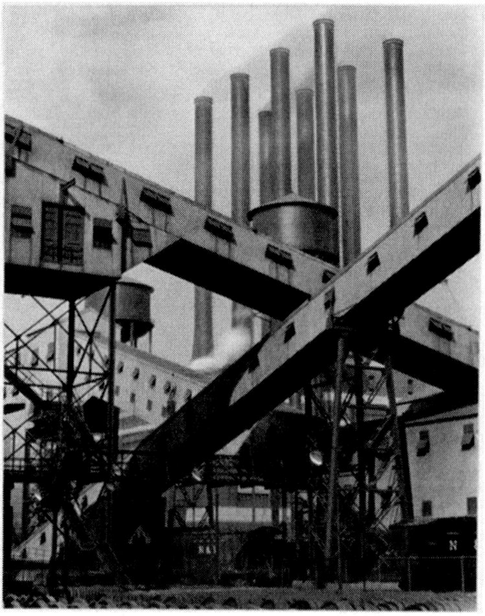

im Zirkelschluss wieder an Coburns städtische Arbeiten der 1900er Jahre, in denen er Arbeiter an Maschinen zeigt. Die Aufnahme *Williamsburg Bridge* von 1909 (Abb. 52) zeigt im Hochformat eine Baukonstruktion, bei der am linken Bildrand ein dunkles Baugerüst zu sehen ist, von dem eine ebenso dunkle Diagonale von unten links nach oben rechts verläuft, die im rechten Winkel auf eine andere Diagonale, von rechts nach oben aus dem Bildraum laufend, stößt. Im Hintergrund ist die Williamsburg Bridge zu erkennen, die wiederum als dritte Achse die Diagonalen perspektivisch zum Dreieck werden lässt. Im Vordergrund des Bildes sind drei Arbeiter zu sehen. Es handelt sich um eine Aufnahme, in der zwar die piktorialistische Stimmung eine zentrale Rolle spielt, doch gleichzeitig der Fokus bereits auf der Formsprache liegt – was in den Liverpool Cathedral-Aufnahmen dann weit drastischer umgesetzt wird. Zusätzlich zeigen sich in der Darstellung der Arbeiter, dunkel kontrastierend vor einem sich dezent abzeichnenden Hintergrund, Parallelen mit der Aufnahme Hines. Doch im Gegensatz zu dessen *Men at Work* bleiben die Figuren hier, wörtlich genommen, bodenständig und dominieren den Bauvorgang keinesfalls, der Protagonist ist und bleibt die formale Schönheit der Konstruktion.

Dem entspricht wiederum der Schwerpunkt in den Aufnahmen der *Ford Motor Company*, für die der amerikanische Photograph und Maler Charles Sheeler in den 1920er Jahren engagiert worden war.[142] 1927 entsteht *Criss-Crossed Conveyors, River Rouge Plant, Ford Motor Company* (Abb. 53), ein Silbergelatineabzug, der ebenfalls eine verwinkelte Stahlkonstruktion als Blickpunkt zeigt. In ähnlicher Komposition wie in *Williamsburg Bridge* ist hier die Schnittstelle zweier sich kreuzender Bahnen einer Förderanlage zu sehen. Von links nach rechts durchkreuzt die eine Achse etwas abfallend die gesamte Bildfläche, von rechts nach links hinten im Bild wiederum stark abfallend führt die zweite Achse. Beide verlaufen schräg im Raum, wodurch ihre Unterseite im Schatten liegt. Im Hintergrund der Aufnahme, oberhalb der Schnittstelle, befinden sich Schornsteine der Fabrik. Ansonsten sind weitere Teile der Förderanlage und im vorderen Bildbereich zahlreiche Konstruktionsgeländer zu sehen. Sheeler stellt ein Maschinen-Zeitalter aus, in dem Menschen obsolet geworden zu sein scheinen. Formalästhetisch kontextualisiert sie wiederum die Aufnahmen der Liverpool Cathedral: Dominante Achsen finden sich allesamt in den Photographien mittig und leicht nach rechts versetzt im Bild; Menschen werden nicht gezeigt. Ähnlich Abb. 48, die den Blick auf die Fassade der Kathedrale freigibt, wird im Hintergrund die Ansicht des Fabrikgebäudes als Ganzes integriert. Die Aufnahmen zeigen die industriell veränderte moderne Landschaft und erinnern programmatisch wieder an Coburns Photographien aus Pittsburgh.

Als weitere Referenz könnte man auch den deutschen Photographen Albert Renger-Patzsch nennen, der in den 1920er Jahren mit seiner neusachlichen Photographie Maßstäbe setzte. Dabei entstanden immer wieder Aufnahmen, welche maschinelle Ästhetik unverstellt offenlegen. Für Renger-Patzsch ist es eine exklusive Fähigkeit der photographischen Kamera, Technik und Maschinerie ihrem Wesen nach abzubilden.[143] Nur die Photographie sei in der Lage „dem starren Liniengefüge moderner Technik, dem luftigen Gitterwerk der Krane und Brücken, der Dynamik 1000pferdiger Maschinen im Bilde gerecht zu werden."[144]

Es existieren selbstverständlich zentrale Unterschiede zwischen den verschiedenen genannten Aufnahmen, die zwischen 1909 und 1931 entstanden: die Frage

142 Zu Sheeler siehe u.a. Mark Rawlinson, *Charles Sheeler. Modernism, precisionism and the borders of abstraction,* London und New York 2008; auch Karen Lucic, *Charles Sheeler and the cult of the machine,* Cambridge 1991.

143 Zum „Wesen der Dinge" bei Renger-Patzsch auch Kap. 3.1.3.

144 Albert Renger-Patzsch, „Ziele", aus: *Das Deutsche Lichtbild,* Jahressschau 1927, XVIII. In: Ders. (2010), *Die Freude am Gegenstand,* S. 91-94, 91.

Abbildung 54: Coburn, The House of a Thousand Windows, *1912*

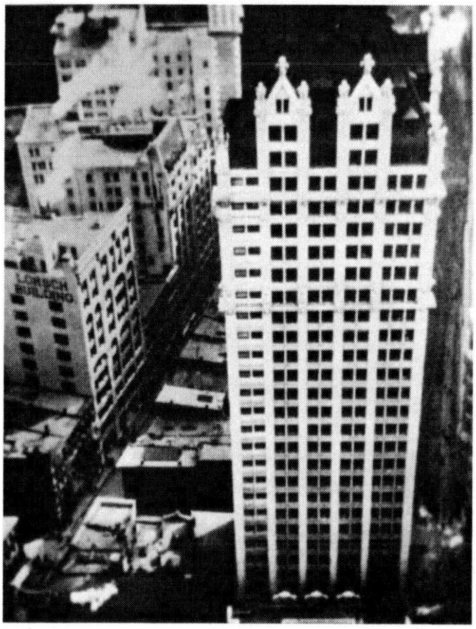

nach Anwesenheit und Rolle der Menschen, die Unterscheidung zwischen Konstruktionen als Bildinhalt oder Marker der Bildkomposition, die Kontextualisierung des umliegenden Raumes, die Funktion des abgebildeten Gebäudes. Was sich aus dem Vergleich aber ableiten lässt, ist, dass die Art und Weise Industriegebäude photographisch darzustellen, der photographischen Darstellung der Kathedrale stark ähnelt. Es handelt sich um ein modernes photographisches Sehen, das nicht das Gebäude in seiner Ganzheit in Augenschein nimmt, sondern seine Materialität isoliert betrachtet, losgelöst von seiner gesellschaftlichen Funktionalität, und dabei etablierte Blickpunkte verweigert. Aufnahmen britischer Kathedralen scheinen ästhetisch austauschbar gegenüber den Aufnahmen New Yorker-Skyscraper oder industrieller Fabrikanlagen.

Wenn Coburn 1912 in New York sowohl *The House of a Thousand Windows* (Abb. 54) als auch *Trinity Church* (Abb. 55) in annähernd gleicher Weise photographiert, wird bereits die Nähe der Positionen aufgezeigt. Nicht nur werden beide Photos im gleichen Jahr angefertigt, die beiden Aufnahmen zeigen die zwei Gebäude auch aus der gleichen Perspektive und in identischen Bildpositionen. Beide Male wird das Bauwerk aus der Vogelperspektive von schräg oben aufgenommen,

Abbildung 55: Coburn, Trinity Church, *1912*

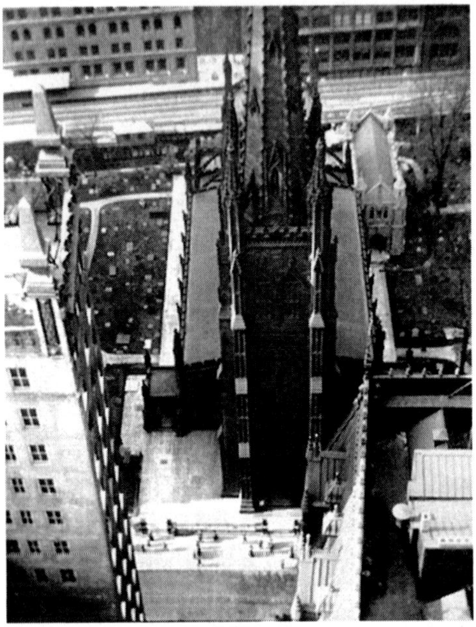

wodurch seine Größe zusammenschrumpft und in der Zweidimensionalität der photographischen Aufnahme untergeht, bei Abb. 55 ist dieser Effekt jedoch noch stärker. In beiden Aufnahmen ist das Gebäude leicht rechts im Bild positioniert. Durch die ungewöhnliche Perspektive, die durch das Photographieren von einem erhöhten Punkt auf einem der gegenüberliegenden Gebäude erreicht wird, werden die Gebäude abstrahiert. Das führt beim Hochhaus dazu, dass die zahlreichen Fenster als kleine schwarze Quadrate strukturell in den Vordergrund treten und die formale Ordnung der Aufnahme betont wird. Bei der Kirche führt die abstrahierende Perspektive dazu, dass die Monumentalität des kirchlichen Baus eingebüst wird, ohne durch auffällige Strukturen einen Gegenpol zu bieten. In dieser Aufnahme ist die Perspektive einfach bereits das entscheidende Merkmal: Das Gotteshaus, zu dem der sündige Betrachter maßgeblich aufblicken müsste, wird von oben betrachtet und damit die Blickrichtung verkehrt. Wenn Renger-Patzsch 1928 dann sowohl Hochöfen als auch Kirchengewölbe kompositorisch und perspektivisch auf annähernd gleiche Weise photographiert (Abb. 56 und 57) und

Abbildung 56: Albert Renger Patzsch,
Kauper von unten gesehen, Hochofenwerk Herrenwyk, Lübeck, *1928*

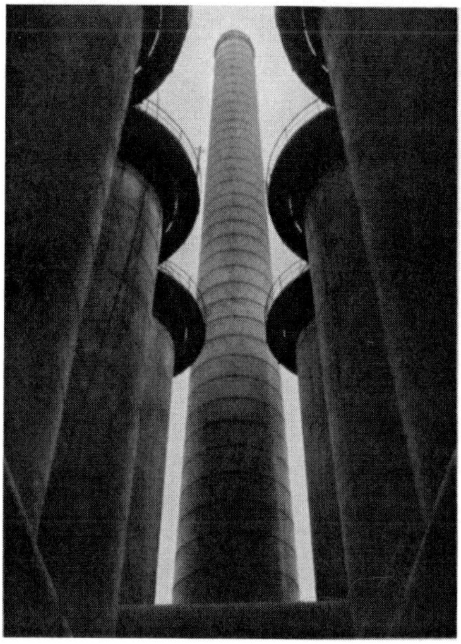

dabei den aufstrebenden Blick des Betrachters im Innenraum einer Kirche aufnimmt, wird diese Dynamik mit umgekehrten Vorzeichen aufgegriffen.[145] Hier ist es der Innenraum, der betrachtet wird, die Blickrichtung folgt dem etablierten Blick auf Kirchenarchitektur aus der Froschperspektive, wodurch beide Bauwerke noch monumentaler erscheinen. Wie Thomas Janzen zeigt, handelt es sich bei Renger-Patzsch Aufnahme des Hochofenwerk Herrenwyk und jener des Gewölbes der gotischen Marienkirche Greifswald um formverwandte Photographien, deren Analogie bezüglich Perspektivität und Formalästhetik aus den eindrucksvoll

145 Vgl. Thomas Janzen, „Das ‚Wesen der Dinge' fotografieren", in: Renger-Patzsch (1997), *Meisterwerke,* S. 9-23, 15; vgl. auch Annika Baacke, *Fotografie zwischen Kunst und Dokumentation. Objektivität und Ästhetik, Kontinuität und Veränderung im Werk von Bernd und Hilla Becher, Albert Renger-Patzsch, August Sander und Karl Blossfeldt,* Berlin 2014, S. 150.

Abbildung 57: Albert Renger Patzsch,
Marienkirche in Greifswald, *1928*

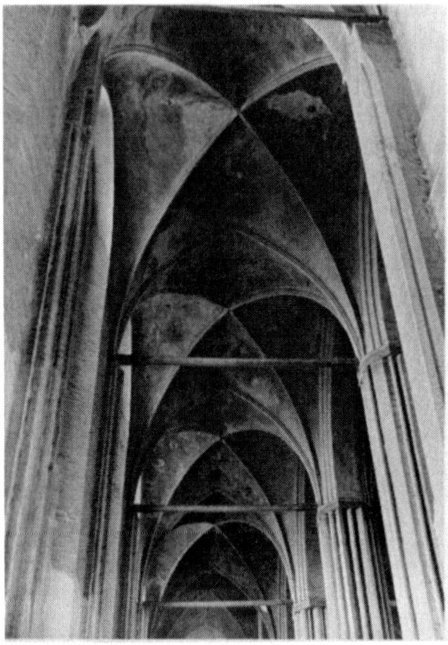

inszenierten Ofenanlagen so „Kathedrale[n] der Industrie“[146] machen. Industriebauten werden photographiert wie Kirchen und Kirchen werden photographiert wie Industriebauten. Die photographische Perspektive auf die Gebäude gibt die Lesart vor. So werden aus Hochhäusern und Fabrikgebäuden die neuen Kathedralen der Moderne. Die Kamera wird selbst Teil der Säkularisierung der modernen europäischen Gesellschaften. Die photographierte Architektur spiegelt diese Entwicklungen.

Das zeigt sich auch hinsichtlich Coburns Arbeiten zur Liverpool Cathedral. Es geht nicht um geheimnisvolle Religiosität, sondern um aufgeklärte Säkularisierung in der Photographie. *Liverpool Cathedral under construction* – der Titel verspricht, die Konstruktion der Liverpool Cathedral zu zeigen, tatsächlich zeigen die

146 Janzen (1997), „Das ‚Wesen der Dinge‘ fotografieren“, S. 10. Der Photograph Bernd Becher bezeichnete industrielle Bauwerke als „Sakralbauten des Calvinismus“. Michael Köhler, „Interview mit Bernd und Hilla Becher“, in: Lothar Romain und Detlef Bluemler (Hg.), *Künstler. Kritisches Lexikon der Gegenwartskunst,* München 1989, zit. n. Baacke (2014), *Fotografie zwischen Kunst und Dokumentation,* S. 151.

Aufnahmen aber geradezu die Dekonstruktion ihres Baus und ihrer Schöpfung. Der Schaffensprozess wird in technisierte, formale Einzelteile zerlegt, welche nicht mehr ins Gesamtbild passen. Dieser Effekt wird durch die eng gewählten Ausschnitte der Photographien verstärkt. Die Cadrierung des einzelnen Bildes verweigert die Kontextualisierung der Aufnahmen in einer vollständigen Vorstellung der Kathedrale. Coburn zerlegt den Bau der Kathedrale, Details werden dekontextualisiert, entfremdet und damit abstrahiert wahrgenommen. Man sieht sodann die industrielle Ästhetik des Baus in seiner Struktur. Stützpfeiler und Gebälk verweisen gemeinsam auf die Ästhetik der Formen, sie sind nur Schatten, Licht und Geraden, spitzwinklig verbundene Achsen. Die Kamera dokumentiert, seziert und inszeniert nicht nur wahlweise die Bedeutung der Architektur, sie entwickelt neue Sehweisen auf sie und inszeniert eine Ästhetik der Mechanik.

Zwischen Wiederbelebung und Abstraktion

Die Aufnahmen zu den *California Missions* entstehen als einige seiner ersten Aufnahmen 1902, während jene der Liverpool Cathedral 1919, unmittelbar bevor Coburn sich von seiner öffentlichen Photographenkarriere verabschiedet, aufgenommen werden. Die hier ausgewählten Aufnahmen sakraler Bauten funktionieren nicht nur wie eine Klammer um Coburns Schaffen, sie markieren auch sein stetes Oszillieren zwischen Antimodernismus und Modernismus.

In den *California Missions* wird der historische Raum nicht nur photographisch erfahrbar gemacht, sondern als historisch originaler Raum inszeniert und dem Betrachter als Erfahrung historischer Originalität vermittelt. Coburns Artikel zu den kalifornischen Missionsstationen sind so nicht nur historische, sondern gleichsam identitätsstiftende Reiseberichte, die paradoxerweise Aktualität versprechen: Der Rezipient kann in ihnen sowohl ihre Gegenwärtigkeit als auch ihre Geschichte erfahren. Es gilt, die amerikanische, vergleichsweise kurze christliche Vergangenheit als eigene kulturelle Vergangenheit zu ergründen und zu romantisieren. Die Begeisterung für historische Bauten und Sakralbauten ist Ausdruck einer Sehnsucht nach der eigenen Historie einerseits und der Auseinandersetzung mit einem scheinbar ethischeren und sozialeren Anderen, gegen das sich die Moderne als funktionalisierter und technologisierter Komplex abgrenzen lässt und in Folge dessen auf den Photographien konsequent ausgemerzt wird, andererseits. Während für die *Arts & Crafts*-Bewegung das Mittelalter und vor allem die Gotik als Negativfolie für soziale Problematiken der industriellen Revolution, welche sich in der Architektur zeigen, dient, übernehmen für den Amerikaner Coburn die Missionsstationen des 18. Jahrhunderts an der Westküste eine ähnliche Funktion: der industriellen Revolution ferne Orte, welche die Kunstphotographie als romantisierte Illusion auferstehen lässt.

Gänzlich unterwandert werden die Ideale der *Arts & Crafts*-Bewegung jedoch spätestens mit den Aufnahmen des Baus der Liverpool Cathedral von 1919. Hier wird nun dezidiert die Moderne und die Ästhetik des Industriezeitalters zelebriert. Es handelt sich dabei um das feinsäuberliche Sezieren einer weiteren Illusion: Ein kirchlicher Bau ist nicht Zeichen der Religiosität sondern im Sinne der Säkularisierung ein Bau, wie jeder andere, ein industriell erschaffenes Produkt. Der Bau der Kathedrale steht nicht exklusiv für Kirchenarchitektur, sondern für industrielle Architektur, oder anders formuliert: Die neuen urbanen Monumente werden im Gegenzug zu den Kathedralen der Moderne. Gleichzeitig funktioniert die eng cadrierte Dokumentation des Baus wie ein photographisches Zerlegen in Details, was in der photographischen Abstraktion vom eigentlichen Gegenstand mündet. Dokumentation wird so zur Abstraktion.

Es ist die Schönheit der Mechanik, die in diesen Arbeiten in den Vordergrund tritt und in der Photographie vervollständigt und erkannt wird. Coburn notiert 1911 im Essay „Kamerakünstler" seine Gedanken gegenüber der anbrechenden Moderne und der Schönheit, die sie hervorbringt. Bei der Einfahrt auf einem Linienschiff in New York spürte er

> „die Geistesverwandtschaft zwischen den Photographen der neuen Schule und den Erbauern der Hängebrücken – jenen prachtvollen Monstern, die aussehen, als stammten sie vom Mars. Die einen nutzen ihren Verstand, um ein wunderschön in der Sonne glitzerndes Spinnennetz aus Stahlträgern zu formen, während die anderen Chemie und Optik mit der eigenen Persönlichkeit verbinden, um ein dauerhaftes Fragment der Schönheit der Natur einzufangen. Die Arbeit des Brückenbauers und die des Photographen schulden ihr Dasein der Bezwingung der Natur durch den Menschen."[147]

Es sind wieder Monster, durch ihre fremdartigen, mechanischen Körper alienartige Wesen, diesmal solche, die riesig über die Meerarme ragen. Der Blick auf sie erinnert unmittelbar an jenen auf die Kamera, faszinierend und erschreckend zugleich. Ohnehin sind Kamera und Hängebrücken als moderne Konstruktionen und Erfindungen verwandt, genauso verwandt wie es auch die Photographen mit den Brückenbauern sind. In diesem Sinne arbeitet Coburn der Photograph auch ähnlich den Industriearbeitern hoch oben in den Lüften und bedient dort die Kamera so, wie jene Maschinen. Diese Beziehung, die sich aus der Schaffung, oder: Konstruktion, von Schönheit speist, klang schon 1902 an, wenn der „Geist eines künstlerischen Photographen […] die verwandte Seele hinter diesen Ruinen [der Missionsstation, C.H.] entdeck[t]" und ihm sodann „gar nichts anderes übrig [bleibt], als in seinen Bildern den besonderen Charme und die Schönheit dieses

147 Coburn (2015), „Kamerakünstler", S. 368.

Ortes widerzuspiegeln."[148] Handwerk, Kunst, industrielle Konstruktion, Mechanik – sie alle sind Ausformungen des ästhetischen Prinzips. Doch während die historische Vergangenheit sogar noch 1920 in Harlech identitätsstiftendes Ideal bleibt, weist die industrielle Gegenwart auf die funktionale Schönheit der Technik. Formt sodann der Brückenbauer „ein wunderschön [...] glitzerndes Spinnennetz" aus Stahlträgern, ist die neue Natur der Technik bereits da. Die Verweigerung und die Begeisterung eines industriell konnotierten Modernismus gehen Hand in Hand.

Ein Zitat des Photographenpaares Bernd und Hilla Becher, das von den 1960er Jahren an über Jahrzehnte hinweg an typologischen Sammlungen von streng formal komponierten Industrieanlagen, Hochöfen, Kränen und Bauwerken arbeitete, zeigt jedoch die Nähe zwischen den Positionen auf: „Wenn Sie eine gotische Kirche besuchen, dann können Sie damit in deren Zeit zurückreisen, Sie begegnen der Kultur, die sie errichtet hat. Unsere Aufnahmen von Industrieanlagen schaffen eine Möglichkeit, das Zeitalter der Industrie zu besuchen."[149] Wie Annika Baacke schreibt, zeigt sich hier, dass sich die Bechers „mit ihren Fotografien in einer Tradition mit jahrhundertealten Bauwerken sehen, die Geschichte erfahrbar machen."[150] Und dadurch eben auch die Nähe zu den Photographien gotischer Bauten zulassen, die ebenfalls in der Lage sind, diese Reise in die Vergangenheit, in die baulich historische und in die, in der die Photographie entstand, zuzulassen. Die Photographie bietet die Möglichkeit, Vergangenheit auferstehen zu lassen. Die analytische Fähigkeit der Kamera, ihren Gegenstand zu zerlegen und damit in der Moderne neue Sehweisen zu etablieren, steht ihren scheinbar anachronistischen und illusionistischen Fähigkeiten, ganze Räume magisch wiederzubeleben und Vergangenheit zu Aktualität werden zu lassen, nicht entgegen.

---

148 Coburn (2015), „San Juan Capistrano (1902)", S. 237.

149 Bernd und Hilla Becher im Gespräch mit James Lingwood, „Die Musik der Hochöfen", in: *artpress*, 209 (1996), S. 21-28, zit. n. Baacke (2014), *Fotografie zwischen Kunst und Dokumentation*, S. 151. Zu den Bechers u.a. Susanne Lange, *Bernd and Hilla Becher. Life and work*, Cambridge und London 2007; Dies., *Was wir tun, ist letztlich Geschichten erzählen – Bernd und Hilla Becher. Eine Einführung in Leben und Werk*, München 2005; Monika Steinhauser (Hg.), *Bernd und Hilla Becher – Industriephotographie. Im Spiegel der Tradition*, Düsseldorf 1994.

150 Ebd.

3.2.3 Kunstreligion und Technikfaszination. Eine Synthese

Coburns Zerrissenheit zwischen anachronistischen und fortschrittlichen Tendenzen zeigt sich eindrucksvoll in der Gegenüberstellung von der von ihm praktizierten Sakralisierung der Kunst und seiner großen Begeisterung für technische und technologische Entwicklungen. Als antimodern lässt sich dabei der spirituell verklärende Zugang zur Kunst als Religion setzen, während demgegenüber die Faszination für Industrie, Technik und Konstruktion als menschliche Errungenschaften der Moderne positioniert werden. Der spirituelle Glaube zeigt auf eine scheinbar antimoderne Position, während die Glorifizierung der Technik auf die moderne, geradezu posthumane Zukunft verweist.

Beide Motive tauchen immer wieder in Coburns Arbeiten auf. Die Photographie selbst wird dabei zum Inbegriff der widerstreitenden Kräfte. Auf der einen Seite steht sie, wie gezeigt wurde, programmatisch für den technischen Fortschritt und wird von Coburn als dezidiert fortschrittliches Kunstmedium bezeichnet, dessen Aufgabe es ist, den Fortschritt sichtbar zu machen, wie beispielsweise in den photographischen Stadtaufnahmen New Yorks. Die Kamera wird als mechanisches Instrument zum Symbol des Fortschritts, gleichzeitig aber durch die ihr attestierte, unerklärliche „Magie" auch zum animierten und fremdartigen Wesen. Durch diese symbolisch komplexe Verortung der Kamera, die bereits früh in Coburns Arbeiten auszumachen ist, wird der Photograph zum Magier, zum Grenzgänger und zum Propheten. Coburn entwickelt eine Kunstreligion mitsamt utopischem Weltbild, in der er selbst Prophet ist und die Schönheit zum Maß aller Dinge ernennt. Auch der Kreis zur Relevanz des technischen Fortschritts wird wieder geschlossen: Technologische Errungenschaften und von Menschenhand erschaffene Konstruktionen sind innerhalb Coburns Theorie ebenso Teil des schöpferischen Gesamtgefüges und ebenso schön, wie die Natur und wie die Kunst selbst. Es zeigt sich, dass Natur, Kunst und Technik gleichgeschaltet sind; die technische Welt ist eine artifizielle Schöpfung, ist eine zweite Natur.

In den kirchenphotographischen Aufnahmen welche Coburns Werk rahmen, zeigt sich dann die Verzahnung beider Motive ästhetisch. In Coburns Frühwerk zu den *California Missions* 1902 werden die historischen Sakralbauten zum identitätsstiftenden, vorindustriellen Sehnsuchtsort erklärt und im Sinne eines Antimodernismus als technologieferne Räume inszeniert. Damit verortet sich Coburn wiederum im Kontext der *Arts & Crafts*-Bewegung, welche vor allem die Architektur der Gotik in Abgrenzung zur antisozialen Architektur des Industriezeitalters setzen und zweitere damit kritisieren. Mit der Inszenierung der kalifornischen Stationen greift Coburn diese Argumentation auf. Er konstruiert hier mittels der Kamera eine photographische Illusion, durch welche die historischen Orte gleichsam wiederbelebt und für den Betrachter als Erfahrung vermeintlich historischer Originalität inszeniert und erfahrbar gemacht werden.

Ganz anders verhält es sich mit den Aufnahmen zum Bau der Liverpool Cathedral von 1919. Hier zeigt sich ein Modernismus, der seinen Fokus dezidiert im Offenlegen der Strukturen des Baus, in seiner Konstruktion findet. Es geht nicht um architektonische Symbolik, die religiöse Funktion des Baus, sondern um die fortgeschrittene Säkularisierung: Der Bau einer Kathedrale wird in gleicher Weise photographiert wie jener eines Wolkenkratzers oder einer Fabrik. Das sakrale Bauwerk wird zum konstruierten Bauwerk. Die Dokumentation der Konstruktion führt dabei durch Cadrierung, Perspektivität und Detailansicht ästhetisch zur vollständigen Abstraktion vom eigentlichen Gegenstand. Dokumentation und Abstraktion gehen Hand in Hand.

Die Sakralisierung der Kunst und die Faszination für Technik als widerstreitende Positionen von Moderne und Antimoderne lassen sich nur schwerlich auseinander dividieren. Vielmehr zeigt sich, dass die Setzung der Schönheit als höchstem Wert in Coburns Weltsicht allumfassend funktioniert und überzeitlich wiederkehrt. Die technischen Möglichkeiten weisen dabei in eine Zukunft der Konstruktivität, des artifiziell vom Menschen Erschaffenen, während der Glaube an die spirituellen Werte der Kunst symbolistisch in einer Weltordnung, deren höchstes Gut die Schönheit selbst ist, verortet werden kann. Die Kunst und die Technik sind dabei nur zwei mediale Ausgestaltungen.

3.3 STIMMUNG VS. ABSTRAKTION. VON DER SUCHE NACH REINER PHOTOGRAPHIE

Im Gegensatz zu den Begriffspaaren Unikat und Serie und Kunstreligion und Technikglaube, die jeweils epistemisch, programmatisch sowie ästhetisch in Coburns Werk als widerstreitende Kräfte auszumachen sind, behandelt die Gegenüberstellung von Stimmung und Abstraktion ein Phänomen, das zuerst ästhetischer Natur ist. Da ist zum einen das Schlagwort der Stimmung,[1] das während der piktorialistischen Phase um 1900 zum herausragenden Wert, den es in einer Photographie zu transportieren gilt, wird, zum anderen die Abstraktion als photographisches Verfahren und genuin modernes Mittel. Stimmung im Bild ist hier der Inbegriff eines piktorialistisch funktionierenden Bildes, während die Abstraktion zum Inbegriff der Moderne wird. Wie bereits erörtert, bedeutet die vollständige Abstraktion in der Photographie in Form der Vortographien die Konkretion in der Photographie;[2] die Photographie verweist nur noch auf sich selbst.

Stimmung und Abstraktion sind hier nun Motive, die, je nach ihrem ästhetischen Gehalt, ihrem Vorhandensein im Bild, jenes eher in die Tradition des Piktorialismus oder in den Geltungsbereich der Moderne verschieben. Sie sind Marker auf der Entwicklung in die Moderne, die sich in Coburns Werk besonders eindrücklich am Beispiel des Motivs der Wolke nachzeichnen lassen. Ist jene zu Beginn seines Schaffens Signifikant einer explizit stimmungsvollen Komposition, wird sie im weiteren Verlauf zunehmend abstrakter dargestellt und verweist damit auf eine dominanter werdende Formensprache im Bild, die sich auch auf andere Bildmotive ausweitet. Es folgt die vollständige Abstraktion von repräsentativen Inhalten, bis in den Vortographien die Photographie nur noch auf sich selbst verweist. Wie sich diese Entwicklung von der Stimmung im Bild zur Konkretion der Photographie, vom Versuch einer *Wirkung* hin zum *Sein*, darstellt, wird im Folgenden untersucht, um damit die Frage, wieviel Moderne bereits im Piktorialismus und wieviel Piktorialismus dann in der Moderne steckt, abschließend zu klären.

---

1 Dazu in diesem Text Kap. 1.2.3.

2 Siehe dazu Kap. 1.3.1.

3.3.1 So stimmungsvoll, dass es abstrakt wird

Wolken als stimmungsvolle Motive in der piktorialistischen Photographie zu nutzen, reicht weit vor Coburn zurück. Die Integration eines Wolkenhimmels in die Photographie gestaltet sich allerdings bereits seit der Frühzeit der Photographie als höchst diffizil. Während unbewegte Landschaften so lange als nötig belichtet werden können, hindert bereits das Wesensmerkmal der Vergänglichkeit der Wolken die Photographen des 19. Jahrhunderts an einer gesicherten Aufnahme: Viel zu schnell verändern die Wolken ihre Form, ihren Ausdruck und damit auch die gesamte Beleuchtungssituation der Landschaft. Doch das ist nicht das größte Problem der Wolkenphotographie, wenngleich jenes ebenfalls die Belichtung betrifft: Mit kurzen Belichtungszeiten zwischen einem Zehntel und einer halben Sekunde können je nach Wetter und Jahreszeit Wolken erfasst werden. In den 1850er Jahren entstehen so mit dem nassen Kollodium-Verfahren zahlreiche Wolkenaufnahmen. Dabei handelt es sich jedoch um reine Himmelsaufnahmen, denn maßgeblich erschwert wird die Wolkenphotographie durch Versuche, Himmel und Landschaft gleichzeitig aufzunehmen, da das lichtempfindliche Silbernitrat der photographischen Platten der 1850er Jahre auf die Farbtöne Blau und Weiß besonders schnell reagiert – während der Prozess für Rot oder Grün viele Minuten lang dauert. Orientiert sich der Photograph „mit entsprechend kurzer Belichtungszeit“ am Himmel, „[hatte es] zur Folge […], dass sich im Vordergrund nichts als eine Silhouette abbildete.“[3] Stellte man die Belichtungszeit hingegen auf die Landschaft ein, schwärzt der Himmel auf Grund der langen Belichtungszeit auf den Abzügen ein. Diesem Phänomen versuchen die Photographen beizukommen, indem sie den Himmel „im Negativ durch Retusche mit schwarzem oder rotem Lack lichtdurchlässig [abdeckten], so daß er als gleichmäßig helle Fläche im Abzug erschien.“[4] Auf dieser hellen Fläche existieren nun keinerlei Kontraste und erkennbare Wolkenstrukturen, was dann größte Kreativität der Photographen verlangt. So wird versucht im Nachhinein Wolken im Negativ beziehungsweise im Positiv mit Bleistift oder Tusche einzuzeichnen oder aber es werden „noch einige Watteflöckchen benutzt, die man regellos über den Himmel streute und die durch ihren verschwommenen Schatten mehr oder weniger glücklich wirkliche Wölkchen nachahmten.“[5] Wie lange Wolkenphotographien als schwierig eingestuft

3 Starl (2009), „Eine kleine Geschichte der Wolkenfotografie“, S. 24.

4 Pohlmann (2004), *Eine neue Kunst? Eine andere Natur!*, S. 172.

5 Adolf Miethe, *Künstlerische Landschafts-Photographie. Zwölf Kapitel zur Ästhetik photographischer Landschaftsaufnahmen*, Halle/S. 1906, S. 82.

wurden, verdeutlicht die von Jencic 1912 dargelegte Zusammenfassung technischer Ratschläge, welche zur erfolgreichen Wolkenphotographie führen sollen: die Nutzung einer Wolkenblende oder eines Polarisationsspiegels vor dem Objektiv; das Photographieren von Anhöhen aus, welches kontrastreichere Bilder verspreche; die langsame Entwicklung mittels viel Bromkalisalz, welches die Kontraste im Bild fördere oder auch die Nutzung von Pigment-Papier.[6]

Das lange Zeit wohl gängigste Mittel der Wolkenphotographie ist allerdings der Kombinationsdruck. Dabei wurden ganze Wolkengebilde einkopiert oder aber direkt zwei Negative zu einem Abzug zusammengeführt. Das Verfahren, zwei Negative zu kombinieren, entwickelt sich zu einem anerkannten und probaten Mittel, Landschaft und Himmel zu einer Einheit künstlerisch zusammenzuführen. Um die Frage nach der richtigen Belichtung zu umgehen, werden Schablonen eingesetzt, die jeweils einen Teil des Bildes verdecken, welcher später durch ein anderes Negativ, das eben jenen Bereich zeigt, eingefügt wird.[7] So entstehen die „frühesten Fotomontagen, von denen Beispiele erhalten sind.“[8] Es entwickelt sich zügig die Praxis, eine Landschaft mit dem für sie ‚optimalen‘ Himmel in der ‚passenden‘ Stimmung, die es zu erreichen gilt, zusammenzubringen. Henry Peach Robinson formuliert, „der Landschaftsphotograph wird fast immer zu jenen Bildern, die er der Ausstellung werth hält, einen Himmel hinzufügen.“[9]

Wolken sind grundlegendes Mittel um Stimmung zu erzeugen, unbedingt muss ein eintönig grauer oder kontrastloser Himmel vermieden werden. Besonders ausführlich beschäftigt sich nach Robinson oder auch Gustave Le Gray, der für seine ausgereiften Kombinationsdrucke, die in den 1850er Jahren entstehen, bekannt ist,[10] Alfred Horsley Hinton mit der Thematik. In theoretischen Schriften wie dem Buch *Künstlerische Landschafts-Photographie in Studium und Praxis*[11] gibt Hinton, Gründungsmitglied des *Brotherhood of the Linked Ring*, eine detaillierte und genaue Anleitung zum Erreichen hochwertiger kunstphotographischer

6 Vgl. A. Jencic, „Wolkenstudien“, in: *Wiener Mitteilungen aus dem Gebiete der Literatur, Kunst, Kartographie und Photographie,* 17 (1912), S. 234-239, 236f.

7 Pohlmann (2004), *Eine neue Kunst? Eine andere Natur!,* S. 172.

8 Starl (2009), „Eine kleine Geschichte der Wolkenfotografie“, S. 24.

9 Robinson (1886), „Combinirte Photographien“, S. 167.

10 Siehe zu Le Gray bspw. Sylvie Aubenas und Gordon Baldwin (Hg.), *Gustave Le Gray. 1820–1884,* Los Angeles 2002.

11 Alfred Horsley Hinton, *Künstlerische Landschafts-Photographie. In Studium und Praxis [Artistic Landscape Photography, 1896],* Berlin 1909.

Aufnahmen mit einem maximalen Gehalt an Stimmung – oder, wie er es nennt, an Naturwahrheit.[12]

Der Begriff der Naturwahrheit kleidet bei Hinton das, was hier bisher gemeinhin als Stimmung bezeichnet wurde: Es geht darum, die Natur „derart wiederzugeben, dass der Beschauer seines Bildes das, was er selbst [der Künstler; C.H.] bei dem Anblick der Natur empfand, ihm nachzuempfinden vermag."[13] Die Erfahrung des Künstlers, die Natur mit all seinen Sinnen wahrzunehmen, wird dank der zweidimensionalen visuellen Übertragung ins Bild zu einem für den Rezipienten mit allen Sinnen erfahrbaren Erlebnis gemacht. Das Ergebnis kann „naturwahre" Photographie sein – gesetzt den Fall, dass sich der Künstler getreu Hintons Ausführungen diverse handwerkliche Maßnahmen und Techniken zu Nutzen macht. Einer der zentralen Aspekte ist dabei die Anerkennung der Relevanz des Himmels und des Wolkenbildes für die Stimmungserzeugung in der photographischen Aufnahme. Der Himmel besitzt laut Hinton die Qualität der konkreten Stimmungsbeeinflussung einer Landschaft. So beschreibt er, dass „gewisse Wolkenbildungen [...] gewisse Empfindungen [erregen], und es ist wünschenswert, dass solche Empfindungen dem vorherrschenden Eindruck des ganzen Bildes angemessen sind."[14] Wolken werden bewusst eingesetzt um den Ausdruck des Bildes zu unterstreichen und damit eine spezifische Stimmung zu erzeugen. Um das zu erreichen, können durchaus unterschiedliche Negative genutzt werden, „bei deren jedem das Äusserste darangesetzt ist, um seinen individuellen Charakter zu wahren, und von denen jedes unabhängig von dem anderen, jedoch mit Hinblick auf die endliche Zusammenschmelzung beider hergestellt ist."[15]

Hintons Aufnahme *Recessional* (Abb. 58) von 1895 zeigt beispielsweise eine Landschaft mit Blick auf einen von Schilf umgebenen See, auf dem sich das Licht bricht, im Hintergrund befindet sich eine Baumgruppe. Dieser Teil der Photographie entspricht einem Negativ und nimmt knapp etwas mehr als die Hälfte der hochformatigen Bildfläche ein. Der obere Teil wird ergänzt durch den Wolkenhimmel eines weiteren Negativs, der oberhalb der Bäume sehr hell ist, sich zum Ende des Ausschnitts jedoch verdunkelt. So liegt die Spannung des Bildes in der Lichtwirkung, die helle Horizontlinie findet sich in der Wasserspiegelung wieder,

12 Ebd. Diese Begrifflichkeit war unter den Amateurphotographen verbreitet. So schreibt zur gleichen Zeit auch der deutsche Kunstphotograph und Phototheoretiker Max Allihn, die Photographie habe „die Aufgabe, die der Photographie eigenthümlichen Mittel so zu verwenden, daß das subjectiv-naturwahre Bild entsteht." Zit. n. Stiegler (2006), *Theoriegeschichte,* S. 165.

13 Hinton (1909), *Künstlerische Landschafts-Photographie (1896),* S. 110.

14 Ebd., S. 92.

15 Ebd.

Abbildung 58: Alfred Horsley Hinton,
Recessional, *1895*

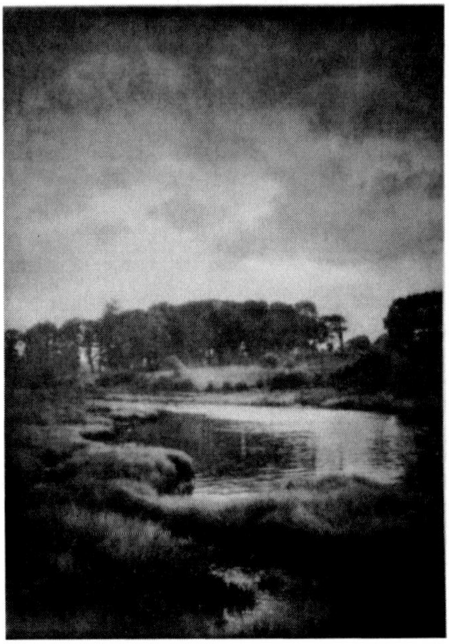

das dunkle Wolkengebilde antwortet auf das in dunkleren Tonwerten gehaltene Ufer. Auch die Linienführung weist auf eine Einheit der Bildhälften hin, verbinden sich die beleuchteten Geraden der mittleren Bildfläche doch zu einer dreiteiligen Zickzack-Diagonale.

Auch wenn die drückende und gleichzeitig ruhende Stimmung des Bildes im Vordergrund steht, so ist der Himmel und mit ihm die Wolkenwirkung Teil der künstlerischen Einheit und der Komposition. 1897 schreibt Hinton in seinem Essay „Photography not limited to imitation", Wolken seien Inspirationsquellen und Sehnsuchtsbilder, welche „die Phantasie des Betrachters anreg[en] und seinem Nachdenken Nahrung [geben]."[16] Die Wirklichkeit der Wolken ist für Hinton eine von schönen Gedanken geleitete Idee und Vorstellung, die unmittelbar auf der Wahrnehmung der Menschen und deren Erkenntnis der Erhabenheit der Wolken, die mehr Sinnbild als Realität ist, beruht.

Auf dieser Traditionslinie bewegt sich Coburn mit seinen piktorialistisch stimmungsvollen Wolkenphotographien. Es gibt zahlreiche Arbeiten Coburns, deren Anliegen es maßgeblich ist, Stimmung zu erzeugen. Bei der Photogravüre *The*

16 Vgl. Hinton zit. n. Stückelberger (2010), *Wolkenbilder,* S. 171.

Cloud (Abb. 19)[17] handelt es sich um eine solche Arbeit. Die hochformatige Aufnahme zeigt einen Wolkenhimmel über einem Streifen Landschaft. Die streng durchdachte Komposition des Bildes erinnert unmittelbar an die Wolkenaufnahme von Hinton, auch dort nimmt ein bewölkter Himmel viel Bildfläche ein und verleiht der Landschaft Stimmung. Im Gegensatz zu Hinton arbeitete Coburn hier allerdings nicht mit zwei Negativen, wenngleich er ebenfalls ein Hochformat für die Arbeit wählt. Insgesamt zeigen die Photographien aus der Publikation *The Cloud* 1912 sehr stimmungsvolle Wolkenaufnahmen, die explizit auf die Erfahrung der Erhabenheit der Natur verweisen – was abermals durch Shelleys Gedicht betont wird.

Das Motiv der Wolke als stimmungsvolles Moment einer größeren Ordnung taucht bei Coburn oftmals auch in Form von Rauchwolken auf. Allein in dem von Karl Steinorth herausgegebenen Ausstellungskatalog *Alvin Langdon Coburn. Fotografien 1900–1924*[18] finden sich vierzehn Photographien, aufgenommen zwischen 1905 und 1912, die Rauchschwaden zeigen. Bilder, auf denen Himmelswolken abgebildet sind, gibt es hingegen nur fünf. Coburn scheint nicht nur eine Schwäche für die Wolke als erhabenes Naturphänomen zu haben, sondern auch für Staub- oder Wasserdampfwolken, die das Resultat menschlicher Einwirkung sind: Die meisten dieser Wolken entweichen im Moment der Aufnahme Industrie- und Hochhausschornsteinen oder Lokomotiven. Ein auffälliges, stimmungsvolles Beispiel ist die Photographie mit dem deskriptiven Titel *Coal Country, England* (Abb. 59). Zunächst sind der hohe Kontrast und die erhöhte Unschärfe auffällig. Abgesehen von einem kleinen Landstrich hinten links hebt sich vom hellen Himmel eine monochrome schwarze Szenerie ab, in der nur wenige Details sichtbar sind. Man erkennt, dass links eine Lokomotive fast frontal auf Schienen steht, die über die untere linke Ecke etwas abschüssig aus dem Bild hinaus führen. Rechts davon befindet sich ein Fabrikgebäude, das scheinbar einen kranartigen Arm mit Seilzug ausgefahren hat und damit eine Verbindung zur Lokomotive aufbaut. Zwischen beiden Ikonen des industriellen Zeitalters erkennt man als Scherenschnitt einen Mann im Profil, der an das Gebäude gelehnt steht. Den zentralen Aspekt bilden jedoch zwei Rauchwolken, die einmal von der Lokomotive und einmal aus einem langen Schornstein des Gebäudes ausgestoßen werden. Beide Rauchwolken sind in dunklem Grau gehalten und ziehen trichterförmig nach oben aus dem Bildrahmen, wobei beide ungefähr symmetrisch angeordnet sind: Beide befinden sich in der oberen Hälfte des Bildes mit gleichmäßigen Abständen in der Horizontalen zu einander und zum Bildrand. Die Perspektive auf die Szene ist eine leichte Untersicht, der Betrachter befindet sich unterhalb von Lokomotive und Gebäude und

17 Siehe Kap. 3.1.2., dort wird diese Aufnahme näher beschrieben.

18 Steinorth (1998), *Alvin Langdon Coburn.*

Abbildung 59: Coburn, Coal Country, England, *ca. 1905*

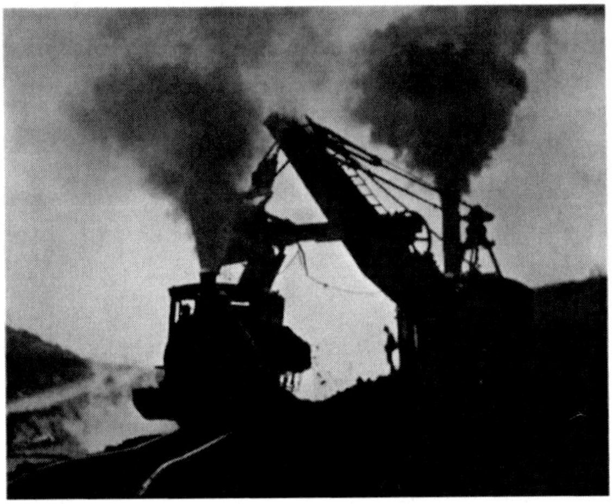

sieht so zu den Rauchsäulen auf. Die Photographie, die insgesamt ungemein malerisch in Komposition, Farbauftrag und Materialität wirkt, hat einige Gemeinsamkeiten mit Stieglitz' *Hand of Man* von 1902. Auch dort sind Rauchschwaden einer Lokomotive zu sehen, die sich in den Weiten des wolkenverhangenen Himmels aufzulösen scheinen. Stieglitz zeigt eine von Menschenhand erschaffene Industrielandschaft, die industriell produzierten Rauch in den Himmel und damit in die natürlich geformten Wolken bläst. Stieglitz' und Coburns Aufnahmen befassen sich mit der Industrialisierung, für die die Dampfloks mit ihren Rauch ausschnaubenden Schornsteinen der Inbegriff sind.

Beide Bilder zeigen die Schienen als strukturgebende Linien im Bild. Doch im Gegensatz zu Coburns Aufnahme verfügt die von Stieglitz' über starke Aufsicht und geringen Kontrast, die Tonwerte sind einander angenähert. Auch führt Stieglitz' Bild zu einer Vereinigung der Rauchwolken mit jenen am Himmel – bei Coburn scheint der Himmel wolkenlos; er leuchtet jedoch das ganze Bild aus, so dass sich die Rauchwolken kontrastreich von ihm abheben. Auch handelt es sich bei dieser Aufnahme um eine der wenigen Querformate im Werk Coburns. Man könnte meinen, das ungewohnte Format, das die Wahrnehmung eines Oben und eines Unten nicht fördert, betone das Fremdsein der industriellen Artefakte, können sie doch anscheinend in keinen Dialog mit dem Oben, dem Himmel als unendliche und erhabene Größe, treten.

Anders ist der Rauch in Coburn Photogravüre *St. Paul's from Ludgate Hill, London,* (Abb. 60) von ca. 1905 dargestellt. Hier zieht eine weiße Rauchwolke,

Abbildung 60: Coburn, St. Paul's from Ludgate Hill, London, *1905*

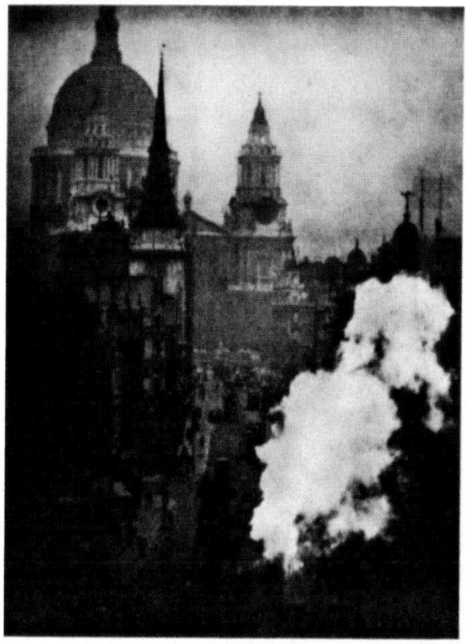

die unter Umständen ebenfalls einer Lok entstammt, von unten rechts bis zur Mitte des Bildes hinauf. Es handelt sich um eine Stadtaufnahme Londons, die mit Aufsicht aufgenommen ist. Der Produzent des Rauchs ist in diesem Bild nicht zu erkennen. Stattdessen scheint diesmal die Rauchschwade mit dem hellen, sich kreisförmig nach außen hin verdunkelnden Himmel zu harmonieren, der sich hinter St. Pauls erstreckt: Himmel und Wolke sind die hellsten Flächen in der Aufnahme. Diese farbliche Übereinstimmung und die Tendenz des Rauches, nach oben über die Menschen und Gebäude hinweg gen Himmel zu steigen, führen dazu, beide Lichtquellen in Beziehung zueinander zu setzen. Hier passiert somit, was in der Aufnahme *Coal Country, England* unterbunden wird: die visuelle Vereinigung von produziertem Rauch mit der Natur und die immerwährende Wiederkehr der Stoffe.

Die Bezugnahme der Wolke als Bindemittel zwischen verschiedenen Geltungsbereichen wird immer wieder in Coburns Arbeiten aufgegriffen und weitergedacht. Der Kurator John Szarkowski nimmt darauf unter dem Gesichtspunkt der Poesie Bezug, wenn er schreibt: „Clouds were a particularly good subject for an artist like Coburn who sought the broad poetic view of things. Granted that no two clouds are the same; nevertheless their meanings (except to farmers and meteorologists) were sufficienty imprecise and generalized to allow Coburn to use them as abstract visual elements.“[19]

Was hier als „poetic view“ bezeichnet wird, ist wohl eben jene Facette in Coburns Werk, die Gefühl, Stimmung und Faszination in der Betrachtung des Erhabenen in Form der Wolke vermittelt. Poesie entdeckt auch Timm Starl bei Coburn. Er schreibt: „Seine Studien zeigen ebenso eine poetische Sicht der Dinge, wie sie gelegentlich den Eindruck vermitteln, als suche ein irritierter Blick in der Natur nach Gewissheiten, die der Alltag nicht zu bieten vermag.“[20] Es schimmert eine Ahnung der symbolistischen Geisteshaltung durch. So handelt es sich in Coburns Bildern wohl nicht ausschließlich um den Ausdruck von Atmosphäre und Stimmung, wie es beispielsweise bei Hinton vorrangige Priorität war, sondern um die Suche nach Gesetzmäßigkeiten und Weltordnung in der Photographie. Gleichermaßen mag es sein, dass Coburns poetische Photographie Ausdruck seiner Phantasie *als* Phantasie ist, in der all diese Faktoren kulminieren. Wie Szarkowski formuliert, nutzt „Coburn [...] the skies as children and poets use them, and as Leonardo used stained old walls: as an analogue model of imaginary worlds. They provided him with an inexhaustible supply of infinitely variable forms, richer and less predictable than the images formed by his little box of mirrors.“[21] Was Szarkowski hier aufzeichnet, ist der bemerkenswerte Verweis, Coburns mal symbolistische, mal poetische oder phantasievolle Weltanschauung werde in seinen Photographien abstrahiert und so in den entstandenen Projektionsflächen, ähnlich den Steinwänden Leonardo da Vincis,[22] erörtert. Um diese Formen und Flächen photographisch inszenieren zu können, die ein Analogon zu seinen Phantasiewelten bilden, benötigt es für Coburn den einen Moment des Ausdrucks, der unmittelbaren Sichtbarkeit der Form.

---

19 John Szarkowski, *Looking at photographs. 100 pictures from the collection of the Museum of Modern Art,* New York, London 2009, S. 62.

20 Starl (2009), „Eine kleine Geschichte der Wolkenfotografie“, S. 30.

21 Szarkowski (2009), *Looking at photographs,* S. 62.

22 „Auch betrachtete er [Leonardo da Vinci; C.H.], was manchem lächerlich vorkommen mag, oft lange und ganz in sich verloren altes Gemäuer, worauf die Zeit mit allerlei wunderbaren Figuren und Farben gespielt hatte, oder vielfarbige Steine mit seltsamen Zeichnungen. Daraus *sprang ihm dann während des unverrückten* Anschauens manche schöne Idee von Landschaften oder Schlachtengewimmel oder fremden Stellungen und Gesichtern hervor.“ Wilhelm Heinrich Wackenroder und Ludwig Tieck, *Herzensergiessungen eines Kunstliebenden Klosterbruders,* Leipzig 1921, S. 34.

Abbildung 61: Coburn, Clouds in the Grand Canyon, *1911.*

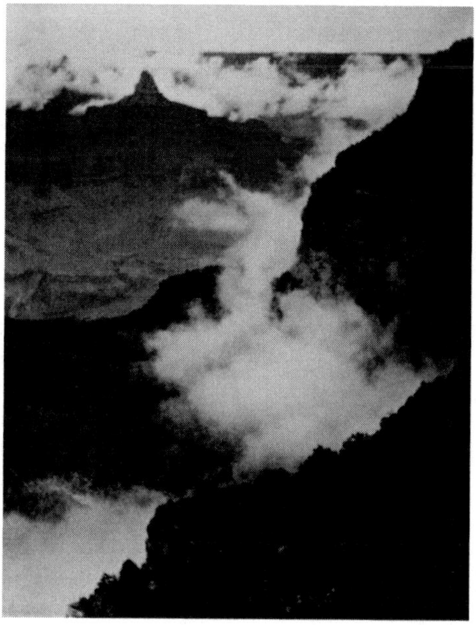

Es waren möglicherweise die Bilder, die Coburn 1911/1912 auf seiner Reise durch den Grand Canyon aufgenommen hatte, die Szarkowski vor Augen hatte, als er über die Imaginationsräume und die Poesie in Coburns Wolkenbildern schrieb. Eine dieser Aufnahmen ist der Gummiplatindruck *Clouds in the Grand Canyon* (Abb. 61) von 1911. Der Titel scheint in erster Linie deskriptiver Natur zu sein, die meisten Bilder der Grand Canyon-Serie tragen geradezu identische Namen oder wurden nie benannt. Ein Detail gibt der Titel dennoch preis: „Clouds". Hier stehen mehrere, unspezifische Wolken Pate für den Titel und nicht wie in den vorhergehenden Fällen eine singuläre. Mit diesem Wissen erkennt man auf der Photographie auch nicht *eine* Wolke, sondern ein ganzes Wolkenband, das sich durch das Gebirge schlängelt. Der Bildraum ist fast gänzlich von Gebirgsfelsen besetzt, nur ein kleiner Spalt am oberen Rand lässt die Sicht auf den Himmel frei. Unterhalb des Horizonts erstrecken sich auf drei Ebenen Gebirgszüge, die vorderen zwei jeweils von links unten nach rechts oben in der Diagonalen ansteigend, der hinterste Zug bildet mit einer von Wolken durchbrochenen Horizontalen den Horizont ab. Auch die Tonwerte imitieren den Blick, der von Ebene zu Ebene mehr von der Landschaft zu sehen bekommt; ist die vorderste Ebene die dunkelste,

Abbildung 62: Coburn, The Cloud, *1905.*

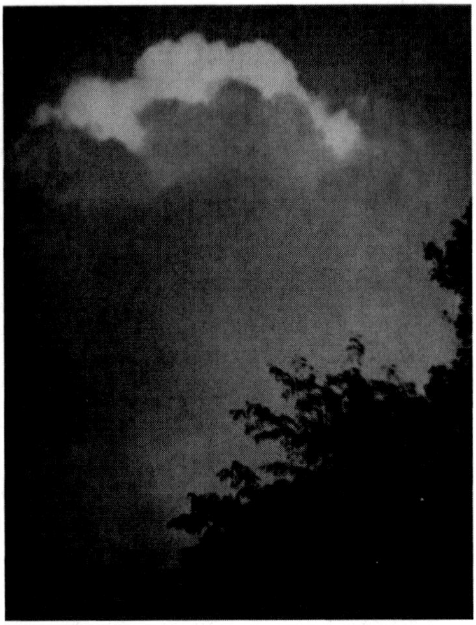

wird es nach hinten heller, der Himmel ist sehr hell. So hell, dass am oberen linken Bildrand kein Kontrast zwischen Himmel und Wolke zu erkennen ist, beides geht nahtlos ineinander über. Das Wolkenband zieht sich entlang der Gebirgskontur von unten links nach mittig rechts, von dort um den Berg herum noch weiter ansteigend nach rechts und dann wieder der Horizontlinie folgend nach links, wo es links oben in den Himmel fließt. Die Besonderheit in diesem Bild ist neben der klaren Berglinienführung und der Wiederaufnahme der Linien durch die Wolkenbewegung die eigentümliche Perspektive. Ist man es gewohnt, wie beispielsweise bei Hinton praktiziert, zu den Wolken aufzublicken, blickt die Kamera nun zu den Wolken hinunter: Die Aufsicht führt dazu, dass die Dichotomie von oben und unten aufgehoben wird, das Gleichgewicht zwischen Himmel und Erde scheint überkommen. Stattdessen werden die Wolken räumlich als Bestandteil der Erde inszeniert und somit weder als der Unendlichkeit des Universums angehörige Wolken, noch als Metaphern des Jenseits im Diesseits. Dazu kommt, dass die Wolken als unpersonalisierte Bestandteile der Erde (und nicht nur im Bild links oben) im Himmel aufgehen. Läse man die Wolkenbahn in umgekehrter Reihenfolge, löste sich das Wolkenband aus dem Himmel und sänke zur Erde hinab.

In den Varianten der Lesbarkeit des Bildes liegt auch seine Poesie, erzählt die Wolkenbahn zwischen Himmel und Erde doch eine Geschichte. So erinnert die Wolkenzugrichtung nach oben an die Bewegung in *St. Paul's from Ludgate Hill, London,* (Abb. 60). Die luftigen Wolkenteile betonen das Ephemere des Naturphänomens und sind Teil einer Photographie, die durch ihre Leichtigkeit, gewonnen durch die flüchtige Materialität der Wolken in krassem Kontrast zu Hintons drückenden Wolkenhimmeln (Abb. 58) stehen – oder auch zur reduzierten und abstrahierten Darstellung der Wolke in *The Cloud* (Abb. 62). Während die Wolkenbänder eine symbolistische Ordnung betonen, zeigen andere Arbeiten personifizierende Tendenzen, bei denen das Motiv der Wolke als Gegenüber erkennbar und gleichzeitig ästhetisch abstrahiert wird.

Diesen Effekt der Wolke als personalisiertes und gleichsam reduziertes Gegenüber erfährt der Betrachter in *The Cloud* (Abb. 62). Auch hier handelt sich um eine singuläre Wolke im Bild, die sich stark erhöht zum Betrachter befindet. Das Gefühl nach oben zu blicken wird durch die Anwesenheit des Blattwerks eines Baumes verstärkt, das sich über ein Drittel der Bildfläche ausgehend von der rechten, unteren Ecke, diagonal abschließend erstreckt. Hier blickt der Betrachter, der sich noch unterhalb des Baumes befindet, nach oben, um in eine Beziehung zur Wolke zu treten. Dennoch ist die Wirkung der Wolke als erhöhtes Gegenüber beträchtlich. Das liegt wohl daran, dass man vorerst nur eine einzige Wolke am Himmel erkennt, die nahe dem oberen Bildrand leicht nach links versetzt sitzt. Diese strahlt weiß, ist umgeben von einem fast monoton grauen Himmel über einem beinahe schwarzen Blattwerk. Nach längerer Betrachtung scheint es, als ob sich mehrere Wolken am Himmel befinden: Eine graue, wolkenartige Kontur schiebt sich vor die Wolke. Erachtet man diesen Umriss als Wolke, bedeutet das in logischer Konsequenz, dass aufgrund des exakt gleichen Tonwertes der vorderen Wolke mit dem Hintergrund, der gesamte Himmel aus Wolken bestehen müsste. Doch es ist nur diese eine weiße (und jene graue, die sich vorschiebt), die gemeint sein könnte, wenn es heißt, *The Cloud.* Die frühe Photographie Coburns von 1906 zeichnet ein drastischer Umgang mit den Tonwerten aus. Es gibt (bis auf eine leichte Aufhellung der Himmelsstruktur nach rechts) nur drei verschiedene Töne. Der dadurch entstehende starke Kontrast führt zu einer Reduktion des Bildinhalts und einer verstärkten Wahrnehmung von Form und Farbe: Der weiße, flauschige Wolkenkranz sticht als geschwungener, weißer Bogen ins Auge, die strenge Diagonale der kleinteiligen, filigranen Baumstruktur kontrastiert dazu in schwarz, der graue Himmel wirkt wie die Leinwand, auf die dieses Strukturspiel gemalt wurde. Deutlicher wird ein ähnliches Vorgehen in Tafel drei aus *Die Wolke* von Percy

Bysshe Shelley (Abb. 21). Die Aufnahme, die ebenfalls am Grand Canyon entstanden ist, zeichnet sich durch eine starke Reduktion aus, die ein abstraktes Sehen unterstützt. Form und Struktur der Komposition sind es, die ins Auge stechen.

In einem Interview von 1907 formuliert Coburn, er „versuche, das wirklich wichtige Fragment inmitten all des Chaos der Natur zu finden, um dann (mittels Scharfeinstellung usw.) die gesamte Aufmerksamkeit darauf zu richten.“[23] Wie er sagt, handle es sich um ein explizites Herauslösen eines singulären Fragments, dass die Kamera einfängt, und zwar nicht nur im zeitlichen, sondern auch räumlichen Sinne: Das strukturelle Fragment, das sich in der Natur zeigt, wird mittels der Photographie erkennbar gemacht. Frank DiFederico attestiert Coburn in der Folge ein genuin abstraktes Sehen: „a characteristic tendency for Coburn to see his subjects in formal if not in purely abstract terms.“[24]

3.3.2 So abstrakt, dass es konkret wird

Dass ein abstraktes Sehen in Coburns Arbeit auszumachen ist, zeigt sich zeitgleich nicht nur in Wolkenphotographien, sondern auch in den Landschaftsaufnahmen, die am Grand Canyon entstehen. In den Jahren 1911/12 ist insgesamt die Tendenz, die Formen und Strukturen der landschaftlichen Körper in den Vordergrund treten zu lassen, deutlich erkennbar. Die in der urbanen Stadt geschulten Augen der Photographen entdecken abermals in der Landschaft Formen, die durch die Cadrierung und den photographischen Ausschnitt zu Bildern werden, die eben nicht Stimmung transportieren, sondern ein neues Bildmodell aufzeigen: Die Fähigkeiten der Kamera, Gegenstände zu zerlegen und abstrahiert mit neuen Bedeutungen aufzuladen. Bei der Aufnahme *The Great Temple, Grand Canyon* (Abb. 63) muss sich der Betrachter einen Augenblick lang orientieren, um zu verstehen, was er vor sich sieht. Der Ausschnitt des Grand Canyons zeigt den Berg Great Temple im Hintergrund der Aufnahme als schwarzen Scherenschnitt, im Vordergrund wird die Form durch einen weiteren Felsrücken gedoppelt. Der Bereich hinter dem Great Temple und in der Mitte des Bildraums ist strukturell kaum zu differenzieren, in beiden Bereichen gibt es sowohl horizontal als auch vertikal strebende Strukturen, die unter Umständen den Verlauf des Gesteins vorgeben. Leichte Verdunkelungen lassen auf Wolken, die Schatten werfen, oder Vertiefungen schließen. „The massive dark silhouette in the foreground and the dark shape of the

23 Coburn (2015), „Der neue Rivale der Malerei (1907)“, S. 251.

24 DiFederico (1987), „Alvin Langdon Coburn and the genesis of vortographs“, S. 273.

Abbildung 63: Coburn, The Great Temple, Grand Canyon, *1911*

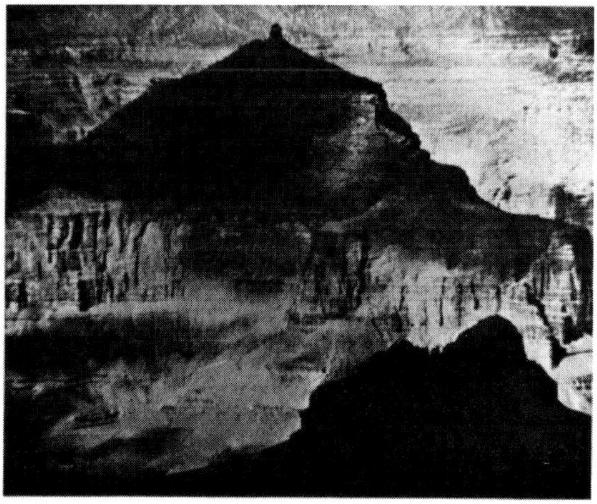

,temple' in the background visually flatten out the picture,"[25] beschreibt DiFederico die Effekte im Bild. Die Landschaft verliert an Tiefe, wird zur reinen Oberfläche, auf der sich der Photograph wie ein Künstler ausleben kann. Durch die Komposition und das gewählte Verfahren des Gummiplatindrucks wird das bildliche Motiv hier stark abstrahiert, übrig bleiben kantige, schattige Umrisse und die Spuren von Strukturen. Interessanterweise muten diese Spuren auch an die Pinselstriche früher Aufnahmen im Piktorialismus an, wenn der Photograph mit solchen das Negativ nachbearbeitete, um den malerischen Effekt zu verstärken. Hier entsteht die artifizielle Struktur, durch die auch die Zweidimensionalität des Bildraums betont wird, durch Gesteinsschichten, die motivisch im Bild freigelegt werden. Die Tatsache, dass es sich beim Abgebildeten um einen Berg im Grand Canyon handelt, macht diesen abstrahierenden Zugang noch bemerkenswerter. Der Grand Canyon wird gerade nicht als majestätisches Naturphänomen betrachtet, als stimmungsvoller Ort voll naturalistischer Kräfte – und das obwohl Coburn den Raum ästhetisch dramatisch interpretiert.[26] Stattdessen wird er in seine strukturellen Bestandteile zerlegt und im Wortsinn zweidimensional für die Photographie zurecht gestutzt. Jordan Bear beschreibt den Vorgang in Bezug auf *The*

25 Ebd., S. 277.

26 „Coburn diligently explored the drama of form, light and atmosphere," ebd.

Abbildung 64: Coburn, Mount Wilson, Yosemite, *1911*

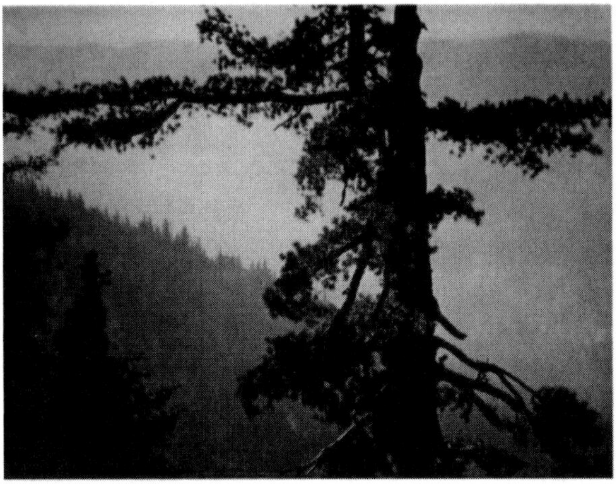

Temple of Ohm, Grand Canyon, einer ähnlich funktionierenden Photographie Coburns, die in der gleichen Serie am selben Ort zur selben Zeit aufgenommen wurde, wie folgt: „With remarkable forthrightness, this photograph refuses to make the Canyon into a geological specimen. The alternating bands of light and darkness serve to minimize the amount of legible data offered by the scene.“[27] Wieder ist die Szenerie nicht stimmungsvoll demütig im Angesicht der empfundenen Erhabenheit umgesetzt, sondern in strukturelle Fragmente zerlegt. Die Schatten durchbrechen die Landschaft, zerschneiden sie, während gleichsam der Betrachter räumlich entwurzelt wird. „The band of shadow nearest the bottom of the composition makes it virtually impossible for us to locate ourselves in space, for us to find a perch on which we might place our feet. Floating in midair, we are unmoored from the specificity of a particular viewpoint, liberated from the conventions of the scenic overlook.“[28] Es ist am Betrachter, seiner Perspektive Sinn einzuschreiben. Er kann nicht die gewohnte Landschaftsansicht eines szenischen Überblicks auf sich wirken lassen, sondern muss sich in auf- und abwärts ziehenden Perspektiven verorten, um nicht die Orientierung zu verlieren.

Eine Aufnahme, mit der die Stärkung eines abstrakten Sehens einhergeht, ist die Aufnahme *Mount Wilson, Yosemite* (Abb. 64). Zu sehen ist hier motivisch ein Baum, der sich vor einem links den Bildraum diagonal begrenzenden Tannenwaldes befindet, dahinter versinkt die Landschaft in Nebelschwaden, ganz hinten sind

27 Bear (2012), „„Venturing Out on a Ledge to Get a Certain Picture‘“, S. 52.

28 Ebd.

noch Umrisse einer Hügellandschaft auszumachen. Was hier zur Abstraktion der Landschaft führt, ist insbesondere die Cadrierung des Bildausschnitts. Jene ist so gesetzt, dass der Baum bei einem Drittel der Bildbreite und einem Viertel der Bildhöhe durch seine Statur die Bildfläche zerschneidet, in Form eines Kreuzes steht der Baum vor der Linse. Die Nähe und der Ausschnitt entfremden ihn von seiner Motivik als Baum und richten den Fokus auf die Formen, die er im Bildraum entstehen lässt. Dabei ist abermals weder zu erkennen, wo sich der Betrachter befindet, noch worauf er blickt, der Nebel verhüllt die Landschaft und nimmt ihr so die räumliche Verankerung. Auch die diagonale Begrenzung des Waldes unterstützt diesen Effekt; einzig die Horizontlinie im Hintergrund des Bildes stabilisiert eine Verortung des Betrachters im Bildraum.

Eine weitere am Grand Canyon entstanden Aufnahme ist *Bare trees, Grand Canyon*[29] (Abb. 65). Der Silbergelatineabzug, der im fast identischen Format wie *Clouds in the Grand Canyon* (Abb. 61) (je ca. 41 x 32 cm) gefertigt ist und auch derselben Reihe entspringt, zeigt eine andere, abstraktere Variante der Wolkenphotographie. Handelte es sich zuvor um eine hochformatige Panoramaaufnahme, die einen weiten Blick über das Gebirge präsentierte, zeigt *Bare trees, Grand Canyon* eine kleine räumliche Distanz. Wie schon zuvor, lässt sich die räumliche Tiefe jedoch nur schwer bestimmen. Der Bildausschnitt zeigt links vorne einen kahlen, verästelten Baum, der bis kurz unter den Bildrand wächst: Rechts davon befinden sich in gleicher Entfernung die oberen Spitzen eines blättrigen Busches. Man erkennt eine zerrissene, den gesamten Hintergrund bis auf einen schmalen Streifen am oberen Bildrand benetzende Wolkenfläche, aus der mittig auf Höhe der linken Baumspitze, scheinbar die Spitze eines Felsens hervorsticht. Es ist die Wolkenschicht, die das Erkennen von Nähe und Weite erschwert. Liegt die Wolkenschicht unmittelbar hinter den Bäumen? Oder befindet sie sich in einiger Distanz? Ragt ein Felsen hervor oder ein weiter entfernter Berg? Die Desorientierung des Betrachters lässt sich auf die unzureichenden Referenzmittel zur Verortung zurückführen. In dem Moment, da sich die Dreidimensionalität auflöst, reduzieren sich die Wolkenstrukturen zu Strukturlinien, Wolke und Fels werden vor allem als Form und Material wahrgenommen. Dieser Effekt wird durch den kahlen Baum – der auch ein Ast sein könnte – und den Busch – der auch ein Baum sein könnte – verstärkt: Auch diese zwei in ihrer Gegenständlichkeit begreifbaren Objekte lassen sich eben nicht klar benennen. Kontrastreiche Tonwerte, Reduktion, Cadrierung, Nahaufnahmen, der Verlust räumlicher Tiefe – es sind diese Faktoren, die

29 Diesen Titel hat das George Eastman House der Photographie verliehen. Aus diesem Grund wird der Titel auch nicht als intentional gesetzt begriffen, und die Referenz auf nackte Bäume nicht weiter vertieft.

Abbildung 65: Coburn, Bare trees, Grand Canyon, *1911*

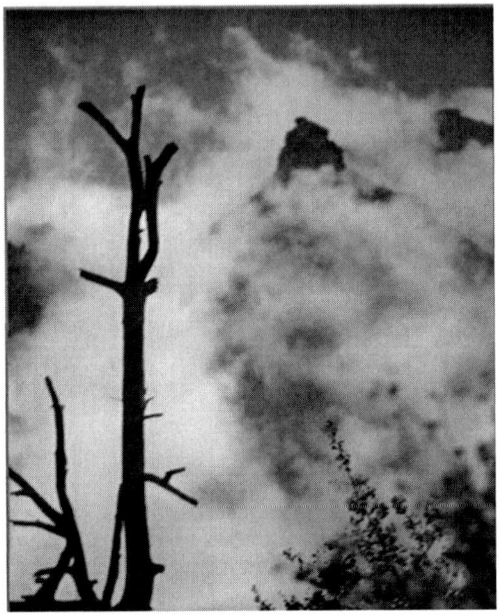

gemeinsam mit dem Aushebeln perspektivischer Erwartungen, zur Abstrahierung im Bild führen und sich regelrecht als Werkzeuge der Abstraktion als photographisches Verfahren hervortun. Die Landschaftsaufnahmen Coburns, die am Grand Canyon entstehen, verneinen so stimmungsvolle Traditionen und fordern stattdessen ein abstraktes Sehen, das vom Betrachter regelrecht Arbeit verlangt: Die Kamera zwingt den Betrachter dazu, sich mit dem Bild auseinanderzusetzen, sich mit ihm in Beziehung und insbesondere in Perspektive zu setzen.

Genau an diesem Punkt docken auch andere Arbeiten an, die etwas später, doch deutlich radikaler, den Betrachter mit einer Orientierungslosigkeit gegenüber aus der Natur gestanzter Strukturen konfrontiert. Die Rede ist von Stieglitz' *Equivalents*.[30] Jene sind Stieglitz' späte Aufnahmen der 20er und 30er Jahre, in denen in kleinformatigen Drucken Wolken den gesamten Bildraum ausfüllen, nur ab und zu existiert eine mal kleinere mal größere Referenz auf beispielsweise die Blätter eines Baumes. Besonders passend für einen Vergleich mit Coburns Arbeiten scheint Abb. 66 zu sein. Das Format dieser Aufnahme, die von 1923 stammend

30 Sie sollen hier stellvertretend auch für Stieglitz' Reihen *Music – A Sequence of Ten Cloud Photographs* und *Songs of the Sky* stehen.

Abbildung 66: Alfred Stieglitz,
Portrait – K.N.R., Songs of the Sky C_1, *1923*

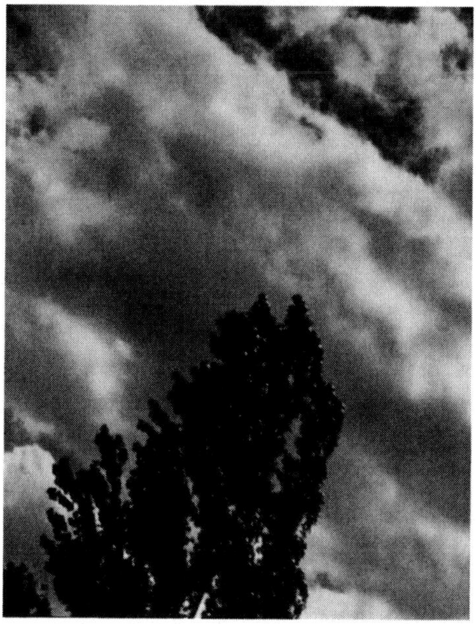

zur Gruppe der „Songs in the Sky" gehört, umfasst gerade mal ein Drittel von der Fläche Coburns Aufnahme, dennoch gibt es einige auffällige Parallelen. Beide Male ragen Bäume im Vordergrund in die Höhe und beide Male erstreckt sich dahinter eine flächige Wolkenstruktur. Ein zentraler Unterschied beider Aufnahmen ist die Perspektive – abgesehen davon, dass Stieglitz' Bild drastischer vorgeht (denn dort gibt es keine Felsen hinter Wolken, dort gibt es ausschließlich Wolkenflächen). *Portrait – K.N.R., Songs in the Sky* C_1 zeigt einen geneigten Baum in Untersicht, folglich muss der Blick der Kamera von unten schräg nach oben zum Himmel führen. Bei Coburn scheint der Blick ebenerdig ausgerichtet zu sein. Daneben bildet der Titel einen anderen Interpretationsspielraum, wenn er wie bei Stieglitz *Portrait* und weiter *Songs in the Sky* heißt oder wie bei Coburn eine Ortsangabe trägt. Stieglitz Aufnahmen verlangen als etwas gelesen zu werden, was über die reine Denotation hinausgeht. So funktioniert Coburns Aufnahme nicht, sie ist erst einmal nur eine Aufnahme des Grand Canyons. Und dennoch, Coburn zeigt mit *Bare trees, Grand Canyon* eine Stieglitz vorgreifende Photographie von abstrahierend dargestellten Wolken, eine Aufnahme, die die Wolke tatsächlich nur als Fragment der Natur begreift. Der Effekt der Reduktion und Abstraktion der

Bildmotivik führt in der Folge, denkt man ihn radikal weiter, zur vollständigen Distanz vom Bildgegenstand und Hinwendung zur Betrachtung der photographischen Oberfläche als selbstreflexives Ausdrucksmittel.

Das ist der Weg, den das Spiel mit der Wolkenphotographie bei Stieglitz geht, wenn er jene epistemologisch weiterentwickelt. In seinem Essay „Wie ich dazu kam, Wolken zu fotografieren" von 1923 schreibt Stieglitz bezüglich seiner Aufnahmen, „es handelte sich um reine Fotografien".[31] Dieser Einschätzung des Photographen, „Fotografien so sehr wie Fotografien aussehen zu lassen,"[32] pflichtet Philippe Dubois bei und formuliert, dass Stieglitz' Wolkenbilder „letztlich kein anderes Sujet haben als die Fotografie selbst."[33] Mit solchen oder ähnlichen Beschreibungen, die sich auf die autoreferenziellen Momente der Reihe beziehen, wird klar, was tatsächlich das einzigartige Novum der *Equivalents* gerade auch im Gegensatz zu Coburns Arbeiten bildet: Bei dem photographierten Material handelt es sich zwar um Wolken, jene werden allerdings nicht als solche dekodiert. Denn trotz des fraglos gegebenen Zustands, dass eine Photographie immer auf einen realen Gegenstand referiert, sie immer auch Spur etwas Dagewesenen ist, kann sich der Gegenstand in seinem Wesen als photographierter Gegenstand vom Referenzobjekt und dessen Bedeutung lösen und neue Bedeutungen, Referenzen und Zuweisungen erzeugen. Maßgeblich ist dabei der Grad der Abstraktion des Gegenstands. So entsteht ein photographiertes, vom Gegenstand weitestgehend gelöstes und selbst Form gewordenes Bild des Gegenstands. Genau dieser Prozess wird in den *Equivalents* in Gang gebracht. Sowohl Cadrierung als auch Perspektivität fern einer weiteren weltlichen Referenz führen dazu, die Wolken als Strukturen, als Formen, als vollkommene Abstraktion wahrzunehmen, als Bilder, die sich sowohl vom „Autor wie vom Betrachter lösen".[34]

Nicht Gegenstand und Inhalt werden ausgedrückt, sondern Form und Rhythmus. Demnach liefern die abgebildeten Strukturen dem Betrachter keinerlei Bezugspunkt, keine Orientierung, wo sie sich (und damit auch wo er sich) befindet. Dass es sich bei diesem Gefühl der Verlorenheit des Betrachters gegenüber den *Equivalents* um ein gewolltes Phänomen handelt, zeigt Stieglitz' Wahl der Hängung: Die *Equivalents* wurden von Ausstellung zu Ausstellung mal im Quer-, dann wieder im Hochformat gehängt. Timm Starl prägt für diese Bezugslosigkeit

31 Stieglitz (2005), „Wie ich dazu kam, Wolken zu fotografieren (1923)", S. 88.

32 Ebd., S. 89.

33 Dubois zit. n. Starl (2009), „Eine kleine Geschichte der Wolkenfotografie", S. 30.

34 Ebd.

im photographischen Raum den treffenden Begriff des „räumliche[n] Nirgendwo." Und weiter: „Es gibt kein Oben und Unten, dem Betrachter wird der Boden entzogen, der Blick fällt auf sich selbst zurück, die Fotografie bleibt für sich."[35] Vermutlich ist es eben jener Zustand der Referenzlosigkeit, des Verlorenseins, den Dubois in Worte zu fassen sucht, wenn er schreibt, die Bilder „erzeugen [...], wenn man sich in sie vertieft, in uns dieses außerordentliche Gefühl der Instabilität, des Verlusts des Gleichgewichts, daß wir buchstäblich zu taumeln beginnen. Bilder, die kreisen, kreisen und wirbeln. Schwebende, losgebundene, luftige Bilder. Bilder, die fliegen."[36]

Maßgeblich beteiligt ist daran der von Rosalind Krauss benannte „Effekt des, so könnte man sagen, Herausstanzens des Bildes aus dem kontinuierlichen Gefüge eines umfassenden Himmels."[37] Das Moment der Cadrierung und das Loslösen vom Kontext zeichnet die Arbeiten aus, wodurch natürlich auch das Augenmerk auf das rutscht, was eben nicht gezeigt wird und das ist: alles andere. Eine besondere Position nehmen in dieser Argumentation die kleinen, unauffälligen Referenzpunkte der Wirklichkeit im Bild ein. Das Geäst und die Baumwipfel, die eben nur manchmal Teil der Photographien sind, erweisen sich als wertvoll für die Auseinandersetzung mit dem Bild: Für die Erfahrung des Rhythmus und der abstrahierenden Präsenz des Bildes hingegen scheinen sie überflüssig oder sogar kontraproduktiv, da sie dem Betrachter einen Anhaltspunkt bieten. Die dezente Bezugnahme führt dazu, dass der Betrachter sich nicht gänzlich im Bild verliert. Durch die Referenz wird die Bildfläche als – wenn auch undurchdringliche – *Wolken*struktur beurteilt, als ein Teil des unendlichen Himmels. Dadurch funktioniert sie als abstrakte Fläche, wie auch als Spiegelfläche. An diesem Beispiel wird die besondere zeichentheoretische Einordnung besonders anschaulich: Der Titel *Equivalents* erst fügt den Aufnahmen ihren symbolischen Wert hinzu, das Wissen, dass es sich um Wolkenstrukturen handelt, lässt die Motive der Bilder als Spuren oder als Indexes erscheinen. Die Erkenntnis des Betrachters, es handle sich um Wolkenstrukturen, ist wesentlich für die Dekodierung des Bildes: Denn erkennt der Betrachter die Struktur nicht als eine abstrahierte, sich auf die Welt beziehende Struktur, sondern als eine Form ohne Symbolcharakter und ohne Referenzsystem,

35 Ebd., S. 32.

36 Dubois (1998), *Der fotografische Akt (1983),* S. 213.

37 Krauss (1998), *Das Photographische (1990),* S. 135.

nimmt er die fotografische Aufnahme rezeptionsästhetisch als reines Strukturbild[38] wahr, das nur auf sich selbst verweist. Die Photographien, und nun ist man wieder bei Dubois angelangt, hätten „letztlich kein anderes Sujet [...] als die Fotografie selbst."[39] Sie sind dann konkrete Photographien.[40]

„Konkrete Fotografie," schreibt dazu Gottfried Jäger, „bedeutet: Konkretisierung der Fotografie, eine Art elementarer künstlerischer Selbstbetrachtung und Selbstreflexion mit dem Ziel, den Blick für die eigenen Verhältnisse zu schärfen." Und weiter: „Dabei werden die fotografischen Mittel zum fotografischen Gegenstand, das Medium zum Objekt".[41] Um eine solche Photographie, bei der die Konkretion zum photographischen Verfahren wird, die nur auf sich selbst referiert und die Möglichkeiten des eigenen Mediums ausstellt, handelt es sich bei Coburns Vortographien, die er 1916/17 anfertigt. Rolf H. Krauss benennt bei Coburns vortographischen Arbeiten drei Aspekte, durch die jene „zur Bandbreite der konkreten Fotografie, wie sie heute überblickt werden kann, beitragen: Die experimentelle Haltung, die Verwendung von technischen Apparaten und der Gebrauch der Kamera."[42] Im weiteren Verlauf und insbesondere mit den 1920er Jahren und der Schadographie, Rayographie und László Moholy-Nagy Photogrammen[43] würden diese Aspekte dann variiert, an die Stelle der Experimentierfreude trete „eine theoretische Fundierung, der technische Apparat wird durch die Wirkung des reinen Lichts ersetzt und die Kamerafotografie wird abgelöst durch eine kameralose Fotografie."[44]

---

38 Vgl. zur sich auf Charles S. Peirce stützenden, zeichentheoretischen Verortung im Kontext abstrakter/konkreter Photographie Jäger (2005), „Konkrete Fotografie", S. 48f.

39 Dubois zit. n. Starl (2009), „Eine kleine Geschichte der Wolkenfotografie", S. 30.

40 Siehe zur konkreten Photographie Kap. 1.3.1.

41 Jäger (2005), „Konkrete Fotografie", S. 43.

42 Krauss (2005), „Kleine Geschichte der konkreten Fotografie", S. 111.

43 Vgl. Jäger (2014), „Wille zur Form", S. 16. Die weiteren Entwicklungen sollen hier nur kurz angedeutet werden, siehe bspw. zu den genannten Positionen Floris Michael Neusüss und Margit Zuckriegl, *Kamera los. Das Fotogramm: eine künstlerische Position von der Klassik bis zur Gegenwart,* Salzburg 2006; Ders. und Renate Heyne, *Das Fotogramm in der Kunst des 20. Jahrhunderts. Die andere Seite der Bilder: Fotografie ohne Kamera,* Köln 1990; Jutta Hülsewig-Johnen, Gottfried Jäger und Schmoll gen. Eisenwerth, J. A., *Das Foto als autonomes Bild. Experimentelle Gestaltung 1839–1989,* Stuttgart 1989.

44 Krauss (2005), „Kleine Geschichte der konkreten Fotografie", S. 111; siehe dazu, die Tendenzen jedoch als abstrakte Photographie verortend, auch Stefan Rieger,

Die Vortographien, die in diesem Sinne aus Coburns experimentellen Willen zur Revolutionierung der Photographie entstehen, positionieren sich im Kontext des Vortizismus,[45] der britischen Avantgarde um Wyndham Lewis und Ezra Pound, die im Frühjahr 1914 an den Futurismus anknüpfend die Künste, allen voran Literatur und Malerei, zu revoltieren suchte.[46] Coburn bespielt mit seinen Arbeiten, allein auf weiter Flur, den photographischen Arm der Bewegung, und zwar zu einem Zeitpunkt, zu dem sich die Gruppierung nicht zuletzt aufgrund der vom Weltkrieg ausgelösten Zäsur bereits wieder in ihrer Auflösung befindet.[47] Nur kurze Zeit zuvor hatte Coburn im Essay „Die Zukunft des Piktorialismus" eine Neubestimmung der Photographie gefordert und gefragt, warum „die Kamera nicht ebenso die Fesseln der konventionellen Darstellungsformen abstreifen und etwas Neues, Unversuchtes in Angriff nehmen sollte,"[48] und woran sich für Coburn eine Reihe von Fragen anschließt: „Warum sollte man ihre raffinierte Schnelligkeit nicht dazu nutzen, Bewegungen zu studieren? Warum sollte man ein Objekt in Bewegung nicht mehrfach nacheinander ablichten und auf einer einzigen Photoplatte aufnehmen können?"[49]

Die radikale Erfüllung all jener progressiven Forderungen bringt er selbst mit den Vortographien, die sich im Kontext des Vortizismus dem Namen nach um das wirbelnde Zentrum bilden. „[The image] is a radiant node or cluster," schreibt Pound in einer Bestimmung der vortizistischen Position, „[it is what I can, and must perforce, call a VORTEX, from which, and through which, and into which, ideas are constantly rushing. In decency one can only call it a VORTEX. And from

„Überblendung und Verdichtung: Zur Epistemologie der abstrakten Fotografie", in: Schönegg/Stiegler (2014), *Abstrakte Fotografie*, S. 29-35, 29.

45 Zum Vortizismus existiert eine breite Literatur, siehe bspw. Mark Antliff und Scott W. Klein (Hg.), *Vorticism. New perpectives,* Oxford und New York 2013; Mark Antliff und Vivien Greene (Hg.), *The vorticists. Rebel artists in London and New York, 1914–1918,* London 2010; Paul Edwards (Hg.), *Blast. Vorticism, 1914–1918,* Aldershot und Burlington 2000; Richard Cork, *Vorticism and abstract art in the first machine age,* Berkeley 1976.

46 Das Manifest der Gruppe wird im Frühjahr 1914 veröffentlicht, gleichzeitig steht die Gründung des Magazins *Blast* („Discussion of Cubism, Futurism, Imagism and all Vital Forms of Modern Art"), das von der Gruppe publiziert wird, für die Entstehung. Jenes wird am 8. Januar 1914 erstmalig als revolutionäres Kunstblatt angekündigt. Vgl. DiFederico (1987), „Alvin Langdon Coburn and the genesis of vortographs", S. 287.

47 Die Beziehung Coburns und Ezra Pounds ist Ausgangspunkt für die Zusammenarbeit und wird von DiFederico ausführlich dargelegt: ebd.

48 Coburn (2015), „Die Zukunft des Piktorialismus (1916)", S. 313.

49 Ebd.

Abbildung 67: Coburn, Vortograph, *1917*

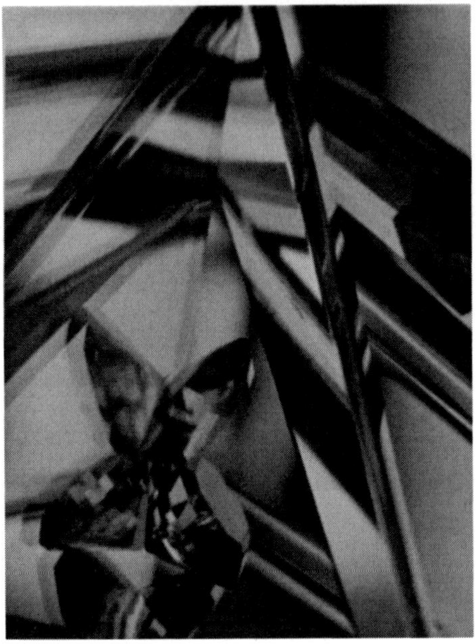

this necessity came the name ‚vorticism'."[50] Es ist dieser dynamische Wirbel, den Aufzuzeigen die Aufgabe der Kunst, aller Künste, ist, und in dessen Rausch auch die Ketten der Kamera abgesprengt werden, der sie durchrüttelt und gegebenenfalls auf den Kopf stellt.

In seiner Autobiographie vergleicht Coburn das von ihm dafür erfundene Vortoskop mit einem Kaleidoskop: „Dieses Instrument besteht aus drei Spiegeln, die in Form eines Dreiecks aneinander befestigt sind, und es erinnert zu einem gewissen Grad an ein Kaleidoskop – [...] die Spiegel fungierten als Prismen und zerlegten so das durch die Linse erzeugte Bild in seine Teile."[51] Coburn beschreibt hier, wie er mit dieser Apparatur zumeist Kristalle und Hölzer photographierte. Unter den Vortographien existieren mehrfachbelichtete, übereinander formierte Aufnahmen, deren Ausgangspunkt Porträts von Ezra Pound sind, doch in den meisten Vortographien handelt es sich um eben diese Objekte; Hölzer, Kristalle.

---

50 Ezra Pound, „Vorticism", in: *The Fortnightly Review,* 96 (1914), S. 464, zit. n. DiFederico (1987), „Alvin Langdon Coburn and the genesis of vortographs", S. 288f.

51 Coburn (2015), „Autobiographie", S. 145f.

Abbildung 68: Coburn, Vortograph, *1917*

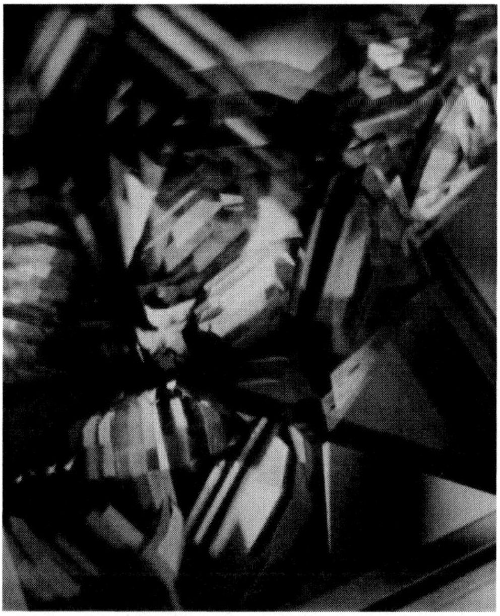

In Abb. 67 ist ein reines Strukturbild zu sehen. Der Bildraum wird spitz zulaufend von Geraden durchschnitten, im Bereich der unteren rechten Seite kleinteilig prismatisch fragmentiert. Die Oberfläche der Kristalle in Abb. 68 überlagern sich mittig und lassen sich gleichzeitig als zentral ausströmende verschwommene und auch konzentrierte Strukturen ausmachen – die länglichen Körper dürften dabei von den Hölzern herreichen. Dennoch, wie jene Objekte in der dreieckigen Spiegelformation Coburns zueinander lagen, wie das Ausgangsmaterial vor der Linse aussah, ist völlig unklar und es ist darüber hinaus noch nicht einmal relevant. Hölzer und Kristalle sind nicht die Motive der Vortographien, ihre Körper dienen allenfalls den Spiegeln zur Weiterverarbeitung, zur Fragmentierung und Auflösung der Formen. DiFederico beschreibt die Aufnahmen wie folgt:

„the Vortographs glow with refracted light and nuances of shadow. Shapes tend to dissolve and hard edges dematerialize. The stasis at the core of Vorticist paintings and graphics is replaced by relentless energy, as if Coburn had penetrated the vortex and discovered there the atom full of light and movement, matter in constant flux."[52]

52 DiFederico (1987), „Alvin Langdon Coburn and the genesis of vortographs", S. 292.

Als ob die Spiegel durch die Materialien sichtbar machen können, zu was ein Spiegel imstande ist, zeigt die Photographie mittels der Spiegelungen, zu was Photographie imstande ist. Zu sehen sind so vollständig abstrakte, nichts repräsentierende, sondern sich selbst präsentierende Photographien. Es sind das Licht und die Bewegung als die Mittel der Photographie, die in der Auflösung so in Erscheinung treten. Die Photographie, welche in der Lage ist Momente stillzustellen und aus der Kontinuität herauszulösen, macht so die Durchlässigkeit und stetige Fluidität ihres Mediums sichtbar.

Gleichzeitig ergeben die Bilder jedoch auch Muster, die ähnlich den eigenwilligen und einzigartigen Formen der Schneeflocken, formalästhetische Unikate bilden. Diese fluide Eigenwilligkeit des Materials erinnert wieder an Rosalind Krauss' Position gegenüber Stieglitz *Equivalents*: Sie schreibt dazu, jene „vermitteln nicht so sehr ein Gefühl von gefundener oder zufälliger Komposition, also des Glücks eines zufälligen Arrangements; viel eher stellt sich ein Gefühl für den Widerstand des Objekts gegenüber dem inneren Arrangement ein.“[53] Es sei schlussendlich gleichgültig, was gezeigt werde, es werde „eine Irrelevanz der Komposition postuliert.“[54] Denn von was die Bilder eigentlich erzählen, ist, und hier trennen sich die Gemeinsamkeiten mit den Vortographien wieder, etwas anderes: Die Wolkenstrukturbilder, „die uns als unanalysierbare Ganzheiten gegenübertreten, [setzen] alles auf den einzelnen Akt des Herausschneidens von etwas – auf die Geste, die sich im Ausschneiden verfertigt.“[55] Bei den Vortographien, die ebenso als „unanalysierbare Ganzheiten“ auftreten, die sich in gewisser Weise ebenfalls der Komposition widersetzen, ist es die scheinbar zufällige Konstruktion binnen des Ausschnitts, auf die der Blick fällt.[56] Hier wird nicht durch den Ausschnitt das Außen ausgespart, sondern einzig im Innern das Eigentliche dargelegt: die Materialität und Produktivität der Photographie – hier zeigt sich nun die von Coburn angestrebte „reine[...] Photographie“ (AB 26).

---

53 Krauss (1998), *Das Photographische,* S. 135.

54 Ebd.

55 Ebd.

56 Es muss betont werden, dass es sich bei diesen Photographien nur ästhetisch um eine solch scheinbare Zufälligkeit handelt, epistemologisch und programmatisch ist ihr Entstehen konzeptuell vollständig durchdacht. Siehe dazu auch Jäger (2014), „Wille zur Form“, S. 16. Jäger verneint hier zu Recht die Position, die Vortographien als „Bilder aus Versehen“ zu benennen. Peter Geimer, *Bilder aus Versehen. Eine Geschichte fotografischer Erscheinungen,* Hamburg 2010, S. 72.

3.3.3 Von der Malerei zur Photographie – und zurück

Pound positioniert die Malerei stets als der Photographie überlegen. Wenngleich die Vortographie herausragender als andere photographische Arbeiten sei, bleibt die Photographie dennoch anderen Künsten „untergeordnet, da sie lediglich eine Kunst des Auges ist und nicht von Auge und Hand zusammen.“[57] Mit dieser vergleichenden Verortung wird ein altbekannter Diskurs aufgeworfen: Die Beziehung der Medien Photographie und Malerei und die Frage nach einem eigenständigen Kunststatus der Photographie. Daran ändert auch Coburns Versuch, vortizistische Zeichnungen und Malereien zu entwerfen, nichts.[58] Fast scheint es, als befände man sich mit dieser Frage wieder am Anfang der Positionsbestimmungen beider Künste in einer Gegenüberstellung von Subjektivität und Objektivität, der Frage, wieviel Arbeit der Photograph selbst leistet und wieviel die Kamera in der Mitte des 19. Jahrhunderts. Tatsächlich haben sich aber zahlreiche Marker des Diskurses verschoben. „Another dimension of photography is its luminosity, its ability to display light with an intensity unable to be captured in paint,“ schreibt beispielsweise Melita Schaum in einer Analyse der Vortographien. „Coburn makes extensive use of light [...] to emphasize points of luminous concentration, ‚vortices‘ of a depth unattainable in other media.“[59] Die Vortographien seien den vortizistischen Zeichnungen und Malereien mitunter überlegen, und zwar in jenen Aspekten, die nun als explizit photographisch deutlich werden, wie in der Sichtbarmachung von Licht.

Ästhetisch sind Coburns Vortographien im Kontext der vortizistischen Malerei annähernd mit Werken von Edward Wadsworth, besser aber noch mit Entwürfen von Dorothy Shakespear zu vergleichen (Abb. 69). Beide entwerfen graphische Strukturen, in denen ausschließlich Schwarz und Weiß vorkommen und sich kantige Formen, wie sie auch im Kubismus präsent sind, ineinander verschränken. Bei Wadsworth greifen jene nicht nur recht- oder spitzwinklig in einander, sie überlagern sich auch, wodurch räumliche Tiefe im Bild erwirkt wird. Bei Shakespear entsteht ein eher prismatischer Effekt, der zweidimensional den Bildraum erschließt. Natürlich fehlen den Bildern von Wadsworth und auch

57 Pound zit. n. Newhall (1998), „Alvin Langdon Coburn – Der jüngste Stern", S. 43. Dort wird auch der Disput zwischen Coburn und Pound bezüglich dieser Frage beleuchtet.

58 Roberts/Cartier-Bresson (2014), *Alvin Langdon Coburn,* S. 60ff. Hier sind mehrere der malerischen Arbeiten Coburns, welche Pound kategorisch abkanzelte, abgebildet.

59 Schaum (1995), „The Grammar of the Visual“, S. 102.

Abbildung 69: Dorothy Shakespear, Rückseite eines Umschlagentwurfs für Catholic Anthology, *1915*

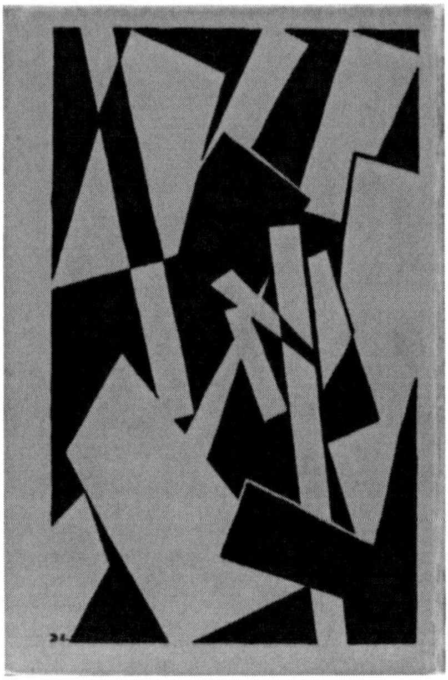

Shakespear die schattierten Überblendungen, die, ungeachtet der technischen Voraussetzungen, ästhetisch zu einer fließenden, geradezu ephemeren Diversität der Tonwerte in Coburns Arbeiten führen. Während die malerischen Arbeiten klar konturierte, begrenzte Schwarz-Weiß-Flächen sind, diffundieren Coburns Bilder in einen latenten Bereich, der weniger Schwarz-Weiß, als vielmehr „reines Hell und Dunkel" ist, wie Gottfried Jäger es nennt.[60] Nicht die An- oder Abwesenheit von Schwarz-Weiß-Flächen, sondern die An- und Abwesenheit des Lichts steht im Mittelpunkt.

Umso bemerkenswerter erscheint es nun, dass die Ausstellung *Licht-Bilder. Fritz Winter und die abstrakte Fotografie*[61] von 2012 die Arbeiten Fritz Winters aus den 1930er Jahren dezidiert in den Kontext einer konkreten Photographie

60 Jäger (2014), „Wille zur Form", S. 14.

61 Dazu erschien die Publikation Oliver Kase (Hg.), *Licht-Bilder. Fritz Winter und die abstrakte Fotografie,* Heidelberg 2012.

Abbildung 70: Fritz Winter,
Weiß in Schwarz, *1934*

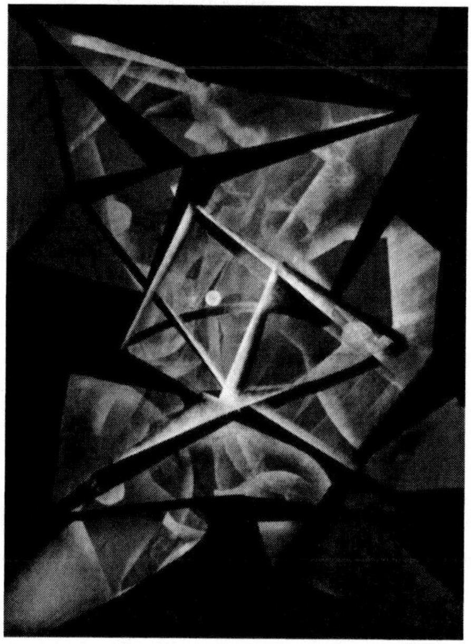

stellt.[62] Es wird eine ästhetische Tradition postuliert, in der Winters Malereien auf konkrete Photographien folgen. Dabei ist es weniger relevant, ob Winter die Positionen der konkreten Photographie tatsächlich im Blick hatte, als er seine *Lichtbündel- und Kristallbilder* gestaltete. Zentraler ist die mit der Ausstellung getroffene Beobachtung einer ästhetisch-epistemischen Verbindung der Werke, die in der Fokussierung der gegenstandslosen Malerei auf das Licht liegt. Folgt man dieser Betrachtungsweise, stehen Coburns Arbeiten am Anfang einer reflektierten Entwicklung der Selbstbezüglichkeit in der Photographie, die im weiteren Verlauf in die gegenstandslose Malerei ausstrahlt und dort aufgenommen wird: Winters Lichtbilder nähern sich nicht nur etymologisch der Photographie, sie gleichen den Vortographien tatsächlich auch ästhetisch und konzeptuell auf bizarre Weise. Das Bild *Weiß in Schwarz* (Abb. 70) verhandelt Licht, Lichtentfaltung und Lichtwirkung mit den Mitteln der Malerei, wodurch photographisch anmutende

62 Zwar werden die verschiedenen Positionen in Ausstellung und Katalog als „abstrakte Fotografien" benannt, im Sinne der hier vorgelegten Definition handelt es sich aber um konkrete photographische Arbeiten.

Variationen von Hell und Dunkel, von Überblendungen und Überlagerungen entstehen, die dann auf die Selbstreflexion der Photographie weisen. So entfaltet sich eine weitere Windung der Beziehung von Photographie und Malerei, der Abgrenzung der Medien untereinander und der Frage nach den je eigenen Mitteln und der Aufgabe der Kunst. „Ein Künstler ist jemand, der das Unausdrückliche auszudrücken versucht. Er kämpft und leidet, da er weiß, dass es ihm niemals vollkommen gelingen wird, sein Ideal umzusetzen,“[63] schreibt Coburn selbst über das Wesen der Kunst sinnierend. Die Krux bei der Sache: „Was heute als revolutionär gilt, ist jedoch morgen schon ein ‚Klassiker‘; man kann dem unbarmherzigen Voranschreiten der Zeit nicht entkommen.“[64] Mit der Vortographie ist Coburn vollständig in einem Modernismus angekommen, der sich von der Gegenständlichkeit befreit hat und mit der Verweigerung des Wirklichkeitsbezugs den gewünschten Schock des Publikums auslöst: Jenes weiß nun tatsächlich erst einmal nichts mit diesen Arbeiten anzufangen.[65] Was wollen die Vortographien? Coburn ist ästhetisch-epistemisch beim Selbstzweck der Formen und Strukturen in der Photographie gelandet. Wer Weg dorthin führte – unter Zuhilfenahme der Abstraktion als photographisches Verfahren – vom Piktorialismus, der versuchte mit malerischen Mitteln die Photographie zur Kunst zu erheben, über die Etablierung eines photographischen Sehens zur Entwicklung genuin photographischer Mittel. Die konkrete Photographie markiert dabei konzeptuell einen Höhepunkt – und verdeutlicht umso mehr die Dringlichkeit von Coburns Weckruf an seine Kollegen für ein Fortbestehen der Kunst: „Wacht auf! Macht meinetwegen etwas ganz Abscheuliches, solange ihr es nur aus einem neuen Blickwinkel betrachtet!“[66]

63 Coburn (2015), „Die Zukunft des Piktorialismus (1916)“, S. 313.

64 Ebd.

65 Vgl. Newhall (1998), „Alvin Langdon Coburn – Der jüngste Stern“, S. 44.

66 Coburn (2015), „Die Zukunft des Piktorialismus (1916)“, S. 314.

Postskriptum

Wieviel Piktorialismus steckt in der Moderne – und wieviel Moderne im Piktorialismus? Handelt es sich bei der ästhetisch-epistemischen Verschiebung von der Kunstphotographie zur Abstraktion als photographisches Verfahren um einen epistemologischen Bruch oder aber um eine kontinuierliche Entwicklung?

Der Übergang vom Piktorialismus zur Moderne, von der Tradition des 19. Jahrhunderts zur Innovation des 20. Jahrhunderts, zeigt sich ausgehend vom Werk Alvin Langdon Coburns als zentraler Figur der Photogeschichte dieser Zeit nur vordergründig als epistemologischer Bruch. Vielmehr ist es die selbstreflexive Auseinandersetzung der Photographie mit ihrer mimetischen Abbildfunktion, welche die Entwicklungen in die Moderne und hin zur Abstraktion einleiten. Das lässt sich bis ins 19. Jahrhundert zurückführen, wenn sich die Photographie ihrer mimetischen Abbildfunktion entzieht und – wie mit der piktorialistischen Strömung geschehen – Ästhetisierungen in die Photographie einziehen, die dann die mimetische Funktion überlagern und im weiteren Schritt als strukturelle Abstraktionen im Bild zu erkennen sind. Betrachtet man die Entwicklung vom Piktorialismus zur Abstraktion im Photo gattungsgeschichtlich, zeigt sich, dass es sich um einen kontinuierlichen Wandel handelt, dessen Wurzeln im 19. Jahrhundert liegen. Durch Ästhetisierungen, Symbolisierungsstrategien, Abstraktionen und Sichtbarmachungen von Strukturen und Formen werden verschiedene Varianten der Veränderlichkeit des photographischen Bildes präsentiert. Es steckt also tatsächlich bereits eine Portion Moderne im Piktorialismus, die sich paradoxerweise genau dort zeigt, wo man anachronistische Bildmodelle auszumachen meint: in der Überlagerung, der Verkünstlichung, der Entfernung von photographischer Objektivität – was sodann in einer modernen Rückbesinnung auf die epistemische Konstruktion des genuin Photographischen mündet. In dieser Betrachtungsweise bleibt der Piktorialismus als ästhetischer Versuch auf dem Weg zu einer epistemisch eigenständigen Photographie bestehen. Natürlich ist die Ästhetisierung der

Jahrhundertwende dabei keinesfalls mit den formalästhetischen Abstraktionen der *straight photogra*phy gleichzusetzen. Vielmehr geht es um ein verändertes photographisches Sehen im Bild, das auf verschiedene Weisen programmatisch aufgeladen ist. Das führt mit der Abstraktion und der Sichtbarmachung von Strukturen zur Dokumentation und Erkundung des Gegenstandes *als* Gegenstand wie beispielsweise bei Renger-Patzsch und der „fotografische[n] Fotografie".[1] Bei Coburn geht es jedoch nicht um den Gegenstand selbst, durchaus jedoch um ein photographisches Sehen: Das photographische Sehen als Ausdruck der Erkundung des Wesens der Photographie, die Suche nach „reiner Photographie" (AB 26) zum Zwecke der Etablierung der Photographie. Ästhetisch ähneln sich diese Positionen, doch bei Coburn führt es mit den Vortographien zur konkreten Photographie als letzter Etappe der Etablierung der Photographie als eigenständiger Kunst.

Es bleibt zu klären, wie und ob sich die Photographie bei der Besinnung auf ihre eigenen Fähigkeiten und die Behauptung ihrer Autonomie tatsächlich vollständig von der Malerei emanzipieren kann. So wie die Photographie im Piktorialismus malerische Gestaltungsmittel übernimmt, so versucht sie sich weiterhin an der Abstraktion und der Konkretion – und muss sich stets den Vergleich mit den Entwicklungen der Malerei gefallen lassen. In der Auseinandersetzung mit Coburn lässt sich die Malerei als Antipode der Photographie zumindest nur schwerlich verneinen. Zu kurz würde es allerdings greifen, führte man das alleinig auf Coburns Gesinnung und seine stete Rückversicherung auf traditionelle Werte – die Heldenverehrung, die Nobilitierung, die Etablierung – zurück.

Denn darin zeigt sich gleichzeitig der Piktorialismus als Position der Moderne und zwar nicht zuletzt in der Ambivalenz der Figur Coburn. Jener behält bei allen ästhetisch-epistemischen Innovationen stets die Etablierung der Photographie und der eigenen Rolle im Blick. Coburn, der mit seinem Werk neue Pfade erschießt, inszeniert sich als Künstlerfigur selbst als größter Anachronismus seines Schaffens. Dass er selbst Teil seines photographischen Werks ist, ist maßgeblicher Ausgangspunkt dieser Arbeit. Einerseits ist die Photographie Teil von Coburns Inszenierungen und er selbst das Kunstprodukt, das er photographisch vorantreibt. Andererseits muss natürlich darauf achtgegeben werden, das photographische Schaffen als das zu betrachten, was es ist, und nicht als das, was der Photograph behauptet, was es sei. Es bleibt ein blinder Fleck der Arbeit, wie eine Analyse der Thematik aussähe, betrachtete man das Werk vollständig von der Künstlerfigur Coburn gelöst. In dieser Arbeit wurden beide Wege zusammengeführt, um so Coburns Werk rezeptionsästhetisch als das zu sehen, was es ist, und gleichsam die Figur Coburn, die maßgeblich die verschiedenen Diskurse benennt und eben auch

1 Renger-Patzsch (2010), „Ein Vortrag, der nicht gehalten wurde (1966)", S. 241.

durch die Benennung Aufschluss über die Rezeption und Sichtweisen gibt, zu integrieren.

Im Kontext verschiedener Spannungsfelder, die das Werk maßgeblich bestimmen und die auch paradigmatisch für die Prozesse der Zeit stehen, die bei der Entwicklung vom Piktorialismus in die Moderne greifen, zeigen sich die verschiedenen modernen und antimodernen Pfeiler in Coburns Werk. Die ambivalenten Kräfte – Unikat / Serie, Kunstreligion / Technikfaszination, Stimmung / Abstraktion – entpuppen wich dabei als virulent miteinander verschränkte Positionen, die sich keinesfalls auseinander dividieren lassen. Sie definieren in ihrer Ambivalenz mutmaßlich die Entwicklung der Photographie zu Beginn des 20. Jahrhunderts. Der Weg in die Moderne wird von der Antimoderne begleitet und durchsetzt. Coburn, so lässt sich konstatieren, generiert sich gerade durch die durchdringende Ambivalenz seiner antimodernen Künstlerpersönlichkeit, welche programmatisch und ästhetisch für eine höchst moderne Photographie einsteht, als überaus modern.

Abbildungsverzeichnis

Soweit nicht anders angegeben, stammen die Abbildungen von Alvin Langdon Coburn ©The Universal Order. Die Reproduktion erfolgt mit freundlicher Genehmigung von The Universal Order.

of The Photogravure, http://photogravure.com/collection/searchResults.php?page=8&artist=Coburn,%20Alvin%20Langdon&view=medium&file=Coburn _21_01, zugegriffen am 20.09.2017.

Abb. 9: *The Enchanted Garden*, ca. 1911. Photogravüre, 22 x 17 cm. Aus: Wells (1911), *The Door in the Wall and Other Stories*. Online: The Art of The Photogravure, http://www.photogravure.com/collection/searchResults.php?page=1&artist=Coburn,%20Alvin%20Langdon&view=medium&file=Coburn_21_09, zugegriffen am 20.09.2017.

Abb. 10: *Frank Brangwyn, Hammersmith, September 8th*, 1904. Photogravüre, 31 x 23,5 cm. Aus: Coburn (1913), *Men of Mark*, Tafel IV. Online: The Art of The Photogravure, http://www.photogravure.com/collection/searchResults.php?page=1&portfolio=31&view=medium&file=Coburn_19_08, zugegriffen am 20.09.2017.

Abb. 11: *Mark Twain, Stormfield, December 21st,* 1908. Photogravüre, 31 x 23,5 cm. Aus: Coburn (1913), *Men of Mark*, Tafel XXII. In: Ders. (2015), *Auf der Suche nach der Schönheit*, S. 75.

Abb. 12: *William Butler Yeats, Dublin, January 24th*, 1908. Photogravüre, 31 x 23,5 cm. Aus: Coburn (1913), Men of Mark, Tafel XIX. In: Ders. (2015), *Auf der Suche nach der Schönheit*, S. 76.

Abb. 13: *Max Beerbohm, New York, January 15th*, 1908. Photogravüre, 31 x 23,5 cm. Aus: Coburn (1913), *Men of Mark,* Tafel XVI. Online: The Art of The Photogravure, http://www.photogravure.com/collection/searchResults.php?page=2&portfolio=31&view=medium&file=Coburn_19_25, zugegriffen am 20.09.2017.

Abb. 14: *Study – Miss R.*, 1904. Gummiplatindruck, 24 x 19,2 cm. In: Roberts/Cartier-Bresson (2014), *Alvin Langdon Coburn*, S. 106.

Abb. 15: *Unidentified Female*, 1908. Gummiplatindruck, 28,1 x 22,3 cm. In: Coburn (2015), *Auf der Suche nach der Schönheit*, S. 207.

Abb. 16: *Miss Anderson*, 1924. Platindruck, 22 × 27,8 cm. In: Karl Steinorth (Hg.), *Alvin Langdon Coburn. Fotografien 1900–1924,* Zürich und New York 1998, S. 159.

Abb. 17: *Gertrude Stein,* 1913. Gummiplatindruck, 28,7 x 22,4 cm. In: Coburn (2015), *Auf der Suche nach der Schönheit*, S. 82.

Abb. 18: *Gertrude Käsebier*, 1903. Platindruck, 26,9 x 21,1 cm. Metropolitan Museum of Art. Online: Luminous Lint, http://www.luminous-lint.com/app/image/3995304503901451686485265279/, zugegriffen am 20.10.2017.

Abb. 19–24: Photogravüren, ca. 19 x 14 cm. Aus: Percy Bysshe Shelley, *The Cloud*, London 1912 [1820], Tafel I-VI. George Eastman House, Rochester.

Abb. 44: *The Cloisters*, 1902. o.A. Aus: „The California Missions: San Juan Capistrano“, in: *Photo Era*, 9, Nr. 5, Oktober 1902, S. 204-206. In: Coburn (2015), *Auf der Suche nach der Schönheit,* S. 239.

Abb. 45: *The Corridors*, 1902. o.A. Aus: „The California Missions: San Fernando Rey“, in: *Photo Era*, 9, Nr. 2, August 1902, S. 51-53. In: Coburn (2015), *Auf der Suche nach der Schönheit*, S. 227.

Abb. 46: *Nearer View of Tower*, 1902. o.A. Aus: „The California Missions: Santa Barbara“, in: *Photo Era*, 9, Nr. 3, September 1902, S. 116-118. In: Coburn (2015), *Auf der Suche nach der Schönheit*, S. 231.

Abb. 47: *Clouds and the Castle*, 1920. 11,7 x 15,7 cm. Aus: Alvin Langdon Coburn, *Book of Harlech*, London 1920. In: Ders. (2015), *Auf der Suche nach der Schönheit*, S. 203.

Abb. 48: *Liverpool Cathedral*, 1919. Von einem Originalnegativ auf Rollfilm, 12 x 9 cm. George Eastman House. Online: George Eastman House, Still Photograph Archive, Alvin Langdon Coburn, Strip 21, http://www.geh.org/ar/strip21/htmlsrc/m197601 542042_ful.html, zugegriffen am 20.9.2015.

Abb. 49: *Liverpool Cathedral under Construction*, 1919. Silbergelatineabzug, 28,2 x 20,9 cm. In: Steinorth (Hg.), *Alvin Langdon Coburn*, S. 169.

Abb. 50: *Liverpool Cathedral under Construction*, 1919. Silbergelatineabzug, 28,3 x 21,8 cm. In: Coburn (2015), *Auf der Suche nach der Schönheit*, S. 118.

Abb. 51: Lewis W. Hine, *Laying beams, Empire State Building construction*, 1931. Silbergelatineabzug, o.A. Collection of Martin Z. Margulies. Online: Wall Street International, Martin Z. Margulies Collection, http://wsimag.com/art/11390-martin-z-margulies-collection, zugegriffen am 20.09.2017.

Abb. 52: *Williamsburg Bridge*, 1909. Photogravüre, 19,2 x 15,2 cm. Aus: Coburn (1911), *New York*. In: Ders. (2015), *Auf der Suche nach der Schönheit*, S. 208.

Abb. 53: Charles Sheeler, *Criss-Crossed Conveyors, River Rouge Plant, Ford Motor Company*, 1927. Silbergelatineabzug, 23,5 x 18,8 cm. The Metropolitan Museum of Art. Online: The Metropolitan Museum of Art, https://www.metmuseum.org/art/collection/search/265132, zugegriffen am 20.09.2017.

Abb. 54: *The House of a Thousand Windows, New York,* 1912. Silbergelatineabzug, 20,7 x 15,7 cm. In: Coburn (2015), *Auf der Suche nach der Schönheit,* S. 111.

Abb. 55: *Trinity Church, New York*, 1912. Platindruck, 43 x 33 cm. In: Steinorth (1998), *Alvin Langdon Coburn*, S. 102.

Abb. 56: Albert Renger-Patzsch, *Kauper von unten gesehen, Hochofenwerk Herrenwyk, Lübeck,* 1928. Silbergelatineabzug, 37,7 x 27,5 cm. In: Ders. (1997), *Meisterwerke,* Tafel 43.

Literaturverzeichnis

Ausgaben von Alvin Langdon Coburn

London. With an introduction by Hilaire Belloc, London 1909.

The Euxit Camera. An Appreciation, London ca. 1909.

New York. With a foreword by H.G. Wells, London und New York 1911.

Men of Mark, London und New York 1913.

Moor Park. A series of photographs, London 1915.

The Book of Harlech, London 1920.

More Men of Mark, London und New York 1922.

Photographer. An Autobiography with over 70 reproductions of his work, 2. Aufl., hg. v. Helmut und Alsion Gernsheim, New York 1978 [1966].

Artikel von Alvin Langdon Coburn

Touchstone und Alvin Langdon Coburn, „Photographers I have met: XIII. – Alvin Langdon Coburn", in: *The Amateur Photographer & Photographic News* (4. Januar 1910), o.S.

„How I began", in: *T. P.'s Weekly*, 14. November 1913, S. 627.

„‚Snapshots from home' for the Pictorial Photographer", in: *The Amateur Photographer & Photographic News,* 62/1623 (8. November 1915), S. 376.

„The Future of Pictorial Photography", in: *Photograms of the Year* (1916), S. 23.

„George Bernard Shaw: 26 July 1856 to 2 November 1950", in: *The Photographic Journal,* 91 (Januar 1951), S. 30.

Photography through the Years, 1954 (Manuskript, George Eastman House, Rochester).

„Retrospect", in: *The Photographic Journal,* 98 (1958), S. 36-40.

„Photographic Adventures", in: *The Photographic Journal,* 102/5 (Mai 1962), S. 150-158.

„The Question of Diffusion", in: *Semi-Achromatic Lenses Manufactured by Pinkham & Smith,* (o.J.).

Ausgaben mit Photographien von Alvin Langdon Coburn

Chesterton, G. K., *London,* London 1914.

Fox, Minnie C., *The Blue Grass Cook Book,* New York 1904.

James, Henry, *The novels and tales of Henry James. New York edition,* New York 1907–17.

Maeterlinck, Maurice, „Foretelling the Future“, in: *Nash's Magazine,* 10/6 (September 1914), S. 721-733.

o.A., *A Study in Storage,* Manchester ca. 1921.

o.A., *Cotton Waste. A study of a great Lancashire industry,* Manchester 1920.

o.A., *Manchester by the Sea,* Manchester 1926.

o.A., *Manchester Civic Week Official Handbook,* Manchester 1926.

Shelley, Percy Bysshe, *The Cloud,* London 1912 [1820].

Stevenson, Robert Louis, *Edinburgh,* London 1906 [1878].

Wells, Herbert George, *Door in the Wall and Other Stories,* London 1911.

Übersetzte Publikationen von Alvin Langdon Coburn

Auf der Suche nach der Schönheit. Schriften zur Photographie, hg. v. Inge-Cathrin Hauswald und Bernd Stiegler, München 2015.

„Alvin Langdon Coburn – Photograph: Eine Autobiographie mit über 70 Reproduktionen seiner Werke (1966)“, in: Ders., *Auf der Suche nach der Schönheit. Schriften zur Photographie,* hg. v. Inge-Cathrin Hauswald und Bernd Stiegler, München 2015, S. 13-163.

„Alvin Langdon Coburn, Künstlerischer Photograph – Von ihm selbst (1913)“, in: ebd, S. 279-284.

„Astrologische Portraitphotographie (1923)“, in: ebd, S. 316-319.

„Coburn in Kalifornien: Ein typischer Brief (1911)“, in: ebd, S. 270-272.

„Das Buch von Harlech (1920)“, in: ebd, S. 197-203.

„Der neue Rivale der Malerei: Die Farbphotographie. Ein Interview mit Alvin Langdon Coburn (1907)“, in: ebd, S. 248-252.

„Der Zusammenhang von Zeit und Kunst (1911)“, in: ebd, S. S. 273.

„Die alten Meister der Photographie (1915)“, in: ebd, S. 301-309.

„Die kalifornischen Missionsstationen. San Fernando Rey (1902)“, in: ebd, S. 224-227.

„Die kalifornischen Missionsstationen. San Gabriel (1902)“, in: ebd, S. 233-235.

„Die kalifornischen Missionsstationen. San Juan Capistrano (1902)“, in: ebd, S. 236-239.

„Die kalifornischen Missionsstationen. Santa Barbara (1902)“, in: ebd, S. 228-232.

„Die Photographie und die Suche nach der Schönheit (1924)“, in: ebd, S. 320-331.

„Die Photogravur (1913)“, in: ebd, S. 285-287.
„Die Seebilder John Masefields (1914)“, in: ebd, S. 291-294.
„Die Zukunft der bildmässigen Fotografie (1916)“, in: Wolfgang Kemp und Hubertus von Amelunxen (Hg.), *Theorie der Fotografie. Bd. 2,* München 1980, S. 55-58.
„Die Zukunft des Piktorialismus (1916)“, in: Coburn (2015), *Auf der Suche nach der Schönheit,* S. 313-315.
„Einige Hinweise für den Platindruck-Arbeiter (1902)“, in: ebd, S. 242-244.
„Farbverlaufsfilter (1910)“, in: ebd, S. S. 264.
„Kamerabilder (1913)“, in: ebd, S. 288-290.
„Kamerakünstler: The International Exhibition of Pictorial Photography in Buffalo (1910)“, in: ebd, S. 266-269.
„Kommentare zu Photographien (1964)“, in: ebd., S. 337.
„Männer von besonderem Schlag (1913)“, in: ebd, S. 165-183.
„Meine Anfänge: Von Alvin Langdon Coburn – Ein Photograph, dem es gelingt, die Seele seiner Motive einzufangen (1913)“, in: ebd, S. 275-278.
„Moderne Photographie (1914)“, in: ebd, S. 295-297.
„Ozotypie: Einige Anmerkungen zu einem neuen Verfahren (1900)“, in: ebd, S. 216-218.
„‚Schnappschüsse aus der Heimat‘ für den piktorialistischen Photographen (1915)“, in: ebd, S. S. 310-312.
„Weitere Männer von besonderem Schlag (1922)“, in: ebd, S. 185-195.
Touchstone und Alvin Langdon Coburn, „Touchstone, ‚Photographen, die ich getroffen habe‘: Alvin Langdon Coburn, Leserbrief (1910)“, in: ebd, S. 261-263.

Publikationen sonstiger Autoren

Ackerman, James S., „On the origins of architectural photography“, in: Kester Rattenbury (Hg.), *This is not architecture. Media constructions,* London u.a. 2002, S. 26-36.
von Amelunxen, Hubertus, *Die aufgehobene Zeit. Die Erfindung der Photographie durch William Henry Fox Talbot,* Berlin 1988.
Anderson, Ronald und Anne Koval, *James McNeill Whistler. Beyond the myth,* London 1994.
Anthony, Peter D., *John Ruskin's labour. A study of Ruskin's social theory,* Cambridge 1983.
Antliff, Mark und Vivien Greene (Hg.), *The vorticists. Rebel artists in London and New York, 1914–1918,* London 2010.
Antliff, Mark und Scott W. Klein (Hg.), *Vorticism. New perpectives,* Oxford und New York 2013.

Archive.org, online: https://archive.org/search.php?query=%22men%20of%20mark%22%20AND%20mediatype%3Atexts, zugegriffen am 6.9.2017.

Aubenas, Sylvie und Gordon Baldwin (Hg.), *Gustave Le Gray. 1820–1884,* Los Angeles 2002.

Auer, Anna und Alistair Crawford (Hg.), *Helmut Gernsheim reconsidered. The proceedings of the Mannheim Symposium,* Passau 2004.

Auerochs, Bernd, *Die Entstehung der Kunstreligion,* Göttingen 2006.

Baacke, Annika, *Fotografie zwischen Kunst und Dokumentation. Objektivität und Ästhetik, Kontinuität und Veränderung im Werk von Bernd und Hilla Becher, Albert Renger-Patzsch, August Sander und Karl Blossfeldt,* Berlin 2014.

Baldwin, Gordon, *Architecture in photographs,* Los Angeles 2013.

Baldwin, Gordon, „In Pursuit of Architecture“, in: Ders., Malcolm R. Daniel und Sarah Greenough (Hg.), *All the mighty world. The photographs of Roger Fenton, 1852–1860,* New York und New Haven 2004, S. 55-73.

Barbey D'Aurevilly, Jules, „Du Dandysme et de George Brummell (1843)“, in: Ders., *Oeuvres romanesques complètes,* hg. v. Jacques Petit, Paris 1966, S. 667-733.

Barstad, Guri Ellen und Marie-Theres Federhofer, *Dilettant, Dandy und Décadent,* Hannover-Laatzen 2004.

Bartetzko, Dieter, „‚Nach der Natur fotografiert‘: Architekturfotografie zwischen Dokumentation und Interpretation“, in: *Fotogeschichte,* 10/35 (1990), S. 31-38.

Barthes, Roland, *Die helle Kammer. Bemerkung zur Photographie [La chambre claire. Note sur la photographie, 1980],* Frankfurt/M. 2008.

Barz, Christiane, *Weltflucht und Lebensglaube. Aspekte der Dekadenz in der skandinavischen und deutschen Literatur der Moderne um 1900,* Leipzig u.a. 2003.

Baudelaire, Charles, „Le peintre de la vie moderne: Le Dandy (1863/1868)“, in: Ders., *Oeuvres complètes,* hg. v. Claude Pichois, Paris 1976, S. 709-712.

Baudelaire, Charles, *Salon de 1859. Texte de la „Revue française“,* hg. v. Wolfgang Drost und Ulrike Riechers, Paris und Genf 2006.

Bear, Jordan, „‚Venturing Out on a Ledge to Get a Certain Picture‘: The ‚authentic‘ spaces of Alvin Langdon Coburn's Grand Canyon“, in: *photographies,* 5/1 (2012), S. 51-70.

Becker, Sabina und Helmuth Kiesel, „Literarische Moderne: Begriff und Phänomen“, in: Dies. und Robert Krause (Hg.), *Literarische Moderne. Begriff und Phänomen,* Berlin und New York 2007, S. 9-35.

Beckert, Sven, *Empire of cotton. A global history,* New York 2014.

Beckmann, Angelika und Bodo von Dewitz (Hg.), *Dom, Tempel, Skulptur. Architekturphotographie von Walter Hege*, Köln 2003.

Beerbohm, Max, „Dandies and Dandies (1895)“, in: Ders., *The Works of Max Beerbohm,* London 1922, S. 1-26.

Benjamin, Walter, *Das Kunstwerk im Zeitalter seiner technischen Reproduzierbarkeit (1936). Mit Ergänzungen aus der ersten und zweiten Fassung,* Stuttgart 2013.

Benjamin, Walter, „Kleine Geschichte der Photographie (1931)“, in: Ders., *Aura und Reflexion. Schriften zur Ästhetik und Kunstphilosophie,* hg. v. Hartmut Böhme und Yvonne Ehrenspeck, Frankfurt/M. 2007, S. 353-377.

Benjamin, Walter, „Lehre vom Ähnlichen (1933)“, in: Ders., *Gesammelte Schriften. Bd. II.1,* hg. v. Rolf Tiedemann und Hermann Schweppenhäuser, Frankfurt/M. 1991, S. 204-210.

Berger, Catherine, *Progressive Nostalgia: Alfred Stieglitz, his Circle and the Romantic Anti-Capitalist Critique of Modernity,* University College London 2014, online: http://discovery.ucl.ac.uk/1457436/1/Berger_PhD_Thesis_copyright_material_removed.pdf, zugegriffen am 10.11.2017.

von Beyme, Klaus, *Das Zeitalter der Avantgarden. Kunst und Gesellschaft, 1905–1955,* München 2005.

Bippus, Elke, „Konzeptionelle Überlegungen zu Serialität: Reihen und Netze“, in: Dies. und Andrea Sick (Hg.), *Serialität. Reihen und Netze,* Bremen 2000.

Biro, Matthew, *The Dada Cyborg. Visions of the new human in Weimar Berlin,* London 2009.

Blazejewski, Susanne, *Bild und Text. Photographie in autobiographischer Literatur. Marguerite Duras' „L'amant" und Michael Ondaatjes „Running in the Family",* Würzburg 2002.

Blossfeldt, Karl, *Urformen der Kunst*, Berlin 1928.

Blum, Gerd, Bogen, Steffen, Ganz, David und Marius Rimmele (Hg.), *Pendant Plus. Praktiken der Bildkombinatorik,* Berlin 2012.

Blumenberg, Hans, „Wirklichkeitsbegriff und Möglichkeit des Romans“, in: Hans Robert Jauß (Hg.), *Nachahmung und Illusion. Kolloquium Gießen, Juni 1963; Vorlagen und Verhandlungen,* München 1964.

Blumer, Herbert, *Symbolic interactionism. Perspective and method,* New Jersey 1969.

Bogardus, Ralph F., *Pictures and texts. Henry James, A. L. Cobrun and new ways of seeing in literary cultur,* Ann Arbor 1984.

Boyer, M. Christine, „Le Mission Héliographique: Architectural Photography, Collective Memory and the Patrimony of France, 1851“, in: Joan M. Schwartz und James R. Ryan (Hg.), *Picturing place. Photography and geographical imagination,* London 2003, S. 21-54.

Braun, Michael und Ernst Teubner u.a. (Hg.), *Hugo Ball. Der magische Bischof der Avantgarde,* Heidelberg 2011.

Breuer, Gerda (Hg.), *Arts and crafts. Von Morris bis Mackintosh – Reformbewegung zwischen Kunstgewerbe und Sozialutopie,* Darmstadt 1994.

Breuer, Stefan, „Zur Religion Stefan Georges", in: Wolfgang Braungart, Ute Maria Oelmann und Bernhard Böschenstein (Hg.), *Stefan George. Werk und Wirkung seit dem „Siebenten Ring",* Tübingen 2001, S. 225-239.

van Brooks, Wyck, „Highbrow and Lowbrow", in: *The Forum* (April 1915), S. 481-492.

Bryant, Marsha (Hg.), *Photo-textualities. Reading photographs and literature,* Newark 1996.

Burke, Edmund, *Philosophische Untersuchung über den Ursprung unserer Ideen vom Erhabenen und Schönen [A Philosophical Enquiry into the Origin of Our Ideas of the Sublime and Beautiful, 1757],* hg. v. Friedrich Bassenge und Werner Strube, Hamburg 1980.

Butler, Judith, *Bodies that matter. On the discursive limits of „sex",* New York u.a. 1993.

Caffin, Charles Henry, *Photography as a fine art,* New York 1972 [1901].

Calabrese, Omar und Elisabeth Wünsche-Werdehausen, *Die Geschichte des Selbstporträts,* München 2006.

Caldwell, John T., „Televisualität", in: Ralf Adelmann (Hg.), *Grundlagentexte zur Fernsehwissenschaft. Theorie, Geschichte, Analyse,* Konstanz 2001, S. 164-202.

Callahan, Sean (Hg.), *Margaret Bourke-White. Photographer*, London 1998

Campany, David, „Art, Science and Speculation: August Strindberg's photographics", in: Olle Granath (Hg.), *August Strindberg. Painter Photographer Writer,* London 2005, S. 113-119.

Carlyle, Thomas, *Sartor Resartus. Leben und Meinungen des Herrn Teufelsdröckh [Sartor Resartus, 1833/34],* Zürich 1991.

Chesterton, G. K., *Autobiography,* London 1936.

Clarke, Graham, *The Portrait in photography,* London und Seattle 1992.

Cockshut, Anthony O., *The art of autobiography in 19th and 20th century England,* New Haven 1984.

Collins, J. P., „Coburn, greatest of all Snapshooters", in: *Boston Transcript*, 1914.

Connor, Celeste, *Democratic visions. Art and theory of the Stieglitz Circle, 1924–1934,* Berkeley 2001.

Conrady, Karl Otto, *Goethe. Leben und Werk,* München 1994.

Cooper, Thompson, *Men of Mark. A Gallery of Contemporary Portraits of Distinguished Men,* London 1876–1883.

Cork, Richard, *Vorticism and abstract art in the first machine age,* Berkeley 1976.

Crary, Jonathan, *Techniken des Betrachters. Sehen und Moderne im 19. Jahrhundert [Techniques of the observer. On vision and modernity in the Nineteenth Century, 1990],* Dresden u.a. 1996.

Crary, Jonathan, „Die Modernisierung des Sehens [Modernizing Vision, 1988]", in: Herta Wolf (Hg.), *Paradigma Fotografie. Fotokritik am Ende des fotografischen Zeitalters I,* Frankfurt/M. 2002, S. 67-81.

Crinson, Mark, „Pictorialism and Industry: Alvin Langdon Coburn in Manchester", in: *History of photography,* 30/2 (2006), S. 155-172.

Dähne, Chris, *Die Stadtsinfonien der 1920er Jahre. Architektur zwischen Film, Fotografie und Literatur,* Berlin 2013.

Davidov, Judith Fryer, *Women's camera work. Self/body/other in American visual culture,* Durham 1998.

Dawson, Carl, *Prophets of past time. Seven autobiographers, 1880–1914,* Baltimore 1988.

Deleuze, Gilles, *Logik des Sinns [Logique du sens, 1969],* Frankfurt/M. 1993.

Denney, Colleen, „The Role of Subject and Symbolism in American Pictorialism", in: *History of Photography,* 13/2 (April–Juni 1989), S. 109-128.

DiBello, Patrizia, Wilson, Colette und Zamir Shamoon, *The Photobook. From Talbot to Ruscha and Beyond,* London 2012.

DiFederico, Frank, „Alvin Langdon Coburn and the genesis of vortographs", in: *History of photography,* 4/11 (1987), S. 265-296.

Dilthey, Wilhelm, „Das Erleben und die Selbstbiographie (1906–1911)", in: Günter Niggl (Hg.), *Die Autobiographie. Zu Form und Geschichte einer literarischen Gattung,* Darmstadt 1989, S. 21-32.

Downes, William Howe, „Artist Coburn among the ‚Lions'", in: *Boston Transcript,* November 1913, o.S.

Dubois, Philippe, *Der fotografische Akt. Versuch über ein theoretisches Dispositiv [L'Acte Photographique, 1983],* Amsterdam 1998.

Eakin, Paul John, *Fictions in autobiography. Studies in the art of self-invention,* Princeton 1985.

Eco, Umberto, „Serialität im Universum der Kunst und Massenmedien", in: Ders., *Im Labyrinth der Vernunft. Texte über Kunst und Zeichen,* Leipzig 1990, S. 301-324.

Edwards, Paul (Hg.), *Blast. Vorticism, 1914–1918,* Aldershot und Burlington 2000.

Eickelkamp, Regina, „Spuren des Verschwindens: Fotografie, Bild und Schrift in *La Goutte d'Or* von Michel Tournier", in: Philip Bracher, Florian Hertweck und Stefan Schröder (Hg.), *Materialität auf Reisen. Zur kulturellen Transformation der Dinge,* Berlin 2006, S. 253-276.

Elger, Dietmar, *Abstrakte Kunst,* Köln 2008.

Emerson, Peter Henry, *Naturalistic photography. For students of the art,* London 1889.

Emerson, Peter Henry, *Naturalistic photography. For students of the art,* London 1899.

Erbe, Günter, „Aristokratismus und Dandytum im 19. und 20. Jahrhundert", in: Joachim H. Knoll und Anna-Dorothea Ludewig (Hg.), *Der Dandy. Ein kulturhistorisches Phänomen im 19. und frühen 20. Jahrhundert,* Berlin und Boston 2013, S. 11-28.

Erbe, Günter, „Der moderne Dandy: Zur Herkunft einer dekadenten Figur", in: Alexandra Tacke und Björn Weyand (Hg.), *Depressive Dandys. Spielformen der Dekadenz in der Pop-Moderne,* Köln 2009, S. 17-38.

Evans, Frederick H., „Art in Monochrome", in: *Amateur Photographer,* 47/1219 (Feb 1908), S. 129.

Fanning, Patricia J., *Through an uncommon lens. The life and photography of F. Holland Day,* Amherst 2008.

Faulstich, Werner, *Medienwandel im Industrie- und Massenzeitalter 1830–1900,* Göttingen 2004.

Fleming, Gordon H., *James Abbott McNeill Whistler. A life,* Gloucestershire 1991.

Frank, Waldo David, *Our America,* New York 1919.

Friedenthal, Richard, *Goethe. Sein Leben und seine Zeit,* München 1963.

Frizot, Michel, „Calotype", in: Françoise Heilbrun (Hg.), *A history of photography. The Musee d'Orsay collection 1839–1925,* Paris 2009, S. 37-42.

Fulton, Marianne (Hg.), *Pictorialism into Modernism. The Clarence H. White School of Photography*, New York 1996.

Gates, Merrill Edward, *Men of Mark in America. Ideals of American Life told in Biographies of Eminent Living Americans*, Washington 1905.

Geimer, Peter, *Bilder aus Versehen. Eine Geschichte fotografischer Erscheinungen,* Hamburg 2010.

George Eastman House, *Mark Twain,* online: http://www.geh.org/ar/celeb/htmlsrc5/twain_sum00001.html, zugegriffen am 30.10.2014.

George Eastman House, *Still Photograph Archive, Alvin Langdon Coburn*, Strip 24, online: http://www.geh.org/ar/strip24/htmlsrc/coburn_sum00047.html, zugegriffen am 2.12.2014.

George, Waldemar, „Photographie, vision du monde", in: *Arts et Métiers graphiques,* 16 (15.03.1930), S. 5.

Gernsheim, Helmut, *Julia Margaret Cameron. Her life and photographic work,* London 1948.

Gernsheim, Helmut, *Lewis Carroll, photographer,* London 1949.

Goble, Mark, *Beautiful circuits. Modernism and the mediated life,* New York 2010.

Goffman, Erving, *Interaktion. Spaß am Spiel / Rollendistanz,* München 1973.

Goffman, Erving, *Wir alle spielen Theater. Die Selbstdarstellung im Alltag [The Presentation of Self in Everyday Life, 1959],* München und Zürich 2012.

Gover, C. Jane, *The positive image. Women photographers in turn of the century America,* Albany 1988.

Gozalbez Cantó, Patricia, *Fotografische Inszenierungen von Weiblichkeit*, ebook, online: http://www.degruyter.com/search?f_0=isbnissn&q_0=9783839419489&searchTitles=true, zugegriffen am 12.11.2017.

Grassi, Ernesto, *Die Theorie des Schönen in der Antike,* Köln 1980.

Greenough, Sarah, „The Curious Contagion of the Camera", in: Dies. (Hg.), *On the art of fixing a shadow. One hundred and fifty years of photography,* Washington 1989, S. 129-153.

Grigorian, Natasha (Hg.), *Text and image in modern European culture,* West Lafayette 2012.

Gruetzner-Robins, Anna, *A fragile modernism. Whistler and his impressionist followers,* New Haven und London 2007.

Grundberg, Andy, „The Representation of Abstraction: The Abstraction of Representation", in: Ders., Jerry Saltz und Jimmy de Sana (Hg.), *Abstraction in contemporary photography,* Richmond 1989, S. 6-10.

Grundmann, Melanie, *Der Dandy. Wie er wurde, was er war; eine Anthologie,* Köln 2007.

Guimond, James, *American photography and the American dream,* Chapel Hill 1991.

Gusdorf, Georges, „Voraussetzungen und Grenzen der Autobiographie (1956)", in: Günter Niggl (Hg.), *Die Autobiographie. Zu Form und Geschichte einer literarischen Gattung,* Darmstadt 1989, S. 121-148.

Handy, Ellen (Hg.), *Pictorial effect naturalistic vision. The photographs and theories of Henry Peach Robinson and Peter Henry Emerson,* Norfolk 1994.

Hannavy, John (Hg.), *Encyclopedia of nineteenth-century photography,* New York u.a. 2013.

Harraway, Donna, *Die Neuerfindung der Natur. Primaten, Cyborgs und Frauen [Primate visions. Gender, race and nature in the world of modern science, 1989]*, Frankfurt/M. 1995.

Harder, Matthias, *Walter Hege und Herbert List. Griechische Tempelarchitektur als photographische Inszenierung,* Berlin 2003.

Hartmann, Sadakichi, *Japanese art,* Boston 1904.

Hartmann, Sadakichi, *The valiant knights of Daguerre. Selected critical essays on photography and profiles of photographic pioneers,* hg. v. Harry W. Lawton und George A. Knox, Berkeley 1978.

Hartmann, Sadakichi, „A plea for Straight Photography (1904)“, in: Ders., *The valiant knights of Daguerre. Selected critical essays on photography and profiles of photographic pioneers,* hg. v. Harry W. Lawton und George A. Knox, Berkeley 1978, S. 108-114.

Hartmann, Sadakiki (sic!), „Neue Möglichkeiten der Bildkomposition (1910)“, in: Wolfgang Kemp und Hubertus von Amelunxen (Hg.), *Theorie der Fotografie. Band 1,* München 1979, S. 274-276.

Haß, Ulrike, *Das Drama des Sehens. Auge, Blick und Bühnenform*, München 2005.

Hausmann, Raoul, „Wie sieht der Fotograf? (1933)“, in: Ders., *Kamerafotografien 1927–1957,* hg. v. Andreas Haus, 1979, S. 42-45.

Heilbrun, Françoise (Hg.), *A history of photography. The Musee d'Orsay collection 1839–1925,* Paris 2009.

von Helmholtz, Hermann, *Handbuch der physiologischen Optik,* Leipzig 1867 (in drei Teilen: 1856, 1860, 1866).

von Helmholtz, Hermann, *Popular Scientific Lectures,* New York 1873.

Henderson, Archibald, „Old Edinburgh“, in: *Harper's Magazine* (Oktober 1909).

Hickethier, Knut, *Die Fernsehserie und das Serielle des Fernsehens,* Lüneburg 1991.

Higgins, Charles, „Photographic Aperture: Coburn's Frontispieces to James's New York Edition“, in: *American Literature,* 53/4 (1982), S. 661-675.

Higgott, Andrew und Timothy Wray (Hg.), *Camera constructs. Photography, architecture and the modern city,* Farnham u.a. 2012.

Hine, Lewis W., *Men at work. Photographic studies of modern men and machines (1932),* New York 1977.

Hine, Lewis W., *Photo story. Selected letters and photographs of Lewis W. Hine,* hg. v. Daile Kaplan, Washington 1992.

Hinton, Alfred Horsley, *Künstlerische Landschafts-Photographie. In Studium und Praxis [Artistic Landscape Photography, 1896],* Berlin 1909.

Hnilica, Sonja, *Metaphern für die Stadt. Zur Bedeutung von Denkmodellen in der Architekturtheorie,* Bielefeld 2014.

Hobein, Maren, „Die Griechenlandphotographien von Walter Hege“, in: Bodo von Dewitz (Hg.), *Das Land der Griechen mit der Seele suchen. Photographien des 19. und 20. Jahrhunderts,* Köln 1990, S. 59-64.

Hofstätter, Hans H., *Symbolismus und die Kunst der Jahrhundertwende. Voraussetzungen, Erscheinungsformen, Bedeutungen,* Köln 1965.

Holschbach, Susanne, *Vom Ausdruck zur Pose. Theatralität und Weiblichkeit in der Fotografie des 19. Jahrhunderts*, Berlin 2006.

Hörner, Fernand, *Die Behauptung des Dandys. Eine Archäologie,* Bielefeld 2008.

Horstkotte, Silke, *Nachbilder. Fotografie und Gedächtnis in der deutschen Gegenwartsliteratur,* Köln und Wien 2009.

Hoßfeld, Uwe, John, Jürgen und Rüdiger Stutz, „‚Kämpferische Wissenschaft‘: Zum Profilwandel der Jenaer Universität im Nationalsozialismus“, in: Uwe Hoßfeld, Jürgen John, Oliver Lemuth und Rüdiger Stutz (Hg.), *‚Kämpferische Wissenschaft‘. Studien zur Universität Jena im Nationalsozialismus,* Köln u.a. 2003, S. 23-122.

Hoy, Anne H., *Enzyklopädie der Fotografie. Die Geschichte, die Technik, die Kunst, die Zukunft,* Hamburg 2006.

Hülsewig-Johnen, Jutta, Jäger, Gottfried und Schmoll gen. Eisenwerth, J. A., *Das Foto als autonomes Bild. Experimentelle Gestaltung 1839–1989,* Stuttgart 1989.

Hunter, Jefferson, *Image and word. The interaction of twentieth century photographs and texts,* Cambridge u.a 1987.

Jacobson, Ken und Anthony Hamber, *Études d'après nature. 19th century photographs in relation to art*, Petches Bridge 1996.

Jaeger, Michael, *Autobiographie und Geschichte. Wilhelm Dilthey, Georg Misch, Karl Löwith, Gottfried Benn, Alfred Döblin,* Stuttgart 1995.

Jaeggi, Annemarie (Hg.), *Die Moderne im Blick. Albert Renger-Patzsch fotografiert das Fagus-Werk,* Berlin 2011.

Jäger, Georg, Fischer, Ernst und Stephan Füssel, *Geschichte des deutschen Buchhandels im 19. und 20. Jahrhundert,* Frankfurt/M. 2001.

Jäger, Gottfried, *Abstrakte Fotografie. Eine Kunstform des 20. Jahrhunderts; Schlussbericht,* Hannover, Bielefeld 2002.

Jäger, Gottfried, *Abstrakte, konkrete und generative Fotografie. Gesammelte Schriften,* hg. v. Bernd Stiegler, Paderborn 2016.

Jäger, Gottfried, Krauss, Rolf H. und Beate Reese (Hg.), *Concrete photography. Konkrete Fotografie,* Bielefeld 2005.

Jäger, Gottfried, „Konkrete Fotografie“, in: Ders., Rolf H. Krauss und Beate Reese (Hg.), *Concrete photography. Konkrete Fotografie,* Bielefeld 2005, S. 43-54.

Jäger, Gottfried, „Wille zur Form: Zur Konfiguration formgebender Konzepte im fotografischen Bild 1916 bis 1968“, in: Kathrin Schönegg und Bernd Stiegler (Hg.), *Abstrakte Fotografie,* Themenheft *Fotogeschichte,* 34/133 (2014), S. 13-20.

James, Henry, *Autobiography,* hg. v. F. W. Dupee, New York 1956.

James, Henry, *The golden bowl (1904),* London 1909.

Jay, Bill, *Victorian cameraman. Francis Frith's views of rural England, 1850–1898,* Newton Abbot 1973.

Jencic, A., „Wolkenstudien“, in: *Wiener Mitteilungen aus dem Gebiete der Literatur, Kunst, Kartographie und Photographie,* 17 (1912), S. 234-239.

Jobert, Barthélemy, „From the Point of View in Painting“, in: Sylvie Aubenas und Gordon Baldwin (Hg.), *Gustave Le Gray. 1820–1884,* Los Angeles 2002, S. 232-253.

Johnson, William, Rice, Mark und Carla Williams, *Photographs. George Eastman House, Rochester, NY,* Köln und New York 2000.

Junod, Philippe, *(Auto)portrait de l'artiste en christ. Das (Selbst)Portrait des Künstlers als Christus,* Lausanne 1985.

Jürgensen, Christoph und Gerhard Kaiser, „Schriftstellerische Inszenierungspraktiken: Heuristische Typologie und Genese“, in: Dies. (Hg.), *Schriftstellerische Inszenierungspraktiken. Typologie und Geschichte,* Heidelberg 2011, S. 9-30.

Käfer, Anne, *„Die wahre Ausübung der Kunst ist religiös“. Schleiermachers Ästhetik im Kontext der zeitgenössischen Entwürfe Kants, Schillers und Friedrich Schlegels,* Tübingen 2006.

Kant, Immanuel, *Kritik der Urteilskraft (1790),* Frankfurt/M. 1974.

Kase, Oliver (Hg.), *Licht-Bilder. Fritz Winter und die abstrakte Fotografie,* Heidelberg 2012.

Kawashima, Kentaro, *Autobiographie und Photographie nach 1900. Proust, Benjamin, Brinkmann, Barthes, Sebald,* Bielefeld 2011.

Keller, Ulrich F., „The Myth of Art Photography: An Iconographic Analysis“, in: *History of photography,* 9 (1985), S. 1-39.

Kemp, Wolfgang, *Geschichte der Fotografie. Von Daguerre bis Gursky,* München 2011.

Kenwolf, Steve, *The Role of the River in the Development of West Virginia Commerce*, online: http://www.wvculture.org/history/wvhs/wvhs1401.html, zugegriffen am 10.11.2017.

Kestel, Friedrich, „Walter Hege (1893-1955): ‚Rassekunstphotograph‘ und/oder ‚Meister der Lichtbildkunst‘?“, in: *Fotogeschichte,* 8 (1988), S. 65-74.

Kidd, Alan, *Manchester,* Keele, Staffordshire 1996.

Kimbro, Edna E., Costello, Julia G. und Tevvy Ball, *The California missions. History, art, and preservation,* Los Angeles 2009.

Kirkpatrick, Diane, „Religious Photography in the Victorian Age“, in: Michael P. O'Connor (Hg.), *Backgrounds for the Bible,* Winona Lake 1987, S. 321-336.

Kirsch, Hans Christian, *Wie wir leben und wie wir leben könnten. 4 Essays*, Köln 1983, S. 7-55.

Klingbeil, Almut, *Die Bilder wechseln. Meereslandschaften in deutschen Fotobüchern der 20er bis 40er Jahre,* Hamburg 2000.

Knoll, Joachim H. und Anna-Dorothea Ludewig (Hg.), *Der Dandy. Ein kulturhistorisches Phänomen im 19. und frühen 20. Jahrhundert,* Berlin und Boston 2013.

Köhler, Michael, „Interview mit Bernd und Hilla Becher“, in: Lothar Romain und Detlef Bluemler (Hg.), *Künstler. Kritisches Lexikon der Gegenwartskunst,* München 1989.

Krämer, Anja, „Die unfreiwillige Serie: Wiederholte Wiederaufbauten im Umfeld der Denkmalpflege“, in: Elke Bippus und Andrea Sick (Hg.), *Serialität. Reihen und Netze,* Bremen 2000, o.S.

Krauss, Rolf H., „Kleine Geschichte der konkreten Fotografie“, in: Gottfried Jäger, Rolf H. Krauss und Beate Reese (Hg.), *Concrete photography. Konkrete Fotografie,* Bielefeld 2005, S. 109-119.

Krauss, Rosalind, *Cindy Sherman, 1975–1993,* New York 1993.

Krauss, Rosalind, *Das Photographische. Eine Theorie der Abstände [Le Photographique. Pour une Théorie des Écarts, 1990],* München 1998.

Krauss, Rosalind, *Die Originalität der Avantgarde und andere Mythen der Moderne [The Originality of the Avantgarde and other Modernist Myths, 1981],* Amsterdam und Dresden 2000.

Krieger, Verena, *Kunstgeschichte und Gegenwartskunst. Vom Nutzen und Nachteil der Zeitgenossenschaft,* Köln 2008.

Kühn, Christine, *Kunstfotografie um 1900. Die Sammlung Fritz Mathies Masuren 1837–1938,* Berlin 2003.

Kühn, Christine, *Neues Sehen in Berlin. Fotografie der Zwanziger Jahre,* Berlin 2005.

Lachman, Gary, *Madame Blavatsky. The mother of modern spirituality,* New York 2012.

Lange, Susanne, *Bernd and Hilla Becher. Life and work,* Cambridge und London 2007.

Lange, Susanne, *Was wir tun, ist letztlich Geschichten erzählen. Bernd und Hilla Becher, eine Einführung in Leben und Werk,* München 2005.

Langer, Daniela, *Wie man wird, was man schreibt. Sprache, Subjekt und Autobiographie bei Nietzsche und Barthes,* Paderborn 2005.

Lehmann, Florian, *Realität und Imagination. Photographie in W. G. Sebalds Austerlitz und Michelangelo Antonionis Blow up,* Bamberg 2013.

Lehnen, Ludwig, „Die ‚heidnische Möglichkeit': Grundlagen der symbolistischen Kunstreligion bei Mallarmé und George", in: Albert Meier, Alessandro Costazza, Gérard Laudin und Viktoria Haß (Hg.), *Kunstreligion. Die Radikalisierung des Konzepts nach 1850, Bd. 2,* Berlin 2012, S. 185-225.

Lejeune, Philippe, *Der autobiographische Pakt [Le pacte autobiographique, 1975],* Frankfurt/M. 1994.

Lingwood, James, „Die Musik der Hochöfen", in: *artpress,* 209 (1996), S. 21-28.

Lowis, Kristina, „European Pictorial Aesthetics", in: Patrick Daum, Francis Ribemont und Phillip Prodger (Hg.), *Impressionist camera. Pictorial photography in Europe, 1888–1918,* London und New York 2006, S. 47-53.

Lucic, Karen, *Charles Sheeler and the cult of the machine,* Cambridge 1991.

Luminous-Lint. For Connoisseurs of Photography, online: http://www.luminous-lint.com/app/contents/fra/_portrait_thomas_cooper_men_of_mark_01/, zugegriffen am 17.10.2014.

Lyden, Anne M., *The photographs of Frederick H. Evans*, Los Angeles 2010.

MacEachen, Dougald B., *Keats & Shelley,* Hoboken 1999.

MacWhirter, David (Hg.), *Henry James's New York edition. The construction of authorship,* Stanford 1995.

Maeterlinck, Maurice, *Die Intelligenz der Blumen [L'intelligence de fleurs, 1907],* Jena 1907.

Malraux, André, *Psychologie de l'art,* Genf und Paris 1947.

de Man, Paul, „Autobiographie als Maskenspiel [Autobiography as de-facement, 1979]", in: Ders., *Die Ideologie des Ästhetischen,* Frankfurt/M. 1993, S. 131-146.

Mann, Margery, *California Pictorialism,* San Francisco 1977.

Marien, Mary Warner, *Photography. A cultural history,* Upper River Saddle 2002.

Marshall, William, *Men of Mark in British Church History*, Edinburgh 1875.

Marx, Friedhelm, „Heilige Autorschaft?: *Self-Fashioning*-Strategien in der Literatur der Moderne", in: Heinrich Detering (Hg.), *Autorschaft. Positionen und Revisionen,* Stuttgart 2002, S. 107-121.

Masefield, John, „Ships. A Poem", in: *Harper's Magazine,* 775 (Dezember 1914).

Matyssek, Angela, „Grenzen des fotografischen Dokuments? Die Fotografien der ‚Deutschen Dome'", in: Bernd Carqué, Daniela Mondini und Matthias Noell (Hg.), *Visualisierung und Imagination. Materielle Relikte des Mittelalters in bildlichen Darstellungen der Neuzeit und Moderne,* Göttingen 2006, S. 596-643.

Maxwell, Charles F., *Australian Men of Mark*, Sydney 1888/1889.

Maxwell, Robin J. H., *Henry James and Alvin Langdon Coburn. A study of artistic collaboration,* o.O. 1980.

Mead, George Herbert und Charles W. Morris, *Mind, self, and society from the standpoint of a social behaviorist (1934),* Princeton 2005.

Meier, Albert, Costazza, Alessandro und Gérard Laudin (Hg.), *Der Ursprung des Konzepts um 1800,* Berlin und New York 2011.

Melters, Monika, „Die Versuchungen des Realismus: Zur Theorie und Forschungsgeschichte der Architekturfotografie", in: *Fotogeschichte,* 34/132 (2014), S. 5-14.

Mensger, Ariane (Hg.), *Déjà-vu? Die Kunst der Wiederholung von Dürer bis YouTube*, Bielefeld 2012.

Mielke, Christine, *Zyklisch-serielle Narration. Erzähltes Erzählen von 1001 Nacht bis zur TV-Serie,* Berlin 2006.

Miethe, Adolf, *Künstlerische Landschafts-Photographie. Zwölf Kapitel zur Ästhetik photographischer Landschaftsaufnahmen,* Halle/S. 1906.

Mills, William H., *The Manchester reform Club 1871–1921,* Manchester 1922.

Misch, Georg, *Geschichte der Autobiographie*, *4 Bände,* Bern 1949–1969.

Mogensen, Jannie Uhre, „Fading into Innocence: Death, Sexuality and Moral Restoration in Henry Peach Robinson's Fading Away", in: *Victorian Review. An Interdisciplinary Journal of Victorian Studies, Bd. 32,* 1 (2006), S. 1-17.

Moholy-Nagy, László, *Malerei, Photographie, Film,* München 1925.

Moholy-Nagy, László, „A New Instrument of Vision", in: *Telehor,* 1-2 (Februar 1936), S. 34-36.

Molderings, Herbert, *Fotografie in der Weimarer Republik,* Stuttgart 1987.

Molderings, Herbert, „Überlegungen zur Fotografie der Neuen Sachlichkeit und des Bauhauses", in: *Kritische Berichte,* 5 (1977), S. 67-88.

Moore, Margaret und Jennifer Huget, *A. L. Coburn's Men of Mark. Pioneers of modernism,* Hartford, CT 2004.

Müller, Ernst, *Ästhetische Religiosität und Kunstreligion. In den Philosophien von der Aufklärung bis zum Ausgang des deutschen Idealismus,* Berlin 2004.

Mulvey, Laura, „Visuelle Lust und narratives Kino [Visual Pleasure and Narrative Cinema, 1975]", in: Liliane Weissberg (Hg.), *Weiblichkeit als Maskerade,* Frankfurt/M. 1994, S. 48-65.

Museum für Kunst und Gewerbe Hamburg (Hg.), *Kunstfotografie um 1900. Die Sammlung Ernst Juhl,* Köln 1989.

Museum für Kunst und Gewerbe Hamburg (Hg.), *Portraits in Serie. Fotografien eines Jahrhunderts*, Bielefeld 2011.

National Media Museum, *Royal Photographic Society*, online: http://www.nationalmediamuseum.org.uk/nmem/autochrome/Notable_Photo_detail.asp?PhotographersID=2&PhotosID=134, zugegriffen am 20.11.2017.

Neusüss, Floris Michael und Renate Heyne, *Das Fotogramm in der Kunst des 20. Jahrhunderts. Die andere Seite der Bilder. Fotografie ohne Kamera,* Köln 1990.

Neusüss, Floris Michael und Margit Zuckriegl, *Kamera los. Das Fotogramm: eine künstlerische Position von der Klassik bis zur Gegenwart,* Salzburg 2006.

Newhall, Nancy, „Alvin Langdon Coburn – Der jüngste Stern", in: Karl Steinorth (Hg.), *Alvin Langdon Coburn. Fotografien 1900–1924,* Zürich und New York 1998, S. 23-54.

Nickel, Douglas R., *Francis Frith in Egypt and Palestine. A Victorian photographer abroad,* Princeton 2004.

Nickel, Douglas R., „Talbot's Natural Magic", in: *History of photography,* 26/2 (2002), S. 132-140.

Niggl, Günter (Hg.), *Die Autobiographie. Zu Form und Geschichte einer literarischen Gattung,* Darmstadt 1989.

Nilsen, Micheline (Hg.), *Architecture in Nineteenth Century Photographs. Essays on Reading a Collection,* Farnham, Surrey 2011.

Nordström, Alison und Thomas Padon (Hg.), *Truth Beauty. Pictoralism and the photograph as art, 1845–1945,* Vancouver 2008.

Nordström, Alison und David Wooters, „Crafting the Art of the Photograph", in: Dies. und Thomas Padon (Hg.), *Truth Beauty. Pictoralism and the photograph as art, 1845–1945,* Vancouver 2008, S. 30-50.

Normand, Tom, „Alvin Langdon Coburn, Robert Louis Stevenson and Edinburgh", in: *History of photography,* 29/1 (2005), S. 45-59.

Northen, William J. und John Temple Graves, *Men of Mark in Georgia*, Atlanta 1907.

o.A., *Forum Konkrete Kunst Erfurt*, online: www.forum-konkrete-kunst-erfurt.de/index.php?id=14, zugegriffen am 03.11.2017.

o.A., „French Discovery – Pencil of Nature: (The Account of the French invention)", in: *The Literary Gazette,* 1150 (Februar 1839), S. 74.

Oliver, Barrett, *A history of the Woodburytype. The first successful photomechanical printing process and Walter Bentley Woodbury,* Nevada City 2006.

Orvell, Miles, *The Real Thing. Imitation and Authenticity in American Culture, 1880-1940,* Chapel Hill 2014 [1989].

Parr, Martin und Gerry Badger, *The photobook. A history,* London und New York 2004.

Pauen, Michael, *Dithyrambiker des Untergangs. Gnostizismus in Ästhetik und Philosophie der Moderne,* Berlin 1994.

Peirce, Charles S., „Die Kunst des Räsonierens [The Art of Reasoning, 1893]", in: Ders., *Semiotische Schriften,* hg. v. Kloesel, Christian J. W. und Helmut Pape, Frankfurt/M. 1986, S. 191-201.

Peters, Lisa N., *James McNeill Whistler,* New York 1996.

Pfisterer, Ulrich und Valeska von Rosen, *Der Künstler als Kunstwerk. Selbstporträts vom Mittelalter bis zur Gegenwart,* Stuttgart 2005.

Phillips, Stephen Bennett und Margaret Bourke-White, *Margaret Bourke-White. The photography of design, 1927–1936,* New York 2003.

Plato, *Lysis, Symposion, Phaidon, Kleitophon, Politeia, Phaidros,* hg. v. Friedrich Schleiermacher, Walter F. Otto und Ursula Wolf, Reinbek bei Hamburg 2004.

Platschek, Hans, „Die sprachlosen Propheten: Kandinsky, Mondrian, Malewitsch", in: *Frankfurter Hefte. Zeitschrift für Kultur und Politik,* 30/1 (1975), S. 57-66.

Plessner, Helmuth, „Grenzen der Gemeinschaft: Eine Kritik des sozialen Radikalismus [1924]", in: Ders., *Macht und menschliche Natur,* hg. v. Günter Dux, Odo Marquard und Elisabeth Ströker, Frankfurt/M. 1981, S. 7-134.

Pohlmann, Ulrich und Johann Georg Prinz von Hohenzollern (Hg.), *Eine neue Kunst? Eine andere Natur! Fotografie und Malerei im 19. Jahrhundert,* München 2004.

Pohlmann, Ulrich, „Der Traum von Schönheit: Das Wahre ist schön, das Schöne wahr. Fotografie und Symbolismus 1890–1914", in: *Fotogeschichte,* 15/58 (1995), S. 3-26.

Pohlmann, Ulrich, „Symbolism and pictorialism: The influence of Eugène Carrière's painting on art photography around 1900", in: Patrick Daum, Francis Ribemont und Phillip Prodger (Hg.), *Impressionist camera. Pictorial photography in Europe, 1888–1918,* London und New York 2006, S. 87-92.

Pontynen, Arthur, *For the love of beauty. Art, history and the moral foundations of aesthetic judgment,* New Brunswick 2006.

Pound, Ezra, „Vorticism", in: *The Fortnightly Review,* 96 (1914), S. 464.

Pugin, Augustus Welby Northmore, *Contrasts. Or, a parallel between the noble edifices of the fourteenth and fifteenth centuries and similar buildings of the present day. Shewing the present decay of taste. Accompanied by appropriate text,* London 1836.

Rabb, Jane M., *Literature & photography interactions, 1840–1990. A critical anthology,* Albuquerque 1995.

Raphael, Lutz, *Geschichtswissenschaft im Zeitalter der Extreme. Theorien, Methoden, Tendenzen von 1900 bis zur Gegenwart,* München 2003.

Rawlinson, Mark, *Charles Sheeler. Modernism, precisionism and the borders of abstraction,* London und New York 2008.

Redmond, Pat. H., *History of Quincy and its men of mark, or, Facts and figures exhibiting its advantages and resources, manufactures and commerce*, Quincy 1869.

Renger-Patzsch, Albert, *Die Freude am Gegenstand. Gesammelte Aufsätze zur Photographie,* hg. v. Bernd Stiegler und Ann und Jürgen Wilde, München 2010.

Renger-Patzsch Albert, *Die Halligen*, Berlin 1927.

Renger-Patzsch, Albert, *Die Welt ist schön. Einhundert photographische Aufnahmen,* Dortmund 1992 [1928].

Renger-Patzsch, Albert, *Meisterwerke. Mit einem Text von Thomas Janzen,* hg. v. Ann und Jürgen Wilde und Thomas Weski, München u.a. 1997.

Renger-Patzsch, Albert, „Ein Vortrag, der nicht gehalten wurde (1966)“, in: Ders., *Die Freude am Gegenstand, Gesammelte Aufsätze zur Photographie,* hg. v. Bernd Stiegler und Ann und Jürgen Wilde, München 2010, S. 241-244

Renger-Patzsch, Albert, „Ziele“, in: *Das Deutsche Lichtbild,* Jahressschau 1927, XVIII.

Rexer, Lyle, *The edge of vision. The rise of abstraction in photography,* New York 2009.

Rieger, Stefan, „Überblendung und Verdichtung: Zur Epistemologie der abstrakten Fotografie“, in: Kathrin Schönegg und Bernd Stiegler (Hg.), *Abstrakte Fotografie,* Themenheft *Fotogeschichte,* 34/133 (2014), S. 29-35.

Roberts, John, *Photography and its violations,* New York 2014.

Roberts, Pam, *Alvin Langdon Coburn 1882–1966,* Rochester 2002.

Roberts, Pam, *PhotoHistorica. Landmarks in photography: rare images from the collection of the Royal Photographic Society,* New York 2000.

Roberts, Pamela Glasson und Anne Cartier-Bresson (Hg.), *Alvin Langdon Coburn,* Madrid 2014.

Robinson, Henry Peach, *Der malerische Effect in der Photographie als Anleitung zur Composition und Behandlung des Lichtes in Photographien [Pictorial effect in photography. Being hints on composition and chiaroscuro for photographers: to which is added a chapter on combination printing, 1869],* Halle/S. 1886.

Robinson, Henry Peach, „Combinirte Photographien“, in: Ders., *Der malerische Effect in der Photographie als Anleitung zur Composition und Behandlung des Lichtes in Photographien,* Halle/S. 1886, S. 167-168.

Rodenwaldt, Gerhart und Walter Hege, *Griechische Tempel,* Berlin u.a. 1941.

Rodenwaldt, Gerhart und Walter Hege, *Olympia,* Berlin 1936.

Rodtschenko, Alexander, *Schwarz und Weiß. Schriften zur Photographie,* hg. v. Schamma Schahadat und Bernd Stiegler, Paderborn 2011.

Rudolf Steiner Archiv, *Truth, Beauty and Goodness*, online: http://wn.rsarchive.org/Lectures/19230119p01.html, zugegriffen am 3.11.2017.

Ruskin, John, *Modern painters. In 5 vol. (1843–1960),* London ca. 1906.

Ruskin, John, *Modern painters. Vol. 1 (of V) (1843)*, online: http://www.gutenberg.org/files/29907/29907h/29907h.htm, zugegriffen am 10.11.2017.

Ruskin, John, *The stones of Venice, Vol. 2,* London 1853.

Sachsse, Rolf, „Architekturfotografie: Das analoge Bild der klassischen Moderne – zur gegenseitigen Historisierung von Fotografie und Architektur im 19. und 20. Jahrhundert“, in: Wolfgang Sonne (Hg.), *Die Medien der Architektur,* Berlin u.a. 2008, S. 85-98.

Sampsell-Willmann, Kate, *Lewis Hine as social critic,* Jackson 2009.

Sander, August, *Antlitz der Zeit. Sechzig Aufnahmen deutscher Menschen des 20. Jahrhunderts. Mit einer Einleitung von Alfred Döblin*, München 1929.

Schabacher, Gabriele, *Topik der Referenz. Theorie der Autobiographie, die Funktion „Gattung“ und Roland Barthes' „Über mich selbst“,* Würzburg 2007.

Schalk, Helge, *Umberto Eco und das Problem der Interpretation. Ästhetik, Semiotik, Textpragmatik,* Würzburg 2000.

Schaum, Melita, „The Grammar of the Visual: Alvin Langdon Coburn, Ezra Pound, and the Eastern Aesthetic in early Modernist Photography and Poetry“, in: *Paideuma,* 24/2/3 (1995), S. 79-106.

Schéfer, Gaston (Hg.), *Galerie contemporaine, littéraire, artistique,* Paris 1876–1884.

Schmidt, Curt, *Die Photographie im Dienste wissenschaftlicher Forschung,* Wien 1909.

Schmucker, Peter, *Grenzübertretungen. Intertextualität im Werk von W. G. Sebald,* Berlin 2012.

Schönegg, Kathrin und Bernd Stiegler (Hg.), *Abstrakte Fotografie,* Themenheft *Fotogeschichte,* 34/133 (2014).

Schröter, Jens, „Das Zeitalter der technischen Nicht-Reproduzierbarkeit“, in: *Navigationen. Zeitschrift für Medien- und Kulturwissenschaften,* 10/Kulturen des Kopierschutzes 1 (2010), S. 9-36.

Schwain, Kristin, *Signs of grace. Religion and American art in the Gilded Age,* Ithaca 2008.

Seemann, Hans-Jürgen, *Copy. Auf dem Weg in die Repro-Kultur,* Weinheim u.a 1992.

Shelley, Percy Bysshe, *Die Wolke [The Cloud, 1819]*, Hamburg 2011.

Shelley, Percy Bysshe, „The Cloud", in: Charles und James Olliver (Hg.), *Prometheus unbound. A lyrical drama in four acts: with other poems,* London 1820, S. 196-200, online: poetryfoundation, http://www.poetryfoundation.org/poems-and-poets/poems/detail/45117, zugegriffen am 2.11.2017.

Sherman, Cindy, *The complete untitled film stills,* München 2003.

Shrine of Wisdom, *Philosophical, religious and mystical works of universal significance*, online: www.shrineofwisdom.org.uk, zugegriffen am 3.11.2017.

Shumaker, Wayne, *English autobiography. Its emergence, materials and form,* Berkeley 1954.

Shumaker, Wayne, „Die englische Autobiographie: Gestalt und Aufbau (1954)", in: Günter Niggl (Hg.), *Die Autobiographie. Zu Form und Geschichte einer literarischen Gattung,* Darmstadt 1989, S. 75-120.

Simmons, William J., *Men of Mark. Eminent, progressive and rising*, Cleveland 1887.

Simon, Linda, *The biography of Alice B. Toklas,* Garden City 1977.

Sloan, Gary, *Shelley: Angelic Atheist*, online: liberator.net/articles/SloanGary/Shelley.html, zugegriffen am 10.11.2017.

Smith, James K. A., *Ruskin, Work, and ‚The Nature of Gothic'*, online: http://forsclavigera.blogspot.de/2008/02/ruskin-work-and-nature-of-gothic.html, zugegriffen am 10.11.2017.

Smith, Joel, „More than One: Sources of Serialism", in: Ders., Peter Barberie, Kelly Baum, Elizabeth Anne McCauley und Kevin D. Moore (Hg.), *More than one. Photographs in sequence,* Princeton und New Haven 2008, S. 8-29.

Spencer, Stephanie, *Francis Bedford, landscape photography and Nineteenth-Century British culture. The artist as entrepreneur,* Farnham 2011.

Spits, Jerker, *Fakt und Fiktion. Die Autobiographie im Spannungsfeld zwischen Theorie und Rezeption,* Leiden 2008.

Stafford, Andy, *Photo-texts. Contemporary French writing of the photographic image,* Liverpool 2010.

Staley, Allen, *The new painting of the 1860s. Between the pre-raphaelites and the aesthetic movement,* New Haven 2011.

Stancliffe, David, *The Lion companion to church architecture,* Oxford 2008.

Starl, Timm, „Eine kleine Geschichte der Wolkenfotografie", in: Berthold Ecker, Johannes Karel und Timm Starl (Hg.), *stark bewölkt. Flüchtige Erscheinungen des Himmels,* Wien 2009, S. 22-41.

Steichen, Edward, *Ein Leben für die Fotografie [Steichen. A Life in Photography, 1963],* Wien u.a. 1965.

Stein, Gertrude, *The autobiography of Alice B. Toklas,* New York 1933.

Stein, Gertrude, *Autobiographie von Alice B. Toklas [The autobiography of Alice B. Toklas, 1933]*, Zürich 2006.

Stein, Gertrude, *Jedermanns Autobiographie [Everybody's autobiography, 1937]*, Frankfurt/M. 1986.

Steinhauser, Monika (Hg.), *Bernd und Hilla Becher – Industriephotographie. Im Spiegel der Tradition*, Düsseldorf 1994.

Steinorth, Karl (Hg.), *Alvin Langdon Coburn. Fotografien 1900–1924*, Zürich und New York 1998.

Stiegler, Bernd, *Belichtete Augen. Optogramme oder das Versprechen der Retina*, Frankfurt/M. 2011.

Stiegler, Bernd, *Bilder der Photographie. Ein Album photographischer Metaphern*, Frankfurt/M. 2006.

Stiegler, Bernd, *Montagen des Realen. Photographie als Reflexionsmedium und Kulturtechnik*, Paderborn 2009.

Stiegler, Bernd, *Philologie des Auges. Die photographische Entdeckung der Welt im 19. Jahrhundert*, München 2001.

Stiegler, Bernd, *Theoriegeschichte der Photographie*, München 2006.

Stiegler, Bernd und Felix Thürlemann (Hg.), *Das subjektive Bild. Texte zur Kunstphotographie um 1900*, Paderborn 2012.

Stiegler, Bernd und Felix Thürlemann, *Lichtmaler. Kunst-Photographie um 1900*, Stuttgart 2011.

Stieglitz, Alfred, *Camera work. The complete photographs 1903–1917*, hg. v. Simone Philippi, Hong Kong 2008.

Alfred Stieglitz, *The Key Set. The Alfred Stieglitz Collection of Photographs*, hg. v. Sarah Greenough, New York 2002.

Stieglitz, Alfred, „Wie ich dazu kam, Wolken zu fotografieren [How I Came to Photograph Clouds, 1923]", in: Stephan Kunz, Beat Wismer und Johannes Stückelberger (Hg.), *Wolkenbilder. Die Erfindung des Himmels*, München 2005, S. 85-89.

Stollfuß, Sven, „Cyborg Visuality, Popularized: Überlegungen zu einer populären Wissenspraxis des Körperinnen", in: Marcus S. Kleiner (Hg.), *Methoden der Populärkulturforschung. Interdisziplinäre Perspektiven auf Film, Fernsehen, Musik, Internet und Computerspiele*, Berlin und Münster 2012, S. 385-416.

Stresau, Hermann, *George Bernard Shaw. Mit Selbstzeugnissen und Bilddokumenten*, Reinbek bei Hamburg 1993.

Strindberg, August, *Ein Blaubuch. Die Synthese meines Lebens, Bd. 1*, München 1920.

Stückelberger, Johannes, *Wolkenbilder. Deutungen des Himmels in der Moderne*, München 2010.

Stulik, Susan und Art Kaplan, *Photogravure. The atlas of analytical signatures of photographic processes,* Los Angeles 2013.

Sutcliffe, Steven, *Children of the New Age. A history of spiritual practices,* London und New York 2003.

Szarkowski, John, *Looking at photographs. 100 pictures from the collection of the Museum of Modern Art,* New York und London 2009.

Talbot, William Henry Fox, *The Pencil of Nature,* London 1844.

Talbot, William Henry Fox, „Der Zeichenstift der Natur (1844–46): The Pencil of Nature“, in: Wilfried Wiegand (Hg.), *Die Wahrheit der Photographie. Klassische Bekenntnisse zu einer neuen Kunst,* Frankfurt/M. 1981, S. 45-89.

Talbot, William Henry Fox, „Photogenic Drawing: (Mr. Talbots letter to the editor of the Literary Gazette, 30. Januar 1839)“, in: *The Literary Gazette,* 1150 (Februar 1839), S. 73.

Tallack, Douglas, „‚One walked of course with one's eyes greatly open‘ (Henry James): London Sights in Alvin Langdon Coburn, Henry James and Joseph Pennell“, in: *Textual Practice,* 24/2 (2010), S. 197-222.

The Art Institute of Chicago, *Pictorialist Photography*, online: www.artic.edu/aic/collections/exhibitions/ApostlesBeauty/pictorialist, zugegriffen am 3.11. 2017.

The Art of the Photogravure, *Pictorialism: Hidden Modernism*, online: www.photogravure.com/blog/2009/04/pictorialism-hidden-modernism, zugegriffen am 3.11.2017.

The Metropolitan Museum of Art, *Mission Héliographique, 1851*, online: http://www.metmuseum.org/toah/hd/heli/hd_heli.htm, zugegriffen am 11.11. 2017.

Thomas, Kerstin, „Stimmung als ästhetische Kategorie und künstlerische Praxis“, in: Dies. (Hg.), *Stimmung. Ästhetische Kategorie und künstlerische Praxis,* Berlin 2010, S. VI-X.

Thürlemann, Felix, *Mehr als ein Bild. Für eine Kunstgeschichte des hyperimage*, München 2013.

Thürlemann, Felix, „Bild gegen Bild: Für eine Theorie des vergeichenden Sehens (2005)“, in: Gerd Blum, Steffen Bogen, David Ganz und Marius Rimmele (Hg.), *Pendant Plus. Praktiken der Bildkombinatorik,* Berlin 2012, S. 391-401.

Thürlemann, Felix, „Vom Einzelbild zum hyperimage: Eine neue Herausforderung für die kunstgeschichtliche Hermeneutik (2004)“, in: Gerd Blum, Steffen Bogen, David Ganz und Marius Rimmele (Hg.), *Pendant Plus. Praktiken der Bildkombinatorik,* Berlin 2012, S. 23-45.

Tibbetts, John, „The Real Thing: Arguments Between Art and Science in the Work of P.H. Emerson and H.P. Robinson“, in: *Journal of American Culture, Bd. 4* (1981), S. 149-172.

Tönnies, Ferdinand, *Gemeinschaft und Gesellschaft. Grundbegriffe d. reinen Soziologie (1887),* Darmstadt 1988.

Turner, Peter und Gerry Badger, *Photo texts,* London 1988.

University of Chicago, *James McNeill Whistler: The Etchings*, online: etchings. arts.gla.ac.uk/ exhibition, zugegriffen am 3.11.2017.

Ullrich, Wolfgang, *Was war Kunst? Biographien eines Begriffs,* Frankfurt/M. 2006.

Vertov, Dziga, *Aufsätze, Tagebücher, Skizzen,* hg. v. Sergej Drobaschenko, Berlin 1967.

Vietta, Silvio, *Europäische Kulturgeschichte. Eine Einführung – Erweiterte Studienausgabe,* Stuttgart 2007.

Vietta, Silvio, „Nationalisierung und Europäisierung der Literatur und Literaturwissenschaft in Deutschland und Italien“, in: Silvio Vietta (Hg.), *Das Europa-Projekt der Romantik und die Moderne. Ansätze zu einer deutsch-italienischen Mentaliätsgeschichte,* Tübingen 2005, S. 1-38.

Vogel, Fritz Franz, *The Cindy Shermans. Inszenierte Identitäten: Fotogeschichten von 1840 bis 2005,* Zürich 2006.

Volkening, Heide, *Am Rand der Autobiographie. Ghostwriting, Signatur, Geschlecht,* Bielefeld 2006.

Wackenroder, Wilhelm Heinrich und Ludwig Tieck, *Herzensergiessungen eines Kunstliebenden Klosterbruders,* Leipzig 1921.

Wacker, Bernd (Hg.), *Dionysius DADA Areopagita. Hugo Ball und die Kritik der Moderne,* Paderborn und Wien 1996.

Wacker, Gabriela Lucia, *Poetik des Prophetischen. Zum visionären Kunstverständnis in der Klassischen Moderne,* Berlin 2013.

Wagner-Egelhaaf, Martina, *Autobiographie,* Stuttgart 2005.

Wagner-Egelhaaf, Martina, *Mystik der Moderne. Die visionäre Ästhetik der deutschen Literatur im 20. Jahrhundert,* Stuttgart 1989.

Warren, Richard M. und Roslyn Warren, *Helmholtz on Perception. Its Physiology and Development,* New York, London und Sydney 1968.

Warstat, Willi, *Allgemeine Ästhetik der photographischen Kunst auf psychologischer Grundlage. Für Künstler und Freunde photographischer Kunst,* Halle/S. 1909.

Warstat, Willi, *Die künstlerische Photographie. Ihre Entwicklung, ihre Probleme, ihre Bedeutung,* Leipzig und Berlin 1913.

Wayland, John Walter, *Men of mark and representative citizens of Harrisonburg and Rockingham County, Virginia: portraits and biographies of men and women*, Staunton 1943.

Weaver, Mike, *Alvin Langdon Coburn. Symbolist photographer, 1882–1966; beyond the craft,* New York 1986.

Weibel, Peter und Friedrich Tietjen, *Kunst ohne Unikat, die Folge 1. Art without the unique, sequel 1,* Graz 1998.

Weinhart, Martina, *Selbstbild ohne Selbst. Dekonstruktionen eines Genres in der zeitgenössischen Kunst,* Berlin 2004.

Welford, Richard, *Men of Mark 'twixt Tyne and Tweed*, London 1895.

Wells, Herbert George, *Die Tür in der Mauer. Erzählungen [Door in the Wall and Other Stories, 1911],* Frankfurt/M. und Zürich 2008.

Wells, Herbert George, *Door in the Wall and Other Stories,* London 1911.

Wells, Herbert George, *Experiment in autobiography,* London 1934.

Whistler, James McNeill, *The gentle art of making enemies, etc.,* London 1890.

Whittaker, Edward, „Photography and the subject of Architecture", in: Andrew Higgott und Timothy Wray (Hg.), *Camera constructs. Photography, architecture and the modern city,* Farnham u.a. 2012, S. 125-134.

Wick, Rainer (Hg.), *Das neue Sehen. Von der Fotografie am Bauhaus zur Subjektiven Fotografie,* München 1991.

Wiener, Michael, *Ikonographie des Wilden. Menschen-Bilder in Ethnographie und Photographie zwischen 1850 und 1918,* München 1990.

Wigh, Leif (Hg.), *Oscar Gustave Rejlander 1813(?)–1875,* Stockholm 1998.

Winkler, Hartmut, „Technische Reproduktion und Serialität", in: Günter Giesenfeld (Hg.), *Endlose Geschichten. Serialität in den Medien,* Hildesheim 1994, S. 38-45.

Wieczorek, Alfred (Hg.), *Helmut Gernsheim. Pionier der Fotogeschichte,* Ostfildern-Ruit 2003.

Yeats, William Butler, *The autobiography of William Butler Yeats. Consisting of reveries over childhood and youth, the trembling of the veil, and dramatis personae,* New York 1938.

Zelle, Carsten, *Die doppelte Ästhetik der Moderne. Revisionen des Schönen von Boileau bis Nietzsche,* Stuttgart u.a. 1995.

Kunst- und Bildwissenschaft

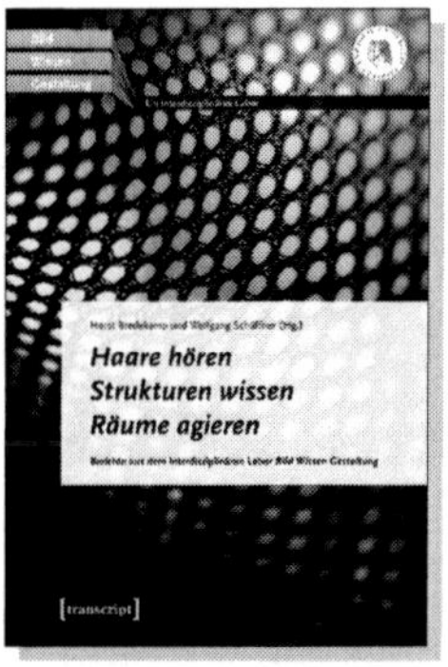

Horst Bredekamp, Wolfgang Schäffner (Hg.)
Haare hören – Strukturen wissen – Räume agieren
Berichte aus dem Interdisziplinären Labor *Bild Wissen Gestaltung*

2015, 216 S., kart., zahlr. farb. Abb.
34,99 € (DE), 978-3-8376-3272-9
E-Book: kostenlos erhältlich als Open-Access-Publikation
ISBN 978-3-8394-3272-3

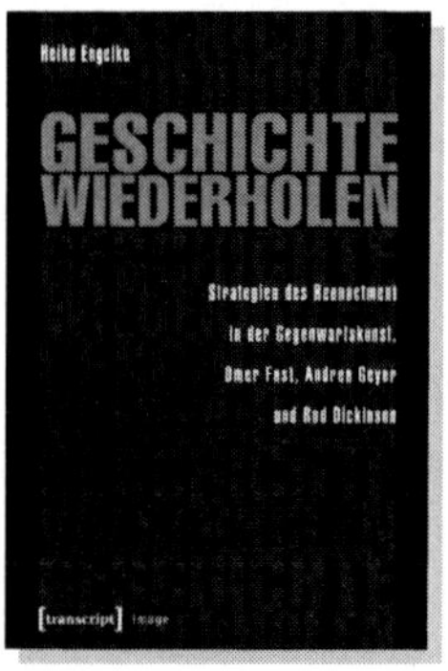

Heike Engelke
Geschichte wiederholen
Strategien des Reenactment in der Gegenwartskunst – Omer Fast, Andrea Geyer und Rod Dickinson

Oktober 2017, 262 S., kart.
32,99 € (DE), 978-3-8376-3922-3
E-Book: 32,99 € (DE), ISBN 978-3-8394-3922-7

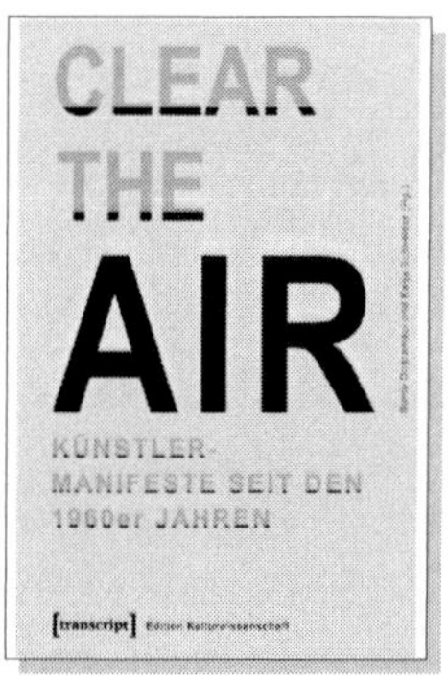

Burcu Dogramaci, Katja Schneider (Hg.)
»Clear the Air«. Künstlermanifeste seit den 1960er Jahren
Interdisziplinäre Positionen

Oktober 2017, 396 S., kart., zahlr. z.T. farb Abb.
29,99 € (DE), 978-3-8376-3640-6
E-Book: 26,99 € (DE), ISBN 978-3-8394-3640-0

Leseproben, weitere Informationen und Bestellmöglichkeiten finden Sie unter www.transcript-verlag.de